그림책 수업을 고민하는 선생님을 위한 활동 백과사전

그림책 활동 100

일러두기
- 외래어 표기는 국립국어원의 원칙을 기본으로 삼되 인명이나 지명 등 통상적으로 굳어진 표현은 해당 표기를 따랐습니다.
- 본문에 등장하는 책의 출간 연도는 현재 유통되는 판본의 발행 연도를 기준으로 삼아 표기했습니다.
- 책 제목은 『 』, 잡지, 신문, 영화 등은 〈 〉로 표기했습니다.

그림책 수업을 고민하는
선생님을 위한 활동 백과사전

그림책 활동 100

그림책사랑교사모임 지음

학교
도서관
저널

여는 글

그림책 활동을 고민하는 선생님들께

꾸준한 독서생활의 중요성
우리 학생들이 살아갈 미래 사회에는 지식을 기반으로 한 창의적·논리적 사고력과 비판적 태도, 그리고 의사소통 능력이 지금보다 더 중요한 역량이 될 것이다. 이러한 역량을 갖추는 데 필요한 가장 효과적인 방법이 독서다. 학생들은 책을 통해 나를 알아 가고 타인과 관계를 세워 나가며 세상을 보는 눈을 넓혀 나간다. 책과 함께하는 배움은 공동체 생활 속에서 개인의 생각과 이야기 나눔을 기반으로 사고를 확장하고 협력적 성장을 경험하는 일이다. 사람은 이렇게 일상에서 그들만의 이야기를 만들어 나간다. 시인이자 사회학자인 뮤리얼 루카이저는 '우주는 원자가 아니라 이야기로 이루어져 있다.'라고 밝힌 바 있다. 일상에서 꾸준히 이어지는 독서생활은 학생들이 세상을 만나는 기회가 된다. 따라서 언제 어디서든 학생들이 다양하게 책을 접할 수 있는 시공을 제공할 필요가 있다. 독서는 교과 학습과 창의·인성 교육을 총체적으로 촉진하는 데 필수적인 교육방식이다. 독서는 오래된 미래이다!

그림책 이해하기
그림책은 상징 기호인 문자로 구성된 글 텍스트와 시각 기호인 그림으로 구성된 그림 텍스트가 만나서 다양한 의미 작용을 하는 서사 공간이다. 그림책은 글뿐만 아니라 그림 또한 중요한 요소이다. 그림책에서 글과 그림은 상호작용하며 의미를 만들어 낸다. 이 둘의 상호작용으로 글만 있는 책보다는 학생들에게 상대적으로 말랑말랑하게 다가간다. 교과서 대신 그림책을 펼치는 것만으로도 학생들의 마음이 가벼워지며 표정이 좀 더 부드러워지는 모습을 볼 수 있다. 그림책 자체가 주는 특유의 따뜻함과 편안함으로 학생들은 평소보다 마음을 열고 수업을 듣게 된다.
한편 그림책은 종합 예술이기도 하다. 선과 점들이 어떤 사물이 되고, 여러 색채가 모여 아름다운 풍경이 될 때도 있으며 읽어 주는 사람의 음성이 입혀져 한 편의 드라마가 되기도 한다. 평면적인 이야기가 입체적으로 변신하는 시간, 상상의 나래를 펼치는 시간, 가슴이 커다란 울림으로 가득해지는 시간이 바로 그림책을 읽는 순간이다. 거기다 읽어 주는 사람의 생각과 마음까지 고스란히 전달되니 서로를 알아 가는 순간이 된다.

함께 읽고 생각과 마음을 나눠 보세요
그림책의 매력 중 또 다른 중요한 점은 아마 몇 번을 다시 읽어도 느낌이 모두 다르다는 것이다. 기분에 따라 다르게 느껴지고, 감명받는 장면이 매번 바뀌며 예전에는 보이지 않던 부분이 어느 때는 한없이 크게 다가올 수도 있다.
여러 권의 좋은 책을 읽는 것보다 한 권의 책을 여러 명이 함께 읽는 것이 더 좋다. 이 말은 독후활동의 중요성을 말하는 것이다. 책 속에서 각자 느낀 내용을 토론하고, 관련 독후활동을 함께 하며 서로의 생각을 나누는 기회, 공감하는 기회, 생각을 확장하는 기회, 그리고 상대를 이해하는 기회를 만들 수 있다. 또한 활동을 해 나가는 과정 속에서 집단지성을 발휘하는 기회까지 얻을 수 있을 것이다. 글은 작가가 쓰지만, 그것을 이해하는 것은 독자의 몫이라고 한 것처럼 그림책을 읽고 다양한 독후활동을 함으로써 책의 주제가 나의 삶으로 스며드는 순간을 만나게 된다. 그림책이 매개가 되어 다양한 독후활동을 기획하고 수업하게 되면 생각의 깊이, 무한한 상상력, 뜻밖의 공감이 우리의 삶을 따뜻하게 한다. 그게 그림책의 묘미이고, 독후활동이 필요한 이유이다.

다양한 역량을 기르도록 돕는 알찬 활동들

그림책은 읽는 것만으로도 즐거움을 얻고 학생들이 다양한 역량을 기르는 데 도움이 된다. 하지만 독후활동이 가미된다면 더욱 풍성한 즐거움과 함께 목적에 맞는 배움을 얻을 수 있게 해 준다. 앞부분에 구성된 다양한 독서 전 활동은 그림책을 둘러싸고 흥미와 기대감을 높인다. 그다음 활동은 '글쓰기'와 관련되어 있다. 이야기 속 이야기 만들기, 문장 재배열하기, 릴레이 글쓰기 등 다양한 방식의 활동을 통해 생각을 확장하는 능력과 글쓰기 역량을 기르도록 안내했다. 이어지는 내용은 '그리기' 활동이다. 표지 다시 그리기, 다음 장면 예측하며 그리기, 협동화, 추상화, 노선도 등을 직접 만드는 활동을 통해 유창성, 독창성을 기르며 창의적인 사고를 할 수 있도록 돕는다. 이외에도 K-W-L, 핫시팅, 연꽃 발상 등 여러 수업 기법을 활용해서 폭넓은 경험을 할 수 있게 안내한다. 그림책을 눈으로 읽고 소리 내 읽는 형태를 넘어서, 온몸을 활용하여 읽는 시간도 마련했다. 특히 업사이클링 팝업북, 그림책 큐브, 비밀펼침북 등을 만드는 활동은 오감을 자극하고 아이들이 창의성을 마음껏 펼칠 수 있도록 돕는다.
구글, 패들렛, 띵커벨 등 여러 온라인 도구를 이용해 할 수 있는 활동도 꼼꼼하게 다루었다. 다양한 폼과 매체를 활용하여 비대면으로도 교육 현장에 바로 적용 가능한 내용들이다.

『그림책 활동 100』은 처음 그림책 수업을 시작하는 선생님들, 그림책 수업을 하고 있지만 매번 같은 독후활동을 하고 있어서 고민하는 선생님들을 위해 썼다. 그림책에 어울리는 독후활동을 찾고 있는 선생님들이 이 책을 마치 백과사전처럼 보면 좋겠다. 주제, 목표에 맞는 100개의 활동이 소개되어 있어서 필요한 자료를 찾듯이 적절히 활용한다면 학생들의 흥미를 유발하기 훨씬 좋을 것이다.
이 책이 교실에서 많이 활용되어 학생들의 성장이 이뤄지기를 간절히 바란다.

그림책을 사랑하는 마음을 담아
그림책사랑교사모임

차례

여는 글 - 그림책 활동을 고민하는 선생님들께 4

1장 · 독서 전 활동

1. 표지 보고 제목 맞히기 12
2. 표지 모자이크 보고 책 제목 맞히기 15
3. 읽기 전 인물, 사건, 배경 예측하기 18
4. 표지 보고 질문 만들기 22
5. 이야기 듣고 표지 추측해서 그리기 25
6. 지우개 지우기 29
7. 하얀 거짓말 32
8. 이너보이스 카드로 제목과 관련된 경험 나누기 35
9. 주제 연상 브레인라이팅(Brain-Writing)을 통한 너도나도 놀이 38
10. 그림 보고 내용 예측하기 41
11. 판권지 활동 45
12. 작가 살펴보기 48

2장 · 글쓰기 활동

13. 포토스탠딩을 활용한 소감 나누기 52
14. N행시 쓰기 55
15. 편지 쓰기 58
16. 등장인물이 되어 일기 쓰기 62
17. 기사문 쓰기 66
18. 갈래 바꾸어 쓰기 1(그림책을 역할극 대본으로) 71
19. 갈래 바꾸어 쓰기 2(그림책을 시로 바꾸어 쓰기) 75
20. 이어질 이야기 상상하여 쓰기 79
21. 인물, 사건, 배경 바꾸어 글쓰기 82
22. 이야기 속 이야기 만들기 86

23. 문장 재배열 글쓰기 90
24. 모둠 내 릴레이 글쓰기 92
25. 패러디 글쓰기 96
26. 황금 문장으로 만드는 딜사 달력 100
27. 서평 쓰기 103

3장 · 그리기 활동

28. 다음 장면 예측하며 그리기 108
29. 그림책 표지 다시 만들기 112
30. 독후 감상화 115
31. 등장인물 관계도 그리기 118
32. 뇌 구조 그리기 121
33. 시화 그리기 124
34. 만화 그리기 128
35. 포토스케이프 X로 협동화 그리기 133
36. 추상화로 표현하기 138
37. 등장인물 노선도 그리기 142
38. 조형 요소를 재구성하여 뒷이야기 그리기 146

4장 · 그 외 활동

39. 윈도우 패닝을 이용한 그림책 독후활동 152
40. 초성퀴즈 - 연결하여 이야기 만들기 156
41. 낱말 퍼즐 만들기 159
42. 단어 작성 후 띠빙고 하기 163
43. K-W-L 표 만들기 167
44. 나만의 면지 만들기 170
45. 핫시팅 174

46. 연꽃 발상 기법 177
47. 핑거 활동지를 이용한 비주얼 씽킹 181
48. 마인드맵 185
49. 전원 동시 발표 189
50. 사진전 열기 193
51. 주인공의 감정에 어울리는 음악 찾기 196
52. 카드를 활용한 공감 놀이 활동 200
53. 등장인물 대사 상상하기 204
54. 등장인물과 닮은 점 다른 점 찾기 208
55. 등장인물 별명 짓기 211
56. 등장인물 상장 만들기 214
57. 픽토그램 만들기 217
58. 키워드로 내용 요약하기 220
59. 감정 단어 컵 피라미드 223
60. 주인공 감정 그래프 그리기 227
61. 타블로 기법 230
62. 교육 연극 - 사물 역할극 234
63. 낭독극 238
64. 독후 신문 만들기 242
65. 모의재판 토론하기 247
66. 책 굿즈 만들기 256
67. 띠지 만들기 260
68. 카드 뉴스 만들기 263
69. 웹 포스터 만들기 267
70. 감성 엽서 만들기 271
71. 북트레일러 만들기 274
72. 업사이클링 팝업북 만들기 279
73. 학급 그림책 만들기 283
74. 그림책 큐브 289
75. 북아트 1 - 클로버북 293
76. 북아트 2 - 수레바퀴북 298

77. 북아트 3 - 비밀펼침북 303
78. 낯설게 보기(데페이즈망) 307
79. 그림자 인형극 311
80. 그림 기법 따라 하기 - 콜라주 315
81. 그림 기법 따라 하기 - 프로타주텍스트 319

5장 · 온라인 활동

82. 구글 프레젠테이션으로 발표 자료 만들기 324
83. 구글 프레젠테이션 - 디자인씽킹: 등장인물 문제 파악하기 328
84. 구글 아트 앤 컬처 - 전통문화 체험하기 332
85. 타임라인 - 목소리 그림책 만들기 336
86. 패들렛 - 지도: 작품 속 건축물 조사하기 341
87. 패들렛 - 캔버스: 주인공에게 질문 만들기 347
88. 패들렛 - 스트림: 비유적 표현 활동 352
89. 패들렛 - 셸프: 6색 사고로 토론하기 356
90. 띵커벨 - 찬성반대 361
91. 띵커벨 - 가치수직선 365
92. 플리피티 - 스노우맨: 단어 퀴즈 369
93. 구글 잼보드 - 숨은그림찾기 373
94. 구글 잼보드 - 말놀이로 이야기 만들기 378
95. 멘티미터 - 워드클라우드 선물하기 383
96. 카훗 - 퀴즈 386
97. 슬라이도 - 랭킹: 책 속 주인공이 되어 선택하기 392
98. 투닝 - 인공지능 웹툰 그리기 397
99. 워드월 - 그림책 퀴즈 게임 402
100. 키네마스터 활용하여 그림책 영상 만들기 408

찾아보기 412

독서 전 활동

1. 표지 보고 제목 맞히기

독자가 책을 읽을 때 가장 먼저 만나는 요소인 표지는 제목, 지은이, 출판사 등 중요한 서지 정보를 담고 있기 때문에 매우 중요한 기능을 한다. 특히 그림책 표지는 책 내용을 함축적으로 담고 있는 장면으로 구성되는 경우가 많다. 제목이 표지 그림과 직관적으로 연결되어 있다면 책을 읽기 전에 제목 맞히기 활동을 해 보길 권한다.

> **어떤 그림책이 좋을까?**
> - 그림을 구석구석 들여다보는 과정에서 '시각적 문해력'을 높일 수 있는 책이 좋다. 제목과 표지 그림의 연관성도 높아야 한다.
> - 예상과 전혀 다른 제목일 때, 아이들은 그림책에 더욱 흥미와 관심을 가질 수 있다.
> - 제목이 너무 길어 추측이 어려운 그림책은 피하도록 한다.

●● **함께 읽을 책**

『천천히 해, 미켈레』
엘레나 레비 글, 줄리아 파스토리노 그림, 이현경 옮김, 여유당, 2022

조용하고 느릿느릿! 우리가 생각하는 나무늘보의 이미지다. 그러나 주인공 미켈레는 다른 친구들과 달리 호기심이 많고 빠릿빠릿하다. 심지어 원숭이처럼 나뭇가지로 뛰어오르기까지 한다. 이 사실을 안 어른 나무늘보는 미켈레를 제지하기 시작하는데……. 미켈레는 어른들의 반대에 부딪쳐 원래 모습으로 돌아가게 될까? 미켈레 이야기를 통해 다름과 변화에 대처하는 방식을 생각해 보자.

●● 활동 안내

1. '천천히 해' 부분을 가리고 표지를 보여 준다.
2. 아이들에게 전체 제목을 맞혀 보자고 한다. 어려워한다면 단계별로 힌트를 준다.
3. 아이들의 다양한 의견을 듣고 제목을 공개한다.

1단계

그림책 제목 맞히기 활동을 할 때 뒤표지를 함께 보여 주면 힌트가 되지만 이번 책은 뒤표지 내용이 제목과 큰 관련이 없기 때문에 앞표지만 보여 주었다. 제목 『천천히 해, 미켈레』에서 '천천히 해' 부분만 가린 이유는 '미켈레'가 주인공 이름이어서다. 주인공 이름은 책을 보지 않았다면 알아맞히기 힘들다. 그렇기에 제목의 일부를 가려 문제를 낼 때는 제목에 주인공의 이름이 나오는지, 제목이 너무 길지는 않은지 고려한다. 또 활동하는 동안 아이들이 그림책 표지에 나와 있는 정보를 최대한 자세히 살펴보도록 한다.

먼저 제목에서 가리지 않은 '미켈레'가 누구인지 유추한다. 앞표지에 등장하는 캐릭터는 하나뿐이기 때문에 빨간 모자를 쓴 나무늘보가 미켈레일 확률이 높다. 나무늘보에 관해 무엇을 알고 있는지 물어보면 아이들은 나무늘보가 주로 나무에 대달려 잠을 자며, 행동이 무척 느리다고 말한다.

2단계

아이들에게 포스트잇으로 가려 놓은 부분에 어떤 말이 들어갈지 유추해 보라고 한다. 이때 나무늘보의 '느림'에 치우친 대답만 나오지 않도록 폭넓은 대답을 유도한다. 표지에 그려진 나무늘보를 자세히 관찰했을 때 아이들은 "도망가!" "같이 가!"

등 다양한 대답을 들려주었다.

　아이들이 제목 맞히기를 어려워할 때는 글자 수, 무작위로 섞인 글자, 초성 등의 힌트를 순차적으로 제시한다. 힌트를 한꺼번에 주지 않는 이유는 중간에 그만두지 않고 끝까지 제목을 알아맞혀 보도록 유도하기 위함이다. 1단계 힌트에서 맞히면 100점, 2단계 힌트에서 맞히면 80점, 3단계 힌트에서 맞히면 50점 등으로 점수에 차등을 둘 수 있다.

　* **글자 수를 알려 줄 경우**
　: 네 글자라는 힌트를 주고, 다른 동물들이 미켈레에게 당부하는 말이라고 하자 아이들은 "어디 가니?" "빨리 빨리"라는 답을 유추해 낸다.

　* **문장에 들어가는 네 글자를 무작위로 섞어 보여 줄 경우**
　: 아이들은 "히, 천, 해, 천?"이라고 선생님이 제시한 순서대로 읽어 본다. 그리고 "천천히 해"라는 정답을 외친다.

3단계

아이들의 다양한 대답을 들었다면 제목을 공개한다. 제목 맞히기 활동은 많은 시간이 걸리지 않고, 포스트잇 몇 장으로 제목 부분을 가리기만 하면 돼 특별한 준비 없이도 가능하다. 초성 힌트를 주거나 글자 재배치로 제목을 맞힐 때도 칠판을 활용하도록 한다.

2. 표지 모자이크 보고 책 제목 맞히기

표지 읽기를 통해 아이들의 흥미를 유발하고 책 내용을 상상할 수 있는 발판을 마련해 보자. 책 표지 퍼즐 맞히기 활동은 일부 그림만으로 전체 그림을 유추하도록 지도하여 내용에 관한 궁금증을 키우고 인물을 다각적으로 바라볼 수 있게 한다.

> **어떤 그림책이 좋을까?**
> - 표지 그림에 다양한 요소가 있어 여러 이야기를 나눌 수 있다면 좋다.
> - 캐릭터의 생생한 표정이 표지에 드러난다면 책을 읽기 전에 어떤 일이 전개될지 추측해 보기 용이하다.
> - 타 문화권을 배경으로 한 그림책일 경우, 표지에 해당 문화가 드러나 있다면 이야기를 나누는 과정에서 사회 교과와 연계하는 수업도 가능하다.

● ● **함께 읽을 책**

『샌지와 빵집 주인』

로빈 자네스 글, 코키 폴 그림, 김중철 옮김, 비룡소, 2000

여행 중 전설의 도시 후라치아에 머물게 된 샌지. 그곳에서 샌지는 빵집에서 나는 냄새를 맡게 되고, 빵집 주인은 자신의 빵 냄새를 훔쳤다며 돈을 요구한다. 실랑이 끝에 결국 고소를 당한 샌지는 재판관 앞에 서게 되는데……. 샌지는 빵 냄새를 훔친 죄로 벌을 받게 될까? 아이들과 책을 읽으며 억울한 일을 당한 사람의 입장이 되어 보고, 갈등 상황을 현명하게 해결할 수 있는 방법도 생각해 보자.

●● 활동 안내

1. 한쇼에서 6×6 모자이크 퍼즐을 만든다. 난이도를 점차 높여 가며 퍼즐을 열어 표지 일부를 보여 준다.
2. 모자이크 퍼즐을 보고 질문을 나누며 책 표지 읽기 활동을 진행한다.
3. 질문을 종합하여 책 제목을 맞히게 한다.

  * 클래스툴 사이트(classtool.net)에서도 간단하게 모자이크 퍼즐을 만들 수 있다.

1단계

『샌지와 빵집 주인』표지 그림을 한쇼에서 36조각으로 만든다.

❶ 한쇼(파워포인트)에서 6×6 표를 만든 다음 표를 우클릭한다. ① [개체 속성]에서 [채우기-없음]을 선택하고 ② [테두리-테두리 색]을 노란색으로 바꾼다.

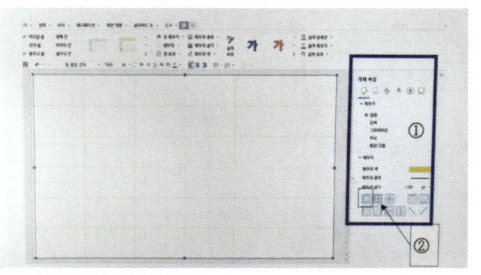

❷ [입력]에서 [그림]을 선택해 표지를 삽입한다. 슬라이드에 넣은 표지를 마우스 우클릭하여 [순서]에서 맨 뒤로 보낸다.

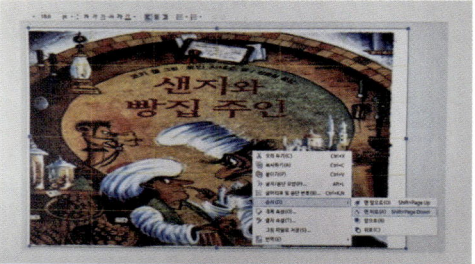

❸ [입력]에서 [도형] – 사각형 – ▢ 을 선택해 표 한 셀만큼의 크기로 생성한다. 도형을 마우스 우클릭 후 ①개체 속성-단색-연한 살구색, ②투명도 2%로 만든다. 도형에 글자 넣기를 선택하여 번호 1을 쓴다.
셀을 총 36개로 복사한 다음 그림을 덮어 준다. 각 셀에 번호를 붙인다.

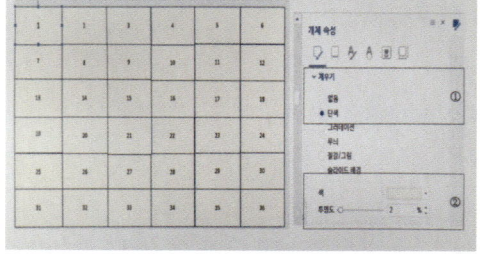

❹ 모자이크 퍼즐 그림이 완성된 슬라이드를 복사한 후 다음 슬라이드에서 열어 줄 번호 셀을 선택하여 투명도를 50%로 변경한다.
먼저 2, 15, 17, 26 셀만 오픈해서 학생들에게 제시한다.
※ 셀의 투명도를 50%로 설정하여 학생들에게 제공하는 이유는 주인공의 표정에 조금 더 집중할 수 있도록 하기 위함이다.

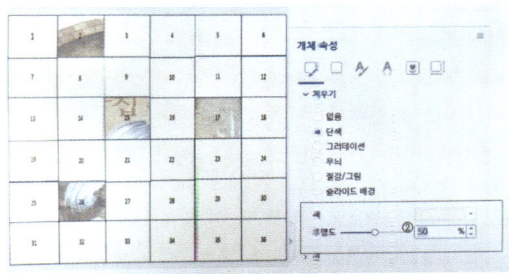

❺ 4번 슬라이드를 복사해 다음 슬라이드를 만든 다음 6, 10, 22, 27, 33, 34 사각 도형을 삭제한다. 주인공의 표정을 학생들이 집중해서 볼 수 있도록 선명한 그림을 보여 준다. 같은 방법으로 슬라이드를 여러 장 더 만든다. 마지막 슬라이드에서는 책 제목이 절반 가려져 있는 상태로 제공한다.

2단계

오픈된 슬라이드를 통해 다양한 이야기를 나눈다. 주인공의 표정이 어떠한지, 오른쪽 남자가 손에 쥔 것은 무엇인지, 그의 직업은 무엇인지 추측할 수 있다.

3단계

마지막으로 학생들이 책 제목을 맞히게 한다. 학생들은 생쥐와 빵집 주인, 샌즈와 빵집 주인, 생쥐와 응급 주의 등 다양한 제목을 제시한다. 이때 아이들이 말한 답을 적어 두도록 한다. 모두의 의견을 들었다면 책 표지를 보여 준다.

3. 읽기 전 인물, 사건, 배경 예측하기

표지에 적힌 제목과 그림, 앞면지와 뒷면지의 색깔과 속표지는 인물, 사건, 배경 등의 정보를 담고 있다. 읽기 전 예측하기 활동을 해 본다면 책에 대한 아이들의 흥미와 관심을 끝까지 유지시켜 보다 적극적인 읽기를 유도할 수 있다.

어떤 그림책이 좋을까?
- 표지, 면지, 속표지에 인물, 사건, 배경을 예측하기 좋은 요소들이 많이 있을수록 좋다.
- 면지가 색 배경지로만 이루어졌거나 사물, 사람 등 특정 요소만 반복적으로 배치되어 있기보다 스토리를 짐작할 수 있는 장면으로 구성되어 있으면 좋다.
- 『곰이 강을 따라갔을 때』는 뒤표지에 여러 등장인물이 절묘하게 숨어 있고, 면지에는 강을 따라 동물들이 그려져 있어 이야기를 짐작하기에 좋다. 앞면지와 뒷면지 그림이 어떻게 달라졌는지 비교해 보면서 어떤 사건이 일어났을지 예측할 수도 있다. 또한 속표지는 프롤로그에 해당하는 부분으로 이야기의 시작을 보여 준다.

●● 함께 읽을 책

『곰이 강을 따라갔을 때』

리처드 T. 모리스 글, 르웬 팜 그림, 이상희 옮김, 소원나무, 2020

곰, 개구리, 거북이, 비버, 너구리, 오리가 통나무를 타고 강을 따라간다. 전혀 어울리지 않는 조합이지만, 이 책은 각자 다른 개성을 지닌 존재가 함께 어울려 살아가는 세상을 보여 준다. 동물들이 푸른 강을 따라 내려가다가 뜻밖의 폭포를 만났을 때 느껴지는 긴장감과 청량감이 압권이다.

●● **활동 안내**

1. 그림책 표지를 보여 주고 등장인물을 예측하게 한다.
2. 앞면지와 뒷면지의 달라진 점을 찾는다.
3. 인물, 사건, 배경을 예측해 학습지에 적은 다음 서로의 학습지를 비교한다. 교사가 그림책을 읽어 주면 아이들은 자신의 예측이 얼마나 맞았나 확인한다.

1단계

먼저 그림책의 표지를 보여 준다. 앞표지를 살펴보면, 커다랗게 적힌 제목과 표지 하단에 배치된 곰을 통해 곰이 주인공임을 알 수 있다. 동그란 눈과 쫑긋 선 귀를 가진 곰은 무언가 재미난 것을 발견한 표정이다. 이렇게 표지 그림만 보고도 다

양한 예측을 할 수 있으며, 예측은 말 그대로 미리 짐작해 보는 것이기 때문에 정확하지 않아도 된다.

다음으로는 뒤표지를 보며 숨어 있는 다른 등장인물을 찾아본다. 풀숲에 숨은 개구리, 강 속에 머리를 담그고 있는 오리, 나무 위에서 꼬리를 내밀고 있는 너구리 두 마리를 발견할 수 있다.

2단계

앞면지에는 높이 솟은 침엽수가 숲을 이루고 있고, 강이 그 주변을 둘러싸며 흐르고 있다. 곰이 굴에서 나오는 것을 보니, 마치 겨울잠을 자고 세상 구경을 하는 듯하다. 따라서

『곰이 강을 따라갔을 때』 앞면지

면지를 본 아이들은 공간적 배경으로 숲, 추운 지방의 숲, 강이 있는 숲 등을 말한다. 강 주변으로 꽃이 피어 있고 곰이 굴 밖으로 나오는 것으로 봐서 시간적 배경은 봄이라고 유추할 수 있다.

『곰이 강을 따라갔을 때』 뒷면지

앞면지와 뒷면지를 비교해 보자. 앞면지에서는 회색으로 표현된 바탕에 푸른 강이 흐르고 있었다면, 뒷면지에서는 모든 요소들이 본래 색깔을 찾았다. 아이들에게 "앞면지는 대부분 회색이었는데, 뒷면지에는 왜 모두 색깔이 있을까?"라고 물으니 "친구들을 만나게 되어서 세상이 아름답게 보이는 거예요."라고 답하기도 했다. 나아가 속표지에 그려진 주인공 곰이 강을 물끄러미 바라보는 모습은 이야기의 본격적인 시작을 예고한다.

읽기 전 그림책의 표지, 면지, 속표지를 보면서 예측하기 활동하는 데에는 많은 시간이 필요하지 않다. 초등학교 수업 한 차시가 40분이라면 10분 이내로 충분히 활동이 가능하다. 교사가 장면에 적절한 발문을 하면 아이들은 그림을 자세히 들여다보며 마음껏 상상력을 발휘할 수 있다.

『곰이 강을 따라갔을 때』 속표지

3단계

아이들은 표지, 면지, 속표지에서 발견한 등장인물, 벌어질 사건, 이야기가 펼쳐지는 배경을 학습지에 각자 정리한다. 모둠별로 한 장의 학습지를 사용하는데, 각자 자기 색깔의 펜을 정해서 적으면 누가 적었는지를 한눈에 알 수 있다. 학습지는 동시 작업이 편하도록 A3 용지로 준비한다. 보드마카로 쓸 수 있는 판이 있다면 그것을 사용

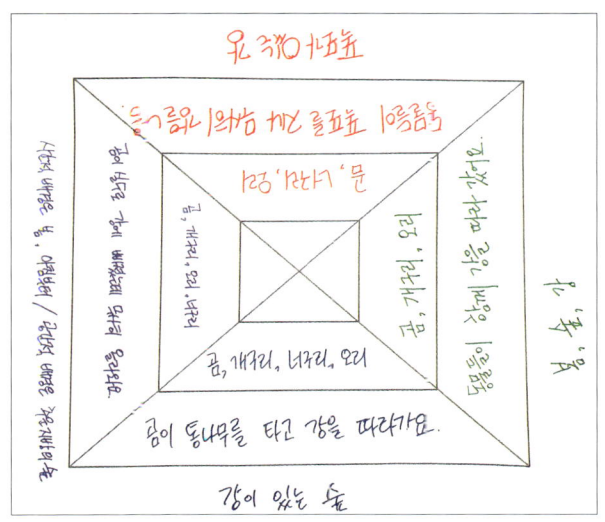

제일 바깥쪽 테두리에는 배경을 적고, 그다음에는 벌어진 사건, 가장 안쪽에는 등장하는 캐릭터들을 적는다.

해도 좋다.

　각자 인물, 사건, 배경을 동시에 글로 쓴 뒤, 모둠 안에서 다른 친구들은 어떻게 정리했는지 살펴본다. 친구가 쓴 것과 비교해 보면서 혹시 놓친 부분은 없는지 점검한다. 마지막으로 교사가 그림책을 읽어 줌으로써, 아이들은 자신의 예측이 얼마나 맞았는지 동그라미를 치며 확인한다. 모둠별 대항으로 동그라미 개수에 따라 점수를 매겨 봐도 좋다.

4. 표지 보고 질문 만들기

앞표지는 책의 내용을 함축적으로 드러내는 역할을 하며 뒤표지는 다양한 방식으로 이야기에 여운을 남긴다. '표지 보고 질문 만들기'는 책의 표지만 보고 그림책에 관련된 질문을 떠올려 정리하는 활동으로, 독서에 흥미를 느끼지 못하는 아이들에게 동기부여가 되어 준다.

> **어떤 그림책이 좋을까?**
> - 표지만 보고 이루어지는 활동이기에 표지에서 얻을 수 있는 정보가 다채로울수록 좋다.
> - 『이 작은 책을 펼쳐 봐』는 책을 펼칠 때마다 작은 책이 나오는 특수한 제작 공법으로 이루어져 형식적으로도 아이들의 흥미를 유발한다.

●● 함께 읽을 책

『이 작은 책을 펼쳐 봐』
제시 클라우스마이어 글, 이수지 그림, 이상희 옮김, 비룡소, 2013

이 책은 '책 속의 또 작은 책'이라는 독특한 구성을 띠고 있다. 첫 표지를 넘기면 또 다른 작은 책의 표지가 나타난다. 또 그 작은 책 표지를 펼치면 더 작은 책의 표지가 나타나기를 반복한다. 주인공들은 새로운 표지가 펼쳐질 때마다 또 다른 여행을 떠난다. 연속적으로 작은 책의 표지를 보여 주는 형식은 다음 이야기가 궁금해지게 만든다.

●● 활동 안내

1. 교사는 그림책의 구성 요소에 무엇이 있는지 설명한다.
2. 『이 작은 책을 펼쳐 봐』 표지를 보여준 뒤 아이들에게 질문을 떠올려 정리하도록 한다.
3. 질문 만들기가 끝나면 괜찮다고 생각하는 질문을 세 개 뽑는다. 짝과 이야기를 나누며 가장 좋은 질문 한 개를 골라 발표한다.

1단계

교사는 그림책의 앞표지, 뒤표지, 속표지, 면지, 본문 책등과 같은 구성 요소를 간략하게 책으로 보여 주며 설명한다.

- 앞표지는 책을 보호함과 동시에 책의 주제와 전체적인 분위기를 표현하는 첫인상 역할을 하며, 독자가 책을 선택하는 데도 필수적인 요소라는 점을 설명해 준다.
- 뒤표지에는 작은 그림이나 책을 추천하는 문구가 있다는 점도 이야기한다.
- 앞표지와 뒤표지를 연결하여 표지 그림을 그리는 경우를 설명한다. 표지, 속표지, 본문 내용 등이 다양하게 연결된 사례도 보여 주면 좋다.

2단계

그림책의 구성 요소에 관한 이야기를 마치면 교사는 '표지 보고 질문 만들기' 본 활동을 안내한다.

『이 작은 책을 펼쳐 봐』 표지를 보여 주고 10~15분 안에 각각 질문을 열 개씩 만들도록 한다. 질문을 어려워하는 학생들은 주로 수준 있어 보이는 질문(선생님의 마음에 드는 질문)을 떠올려야 할 것 같은 부담감을 느끼기 때문에, 질문의 질을 높이기보다 최대한 많은 질문을 생각해 낼 수 있도록 분위기를 조성한다. 그럼에도 어떻게 질문을 만들어야 할지 모르겠다고 하는 학생들에게는 책의 분위기나 상황을 자세히 살펴보라고 말해 준다.

3단계

앞 단계에서 나온 질문 중 마음에 드는 질문을 각자 세 개씩 고르게 한다. 고른 질문으로 짝과 이야기를 나눈다.

각자 고른 자신의 질문으로 짝과 대화를 나누고 서로 나눈 여섯 개의 질문 중 최고의 질문 한 개를 둘이서 함께 뽑아 본다.

> **발표용 질문 (짝과 세 개씩 뽑은 총 여섯 질문에서 각각 선정한 하나의 질문)**
> ※ 선정 기준: 가장 답이 궁금했던 질문 / 구체적인 질문 등
> 1. 노란 우산의 주인은 누구일까?
> 2. 왜 이 책을 펼치라고 하지 않고, 이 작은 책을 펼치라고 했을까?
> 3. 이 동물들은 서로 어떤 사이일까?

최고의 질문을 뽑는 기준은 학생들이 직접 정하도록 한다. 여러 답을 도출할 수 있는 열린 질문, 재미있는 질문 등으로 뽑으면 좋다. 이렇게 정해진 한 개의 질문을 모두에게 발표한다. 질문에 손들고 답해 보기 활동을 진행하거나, 스티커 투표 활동을 추가로 진행할 수도 있다.

5. 이야기 듣고 표지 추측해서 그리기

그림책 표지에는 내용이 함축적으로 담겨 있으면서도 독자들의 마음을 끌어당길 수 있는 장면이 실린다. 그러한 표지를 말로 설명하고 듣는 과정에서 커뮤니케이션 작용이 일어나게 된다. 설명하는 능력과 경청하는 능력, 들은 내용을 상상해 그림으로 표현하는 능력을 향상시키기에 적합한 활동이다.

> **어떤 그림책이 좋을까?**
> - 표지를 보고 언어적, 이미지적 상상력을 발휘할 수 있는 책을 고르면 좋다.
> - 『집 안에 무슨 일이?』는 표지에 보이는 창을 통해 그림책의 내용을 일부 보여 줌으로써 창 너머에 보이는 집 안의 분위기나 상황을 추측해 보고 상상의 나래를 펼치도록 이끄는 책이다.

●● 함께 읽을 책

『집 안에 무슨 일이?』
카테리나 고렐리크 글·그림, 김여진 옮김, 올리, 2021

『집 안에 무슨 일이?』는 창문을 통해 집 안과 밖의 모습이 차이가 있다는 것을 보여 주면서, 보이는 것이 전부가 아니라는 메시지를 전달한다. 창문이 뚫려 있는 책의 페이지는 아이들이 안쪽의 풍경을 스스로 상상하게끔 한다. 창 너머 보이는 늑대의 표정은 큰 사건이 일어난 것처럼 섬뜩하다. 과연 이 집에서 무슨 일이 있었던 걸까?

●● 활동 안내

1. 검색을 통해 그림책 표지를 고른다. 각자 휴대전화 사진첩에 저장한 표지를 설명하는 글을 적어 본다.
2. 2인 1 모둠을 구성한다. 2명 중 1명은 이야기꾼이 되어 자신이 고른 그림책 표지를 1분간 설명하고, 짝은 설명을 듣는 동시에 설명을 참고하여 그림을 그린다. 서로 역할을 바꾸고 한 번 더 진행한다.
3. 본 활동으로 그림책 『집 안에 무슨 일이?』 표지를 설명할 이야기꾼 학생을 2~3명 고른다. 대표 이야기꾼으로 선택된 학생들은 표지를 함께 보고 각자 30초 동안 그림을 설명한다. 교사는 사전에 표지 그림을 채점할 수 있는 채점기준표 문항을 작성해 둔다.
4. 학생들은 이야기꾼의 설명을 들으며 표지를 그림으로 표현한다. 제한 시간이 지나면 그리기를 멈추고, 옆에 있는 학생과 그림을 바꾸어 갖는다. 채점기준에 맞춰 짝이 그린 그림에 점수를 매긴다.

1단계

교사는 사전활동인 '이야기 듣고 그리기 활동'을 설명한다. 학생들에게 인터넷으로 마음에 드는 그림책을 검색하여 고르게 하고, 선택한 그림책의 표지를 구체적으로 설명하는 문장을 작성하게 한다. 그림책 표지를 검색할 때는 구글 이미지 검색, 인터넷 서점, 그림책 박물관 사이트를 활용한다.

1. 가장 오른쪽에 쥐 한 마리가 달려가고 있다.
2. 첫 번째 쥐 뒤에 회색 쥐가 첫 번째 쥐를 잡으려는 듯 뛰어간다.
3. 세 번째 쥐는 회색 쥐 뒤에서 달리고 있다.
4. 네 번째 쥐는 만세를 부르며 세 번째 쥐 뒤에 달려가고 있다.

설명카드 작성 예시

그림책 표지를 고르고 나면 각자의 휴대전화 사진첩에 저장하고, 표지를 설명하는 글을 작성한다. 이때 표지를 설명하는 글은 눈앞에 그려지는 것처럼 최대한 구체적으로 적을 수 있도록 예를 들어 설명한다. 가능하다면 학생들이 고른 사진을 출력해서 설명카드에 붙여 준다.

2단계

설명카드의 문장은 그림을 평가하는 기준이 된다. 설경카드를 각자 작성하고 나면, 두 명을 한 모둠으로 구성한다. 한 명은 이야기꾼의 역할을, 다른 한 명은 그림 그리는 역할을 맡아 활동을 진행한다. 이야기꾼의 말로만 설명이 진행되므로 경청하는 자세에 대해 사전에 안내해 주고, 이야기꾼이 설명을 하면 다른 한 명은 설명을 들으면서 그림을 그린다. 설명을 듣는 학생은 추가 질문을 할 수 없으며, 들은 내용만으로 1분 안에 그림을 그려야 한다. 설명을 듣고 그림을 그린 후에는 실제 이야기꾼 학생이 설명한 그림책 표지 그림과 설명을 듣고 그린 그림이 얼마나 비슷한지 살펴보고, 설명카드에 사전에 이야기꾼 학생이 적어 둔 설명대로 그림이 표현된 부분을 동그라미로, 표현되지 못한 문구는 X를 표시한다. 예를 들어 회색 쥐의 뒤에 달리는 빨간 쥐가 없다면 X, 전체 쥐의 마리수가 4마리가 아니라면 △, 전체 쥐의 마리수도 맞고, 달리는 쥐의 순서도 맞게 표현했다면 ○로 채점한다. 채점을 마치면 서로의 역할을 바꾸어 한 번 '이야기 듣고 그리기 활동'을 하면서, 설명하는 방법과 경청하며 그리기 방법을 번갈아 연습해 본다.

3단계

사전활동을 마치면, 『집 안에 무슨 일이?』 표지로 같은 활동을 진행한다. 이때 보드게임 '듀플릭'의 규칙을 적용하도록 한다. 교사는 그림의 채점기준표를 사전에 작성해 둔 후, 표지 그림을 설명할 이야기꾼 학생을 2~3명 선택한다. 이야기꾼 학생들은 그림책 표지 그림을 보고, 번갈아 가며 30초씩 설명한다. 간혹 학생들이 그림을 설명하기를 어려워할 경우, 한두 문장 정도 채점기준표에 적힌 문장으로 힌트를 줄 수 있다.

4단계

다른 학생들은 이야기꾼 학생들의 말을 경청하며 그림책의 표지를 각자 그림으로 표현한다. 제한 시간이 지나면 그리기를 멈추고, 서로의 그림을 바꾸어 나눠 갖는다. 교사가 제시한 채점기준에 맞춰 짝이 그린 그림의 점수를 매기고, 그림책의 표지를 보여주어 비교하게 한다. 활동을 마친 후에는 그림책이 어떤 내용일 것 같은지 이야기를 나눠 본다. 학생들과 그림 이야기를 할수록 책을 향한 궁금증이 증폭된다.

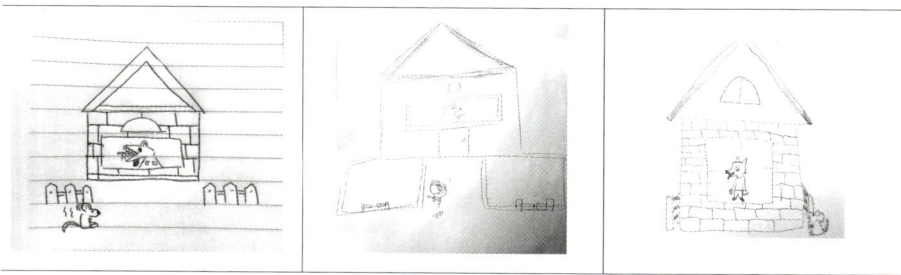

설명을 듣고 그림으로 표현한 그림책 표지

이 활동은 학생들의 설명 능력과 그림 표현 능력에도 도움이 되지만, 그림책에 대한 선입견을 배제한 상태에서 책의 그림을 살펴볼 수 있다는 장점이 있다. 그림을 자세히 보며 읽어야 하는 그림책의 특성상, 표지의 그림에 관심을 갖게 하면 독서의 욕을 증대시킬 수 있다. 이 그림책은 어떤 내용일 것 같은지, 늑대는 무슨 생각을 하고 있는 것 같은지, 그리고 작가는 왜 이 책에 창을 뚫었을지 등에 대해 이야기 나누면서 활동을 마무리해도 좋다.

6. 지우개 지우기*

지우개 지우기는 그림책을 읽기 전, 표지를 보여 주고 그림책에 들어 있는 단어와 없는 단어를 찾아내는 활동이다. 아이들은 이러한 과정에서 읽기에 흥미를 느끼고 책의 내용을 미리 상상해 볼 수 있다. 자신이 택한 단어가 그림책에 있을지 확인하기 위해 이야기에 집중하는 모습도 보인다.

> **어떤 그림책이 좋을까?**
> - 글이 많은 그림책이 좋다. 최소 아홉 개 이상의 명사형 단어가 들어 있는 책을 고른다.
> - 긍정적인 메시지를 담은 비슷한 의미의 단어가 많이 나올수록 문제를 내기에 적합하다.

●● 함께 읽을 책

『내 안에 나무』

코리나 루켄 글 · 그림, 김세실 옮김, 나는별, 2021

우리 모두의 안에는 나무가 있다. 나무는 땅속 깊숙이 뿌리를 내리고 다른 뿌리들과 연결되어 자라며, 기대어 쉴 그늘과 사과, 오렌지 같은 열매를 제공해 준다. 열매로 파이를 만들어 함께 나누어 먹는 장면은 공존하는 삶이 무엇인지 생각해 보게 한다. 『내 안에 나무』는 나무라는 소재를 활용해서 우리 안의 무한한 가능성과 모든 생명체들의 상호 연관성을 다룬다.

---

* 『말랑말랑 그림책 독서 토론』(강원토론교육연구회, 단비, 2018) 19-21쪽

•• 활동 안내

1. 그림책 표지를 보여 주고 탐색한다.
2. 그림책에 있는 단어 아홉 개, 없는 단어 세 개, 총 열두 개의 단어를 제시한다.
3. 개인, 모둠별로 그림책에 들어 있지 않을 것 같은 단어 세 개를 찾고 줄거리를 만든다.

1단계

그림책을 읽기 전 표지를 관찰할 시간을 충분히 준 후 아이들과 표지를 탐색 해 본다. 예컨대 '내 안에'는 검정색인데, '나무'는 주황색으로 되어 있다는 사실만으로도 많은 질문과 답을 유도할 수 있다. 아이들은 표지에 검정과 주황 계열이 많이 들어가서 통일성을 갖추려고 했다는 의견, 나무 뿌리와 열매가 다른 색이어서 다르게 표현하려 했다는 의견을 이야기한다. 사과를 따는 주인공 아이의 모습을 보고도 다양한 생각을 제시한다. 얼굴과 가슴 부분이 분홍색으로 표현되었는데 사과를 따며 부끄러워하는 것처럼 보인다는 해석도 있다. 그림책 표지를 자세히 살펴볼수록 그림책에 더욱 흥미를 갖는 것이다.

2단계

표지를 보고 바로 그림책을 읽어 줘도 되지만, 지우개 지우기 활동을 통해 더 큰 관심을 불러일으킬 수 있다. 그림책에 들어 있는 단어 아홉 개, 없는 단어 세 개를 섞어서 총 열두 단어를 제시한다. 단어 개수는 아이들의 연령이나 수준에 따라 조정하되, 가급적 명사형으로 제시해야 한다. 제시된 단어를 보면서 줄거리를 먼저 상상한 후에 그림책에 없는 단어를 찾는 것이 효과적이기 때문이다.

나무	사과	태양	꽃
다람쥐	바람	강물	하늘
마음	꿈	희망	성장

* 『내 안에 나무』에 없는 단어: 꿈, 희망, 성장

3단계

지우개 지우기 활동은 개인별로, 짝끼리, 모둠별로 모두 가능하다. 좀 더 다양한 의견을 듣고 싶다면 개인별로 먼저 하고 모둠에서 다시 활동하기를 권한다. 이 경우, 그림책에 없는 단어를 개인별로 찾는 과정에서는 줄거리를 자세하게 예측하기보다 표지의 정보만으로 그림책에 없을 것 같은 단어를 찾도록 한다.

<학생 1>
하늘: 표지에 하늘이 보이지 않아서 나오지 않을 것 같아요.
꽃: 나무에 관한 이야기니까 꽃은 나오지 않을 것 같아요.
다람쥐: 표지 그림과 연관성을 전혀 찾지 못하겠어요.

모둠으로 모여서 단어를 조합하며 줄거리를 상상하고 완성해 본다. 노트에 결과를 작성하게 할 수도 있고 전지에 해당 단어를 다른 색으로 해서 줄거리를 쓰고 발표해도 좋다.

<1모둠 결과>
그림책에 들어 있는 단어: 나무, 사과, 태양, 꽃, 바람, 강물, 마을, 꿈, 성장
없는 단어: 다람쥐, 하늘, 희망
상상한 줄거리: 마음을 나무라고 한다면 나무는 성장하면서 바람을 맞고 흔들리지만 태양으로부터 빛을 받고 강물과 비슷한 비를 만나 꽃이 핀다. 결국 시간이 지나 꽃에서 열매, 사과가 자란다. 그 사과는 바로 우리의 꿈이다.

개인, 모둠별 활동을 마치고 교사가 그림책을 읽기 시작하면 아이들은 자신들이 선택한 단어가 그림책에 들어 있는지 열심히 확인한다. 가끔 단어를 맞추는 데 집중한 나머지 그림책을 전체적으로 파악하지 못하는 경우가 발생하기도 한다. 장면과 단어 하나하나의 의미를 파악하고 해석하면서 그림책을 읽으면 이러한 문제를 예방할 수 있다. 읽기를 마친 후에는 정답을 공개한다.

7. 하얀 거짓말

책이 모든 학생들에게 흥미와 관심의 대상이면 좋겠지만 그렇지 않은 경우도 많다. 이럴 때 '하얀 거짓말' 퀴즈를 통해 아이들의 궁금증을 유발할 수 있다. 책의 내용을 살펴보지 않고 교사가 제시한 관련 문항이 진실인지 거짓인지 생각해 보는 활동이다.

> **어떤 그림책이 좋을까?**
> - 옛이야기를 원작으로 삼은 그림책을 다루면 책을 읽지 않고도 충분히 내용을 유추할 수 있어 부담 없이 접근할 수 있다.
> - 『아기 늑대 세 마리와 못된 돼지』는 어떤 이야기를 원작으로 했는지 제목만으로도 파악이 가능하고, 원작의 설정을 전복하는 구조로 되어 있어 아이들의 흥미와 동기를 유발하는 그림책이다.

●● 함께 읽을 책

『아기 늑대 세 마리와 못된 돼지』
유진 트리비자스 글, 헬린 옥슨버리 그림, 김경미 옮김, 시공주니어, 2006

「아기 돼지 삼형제」를 패러디한 그림책이다. 원작에서는 늑대가 돼지 삼 형제를 잡아먹으려 하지만 이 이야기에서는 못된 돼지가 괴롭힘의 주체가 된다. 못된 돼지는 늑대들의 집을 차례대로 찾아 가 문을 열어 주지 않으면 집을 부순다고 으름장을 놓는다. 원작이 견고하고 튼튼한 집을 지은 막내 돼지가 늑대를 이기는 스토리였다면, 이 책은 흥미로운 반전을 지니고 있다.

●● 활동 안내

1. 표지를 확인해 그림책을 파악한다.
2. 하얀 거짓말 문항지를 제시한다.
3. 포스트잇에 거짓일 것 같은 문항의 번호와 이름을 쓰고, 정답을 공개한다.

1단계

『아기 늑대 세 마리와 못된 돼지』 표지를 보여 준 뒤, 표지에서 확인할 수 있는 사항을 함께 확인한다. 이 과정에서 최대한 많은 이야기를 나눠 책에 흥미를 높일수록 좋다.

먼저 책의 제목, 작가, 출판사를 살피며 이 그림책이 어떤 이야기를 패러디한 것 같은지 질문한다. 표지에 나오는 세 동물이 어떤 종인지, 표지 그림의 배경이 무엇인지 확인해 봐도 좋다. 누구의 집을 짓고 있는 것 같은지, 집의 재료는 무엇인지도 꼼꼼히 살펴본다. 패러디 그림책이라 집의 재료가 다르게 설정되었음에도 아이들은 원작과 집의 재료가 같다고 여기기도 한다.

2단계

그림책을 충분히 파악했다면 '하얀 거짓말' 활동으로 넘어간다. 교사가 문항을 만들 때는 줄거리를 파악할 수 있는 문항보다 그림 요소 등에서 알아차릴 수 있는 내용을 넣도록 한다. 이 활동의 목적은 책에 대한 호기심을 유발하고, 독서의 몰입도를 높이는 것이기 때문이다. 그러므로 활동 과정에서 정답을 맞히지 못하더라도 실망할 필요가 없다는 사실을 안내한다.

『아기 늑대 세 마리와 못된 돼지』 하얀 거짓말 문항지

1. 늑대들의 성별은 여자이다. (진실)
2. 늑대들은 지푸라기, 나무, 콘크리트로 집을 지였다. (거짓)
3. 이 책에는 다이너마이트가 나온다. (진실)

4. 늑대들은 온순하고 착하다. (진실)

5. 돼지가 좋아하는 것은 소시지빵이다. (거짓)

3단계

아이들이 활동에 참여하지 않거나 생각하지 않으려는 것을 방지하기 위해 모두에게 포스트잇을 나누어 준다. 포스트잇에 자신의 이름을 쓰고, 교사가 하나씩 문항을 제시하면 거짓이라고 예상되는 내용의 번호를 적게 한다. 거짓 문항 개수를 꼭 밝힐 필요는 없지만, 정답을 맞히고 싶은 아이들의 마음을 생각해서 알려 줘도 좋다. 포스트잇을 활용하면 참여한 학생 수를 파악할 수 있어 모두 빠짐없이 활동에 참여시킬 수 있다. 또한 본격적인 책 읽기 전임을 설명하고, 활동 후 책을 읽어 가며 '하얀 거짓말'의 정답을 확인할 수 있다는 기대감을 심어 준다면 아이들은 이후의 독서 활동에 더욱 몰입하게 된다.

활동 안내 영상

8. 이너보이스 카드로 제목과 관련된 경험 나누기

이너보이스 카드는 주로 심리검사에 사용되며, 점, 선, 면 등의 도형으로 이루어져 있다. 학생들은 머릿속에 떠오르는 이야기를 도형에 빗대면서 꺼내기 어려웠던 내면을 비교적 쉽게 표현하게 된다. 추상적이고 심리적인 내용을 담은 그림책을 읽고 경험을 나눌 때 이너보이스 카드를 활용해 보자.

> **어떤 그림책이 좋을까?**
> - 사랑, 우정, 희생처럼 추상적인 개념을 다양하게 구체화하는 이야기가 좋다.
> - 제목이 의문문으로 이루어져 있을 때 표지를 먼저 보며 자연스럽게 아이들의 생각을 끌어낼 수 있다.

●● 함께 읽을 책

『사랑한다는 걸 어떻게 알까요?』
린 판덴베르흐 글, 카티예 페르메이레 그림, 지명숙 옮김, 고래이야기, 2018

여러 주인공이 등장하여 '누군가를 사랑한다는 걸 어떻게 알 수 있는지' 서로의 경험을 나눈다. 코끼리는 자신의 코만큼이나 크고 강렬했던 감정이라고 하며, 백설공주는 심술궂은 새엄마와 독이 든 사과의 괴로움을 모두 다 잊게 해 주는 감정이라고 말한다. 그러나 끝끝내 사랑이 무엇인지 알지 못하는 개미는 '이 모든 주인공들의 생각을 쓸데없는 소리'라며 무시한다. 하지만 알 수 없는 외로움이 밀려오면서 개미는 쓸쓸한 밤을 맞이한다.

●● 활동 안내

1. 그림책 표지를 보며 이야기 나눈 뒤, 책 제목의 답을 떠올려 본다.
2. 이너보이스 카드를 활용하여 '사랑한다는 걸 어떻게 알 수 있는지' 모둠원과 이야기한다.
3. 4절 도화지에 모둠원들의 생각을 모아 적고 발표한다.

1단계

그림책을 읽기 전, 표지에는 무엇이 보이는지, 색감과 판형은 어떤지 학생들과 충분히 이야기를 나눈다. 책 제목에 관해서도 함께 생각해 본다. "사랑한다는 걸 어떻게 알까요?"라고 그림책 제목과 똑같은 질문을 던지면 학생들은 자신이 사랑을 느낀 순간들을 답한다. 부모님에게, 이성 친구에게, 반려동물에게 느낀 사랑 등, 개인의 경험에 따라 다양한 이야기를 할 수 있다. 발표를 다 들은 뒤에는 '사랑'에 관한 공통 의견을 추린다.

2단계

'사랑'은 주관적이며 추상적인 개념이므로 말로 표현하기에 어려움을 느낄 수도 있다. 이때 이너보이스 카드를 활용하면 유용하다. 교사는 이너보이스 카드를 처음 접하는 학생들을 위해 예시를 들어 준다.

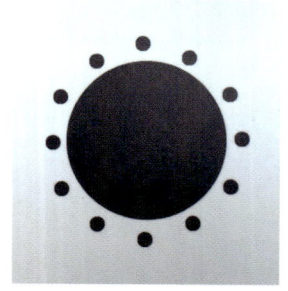

사랑은 무엇인지 이너보이스 카드를 활용하여 우리의 생각을 표현해 봅시다. 선생님이 먼저 예시를 보여 줄게요.
(뽑은 카드를 보여 주며) 선생님은 가운데 큰 원 주위를 작은 원들이 둘러싸고 있는 카드가 꼭 태양을 표현하는 것 같아서 골랐어요. 왜냐하면 선생님은 누군가를 사랑할 때 태양이 비치는 것처럼 마음이 따뜻해지기 때문이에요.
여러분은 사랑한다는 걸 어떻게 아나요? 사랑은 무엇일까요?

교사 설명 예시

이너보이스 카드 활용법을 배운 후 모둠원끼리 모여 '사랑한다는 걸 어떻게 알 수 있는지' 서로의 생각을 나눈다.

3단계

4절 도화지에 모둠원들의 생각을 모아서 정리한다. 의견을 정리할 땐 카드 그림을 따라 그리고 자신의 생각을 함께 적도록 한다. 카드를 도화지 위에 붙이지 않고 그림을 그대로 그려 보도록 하는 이유는 그러한 과정을 통해 머릿속으로 카드를 고른 이유를 다시 한번 생각할 수 있기 때문이다. 4절 도화지에 모둠원들의 생각을 정리하였다면 전체 발표를 통해 그 내용을 반 전체 친구들과 공유한다. 제목에 관한 의견을 충분히 나누었다면 본격적으로 그림책을 읽어 본다.

우리 모둠은 4개의 카드를 골랐어.
일단 ㅁㅁ는 동그라미 두 개 카드를 골랐는데 왜냐하면 "두 원 사이는 떨어져 있어도 사랑의 기류가 흐르는 것처럼 느껴지고 사랑할 때 서로 바라보는 것 같기 때문"이라고 했어.
△△이는 큰 원을 작은 점이 두르고 있는 카드를 골랐는데 그 이유는 "가족들이 나를 보며 관심을 주는 것과 같기 때문"이라고 했어.
나는 두 원 사이에 선이 그어진 카드를 골랐는데 그 이유는 두 원 사이에 벽이 있지만 좋아서 서로 계속 쳐다보는 것 같기 때문이야.
ㅇㅇ는 큰 원이 반으로 쪼개진 카드를 골랐는데 그 이유는 서로에게 빈틈이 생겨도 그것을 메꾸어 주는 것이 사랑이라고 생각하기 때문이야.

학생 발표 예시

9. 주제 연상 브레인라이팅(Brain-Writing)을 통한 너도나도 놀이

브레인라이팅은 창의적인 아이디어를 생산하기 위한 집단 발상법으로, 주제나 제목과 관련된 단어를 떠올렸을 때 연상되는 여러 가지를 적는 방법이다. 책을 읽기 전 학생들의 배경지식을 파악하는 과정은 독서 활동 계획 수립 및 개별화 학습에 도움이 된다. 교사 또한 학생들이 알고 있는 내용과 모르는 내용을 파악해 독서 활동 계획을 수정, 보완, 추가, 삭제할 수 있다.

> **어떤 그림책이 좋을까?**
> - 제목과 표지에서 자신의 지식이나 경험, 생각을 떠올릴 수 있어야 한다.
> - 내용 및 주제가 아이들의 삶과 맞닿아 있을수록 쉽게 접근할 수 있다.
> - 『여름방학』은 피부색과 편견, 스포츠, 놀이, 공동체 등을 주제로 '브레인라이팅' 하기에도 좋은 책이다.

●● 함께 읽을 책

『여름방학』

강현선 글 · 그림, 사계절, 2021

빨간 버스를 타고 여행을 떠난 아이들. 낯선 여행지에서 아이들은 다양한 피부색의 친구들을 만나 어울린다. 친구들의 얼굴에는 눈, 코, 입이 없어 표정을 알 수가 없다. 스냅사진처럼 제시된 동작을 통해 아이들의 표정을 유추할 뿐이다. 스탬프 아트와 콜라주 기법을 활용해 만들어진 이 책은 피부색과 상관없이 아이들이 공통의 문화를 매개로 하나 될 수 있다는 것을 알려 주기도 한다.

●● 활동 안내

1. 책 표지에서 알아차린 것을 자유롭게 이야기하게 한 뒤 브레인라이팅 주제를 잡는다.
2. 선정한 주제에서 연상되는 단어를 자유롭게 적고, 한 명씩 이야기한다.
3. 같은 단어를 적은 학생이 있다면 손을 들게 하고, 단어에 동그라미를 쳐서 같은 단어를 적은 학생 수를 기록해 둔다.
4. 참여하는 학생들이 자신이 쓴 단어를 발표할 수 있도록 3번 과정을 반 전체가 두세 번 반복한다. 아직 부르지 못한 단어가 있다면 한 명씩 나머지를 부른 뒤 합계 점수를 구한다.

1단계

먼저 책 표지를 보고 알아차린 것들을 자유롭게 이야기한다. 아이들은 표지 그림과 '여름방학'이라는 제목이 무슨 관련이 있는지, 다른 나라 아이들은 여름방학에 무엇을 하는지 궁금해한다. 이때 중간중간 교사가 질문을 던지면 아이들은 서로의 이야기를 들으며 생각을 키워 갈 수 있다. 여러 가지 단어 중 더 깊이 알아보고 싶은 주제가 있는지 학생들에게 제안한 후, 가장 많은 답이 나온 '여름방학 하면 떠오르는 것'에 대한 브레인라이팅을 이어가 보았다.

2단계

'너도나도'라는 보드게임 활동에 착안하여 빈 종이에 학생 각자 '여름방학' 하면 떠오르는, 주제어와 관련된 단어를 여덟 개 적는다. 그런 뒤 앉은 순서대로 자신이 적은 단어를 부른다. '워터파크' '수박' '극장' '늦잠' 등을 적은 친구가 많았다. 표지에서 축구하는 장면을 봤지만 '여름방학' 하면 떠오르는 단어로 '축구'를 적은 학생은 거의 없었다.

3단계

첫 번째 친구가 '워터파크'라고 말했을 때 똑같이 워터파크를 적은 친구들은 손을 들게 한다. '워터파크'를 적은 학생이 모두 열두 명이라면 학생들은 그 단어에 동그라미를 치고 숫자 '12'를 적는다. 이때 단어는 정확하게 일치해야만 한다. 예를 들어 '영화관' '극장'은 다른 단어로 취급한다. 그 외에도 여름 방학하면 떠오르는 단어를 차례대로 불러 가며 손을 들고 수를 기록한다.

4단계

반 전체 아이들이 두 번 정도 이야기하면 대부분의 아이들이 자신이 적은 단어를 부르게 된다. 아직 부르지 못한 단어가 있다면, 마지막에 한 명씩 일어서서 나머지를 모두 부르게 한다. 그런 뒤 같은 단어를 적은 친구의 수를 헤아려 합계 점수를 구한다. 브레인라이팅 활동을 통해 학생들은 '여름방학' 하면 떠오르는 단어를 알게 되고, 친구들이 여름방학에 무엇을 하며 보내는지도 들을 수 있다.

브레인라이팅 활동을 할 때는 학생들의 관심이 많은 주제, 그와 반대로 학생들이 잘 알지 못하는 주제를 골라도 된다. 배경지식을 확인하고 활성화하는 차원에서 모두 의미 있기 때문이다. 학생들이 알고 있는 주제라면 친숙하게 접근이 가능하며, 아직 알지 못하는 주제라면 그만큼 수업 내용 보강 및 계획 수립에 참고할 수 있다.

10. 그림 보고 내용 예측하기

추측하며 읽기는 자신의 경험 및 배경지식을 떠올리는 과정에서 상상을 통한 독서 동기를 불러일으킨다. 그림책을 읽기 전, 그림책의 그림만 일부 보여 줌으로써 책을 향한 궁금증을 유발해 보자. 또한 모둠 활동으로 추측해서 이야기 만들기를 통해 서로의 아이디어와 상상을 공유하는 과정에서 생각의 폭을 넓힐 수 있다.

> **어떤 그림책이 좋을까?**
> - 상상력을 발휘할 수 있는 장면으로 이루어진 그림책이 좋다.
> - 『지혜로운 멧돼지가 되기 위한 지침서』는 친근한 그림으로 이루어져 있어 이야기 만들기 활동에 적합하다.

●● 함께 읽을 책

『지혜로운 멧돼지가 되기 위한 지침서』

권정민 글·그림, 보림, 2016

무분별한 개발로 하루아침에 집을 잃어 버린 멧돼지 가족. 멧돼지들은 새로운 보금자리를 찾아 도시로 떠난다. 그곳에서 그들은 히치하이크를 하고, 음식물 쓰레기통을 뒤지고, 뷔페 식당을 기웃거린다. 비록 시작은 서글펐으나 고층아파트를 점령하는 멧돼지의 입장이 통쾌하게 그려지는 책이다. 심각한 사회 문제를 유쾌하게 다루고 있으며 아이들은 야생동물의 입장에서 인간의 모습을 바라보게 된다.

●● 활동 안내

1. 연습용 활동으로, 이야기톡 카드*를 모둠별(5인 1모둠)로 다섯 장씩 나눠 준다. 모둠원끼리 다섯 장의 카드로 하나의 이야기를 만들어 발표한다.
2. 글을 없앤 그림책 장면을 인쇄해 모둠별로 한 세트(8장면)씩 나눠 준다.
3. 받은 그림으로 이야기의 순서를 정하고, 회의를 거쳐 모둠별로 하나의 이야기를 만들어 공유한다.
4. 그림책의 표지를 보여 주고, 제목을 읽어 준다.

1단계

그림책을 읽어 주기 전에 이야기톡 카드를 나누어 주고 짧은 이야기 만들기 연습을 해 본다. 모둠은 다섯 명으로 구성하고, 각각 원하는 카드를 한 장씩 나누어 갖게 한다. 교사는 이야기톡 활동을 하기 전에 같은 그림 다섯 장으로 두 가지 사례를 보여 준다.

이야기톡 활동 예시를 보여준 후, 모둠원은 자신이 고른 카드를 공유하고 논의한다. 어떤 순서로 이야기를 구성할지, 결말은 어떻게 할 것인지 이야기 나눴다면 각자 정한 그림의 이야기를 상의하여 만들고, 발표한다.

1. 부모님은 내가 커서 의사가 되길 바라셨습니다.
2. 그래서 나는 열심히 공부했습니다.
3. 나는 의사가 되었습니다.
4. 하지만 의사의 삶은 생각보다 행복하지 않았습니다.
5. 그래서 지금은 작은 카페를 운영하며 살고 있어요.

첫 번째 예시

---

* 본 활동에서는 이야기몰(http://storyshow.co.kr)에서 판매 중인 '이야기톡 4각 그림스티커-감성' 카드를 활용하였다. 이야기톡 카드는 여러 교구 판매 사이트에서 찾을 수 있으며, 교사의 필요에 맞게 다양한 모델을 활용할 수 있다.

1. 이 남자는 아주 유명한 배우였다
2. 자산 200억이 넘는 부자였다.
3. 하지만 운영하던 회사가 실패했다.
4. 몇 년 후, 결국 남자는 거지가 되었다.
5. 하지만, 그 모든 것은 꿈이었다.

두 번째 예시

2단계

이야기톡 활동이 끝나면 모둠별로 도화지 한 장과 그림책 그림을 복사한 종이 여덟 컷을 무작위로 나눠 준다. 이야기톡 카드로 했던 방법처럼 모둠원끼리 그림의 순서를 정하고 이야기를 만들어 보게 한다.

3단계

모둠 이야기를 만들 때는 그림과 그림이 자연스럽게 연결되도록 한다. 활동을 진행하다 보면 가끔 한 명의 학생만 의견을 제시하거나, 다른 학생들의 의견을 듣지 않고 무시하는 경우도 있을 수 있다. 이때 사전에 각자 아이디어를 메모해 두면 협의 과정에서 모두가 의견을 낼 수 있다. 서로 의견이 부딪칠 경우에는 모두의 의견을 경청한 뒤 더 적합한 아이디어를 투표로 선정한다.

　모둠별로 이야기를 작성하다 보면 자신의 상상을 더하지 않고 보이는 그대로 적어 버리거나 생각을 표현하기 어려워하는 학생들도 있다. 이런 학생들에게는 교사가 그림을 어떻게 관찰하면 좋은지 안내한다. 예를 들어 그림 속 장소가 어디인 것 같은지 멧돼지는 무슨 말을 하고 싶어 하는 것 같은지 생각하며 그림을 이런저런 방법으로 살펴볼 수 있도록 알려 준다. 적극적인 성향이 아니라 이야기를 시작하지 못하는 학생들에게는 '멧돼지' '도시' '집' 등의 키워드를 넣어서 이야기를 만들게 한다거나, 이야기의 끝을 미리 정해 보도록 하면 효과적이다. 이야기 만들기를 마치면 제목을 붙이고 발표한다.

〈그림책 여덟 장면〉	〈학생들이 창작한 이야기〉 제목: 그해 여름
신호등이 여러 개 있는 도로가 나온 도시 장면	여름이었다. 내가 그곳으로 처음 간 날은…….
멧돼지가 동물병원 밖에서 병원 안에 있는 동물을 보는 장면	내가 너를 처음 만난 곳이 동물병원이었다면 사람들은 믿을까?
아파트 입구를 바라보는 장면	네가 입양되었다는 사실을 알았을 때, 아직 실감이 나지 않았어. 매일같이 너의 집 앞에서 널 기다렸지.
아파트 안이 엉망이 된 장면	네가 너무 보고 싶어서 너의 집에 함부로 들어갔어. 하지만 넌 그곳에 없었지.
사람들이 보도블록 위의 멧돼지를 보고 핸드폰으로 사진 찍는 장면	허탈한 마음으로 길을 나왔는데, 사람들이 날 보며 수군대더라. "멧돼지가 왜 사람 사는 집에서 나와?"
청계천 다리 위를 멧돼지가 지나가는 장면	난 순간적으로 위험을 감지하고 그 사람들을 피해 도망쳤어. 하지만, 그 사람들은 끈질기게 따라오더라.
포클레인에 멧돼지가 절벽에서 밀리는 장면	끝없이 도망치다가 결국 산짐승을 혐오하던 어떤 사람이 몰던 포클레인에 깔려 죽고 말았어. 그 순간까지 난 너의 생각뿐이었어.
리본으로 포장된 종이	사람들에게 잡혀 난 고기가 되었고, 누군가의 집에 고양이 사료 선물로 배달되었어.

4단계

이야기 만들기 활동을 모두 마치면, 그림책『지혜로운 멧돼지가 되기 위한 지침서』의 표지와 제목만 소개하고 어떤 내용일지 추측할 수 있도록 질문을 해 본다. 이 멧돼지가 지금 있는 곳은 어디인 것 같은지? 왜 여기에 있는 것 같은지? 무엇을 보고 있는 것 같은지? 결말은 어떻게 될 것 같은지? 등장인물은 또 누가 나올 것 같은지? 이야기를 나누면 추측했던 이야기와 실제 내용이 어떻게 다른지 알아보는 재미가 있어서 활동을 할 때 몰입도가 높아진다.

11. 판권지 활동

독서 전 그림책에 담긴 서지 정보를 서로 비교해 보며 승부를 가리는 활동이다. 학생들은 질문이 적힌 나무 막대를 뽑은 후 제시된 질문에 적합한 내용을 판권지*에서 찾아, 질문에 가장 가까운 답을 추려내게 된다. 서명, 저자, 출판사, 발행일 등 그림책을 구성하고 있는 다양한 서지 정보를 확인하는 과정에서 책을 만드는 데에는 여러 사람의 노력이 필요함을 알 수 있다. 그림책 고유 정보를 이해하고 비교 평가하는 정보 활용 교육으로 연계할 수도 있다.

> **어떤 그림책이 좋을까?**
> • 판권지에 정보가 많은 책이 좋다. 담당 편집자 이름이 실명으로 등록되어 있거나, 출판사 연락처뿐만 아니라 SNS 계정도 표기되어 있다면 활용도가 높을 것이다.

●● 함께 읽을 책

특정 그림책이 아닌 도서관이나 학급문고에 있는 여러 종류의 그림책들

여러 권의 그림책을 비교하는 활동이기에 도서관을 활용하거나 학급문고에 있는 그림책들을 이용할 수 있다. 그림책을 선별하는 방법은 다음과 같다.

- 주제 제한 두지 않기: 그림책 선정을 학생 자율에 맡긴다.
- 주제 범위 정하기: 책의 주제 범위를 '800(문학) 그림책에서만 한 권씩 골라 오기' '400(자연과학) 지식정보 그림책이나 도감류 그림책은 제외하기' 등으로 교사가 특정한다. 예외 도서를 제외하고 1인 1권을 시간 안에 골라 오도록 한다.

---

* 책의 앞장이나 뒷장에 인쇄 및 발행 날짜, 저작자·발행자의 주소와 성명 따위를 인쇄하고 인지를 붙인 종이.

●● **활동 안내**

1. 4~6인 모둠을 구성하고, 책상을 가운데 두고 마주 볼 수 있도록 자리를 배치한다. 제한된 시간 안에 각자 한 권을 선택하여 가져온다.
2. 판권지의 이름을 ㅍㄱㅈ 초성으로 제시하고 유추하여 맞히도록 한다. 판권지가 무엇인지 설명하고 학생들이 선택한 그림책에서 판권지의 위치를 확인한다. 미리 준비한 질문지를 붙인 나무 막대 통을 모둠별로 나눠 준다. 모둠원끼리 가위바위보로 뽑는 순서를 정하고 질문 막대를 뽑은 학생이 질문을 읽는다.
3. 그림책의 판권지를 살펴보고 질문 막대의 조건에 가장 가까운 그림책을 가진 학생이 해당 질문 막대를 가진다. 가장 많은 막대를 모은 학생이 우승한다.

1단계

설명지 여섯 개와 질문지 서른 개가 적힌 도안을 오려서 붙인 나무 막대를 사전에 준비한다. 놀이를 시작하기 전 학생 4~6인 정도의 모둠을 구성한다.

모둠원은 책상을 가운데 두고 마주 볼 수 있도록 자리를 배치하여 앉도록 한다. 제한 시간을 정한 뒤, 도서관이나 학급문고에 있는 그림책 중 각자 한 권씩 선택하여 가지고 오도록 한다.

2단계

그림책을 살펴보기 전, 판권지를 낯설어하는 학생들이 명칭을 익힐 수 있도록 초성으로 이름 맞히기를 한다. 칠판에 ㅍㄱㅈ 초성을 제시하고 자유롭게 답을 연상하도록 한다. 명칭을 정확히 맞히지 못하더라도 재미있게 이름을 기억할 수 있다.

판권지를 찾았으면 설명 막대와 질문 막대가 담긴 통을 모둠별로 나눠 준다. 모둠원은 가위바위보를 해서 막대를 뽑을 순서를 정한다.

활동지 QR코드

(QR코드로 도안을 여러 장 내려받아 활용할 수 있어요.)

책의 크기가 가장 큰 책	가격이 가장 비싼 책
그림이 가장 많은 책(펼친 쪽)	쪽수가 가장 많은 책
저자(지은이) 이름이 가장 짧은 책	본문 글씨가 가장 큰 책
판, 쇄를 가장 많이 찍은 책	출판사 이름이 가장 긴 책
발행일이 최근인 책	책 제목(서명)이 가장 짧은 책
등장인물이 가장 많은 책	출판사명(설명 막대)
저자(지은이) 이름이 가장 긴 책	ISBN(설명 막대)

3단계

질문 막대를 뽑은 학생이 막대에 적힌 질문을 읽으면, 각자 가지고 온 그림책의 판권지에서 해당 조건을 확인한다. 어느 책이 조건에 가장 가까운지 비교해 본다. 예를 들어 질문이 '출판 연도가 가장 최근인 책'이라면 판권지의 발행일이 제일 최근인 그림책을 가져온 학생이 승리하게 되고 이긴 학생은 해당 질문 막대를 가져간다. 정해진 시간 동안 모둠별로 진행한 후 가장 많은 막대를 모은 학생이 최종 우승하는 식이다. 판, 쇄, ISBN과 같은 용어들을 익힐 수 있는 설명 막대도 넣어 개념을 이해할 수 있게 해도 좋다. 출판 연도가 같거나 등장인물 수가 같은 등, 한 조건에 부합하는 책이 둘 이상이라면 모두 인정하되, 질문 막대는 무효로 한다. 다음 학생이 질문 막대를 뽑으며 이어서 진행해 간다.

낯선 그림책을 마주하게 되는 것은 처음 사람을 사귀는 과정과 같다. 표지가 첫인상이라면 서명은 그 사람의 이름에 해당한다. 또한 판권지에는 그 사람의 모든 정보가 담겨 있다. 그림책을 읽기 전 서지 정보를 확인하는 활동을 통해 그림책과 친해지는 계기를 마련하고, 나아가 그림책 전처의 구성 요소를 자세히 살펴볼 수 있다.

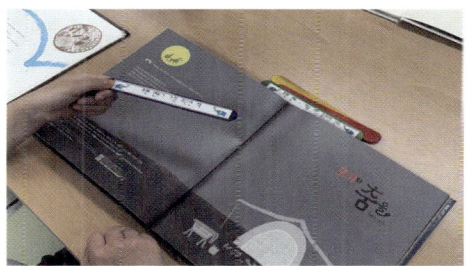

막대 내용에 해당하는 책은 누가 가지고 있을까?

12. 작가 살펴보기

그림책 독후 활동 중 같은 작가의 작품을 읽게 되었을 때 아이들은 작가의 화풍을 알아차리고 작품을 더욱 깊이 이해하게 된다. 그림책을 더 읽고 싶은 마음이 들거나 그 작가의 다른 작품을 찾아보고 싶어 하기도 한다. 더 많이 알고 더 많이 볼수록 아이들은 작가의 작품 세계에 관심을 가지며, 작가와의 만남까지 꿈꾸게 되는 등 자신의 독서 활동을 확장시켜 나간다. 작가 살펴보기 활동은 아이들을 스스로 찾아서 읽는 독자로 이끌어 준다는 점에서 의미가 있다.

> **어떤 그림책이 좋을까?**
> - 작품 활동을 꾸준히 이어 와, 함께 볼 그림책이 많은 작가라면 선택의 폭이 넓어진다.
> - 인터뷰 등 작가의 작품 세계를 파악할 수 있는 자료가 풍부하게 나와 있는 작가를 선정하면 도움이 된다.
> - 볼로냐가치상, 한스 크리스티안 안데르센상 등 그림책과 관련해서 상을 받은 작가 위주로 살펴도 좋다.

●● **함께 읽을 책**

『알사탕』

백희나 글·그림, 책읽는곰, 2017

어느 가을, 놀이터에서 혼자 구슬치기를 하던 아이는 문방구에 가 다양한 색과 무늬를 가진 알사탕 한 봉지를 사 온다. 알사탕을 입 안에 넣고 녹여 먹는 동안 주인공 동동이는 소파, 강아지, 아빠, 돌아가신 할머니, 그리고 자기 자신의 속마음과 이야기 나누게 된다. 다른 존재는 물론 자신의 속마음도 알게

된다는 발상이 기발하면서도 아이들에게 위로와 격려 용기를 주는 작품이다. 백희나 작가는 인형과 소품을 만들어 사진을 찍는 독특한 작업 방식으로 널리 알려져 있어 작가 살펴보기 활동에 적합하다. 책을 함께 읽을 때 책의 제목, 작가 이름, 출판사 이름 등을 꼭 알려 주는 것도 중요하다.

●● 활동 안내

1. 작가의 그림책을 가능한 많이 준비하고 책 표지의 요모조모를 함께 본다.
2. 작가에 관해 알아본다.
3. 수업에 활용된 그림책 외에 작가의 작품이 더 있는지 찾아보고 이야기 나눈다.

1단계

기존에 학급에서 함께 읽었던 같은 작가의 작품이 있다면 미리 준비해 두었다가 칠판 받침에 전시하며 한 권씩 보여 준다. 그림책을 읽기 전 표지에 있는 책 제목, 표지, 그림, 작가명, 출판사명 등을 함께 살펴보며 자신이 알아차린 것을 말한다. 아이가 분홍색 사탕을 눈 가까이 가져다 댄 표지만으로 아이들은 저자를 알아맞힌다. 『구름빵』 『이상한 엄마』와 마찬가지로 클레이로 만든 인형을 찍어 작업하는 것이 백희나 작가 작품의 특징이기 때문이다.

한편 책 표지를 소개할 때, 앞표지와 뒤표지 간 연속성이 있다면 앞뒤 표지를 모두 보여 준다. 제본 방식이 특이한 책의 경우 책등을 살피는 것도 좋다. 의미 있는 북커버가 있다면 함께 보고, 커버를 벗겨서도 보여 준다. 교사가 작가에 대한 정보를 알려 주거나 검색 엔진을 사용하여 작가와 관련된 영상을 시청할 수도 있다.

백희나 작가의 작품	백희나 작가의 다큐 영상	뮤지컬 알사탕 OST

2단계

본문 읽기에 들어가기 전, 백희나 작가에 관해 알아보도록 한다. 백희나 작가의 『알사탕』은 뮤지컬로도 만들어졌기에 작품의 OST을 듣고, 그림책과 차이점을 찾을 수 있다. 아스트리드 린드그렌상을 수상한 백희나 작가의 다큐 영상을 함께 보면서 작가가 작품활동을 어떻게 하는지, 작가의 삶은 어떠한지도 살펴보도록 한다. 교실에 일정 기간 동안 작가의 작품을 전시하는 것도 좋은 방법이다.

  작가와 작가의 작품을 알게 된 아이들은 책 읽기에 더 관심을 가지고 능동적인 독자가 된다. 쉬는 시간을 이용해 작가의 작품을 스스로 찾아 읽고 자신이 알게 된 책을 선생님과 친구들에게 소개하기도 한다. 책을 읽을 때 작가 이름까지 관심 있게 알아보는 독자가 되어 가는 것이다.

3단계

함께 읽은 작품이 아니더라도 같은 작가의 다른 작품 중 알고 있는 것이 있는지 이야기 나눈다. 인터넷 서점을 통해 책을 검색하고, 작가의 다른 작품 제목도 살펴볼 수 있다.

글쓰기 활동

13. 포토스탠딩을 활용한 소감 나누기

아이들과 그림책 읽은 느낌을 이야기하면 대부분 '재밌다' '그저 그렇다' 등 단편적인 소감을 말한다. 이때 포토스탠딩을 활용하면 책을 읽은 느낌을 다양한 사진, 그림과 연결 짓는 과정에서 창의성을 발휘할 수 있다. 소감을 작성하고 발표할 때 '그림책을 읽은 느낌은 사진 ~와 같다. 왜냐하면 ~이기 때문이다' 형태로 주장-이유 말하기 방식을 택하면 논리적 사고도 향상된다.

> **어떤 그림책이 좋을까?**
> - 그림책 감상을 정리하는 활동이므로 나누고 싶은 주제에 맞는 책으로 선정하면 된다.
> - 일상적인 모습을 담은 사진과 책 내용을 연결 지어야 하므로 논픽션 그림책보다는 픽션을 선택하도록 한다.

●● 함께 읽을 책

『밀어내라』

이상옥 글, 조원희 그림, 한솔수북, 2019

『밀어내라』는 다름을 받아들이지 못하는 펭귄들의 이야기를 통해 우리 사회의 편견, 차별로 인한 문제를 다룬다. 또한 타인들과 더불어 살아가는 의미를 생각하게 한다. 책 속 펭귄들처럼 우리는 혼자 살아갈 수 없는 존재인데도 타인을 배척하고 수많은 사회 문제를 발생시키기 때문이다. 차별로 인한 문제들을 알아보고, 함께하는 삶의 의미를 이야기할 수 있다는 점에서 소감 나누기-포도스탠딩 활동에 적합한 그림책이다.

●● 활동 안내

1. 사진 한 장을 선택해 그림책을 읽은 느낌과 연결 지어 발표한다.
2. 그림책을 읽은 느낌을 발표하지 않고 사진을 친구들에게 보여 준다. 친구들은 사진을 보고 발표하는 친구의 소감을 유추한다.
3. 교사가 임의로 한 장씩 나눠 준 사진을 통해 독서 소감을 발표한다.

1단계

책을 읽은 뒤 4인 1모둠을 구성하고, 모둠별로 책상 위에 사진을 펼쳐 놓는다. 이번 시간에는 학토재에서 나온 이미지 프리즘 카드를 활용했다. 100장의 카드가 들어 있어 인원이 많은 학급에서도 사용하기 좋다. 반드시 교육용 카드를 사용할 필요는 없고 신문, 잡지 등 그림이나 사진이 들어간 다른 자료를 사용해도 된다. 아이들은 그림이 들어간 카드를 보면서 『밀어내라』를 읽은 소감, 느낌과 연결되는 사진 한 장을 고르고 발표한다. 이때 이유를 함께 말하면 논증적 사고를 기를 수 있다.

사진	소감
	『밀어내라』를 읽은 느낌은 시소와 같다. 왜냐하면 시소는 어느 쪽에 앉느냐에 따라서 보이는 풍경도, 배경도 달라지기 때문이다. 다른 동물들을 밀어냈던 펭귄들이 자신들도 밀려나는 입장이 될 수 있음을 깨달으면 좋겠다.

모둠원들끼리 돌아가면서 발표를 한다. 시간이 있다면 발표가 가장 인상 깊었던 친구를 선정하고 전체 학생들에게 발표하는 시간을 갖는다.

2단계

이렇게 마무리해도 되지만, 2단계 활동을 통해 아이들의 흥미와 사고력을 키울 수도 있다. 모둠에서 한 명이 일어나 바로 발표하지 않고 선택한 사진을 친구들에게 보여 준다. 친구들은 그 사진을 보고 왜 이 사진을 골랐는지 유추하고 발표자의 소감을 맞힌다. 개인별로 해도 좋고 모둠별로 협의해 맞히는 놀이 형태로도 진행할 수 있다. 이러한 과정에서 아이들은 서로 다르다는 것을 자연스럽게 알게 되고, 다르다는 이유로 차별하지 않아야 함을 깨닫는다.

사진	다른 학생이 유추한 소감
 *같은 사진을 보고도 어떤 아이는 서로 다른 존재들이 공존하는 인상을 받은 반면 어떤 아이는 서로 비웃으며 싸우는 느낌을 받았다.	모양과 색깔이 다른 손들이 서로 손가락질 하면서 비웃는 모습처럼 보인다. 책 속에서 펭귄들이 다르다는 이유로 다른 동물을 받아들이지 못하는 맥락과 비슷하게 느껴져서 이 사진을 고른 것 같다.
	발표 학생의 소감
	다양한 모양과 색깔의 손이 서로 공존하는 모습이다. 『밀어내라』에서는 서로 다르다고 배척하다가 결국 비극적인 결말로 이어졌다. 그래서 다르다고 차별하지 않고 공존하자는 메시지가 이 사진에 잘 담겨 있다.

3단계

아이들의 사고력을 향상시킬 수 있는 가장 좋은 방법은 아이들이 사진을 직접 고르지 않고 교사가 한 장씩 무작위로 나눠 주는 것이다. 이때 아이들은 여러 사진 중에서 한 장을 골라 발표할 때보다 훨씬 어려워한다. 그래서 처음부터 사진을 무작위로 나눠 주는 것은 바람직하지 않다. 소감을 사진으로 연결하지 못하면서 재미를 잃어 버리기 때문이다. 이런 상황에서는 포토스탠딩 활동에 익숙해진 아이들, 또는 다른 아이들에 비해 빨리 소감을 작성한 아이에게 추가로 작성할 수 있는 기회를 제공하는 것이 좋다.

14. N행시 쓰기

독후 감상문 쓰기를 힘들어하는 아이들과 N행시 쓰기를 해 보면 장문의 글 앞에서 느끼는 두려움을 줄여 나가는 데 도움이 된다. N행시 쓰기 활동은 분량이 짧아 쓰기에 대한 부담이 없고, 첫 글자를 연결 짓기 위해 낱말을 떠올리는 과정에서 어휘력도 향상된다. 유희적인 특성이 강해 즐거운 독후 활동도 가능하다. 시, 시조 등으로 접근할 수 있어 다양한 형태로 자유롭게 표현할 수 있다는 장점도 있다.

> **어떤 그림책이 좋을까?**
> - 책에 등장하는 여러 소재가 저마다의 비중을 가졌다면 그 소재명에서 N행시의 기반이 되는 명사형 단어를 다양하게 길어 올릴 수 있다.
> - N행시 쓰기는 흔히 생각하는 독후감상문, 시 쓰기의 형식을 벗어난다. 『마일로가 상상한 세상』은 편견과 고정관념을 넘어 새롭게 생각하는 것에 관한 이야기로, N행시의 발상법과 맞닿아 있다고 할 수 있다.

●● 함께 읽을 책

『마일로가 상상한 세상』

맷 데 라 페냐 글, 크리스티안 로빈슨 그림, 김지은 옮김, 북극곰, 2022

마일로는 지하철 안 다양한 사람들을 관찰하고, 그들의 삶을 상상해 그림으로 그린다. 그러나 마일로의 상상은 사람들의 진짜 삶과 일치할까? 마일로는 겉모습만 보고서는 그 사람에 대해 아무것도 알 수 없다는 사실을 깨닫는다. 세상의 한쪽 면만 바라보던 마일로가 그 얼굴 뒤의 세상을 새롭게 상상하게 되었듯이,
우리도 다양한 삶의 이야기를 열린 마음으로 받아들일 수 있다면 좋겠다.

●● 활동 안내

1. 책에서 인상 깊은 장면을 나누고 생각을 공유한다.
2. N행시를 소개하고 형식을 익힌다. 낱말을 골라 N행시를 쓴 뒤 발표한다.
3. 진도가 빠른 아이들은 추가로 시를 쓰거나 시에 어울리는 그림을 그리도록 안내한다.

1단계

그림책을 함께 읽은 뒤 인상 깊은 장면을 나누고 생각을 공유한다. 그다음 『마일로가 상상한 세상』을 통해 작가가 우리에게 전달하고자 하는 주제가 무엇인지 이야기한다. 이때 그림책이 작가의 자전적인 이야기를 담고 있다고 말해 주면 좋다. 실제로 그림 작가는 어머니가 약물중독으로 수감되어 있던 시기의 기억을 떠올려 이 책에 녹여 내었다. 이를 바탕으로 작가가 무엇을 말하려고 했는지 물으면, 아이들은 다양한 대답을 내놓는다. 한 학생은 한 방향으로만 생각하지 말자는 메시지를, 다른 학생은 보이는 그대로를 너무 당연하게 생각해서는 안 된다는 메시지를 담고 있다고 이야기했다.

2단계

N행시 쓰기는 낱말의 각 음절을 행의 첫 글자로 삼아 문장이나 시를 쓰는 활동이다. '편견'이라는 낱말로 2행시를 짓는다고 하면 '편'으로 시작되는 행과 '견'으로 시작되는 행을 쓰면 된다.

이제 N행시를 쓸 낱말을 고르고 시를 써 본다. 제목, 주인공, 등장인물과 책에서 나온 장소를 고를 수 있다고 안내한다. 『마일로가 상상한 세상』은 제목이 길기 때문에 일부인 '상상한 세상'으로 오행시를 지을 수 있다. 책에 등장한 낱말 중 시로 쓸 수 있는 낱말을 학급 전체와 나눈다. 나눈 의견을 칠판에 판서하여 공유하면 N행시를 쓰다 생각이 나지 않을 때 도움이 된다. 또한 'ㄹ'이나 'ㄴ'은 'ㄴ'이나 'ㅇ'으로 두음법칙을 적용할 수 있다. 추가 활동으로 N행시의 마지막 연을 유추하고 맞히는 게임을 해 봐도 좋다.

특정 글자로 시작하는 낱말이 떠오르지 않을 때 국어사전에서 찾아보라고 안내한다. 낱말을 찾다 보면 생각의 물꼬가 트여서 활동을 쉽게 이어갈 수 있다. N행시 쓰기 활동이 모두 끝났다면 전체 발표를 한다.

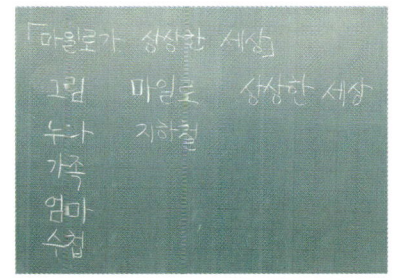

학생들이 뽑은 N행시 소재

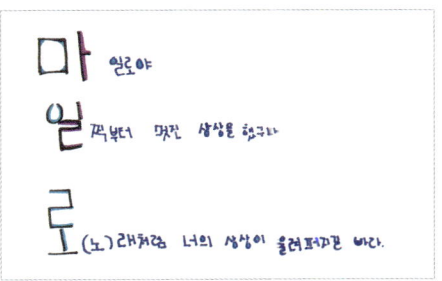
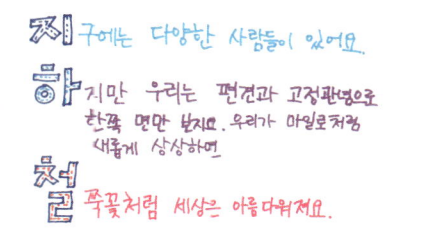

3단계

N행시 쓰기 활동 시간은 개인마다 차이가 난다. 먼저 끝낸 아이들에게 한 편을 더 쓰도록 하거나, N행시에 어울리는 그림을 그릴 수 있다고 안내한다. 어울리는 그림을 떠올리기 어려워하는 아이에게는 책에 있는 그림을 그대로 따라 그려도 된다고 안내하여 부담감을 느끼지 않도록 한다.

15. 편지 쓰기

편지 쓰기는 줄거리와 감상을 중심으로 하는 기존의 독후감 쓰기에 비해 좀 더 쉽고 친근하게 접근할 수 있는 글쓰기 방법이다. 단문에 익숙해진 학생들의 경우 '편지'라는 일정한 형식에 맞춰 글을 이어 나가며 사고력과 문장력을 기를 수 있다. 등장인물에게 편지를 쓰거나 등장인물의 입장이 되어 다른 등장인물에게 하고 싶은 이야기를 담아도 좋고, 친구나 부모님께 책을 소개하는 이야기를 담아도 좋다.

> **어떤 그림책이 좋을까?**
> - 편지는 타인에게 마음을 담아 보내는 글이므로 학생들이 쉽게 공감할 수 있는 등장인물이 나오는 책이면 활동하기에 용이하다.
> - 짧은 메시지가 익숙한 아이들과 함께 하는 활동이므로, 편지글로 이루어진 그림책을 선택하면 편지의 형식과 정서를 이해하기 좋다.

●● 함께 읽을 책

『가을에게, 봄에게』

사이토 린 · 우키마루 글, 요시다 히사노리 그림, 이하나 옮김, 미디어창비, 2020

서로를 궁금해하는 봄과 가을은 편지를 주고받으며 따뜻한 우정을 나눈다. 만날 수 없는 두 계절의 애틋한 마음이 잘 느껴지는 이 책은 편지를 통해 계절의 아름다움을 생생하게 전달한다. 그림책을 읽은 다음, 자신이 좋아하는 계절에게 편지를 쓰고 고마움을 전하는 활동은 생명과 자연에 대한 감수성을 높일 수 있는 좋은 기회가 된다. 또한 편지글의 형식과 함께 상대방에 대한 배려심도 배울 수 있다.

●● **활동 안내**

1. 그림책을 읽은 후 주변의 계절 풍경을 담은 사진을 찍고 함께 감상한다.
2. 해당 계절의 입장이 되어 편지를 쓴다면 어떤 내용을 적을지 이야기 나눈다.
3. 수신인을 결정해 편지글을 써 보고, 말린 꽃잎이나 풀잎 등을 붙여 예쁘게 꾸민다. 완성된 편지를 친구들과 함께 읽고 이야기를 나눈다.

1단계

책을 읽고 나서 직접 밖으로 나가 계절을 관찰하고 촬영한다. 세계적인 일러스트레이터이자 건축가인 '샤메크 블루위'의 기법에 따라 도안의 일부분을 칼로 오려 낸 후 자연을 배경으로 사진을 찍다 보면 학생들은 더욱 유심히 계절 풍경을 살펴보게 된다. 이후 촬영한 사진을 패들렛에 올리고 작품을 감상한다.

학생들이 찍어 온 봄 풍경들

2단계

학생들에게 편지를 써 본 경험이 있는지 질문한다. 학생들은 대부분 어버이날이나 스승의날에 썼던 편지를 이야기할 것이다. 이때, 그림책에서처럼 계절에게 편지를 써 볼 것을 제안한다. 만약 봄의 입장이 되어 가을에게 편지를 쓴다면 무엇을 소개하고 싶은지, 가을에게 궁금한 점이나 하고 싶은 말은 무엇인지 질문하고 함께 이야기를 나눈다.

3단계

편지글의 형식을 안내한다. 편지글을 쓸 때는 편지를 쓰는 까닭, 자신의 생각이나 느낌을 잘 드러내야 한다. 또한 기본적인 형식을 이해하고 그에 맞게 이야기하는 연습도 필요하다. 편지글 형식은 다음과 같다.

① 받을 사람: 편지를 받을 사람을 적는다.
② 첫인사: 편지를 받을 사람에게 인사를 하고 안부를 묻는다. 필요한 경우, 자기소개를 하고 계절이나 날씨에 관한 말을 꺼낼 수도 있다.
③ 전하고 싶은 말: 편지를 쓴 까닭과 목적이 드러나게 전하고 싶은 말을 쓴다.
④ 끝인사: 편지를 마치며 덧붙이고 싶은 말, 편지를 받을 사람에게 인사를 한다.
⑤ 쓴 날짜: 끝인사 다음 줄 오른쪽에 편지를 쓴 날짜를 적는다.
⑥ 쓴 사람: 날짜 다음 줄 오른쪽에 편지를 쓴 사람의 이름을 적는다. 보내는 대상에 맞게 올림, 드림, 보냄, 씀 등을 덧붙인다.

기본 형식을 이해한 뒤 자유롭게 대상을 정하여 다양한 계절의 모습을 소개하는 편지를 쓴다. 계절도 가능하고, 나무나 꽃에게 쓸 수도 있다. 다른 나라 어린이에게 우리나라의 사계절을 소개하는 편지도 아름다운 이야기가 될 수 있다. 자신의 마음이 잘 전달될 수 있도록 하고 싶은 말을 구체적으로 쓰되, 편지글의 형식에 맞게 쓰는 습관을 기르도록 지도한다.

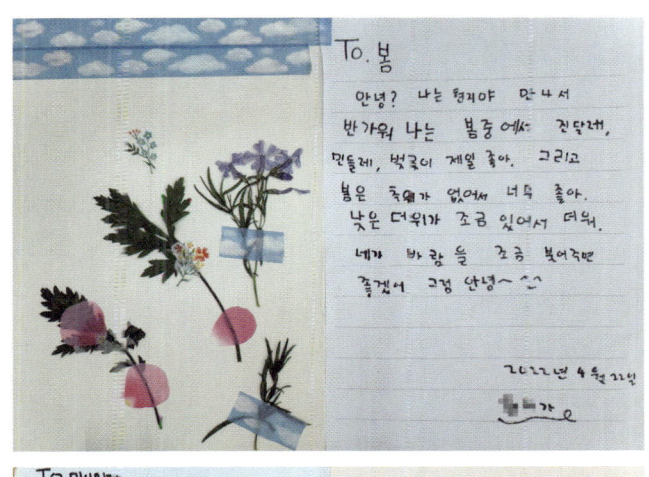
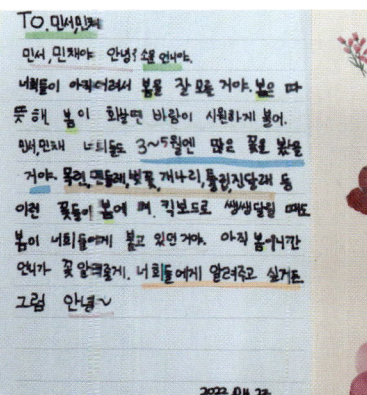

학생들 편지 모둠

16. 등장인물이 되어 일기 쓰기

일기 쓰기 활동을 통해 아이들은 등장인물과 자신을 동일시하여 캐릭터의 행동이나 생각을 더 깊이 이해할 수 있다. 인물의 마음을 짐작해 일기를 쓰며 책을 깊이 있게 이해하는 것은 물론 자신이 동감한 내용을 기술하는 능력도 기를 수 있다. 타인의 입장이 되어 봄으로써 상상력을 길러 보자.

> **어떤 그림책이 좋을까?**
> - 주요 사건과 등장인물의 행동이 명확하게 드러나는 그림책이면 일기에 쓸 내용을 구체적으로 짚어 낼 수 있다.
> - 『캘빈의 마술쇼』는 아이들이 공감할 만한 소재에 재미있는 반전까지 있어 직접 등장인물이 되어 일기를 쓸 때 쉽게 몰입할 수 있다.

●● 함께 읽을 책

『캘빈의 마술쇼』

크리스 반 알스버그 글·그림, 서애경 옮김, 사계절, 2015

생일 선물로 마술쇼 입장권을 받은 캘빈. 마술쇼를 보고 온 개구쟁이 캘빈과 친구 로드니가 캘빈의 동생 트루디에게 최면을 걸자 트루디는 강아지가 되어 버린다. 친구 캘빈과 로드니는 최면에 걸린 트루디를 데리고 마술사에게 찾아가 최면을 풀려고 하는데……. 트루디는 정말 최면에 걸린 걸까? 마지막 반전이 재미있는 그림책으로, 정교하고 섬세한 연필 질감의 그림이 몰입도를 높여 준다.

●● 활동 안내

1. 한 문장씩 이어 말하기로 줄거리를 정리한 다음 인상적인 장면, 궁금한 점을 이야기한다.
2. 일기 형식을 익히고 그림책 이야기의 날짜를 정해 본다.
3. 등장인물 중 마음에 드는 인물을 골라 일기를 쓴다.
4. 완성한 후 친구들과 함께 읽고 이야기를 나눈다.

1단계

그림책을 읽고 한 문장씩 이어 말하기로 전체적인 줄거리를 파악한다. 도입에 해당하는 첫 문장을 교사가 먼저 이야기하면 학생들이 돌아가며 그다음 사건을 한 문장으로 요약해 덧붙이는 방식이다. 교사가 "캘빈은 생일 선물로 마술쇼 입장권을 받았다."라는 문장을 제시하면 아이들은 "캘빈은 로드니오 마술쇼를 보았다." "엄마가 저녁 식사 준비로 외출을 했다." "캘빈과 로드니는 최면 기계를 만들었다." "트루디가 같이 놀자고 말했다." "캘빈이 트루디에게 최면을 걸었다."와 같이 문장을 이어 나간다. 전반적인 내용은 이해하나 자세하게 떠오르지 않을 수 있으므로 책을 넘기며 그림을 살펴볼 수 있도록 한다. 그다음에는 아이들에게 인상적인 장면과 그 장면을 고른 까닭을 묻고 생각을 나눈다.

2단계

일기 쓰기 형식을 설명한다. 일기의 기본 형식은 다음과 같다.

① 날짜
② 날씨: 문장으로 쓴다. 더운 날씨를 "얼음을 입에 계속 넣고 싶은 더운 날" "너무 더워 아이스크림 한 번에 세 입 먹을 수 있는 날"로 표현할 수 있다.
③ 내용: 한 일, 들은 일, 생각한 일, 느낀 일 등이 골고루 들어가도록 쓴다. 한 일을 쓸 때도 구체적으로 쓰고 주고받은 대화도 생생하게 옮기면 더욱 실감 난다.

책에서는 몇 월 며칠이라고 시간적 배경을 명시하는 경우가 드물기에 계절 등을 고려하여 날짜를 임의로 정한다. 그다음 날씨를 드러내는 표현을 찾아 문장으로 쓴다. 『캘빈의 마술쇼』에 등장하는 "날이 너무 더워서 더위 먹을 거야." "불볕더위에……." "오후 뙤약볕이 따갑게 내리쬐었어요." 같은 문장은 계절이 여름임을 암시해 준다. 책에 시간적, 계절적 배경이 드러나지 않을 때에는 내용에 기반해 가장 비슷하게 느껴지는 시간, 장소, 날짜를 상상할 수 있다.

3단계

등장인물 중 한 명을 정한다. 책에서 가장 중요한 사건이 일어났거나 갈등 상황이 분명한 장면을 설정하고, 그때 등장인물의 마음을 미루어 짐작해 본다.

캘빈의 일기

2022년 8월 15일

날씨: 숨이 턱턱 막히는 엄청 더운 날

「최악의 생일날」

로드니와 마술쇼를 마치고 집에 와서 최면 기계를 만들고 트루디에게 최면을 걸었다. 최면에 걸린 트루디는 진짜 개처럼 행동했다. 잠깐 재미있었는데 최면이 안 풀리니까 너무 무서웠다. 엄마가 와서 야단칠까 봐 무섭고 트루디가 계속 개로 있으면 어쩌지 걱정되었다. 로드니가 물을 부어 보자고 해서 부으니 트루디의 최면이 풀려 원래대로 돌아왔다. 정말 다행이었다. 하지만 엄마가 그 모습을 봤고 나는 방에 갇혔다. 스파게티도 초콜릿 케이크도 못 먹고 진짜 불쌍한 생일날이었다. 트루디가 샌드위치를 가져다줬을 때 나는 트루디를 최면에 걸렸다고 놀렸다. 그런데 트루디가 초코칩 아이스크림이 맛있었다고 말했다. 최면을 풀러 가면서 먹은 아이스크림이었다. 너무 놀란 나는 트루디에게 속았다는 걸 알고 너무 화가 났다. 최악의 생일날이었다.

때때로 아이들은 줄거리 요약과 '재미있었다'는 문장만으로 일기를 다 썼다고 하기도 한다. 이럴 때 요약한 장면 중 몇 가지를 골라 '등장인물이 어떻게 생각하였을까?' '기분이 어땠을까?' 등의 질문을 던져 내용을 깊이 있게 채우도록 안내한다. 일기의 화자가 되는 등장인물의 심리가 충분히 표현되지 않았다면 있었던 사건을 언급하는 문장 다음 그 일에 관한 생각과 느낌이 어떤지 한 문장으로 덧붙이도록 지도하면 도움이 된다. 제목을 먼저 정하고 일기를 쓴다면 주제를 벗어나지 않고 글을 마무리할 수 있다.

4단계

완성된 일기를 친구들과 함께 읽고 이야기를 나눈다. 같은 등장인물을 고른 친구들끼리 모여 일기를 함께 보면 내가 생각하지 못한 부분을 새롭게 알 수 있다. 각기 다른 등장인물을 고른 친구들끼리 모여 이야기를 나눌 때에도 등장인물에 따라 사건을 바라보는 시각이 다름을 깨닫는다. 나아가 트루디를 선택한 아이들이 캘빈에게 질문하고, 캘빈을 선택한 아이들이 대답하는 활동으로 아이들은 등장인물을 더 깊이 이해하고, 서로를 존중하고 배려해야 한다는 것을 자연스럽게 익힌다.

한편 사건이 연속적으로 일어나거나 인물의 심리적 변화를 중심으로 전개되는 작품으로 이 활동을 할 때는 며칠 간의 일기를 연달아 쓸 수도 있다. 갈등을 빚는 두 명 이상의 등장인물이 갈등의 중심축을 이루는 그림책일 경우 모든 등장인물의 입장에서 일기를 쓰게 하면 좋다.

17. 기사문 쓰기

기사문 쓰기 활동은 등장인물과 주요 사건을 객관적으로 살펴봄으로써 사실 정보를 파악하고 판단하는 데 도움을 준다. 정해진 양식과 육하원칙에 맞추어 기사문을 완성해야 하므로 논리적 사고력을 기르는 데 도움이 되고, 글쓰기 역량 또한 키울 수 있다.

> **어떤 그림책이 좋을까?**
> - 사회 문제나 아이들의 생활과 직접적으로 연관된 주제를 고르는 것이 좋다.
> - 『그 소문 들었어?』는 기사와 뉴스라는 이름으로 만들어지는 가짜뉴스, 그것을 사실 확인 없이 퍼 나르는 행동을 생각하게 하는 그림책이므로 기사문 쓰기 활동에 적절한 주제를 제공한다 할 수 있다.

●● 함께 읽을 책

『그 소문 들었어?』

하야시 기린 글, 쇼노 나오코 그림, 김소연 옮김, 천개의바람, 2017

"그 소문 들었어? 은색 사자가 말이야……." 왕이 되고 싶은 금색 사자는 은색 사자에 대한 거짓 소문을 만들어 낸다. 동물들은 사실 검증 없이 금색 사자의 거짓말을 이쪽저쪽으로 옮기고, 결국 거짓 소문이 사실로 자리 잡게 되면서 나라는 황폐해지고 만다. 끊임없이 사유하지 않으면 진실이 묻힐 수도 있음을 알려 준다는 엄중한 메시지를 전달하는 그림책.

●● 활동 안내

1. 육하원칙의 개념을 설명하고 신문 기사 하나를 예시 삼아 제목, 부제, 본문을 찾으며 기사 형식을 익힌다.
2. 육하원칙 질문을 그림책 내용에 맞게 변주하고 답하며 내용을 정리해 본다.
3. 본격적으로 기사를 쓴다.
4. 그림을 그리거나 사진을 촬영해 기사와 어울리는 이미지를 만들고 완성한다.

1단계

기사는 보통 육하원칙을 염두에 두고 쓴다. 육하원칙이 무엇인지 알아보고 기사에 꼭 담겨야 하는 정보를 고려한다.

내용 파악을 위한 육하원칙이 드러나는 질문

① 누가 – 어떤 사람들이 관련되어 있는가?
② 언제 – 언제 있었던 일인가?
③ 어디서 – 어디에서 있었던 일인가?
④ 무엇을 – 어떤 일이 있었는가?
⑤ 어떻게 – 그 일이 어떻게 일어났는가?
⑥ 왜 – 왜 그 일이 일어났는가?

육하원칙을 살펴본 후 신문 기사 쓰기에 관해 안내하고, 실제 기사를 예시로 보여 주면서 형식을 설명한다. 종이 신문 기사가 제목-부제-본문의 형태를 잘 보여 준다. NAVER 뉴스 라이브러리에서는 종이 신문 기사를 인쇄판 그대로 볼 수 있다. 교사가 몇 개의 기사를 찾아 보여 주거나 스마트 단말기를 활용하여 아이들이 스스로 기사를 찾아볼 수 있도록 해도 좋다. 종이 신문 기사를 살펴보면서 기사 형태를 익힐 수 있을 것이다. 기사의 기본 형식은 제목-부제-본문으로 되어 있다.

기사에서 가장 크고 비중 있게 배치되는 제목은 핵심적인 내용을 추려 담는 경우가 많고, 독자의 흥미를 끄는 역할을 한다.

부제는 제목에 쓰지 못한 중요한 내용을 요약해서 쓰는 경우가 많으며, 두 번째로 눈에 띄도록 배치한다.

마지막으로 본문을 쓸 때는 독자의 관심을 끌 수 있는 문장을 서두에 둬야 한다.

2단계

기사 형식에 대한 설명을 마쳤다면 그림책 이야기를 기사로 재구성해 본다. 먼저 일반적인 육하원칙 질문을 그림책 내용과 어울리게 변주한다.

> **육하원칙 질문을 『그 소문 들었어?』 내용에 맞게 적용한 예**
>
> 기사에는 누가 등장하는가?
> ▷ 금색 사자, 은색 사자, 동물들 중 누구를 기사에 등장시킬 것인가?
>
> 언제, 어디에서 있었던 일인가?
> ▷ 책에서 날짜나 시간, 장소를 알 수 있는 낱말이 등장하는가? 없다면 시간과 장소를 임의로 정해 기사를 쓴다.
>
> 무슨 일이 있었는가? 혹은 기사에 등장하는 사람은 무엇을 하였는가?
> ▷ 금색 사자/은색 사자/동물들은 무엇을 하였는가?
>
> 어떻게 사건을 처리하였는가? 혹은 일이 어떻게 진행되었는가?
> ▷ 거짓 소문은 어떻게 퍼졌을까? / 왕국은 결국 어떻게 되었는가?
>
> 왜 이런 일이 생겼는가?
> ▷ 거짓 소문은 왜 널리 퍼졌을까?

이 과정에서 중요한 점은 사실에 기초하여 있는 그대로를 써야 한다는 것이다. 만일 육하원칙 질문과 답을 책에서 찾지 못했다면 학생들이 상상하거나 짐작하여 쓸 수 있다.

3단계

기사 내용 중 가장 중요한 내용을 제목으로 정한다. 제목에 쓰지 못한 중요한 내용을 요약하여 부제를 만든다. 학생에 따라 제목과 부제를 먼저 정하기도 한다. 본문 제일 앞부분은 독자의 관심을 끌 수 있는 문장으로 시작해야 한다.

　육하원칙이 드러나는 질문 중에 가장 중요하다고 판단되는 내용부터 기사의 본문 가장 앞부분에 쓴다. 은색 사자를 주인공으로 기사를 쓸 때 은색 사자가 거짓 소문에 대응하지 않은 점이 가장 중요하다고 생각하였다면 "은색 사자는 억울했지만, 가만히 있었다."로 기사를 시작할 수 있다. 나머지 질문들은 각 중요도를 고려하면서 기사에 적절히 배치한다. 은색 사자에게 있었던 일을 기사로 정리하여 쓰고 일이 어떻게 진행되었는지를 쓰면 된다.

　본문을 작성한 후에는 모둠별로 기사를 검토한다. 기사를 쓴 친구가 소리 내어 읽으면 모둠원들은 듣고 어색한 문장을 자연스럽게 고칠 수 있도록 의견을 제시한다. 이때 '~했으면 좋았을 것이다.' '~한 이유로 아쉬움이 남는다.' 등 완곡한 어법을 사용한다. 신문 기사는 공공성을 띠므로 평어를 사용해야 하며 아이들에게는 '있습니다'로 쓴 문장을 '있다'로 고쳐 쓰라고 안내하면 쉽게 이해할 수 있다. 마지막으로 한글 오피스 프로그램을 이용하거나 부산대학교에서 개발한 한글 맞춤법/문법 검사기를 활용해 맞춤법을 살펴본다.

4단계

기사 쓰기를 마치면 내용에 어울리는 그림을 그린다. 신문 기사의 분량을 고려해야 하며, 그림을 어려워하는 학생들은 사진 촬영으로 대체하도록 한다. 인터넷 기사인 경우 매체의 특성상 제목-부제-본문으로 일정한 형식을 띠지만 종이 신문의 경우 다양한 형태로 제목-부제-본문-그림(사진)을 배치할 수 있다. 본 활동에서는 손으로 쓴 기사를 제목, 부제, 본문, 그림별로 잘라 여러 형태로 배치해 본 후 내용을 가장 잘 전달할 수 있는 꼴을 찾는다. 모든 과정을 끝낸 뒤엔 기사 아래쪽에 '글, 그림 ○○○ 기자'라고 쓴다. 아이들이 기사문 쓰기를 어렵게 느낀다면 짝이나 모둠끼리 공동 작업으로 진행할 수 있다.

은색사자의 억울함
금색 사자의 거짓소문이 널리 퍼져

은색 사자는 억울했지만, 가만히 있었다. 지난 두 달 동안 은색 사자는 거짓소문에 힘든 시간을 보냈다고 한다. 왕이 되고 싶었던 금색 사자는 은색 사자가 자신을 밀쳤고 곰과 싸우는 것을 봤다고 거짓말했다. 금색 사자의 거짓 소문을 들은 동물들은 주변 동물들에게 옮겼다. 은색 사자는 오해는 반드시 풀릴 것이라 믿고 소문을 그대로 두었다고 한다. 결국 금색 사자가 왕이 되었고 자기 마음대로 왕국을 다스렸다. 왕국은 함께 해지고 불에 탔다. 냉철한 것이 없는 왕국을 보고 동물들은 그저 소문을 전해했을 뿐이라고 하면서 책임자는 아무도 없었다. 소문을 들은 동물들이 진짜인지 거짓인지 판단해보았다면 어땠을까? 라는 아쉬움이 남는 사건이었다.

글 그림 김아함기자

비온 뒤 꼴꼽해진 은색 사자씨(30)

누구의 잘못인가
책임지지 않고 모두 한탄만...

금색 사자는 왕이 되자마자 모든 것을 독차지하기 시작했다. 결국 왕국은 불에 모든 것이 사라졌다. 은색 사자에 대한 거짓 소문을 이축자축으로 옮긴 동물들은 그저 말을 한탄을 뿐이라고 말했다.

물린 구역의 일부 동식이는 "내 눈으로 보기 하나라도 확인했다면...?" 이라고 말하였다. 편지가 고요한 왕국을 바라보면 동물들은 한만만 하였다.

말을 옮기기 전에 한번만 이 하는지 생각할 수 있어야 한다는 깨달음이 드는 순간이었다.

2일 OOO 기자

은색 사자에게 사과하고 싶어
이젠 거짓말하는 거 지긋지긋해

금색 사자는 은색 사자에게 그리고 자신을 왕으로 뽑아준 동물들에게 사과하고 싶다고 밝혔다. 왕국이 망한 이후 춘처럼 보기 힘들었던 금색 사자가 기자에게 연락해 만났다.
"먼저 은색 사자에게 사과하고 싶습니다. 거짓 소문때문에 힘들었다고 들었습니다. 왕이 되고 싶어 거짓말로 왕이 되었습니다. 사치를 부리고 전쟁도 일으켰습니다. 저를 왕으로 뽑아준 동물들 여러분 정말 죄송합니다." 거짓말을 하고 다니던 그 때가 너무 부끄럽고 자신도 자신을 용서하기 힘들거라며 눈물을 보이며 말하였다.

지난 날을 반성하기 위해 요즘은 집이 필요한 동물들에게 집 지어주기 봉사활동을 하고 있다고 한다. 금색 사자는 자신이 좀 더 일찍 잘못을 바로 잡았으면 좋았겠다고 생각한다고 전했다. 뒤늦은 후회로 힘든 생활을 하고 있는 금색사자였다.

호화 생활을 하던 시절의 금색 사자

봉사활동 중인 금색 사자

글 그림 OOO 기자

학생들이 작성한 기사문 예시

18. 갈래 바꾸어 쓰기 1 (그림책을 역할극 대본으로)

그림책을 역할극으로 현장감 있게 표현해 본다면 무미건조하게 읽기만 할 때보다 이야기에 더욱 몰입할 수 있다. 극본 쓰기는 캐릭터나 장면, 상황에 대한 상상력이 많이 필요한 작업이지만, 책 내용을 극본으로 옮겨 쓰는 과정에서 학생들은 좀 더 생생한 장면을 그리게 된다. 시간이 허락된다면 대본을 무대로 옮겨 역할극으로 연결해 그림책 읽기를 즐겁고 풍성한 활동으로 만들어 보자.

어떤 그림책이 좋을까?
- 역할극은 상대방과 주고받는 대화가 중심이 되므로 두 캐릭터 이상이 이야기의 주축이 되는 그림책을 고른다.
- 학생들이 생활에서 충분히 공감할 만한 내용으로 이루어져 있거나 다양성, 성 역할 등의 이슈와 관련해 열띤 토의를 열어 볼 수 있는 그림책이 유용하다.

●● 함께 읽을 책

『돼지책』

앤서니 브라운 글 · 그림, 허은미 옮김, 웅진주니어, 2001

『돼지책』은 가사노동이 엄마만의 일이라는 낡은 고정관념을 유쾌한 시선으로 깨부순다. 피곳 씨와 아이들은 '중요한 직장'과 '중요한 학교'를 오가기만 하면 되는 일상을 보내고, 피곳 부인은 낮에는 출근을 하고 아침과 저녁에는 집안일을 하느라 바쁘다. 결국 피곳 부인이 집안일 파업을 하고 나서야 피곳 씨와 아이들은 피곳 부인의 소중함을 깨닫고, 부인은 평소 하고 싶었던 일을 되찾게 된다. 가족 간의 갈등 상황과 입장이 그림체나 캐릭터의 표정에 잘 드러나 있어 역할극을 하기에 좋은 책이다. 또한 아이들이 충분히 공감할 만한 내용을 다루는 만큼 역할극 대사를 쓰는 과정에서 보다 친근하고 현실감 있게 주제를 받아들일 수 있다.

●● 활동 안내

1. 그림책을 읽어 준 뒤 학생들이 책의 주제가 무엇인지 자유롭게 발표하도록 한다.
2. 그림책과 역할극 대본의 차이를 설명하고 그림책 이야기 요소들을 역할극 대본으로 쓰게 될 경우 어떤 형식으로 바뀌게 되는지 설명해 준다. 설명을 마치면, 역할극 대본으로 바꾸는 연습을 한다.
3. 돼지책 본문을 역할극 대본으로 갈래 바꿔 쓰기 한다. (본문 내용을 그대로 반영하고 싶지 않아 하는 학생들에게는 일부만 바꿔서 창작할 수 있도록 허용한다.) 역할극 대본의 주제와 시대 배경, 등장인물은 자신이 정하도록 한다. 활동을 마치면 소감을 발표한다.

1단계

『돼지책』을 읽어 준 후, 학생들이 생각하는 그림책의 주제가 무엇인지 자유롭게 이야기 해 본다. 학생들은 '가족들 간의 협동심을 기르자' '있을 때 잘하자' '남녀차별을 하지 말자' 등 자신이 생각한 주제를 제시한다.

2단계

학생들과 주제에 관한 이야기를 나누고 나면 교사는 그림책과 역할극 대본의 특징을 설명하고 본 활동을 안내한다. 이때 그림책 문장이 어떤 식으로 역할극 지문이 되는지 사례를 든다.

활동을 안내한 후에도 직접 적용해 보지 않으면 헷갈려하는 학생들이 있을 수 있다. 그럴 때 그림책 문장을 역할극의 한 부분으로 바꾸어 보는 과정을 거치면 곧잘 이해할 수 있다.

- 그림책에서 " "가 나오는 대화 부분은 말하는 이가 명확하게 드러나는 대사가 된다. 이 부분을 역할극으로 만들 때는 누가 하는 이야기인지, 등장인물의 이름을 적어 주어야 한다.
- 혼잣말은 독백으로 처리함을 알려 준다.
- 동작을 나타내는 지시문은 ( ) 안에 넣어서 배우의 움직임이 필요한 부분임을 알려 준다.
- 지시문에 무대 장치를 나타낼 수 있는 부분은 따로 정리해 본다.
- 대화 "여보, 빨리 밥 줘." 부분 → 피곳 : (거만한 표정으로) "여보, 빨리 밥 줘."
  말하는 이가 명확할 때 해당 역할을 명시한 후, 괄호를 활용해 어떤 표정이나 동작을 해야 하는지, 지시문을 쓴 다음 대화문을 적는다.
- 피곳 씨가 회사로 가 버리고 피곳 부인이 말을 잇지 못하는 설명 부분 → 무대 장치 지시문으로 '특수 효과 [자동차 소리]'를 넣기도 하고, 피곳 부인의 속마음을 독백으로 처리하기도 한다.

그림책 내용과 역할극 내용 비교 설명 예시

3단계

본격적으로 갈래 바꿔 쓰기를 진행한다. 이 과정에서 학생들에게 그림책의 장면이나 인물의 감정, 동작 등을 역할극 대본에 알맞게 적용해야 한다는 것을 안내해 주는 게 중요하다. 장면을 자세히 살펴서 피곳 부인과 피곳 씨 가족들이 느끼는 감정이 다르다는 것, 작은 동작 하나에도 감정이 실려 있을 수 있다는 것을 알려 주지 않으면, 학생들은 형식만 바꾼 글을 쓰기 쉽다. 말하듯이 대사를 적게 하고, 내가 직접 그 캐릭터가 되어 본다는 마음으로 역할극 대본을 작성하게 하면 좀 더 생생한 글쓰기가 가능해진다.

역할극 대본 쓰기를 어려워하는 학생들은 직접 창작하기보다 원본을 그대로 옮기고 싶어하는 경향을 보인다. 그렇기에 이야기 내용을 바꾸고 싶지 않은 학생들은 갈래 바꿔 쓰기만 진행하고, 그림책 내용에 추가로 창작한 부분을 넣고 싶은 학생들에게는 일부 수정해도 된다고 말해 준다. 하지만 원문대로 대본을 쓰는 학생들에게도 역할극의 주제와 시대 배경, 등장인물은 스스로 상상해서 쓰도록 한다.

활동을 마치면 소감을 발표한다. 자기 대본의 특징과 주제를 소개하고 갈래 바꿔 쓰기를 하면서 어려웠던 점을 이야기하면 된다. 시간 여유가 있을 시 모둠별로 역할을 나누어서 역할극으로 연결하면 즐겁게 마무리할 수 있다.

주제(교훈)	남녀차별을 하지 말자
등장인물	피곳 부인, 피곳 씨, 사이먼, 패트릭
배경	멋진 집에 정원과 차고가 있다. 1900년대.
대본	해설자 : 피곳 씨에게는 두 아들인 사이먼, 패트릭이 있었습니다. 멋진 정원, 멋진 차고, 멋진 차도 있었습니다. 피곳 씨는 아내도 있었습니다. 피곳 씨 : (재촉하며) 여보, 빨리 밥 줘. 해설자 : 피곳 씨는 아침마다 외치고는 회사로 휑 가 버렸습니다. 아이들 : (재촉하며 동시에) 엄마 빨리 밥 줘요.

갈래 바꿔 쓰기1(그림책을 연극 대본으로) 활동지 예시

19. 갈래 바꾸어 쓰기 2 (그림책을 시로 바꾸어 쓰기)

아이들은 대개 시 창작을 막막해한다. 하지만 그림책 독후활동으로 시 쓰기를 진행하면 문장을 끌어내기 어려워하는 학생들도 그림책의 도움을 받아 상상력을 발휘할 수 있다.

> **어떤 그림책이 좋을까?**
> - 운율 있는 텍스트로 이루어진 그림책이라면 아이들과 시 형식을 이야기하기 쉽다. 그림책 이야기를 한 편의 시 삼아 낭독해 봐도 좋다.
> - 『호라이』는 계란 프라이?-밥상에만 있다는 고정관념을 깨고 익숙한 것을 낯설게 보도록 한다. 그림책의 신선한 발상법은 학생들의 창작 시 짓기 활동에 활기를 불어넣고 기발한 아이디어를 길어 올리는 원천이 되어 준다.

●● 함께 읽을 책

『호라이』

서현 글 · 그림, 사계절, 2021

공깃밥을 박차고 나온 달걀프라이 '호라이'. 밥 위에만 있을 거라고 생각했던 호라이의 기발하고 엉뚱한 여행을 따라가다 보면 고정관념에서 벗어나 낯설고 즐거운 상상을 할 수 있다.

인문학적 소양이 '왜'에서 출발한다면, 그림책을 모티브로 한 창작 시 짓기 활동은 학생들이 새로운 시각으로 '왜'라는 질문을 던질 수 있도록 해 준다. 호라이가 과감한 상상력으로 독자에게 놀라움과 웃음을 준 것처럼, 시를 창작하는 과정을 즐기면서 기발한 상상력을 발휘해 보자.

●● 활동 안내

1. 그림책을 함께 읽은 후 호라이가 갔던 장소들을 떠올리고, 익숙한 것을 새롭게 보는 방법을 설명한다. 어떤 장소에 달걀프라이를 배치하면 좋을지 미리 생각해 본 후, 다양한 크기의 달걀프라이 그리기 활동을 한다.
2. 각자 그린 달걀프라이를 가위로 오려서 교실 및 학교 곳곳을 돌아다니며 달걀프라이를 배치하고 컨셉 사진을 찍게 한다. (예: 책 읽는 달걀프라이, 축구하는 달걀프라이 등) 찍어 온 컨셉 사진을 모둠원에게 설명해 주고 각자 시를 구상해 본다.
3. 구상이 끝나면 각자 시를 완성하고 발표한다.

1단계

그림책을 읽어 준 후, 호라이가 어떤 모습으로 어디에 있었는지 회상해 본다. 나라면 어디에 호라이를 보내고 싶은지 그림책에 나오지 않은 장소도 상상해 보고, 여기저기 다양한 모습으로 있는 호라이를 보며 무슨 생각이 들었는지 이야기 나눈다. 그다음에는 당연하다고 생각했던 것들에 질문을 던지고 새로운 시각으로 사물을 바라보는 것이 이 활동의 목표임을 상기시킨다. 그 후 A4 용지를 일인당 한 장씩 나눠 주고 달걀프라이를 배치할 장소를 다섯 개 이상 그려 보도록 한다. 이때 달걀프라이의 크기가 너무 작아지지 않도록 하고 흰자는 흰색으로, 노른자는 노란색으로 통일한다.

 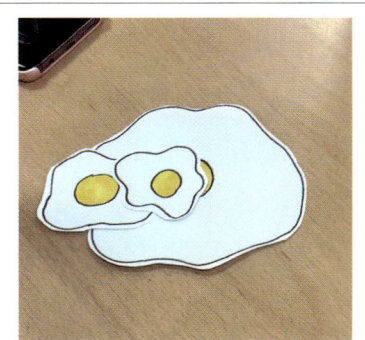

2단계

자기만의 달걀프라이를 완성한 후, 교실 및 운동장을 돌아다니며 배치해 사진을 찍도록 안내한다. 그 의도를 모둠원에게 설명할 수 있어야 한다고 미리 말해 준다.

외부 컨셉 사진을 찍은 후 모둠원끼리 모인다. 자신의 달걀프라이 컨셉 사진을 돌아가며 설명하고 각자의 사진을 한 장씩 골라 사진을 바탕으로 달걀프라이의 스토리를 구상해 본다. 맨홀에 빠진 달걀프라이가 모험을 떠나게 되는 이야기, 바쁘게 사느라 여유가 없었던 달걀프라이가 햇볕을 쬐며 여유를 찾는 이야기 등 학생들이 상상력을 발휘해 활발하게 이야기 나누도록 안내한다. 그러한 과정에서 자신이 생각하지 못했던 이야기를 듣고 아이디어를 얻어 새로운 이야기를 만들어 내기도 한다. 스토리를 구상해 보면 이어지는 창작 시 짓기 활동에서 보다 열린 사고로 시를 지을 수 있다.

3단계

스토리 구상이 끝나면 각자 찍은 컨셉 사진을 주제로 창작 시를 짓는다. 어떻게 써야 할지 몰라 막막해하는 학생들이 있을 수 있기에 학교도서관에 있는 시집을 가져다 놓고 형식을 참고하도록 한다. 그래도 어려워하는 학생에게는 랩이나 노래 가사처럼 쓸 수 있다고 설명한다.

학생 시

교사는 학생들이 찍어 온 컨셉 사진을 출력해서 나눠 준다. 창작 시를 사진 옆에 붙이거나 함께 배치하여 교실에 전시한 뒤 서로 작품을 볼 수 있도록 한다. 시간이 된다면 각자 창작 시를 발표하면서 자신의 의도를 전달해 볼 수도 있다.

컨셉 사진을 찍고 창작 시를 짓는 과정에서 학생들은 직접 몸을 움직이며 즐거워한다. 하지만 활동형 수업을 할 때는 학생들이 소리를 지르거나 뛰어다니는 등 다른 학급에 방해가 되지 않도록 주의해야 한다. 사진을 찍으러 다닐 때 교사가 함께 하거나 사진 찍기 활동 중이라는 목걸이를 지참하도록 안내하면 좋다.

20. 이어질 이야기 상상하여 쓰기

아이들에게 그림책을 읽어 줄 때는 흐름이 끊어지지 않는 선에서 중간중간 적절한 발문을 하는 것이 좋다. "다음에 어떤 일이 벌어질까?" "그래서 어떻게 되었을까?"와 같은 질문을 받으면 아이들은 지금까지 들은 이야기와 자신의 경험을 바탕으로 이어질 이야기를 상상한다.

> **어떤 그림책이 좋을까?**
> - 독자에게 질문을 건네며 스스로 다음 장을 생각하게 하는 이야기가 있는 그림책이 좋다.
> - 『커다란 벽이 있다면?』은 벽을 어떤 방법으로 넘어갈지 대답해 보는 과정을 통해 아이들이 자신의 상상력을 펼칠 수 있는 그림책이다.

●● 함께 읽을 책

『커다란 벽이 있다면?』

사토신 글, 히로세 가쓰야 그림, 엄혜숙 옮김, 나무말미, 2022

앞표지를 보면 왼쪽에 커다란 벽이 서 있다. 본문 이야기에는 "커다란 벽이 나타났어. 어떻게 할까? 어떻게 하지?"라는 말이 반복해서 나온다. '너라면 어떤 방법으로 넘어갈 거야?' 하고 질문을 던지는 듯하다. 과연 고양이는 무슨 수로 이 난관을 넘어설 수 있을까? 벽에 가로막혔으니 포기하고 왔던 길을 돌아갈까? 아니면 다른 길을 찾아서 나설까? 중간중간 숨어 있는 고양이의 해결법에 관한 힌트를 찾으며 그림책을 읽어 보자.

●● 활동 안내

1. 그림책을 읽기 전, 앞표지와 뒤표지를 보며 그 사이 무슨 일이 일어났을지 상상해 본다.
2. 본문 펼침 페이지 4면(8쪽) 정도를 읽은 다음 고양이가 어떻게 벽을 넘어갈지 상상하고 돌아가며 말해 본다.
3. 그림책에 던지는 마지막 질문, '커다란 강이 있다면?' 이후 어떤 이야기가 펼쳐질지 각자 이야기를 쓰고 모둠별로 발표해 본다.

1단계

앞표지를 보면, 커다란 벽을 맞닥뜨린 고양이의 모습이 두드러진다. 뒤표지에는 벽을 훌쩍 뛰어넘고 있는 고양이의 모습이 나타난다. 웃는 표정의 고양이는 말한다. "이렇게 넘어가면 되지."

앞표지와 뒤표지 사이에 어떤 일이 일어났는지 물으면 아이들은 고양이가 벽을 넘어갔다고 대답한다. 한 발 더 나아가 "나라면 어떤 방법으로 벽을 넘어갈까?" 하고 질문을 던지면 다양한 대답이 나온다. 두드려 보고, 밀어 보고, 훌쩍 뛰어넘고, 벽을 타거나 부수고, 반대쪽으로 돌아서 가고, 그냥 되돌아간다는 등이다.

2단계

본문 펼침 페이지 4면(8쪽) 정도를 읽어 주면 아이들은 고양이가 다음번에는 또 어떤 방법으로 벽을 넘어갈지 궁금해한다. 이때 모둠별로 '커다란 벽이 있다면 고양이는 어떻게 넘어갈까?'를 주제로 돌아가며 말하기를 해 보면 창의력의 구성 요소 중 하나인 유창성을 향상시킬 수 있다. 앞에서 친구가 말한 방법을 반복하지 않도록 지도한다.

아이들은 고양이가 벽을 어떻게 넘어갈지 상상하며 뛰어넘거나, 구멍을 찾아 넘거나, 주먹으로 벽에 구멍을 뚫거나, 새들이 고양이를 물어서 옮겨 줬거나, 발톱으로 기어서 올라갔거나, 땅을 파서 지나갔다는 등 다양한 대답을 한다.

3단계

이 책은 '커다란 강이 있다건?'이라는 문장으로 끝이 난다. 이후 어떤 이야기가 펼쳐질지 예상해 보라고 하면 아이들은 마치 작가가 된 것처럼 이어질 이야기를 쓴다. 개별 창작을 마쳤다면 그대로 발표하기보다는 모둠원끼리 서로 돌려 보며 잘된 점은 칭찬하고 고치면 좋은 점은 무엇인지 의견을 나눈다. 받아들이고 싶은 부분을 참고해 글을 고쳐 봐도 좋다. 다음은 아이들이 이어질 이야기를 상상하여 쓴 것이다.

고양이는 강 건너 살고 있는 친구를 만나러 가는 길이었어요. 오랜만에 친구를 볼 생각에 들뜬 고양이의 눈 앞에 커다란 강이 펼쳐졌어요. 어제 하루 종일 내린 비에 잠겼는지 징검다리가 보이지 않았어요. 고양이는 뒤통수를 긁적이며 생각했어요. 좋은 생각이 떠오르지 않은 고양이는 친구들의 도움을 받기로 했어요. 친한 친구들을 모아 놓고 자신의 상황을 설명하였어요. 그랬더니 친구들은 너도나도 도와주겠다고 말했어요.

먼저, 첫 번째 고양이가 강에 다리를 만들어 주겠다고 했어요. 좋은 방법이긴 하지만 당장 친구네 집에 가지는 못해요.

두 번째 고양이가 배를 타고 가는 방법을 가르쳐 줬어요. 이 나루터에서는 하루에 한 번 강을 건너는 배가 있대요. 그런데 아무리 기다려 봐도 배는 오지 않았어요. 이미 지나가 버렸나 봐요.

마지막으로 세 번째 고양이는 하늘을 날아서 가는 방법을 이야기해 주었어요. 휘파람을 불면 새들이 모이를 주는 줄 알고 모이는데, 그 틈을 타 비둘기 등에 타는 거예요.

결국 비둘기에 탄 고양이는 옆 마을로 친구를 보러 갈 수 있게 되었어요.

21. 인물, 사건, 배경 바꾸어 글쓰기

이야기를 구성하는 세 가지 요소에는 인물, 사건, 배경이 있으며, 그중 한 가지만 바꾸어도 기존과 또 다른 이야기가 만들어진다. 스스로 바꾸고 싶은 요소를 고르고, 자기가 설정한 방향대로 이야기를 구성하는 활동으로 창작의 기쁨과 재미를 느껴 보자. 이러한 활동은 아이들의 독서 경험이 독자의 영역에서 창작자의 영역으로도 확장되는 데 의미가 있다고 할 수 있다.

> **어떤 그림책이 좋을까?**
> - 안데르센이나 그림형제 동화 등 고전을 새롭게 비틀어 본 그림책이 유용하다.
> - 『종이 봉지 공주』는 예상하지 못한 결말이 주는 재미와 감동도 느낄 수 있는 책으로, 아이들에게 풍부한 아이디어와 영감을 선사한다.

●● 함께 읽을 책

『종이 봉지 공주』

로버트 문치 글, 마이클 마첸코 그림, 김태희 옮김, 비룡소, 1998

안데르센의 동화 『돼지치기 소년』을 현대적으로 패러디한 『종이 봉지 공주』는 왕자를 구하러 가는 공주 이야기를 다룬다. 공주는 꾀를 내어 용으로부터 왕자를 구출해 내며, 누군가에게 선택받기보다 스스로의 삶을 개척해 나가는 주체적인 모습을 보인다. 그러나 왕자는 고마워하기는커녕 전혀 다른 반응을 보이는데…….

원작을 패러디한 그림책을 읽으며 아이들은 예상하지 못한 결말이 주는 재미와 감동을 느낀다. 원작에서 나아가 자신이 원하는 방향대로 새로운 이야기를 만들어 볼 수도 있다.

●● 활동 안내

1. 그림책을 함께 읽고 인물, 사건, 배경을 정리한다.
2. 인물, 사건, 배경 중 원하는 부분을 바꾸어 이야기를 만든다. 모둠별로 이야기를 상호 평가한 뒤, 친구의 의견을 참고해 글을 수정, 발표한다.

1단계

아이들에게 그림책을 읽어 주고 인물, 사건, 배경을 정리해 본다.

> 인물: 엘리자베스 공주는 용기와 지혜, 결단력을 지닌 인물이다. 로널드 왕자는 큰 비중은 없으나 겉모습, 외형을 가장 중요하게 생각하는 인물로 나온다. 용은 여러 가지 뛰어난 능력을 가지고 있으나 쉽게 꾐에 넘어가는 어리석은 캐릭터다.
> 사건: 용이 공주가 아닌 왕자를 잡아 가고, 공주가 왕자를 구하러 가는 것이 주요한 사건이다.
> 배경: 공주와 왕자가 사는 성이 있는 걸로 봐서 '아주 먼 옛날'이라는 시간적 배경을 갖고 있다. 또한 용이 등장하기에 현실보다는 동화 속 세계에 가깝다.

인물, 사건, 배경 가운데 바꾸고 싶은 부분을 정한 뒤 모둠 또는 반 전체와 공유한다. 이야기를 어떻게 바꾸어야 할지 구체적인 아이디어를 떠올리지 못한 아이들은 친구들의 이야기를 들으면서 도움을 받을 수 있다. 현재는 이야기 구상 단계일 뿐, 새로운 이야기를 아직 본격적으로 쓰지 않았기 때문에 얼마든지 생각을 수정할 수 있음을 알려 준다.

2단계

이제 본격적으로 이야기를 창작해 본다. 인물, 사건, 배경 가운데 한 가지만 바꿀 수도, 두 가지 이상을 바꿀 수도 있다. 이야기를 처음부터 끝까지 바꾼다면 보다 새로운 이야기가 탄생할 테지만 특정 장면만을 부각해도 된다. 각자 자신이 바꾸고 싶은 범위 내에서 바꾸도록 한다.

각자 이야기를 쓰고 나면 그대로 발표하기보다 모둠 안에서 서로 돌려 본다. 잘된 점과 고치면 좋은 점은 무엇인지 의견을 나눈다. 글을 고칠 때는 자신이 쓴 글을 소리 내어 읽어 보는 방법을 권한다. 쓸 때는 어색한 줄 몰랐던 부분이라도 소리 내어 읽어 보면 잘 느껴지기 때문이다. 각자 수정을 거쳐 글을 완성했다면 자신이 쓴 글을 발표한다.

다음은 아이들이 바꾼 이야기이다.

인물의 성격을 바꾸어 쓰기
: 엘리자베스 공주가 겉모습, 외형을 중요하게 생각하는 성격이라면

엘리자베스는 아름다운 공주였어요. 공주는 외모를 더욱 돋보이게 해 줄 비싸고 좋은 옷이 많았고 자신을 치장하며 시간을 보냈지요. 공주의 성은 평화로웠고, 백성들은 아름다운 공주를 좋아했어요. 그리고 공주는 곧 로널드 왕자와 결혼하기로 되어 있었어요. 로널드 왕자는 공주가 직접 고른 결혼 상대가 아니라 집안에서 짝지어 준 사람이었지만, 공주는 로널드 왕자가 마음에 들었어요. 로널드 왕자가 자신과 비슷한 사람이라 잘 맞을 것 같았어요. 로널드 왕자는 패션 감각도 뛰어났어요. 로널드 왕자와 만나기로 한 날, 아침부터 치장하느라 바빴던 둘은 저녁이 되어서야 만날 수 있었어요.

그러던 어느 날, 무서운 용 한 마리가 나타나 공주의 성을 부수고 불을 내뿜어 공주가 아끼던 옷을 몽땅 태워 버렸어요. 게다가 로널드 왕자도 잡아 갔지요. 공주는 왕자를 구해 오기로 했어요. 그렇지만 입고 갈 옷이 하나도 남아 있지 않았어요. 주변을 찾아보니 종이 봉지 한 장이 나뒹굴고 있었지만, 그걸로 뭘 할 수 있겠어요? 공주는 살아남은 신하를 불러 기사 옷을 구해 오라고 시켰어요. 그러나 용이 온 마을을 불바다로 만들어서 그것도 쉽지 않았어요. 기사 옷을 빌려 입고 가려고 했지만 옷이 너무 컸어요. 공주는 왕자를 구하러 갈 옷을 구하지 못해서 그냥 기사를 대신 보냈어요.

사건을 바꾸어 쓰기: 용이 왕자가 아니라 공주를 붙잡아 갔다면

왕자는 평소처럼 옷을 멋지게 차려입고 기사들과 함께 용이 사는 성으로 갔어요. 그런데 용을 무찌를 좋은 방법이 도무지 떠오르지 않았어요. 기사들은 패기 있게 용이 사는 성문을 두드렸지만 용은 배가 불러서 깊은 잠에 빠진 것인지 나와 보지도 않았어요. 왕자와 기사들은 성 안으로 몰래 숨어 들어가 공주를 구해 오기로 했어요. 밧줄을 타고 성벽을 무사히 기어 올라간 왕자는 마침내 용에게 들키지 않고 공주를 찾는 데 성공했어요. 그런데 공주는 왕자가 기억하고 있는 모습이 아니었어요. 씻지 못해 꾀죄죄하고 옷에서는 고약한 냄새가 났어요. 공주는 자신을 구하러 온 왕자에게 감격해서 안기려고 했지만, 왕자는 얼른 성으로 가자는 말만 반복했어요. 성으로 무사히 돌아온 두 사람은 며칠 뒤 결혼을 앞두고 있어요. 입을 옷을 고르느라 둘 다 정신이 없다는 이야기만 들려오네요.

배경 바꾸어 쓰기: 현재의 이야기로

공주라는 이름을 가진 열두 살 여자아이는 요즘 부쩍 외모에 관심이 많아요. 좋아하는 남자아이가 생겼거든요. 아침에 일어나서 학교 갈 준비를 하는데 예전보다 시간이 두 배는 더 필요했어요. 엄마는 밥을 먹어야 한다고 잔소리를 했지만 공주는 아침밥을 포기했어요. 급식 시간까지 배가 고프긴 해도 그래야 지금보다 더 날씬해질 수 있을 것 같았어요. 어제 이미 씻었지만 아침에 또 샤워를 했어요. 공주는 머리 말리는 데도 신경을 썼어요. 곱슬머리라 잘 말리지 않으면 더 고불꼬불해 보였거든요. 어젯밤에 미리 준비해 둔 옷도 챙겨 입었어요. 그런데 오늘 입은 옷에는 운동화가 어울리지 않는 것 같았어요. 엄마에게 새 신발을 사 달라고 졸라 봤지만 소용없었어요. 할 수 없이 운동화를 신고 나왔는데, 좋아하는 남자아이가 더러워진 운동화를 보고 실망할 것 같아서 자꾸만 신경이 쓰였어요. 그 아이는 매일 청바지에 잘 다려진 셔츠를 깔끔하게 입고 왔거든요. 저 멀리 그 아이가 보여요. 오늘은 어제 미리 연습한 대로 인사도 할 거예요.

"안녕! 오늘은 파란색 셔츠네. 시원해 보인다."

"어? 그래? 고마워. 너도 오늘 예쁘다."

22. 이야기 속 이야기 만들기

그림책의 특정 장면이나 문장을 선택하고 그것을 바탕으로 이야기 속 이야기를 만드는 방법이다. 그림책을 깊고 넓게 읽을 수 있는 여러 방법 중 하나로 상상력, 창의력, 쓰기 능력 등을 신장시킬 수 있다. 작가가 창조한 이야기 속에 독자가 개입하여 스스로 상상의 공간을 만들어 내는 과정은 아이들을 독창적인 창작자로 거듭나게 한다.

> **어떤 그림책이 좋을까?**
> - 사건과 배경의 변화가 크지 않은 구성이면 이야기가 평면적이고 단조롭게 느껴질 수 있지만, 학생들이 이야기 속 캐릭터에 집중할 수 있다는 장점이 있다.
> - 『나는 지하철입니다』는 지하철을 타고 내리는 수많은 사람들의 삶을 보여 주는 그림책으로, 학생들이 그들의 삶에 어떤 이야기가 깃들어 있는지 상상하기에 좋다.

●● 함께 읽을 책

『나는 지하철입니다』
김효은 글·그림, 문학동네, 2016

매일 같은 시간, 같은 길을 달리는 지하철의 담담하고도 따뜻한 독백으로 시작하는 이 책은 지하철에서 흔히 만날 수 있는 수많은 사람들의 이야기를 들려준다. 아이들은 지하철에 탄 사람들의 삶을 들여다보며 지나치기 쉬운 다양한 이야기들이 지하철과 함께 달리고 있음을 깨닫는다. 지하철을 타고 내리는 수많은 사람들의 삶과 그들의 이야기를 상상하며 재미있게 이야기를 만들어 보자.

●● 활동 안내

1. 그림책을 읽고 책의 주요 내용과 등장인물에 대해 이야기를 나눈다. 그 후 등장인물들의 특징이나 직업, 상황 등을 중심으로 공감 가는 인물에 관해 알아본다
2. 새로운 등장인물을 상상하고, 그 인물에게 궁금한 점을 질문으로 만든다.
3. 상상 속의 인물이 되어 자기소개 형식으로 이야기 속 이야기를 완성한다.

1단계

『나는 지하철입니다』를 읽고, 이야기의 구성 요소인 인물, 사건, 배경을 중심으로 책 내용과 등장인물에 관한 이야기를 나눈다. 배경과 사건이 단순한 만큼 새롭게 인물을 창조하는 방법으로 이야기 속 이야기를 만들면 좋다.

우선 그림책의 인물들이 어떤 사람들인지 생각해 보고, 지하철에 탄 일곱 사람들의 특징이나 직업, 생각 등을 자세히 살펴본다. 다양한 등장인물 중 가장 공감 가는 사람과 그 이유를 발표하게 하면 아이들은 대부분 늦은 시간까지 학원에서 공부하느라 지쳐 있는 나윤이를 꼽는다.

2단계

다음으로 "누군가 다른 사람이 지하철을 탄다면 어떤 사람일까?"라고 질문을 한다. 이때 막연하게 상상하기보다는 구체적으로 떠올려야 한다. 지하철에 앉아 있는 한 사람의 실루엣을 상상하고, 그에게 궁금한 점을 질문으로 만들도록 안내한다.

- 이름: 김순경
- 나이: 25
- 성별: 여
- 직업: 빵집 주인
- 지하철에 타게 된 이유: 자신의 빵집에 가려고

글쓰기 활동

- 어떤 모습일까요? 똥머리 스타일을 하고 파란색 앞치마를 입고 가디건을 걸쳤다.
- 지하철에서는 지금 무엇을 하고 있나요? 지하철 의자에 앉아서 졸고 있다.
- 평소에 주로 무엇을 할까요? 빵을 만들고 포장해서 판다.
- 관심 있는 일이나 좋아하는 일은 무엇일까요? 미니어처 만들기, 빵 만들기
- 요즘 주로 어떤 생각을 하며 지낼까요? 무슨 빵을 만들까?
- 더 하고 싶은 말은 무엇일까요? 일을 해서 사람들에게 맛있는 빵을 만들어 주겠습니다.

위와 같은 질문을 통해 아이들은 할머니, 할아버지, 군인, 초등학생, 선생님 등 다양한 사람들의 구체적인 모습을 상상하게 된다. 그중 한 사람의 입장이 되어 자신을 소개하는 내용으로 이야기를 만들어 본다.

인물의 모습을 조금 더 구체적으로 상상할 수 있도록 친구들과 함께 나눈 인물에 관한 질문들을 학습지로 제작하는 것도 좋다. 각자가 상상한 인물에 대해 정리한 다음, 모둠원들과 이야기를 나눈다. 그 과정에서 미처 생각하지 못했던 등장인물의 특징을 찾거나 더욱 생생한 캐릭터를 창조해 낼 수도 있기 때문이다.

3단계

모둠원들과 대화를 마쳤다면, 이야기 속 이야기를 만들어 본다.

아이들은 학습지 질문과 친구들의 피드백을 통해 수정 보완한 이야기 속의 인물을 구체적으로 떠올릴 수 있다. 상상한 내용을 글로 표현하기 위해서는 가능한 실생활에서 만날 수 있을 법한 등장인물을 묘사해야 한다. 그림책과 동일한 방식인 자기소개 형태로 이야기를 진행하는 것도 좋다. 먼저 이름과 나이, 직업을 소개한 뒤 지하철에 타게 된 이유와 현재 무엇을 하고 있는지, 주요 관심사는 무엇인지 등을 이야기하는 것이다. 등장인물의 상황이 되어 진솔하게 자신을 드러낸다면 이야기 속 이야기로 자연스럽게 녹아들 수 있다.

이야기 속 이야기는 그림책 중간에 삽입되는 구성이므로 전체적인 흐름에 맞아야 하고, 그림책 앞뒤 내용과 자연스럽게 연결되어야 한다. 아이디어가 매우 창의적일지라도 내용과 어울리지 않거나 어색하게 느껴진다면 이야기 속 이야기로 적합하지

않다. 책 맥락과 잘 어우러지는 이야기를 만들기 위해서는 그림책에 관한 기본적인 이해와 내용 파악이 선행되어야 한다. 내용을 짜임새 있게 구성하는 능력 또한 필요하다.

이야기 속 이야기

4학년 3반 (OOO)

※ 주인공에 대해 정리한 내용을 바탕으로 이야기 속 이야기를 만들어 봅시다.

저는 김순경입니다. 25살의 여자이고, 홍대에 있는 작은 빵집 주인이에요. 저는 지금 서울 행복마트에서 파는 아주 좋은 빵 재료들 사서, 다시 제가 일하는 빵집으로 돌아가는 중입니다. 저는 지금 졸려서 지하철 의자에 앉아 졸고 있어요. 제가 평소에 주로 하는 일은 빵을 만들고 포장해서 파는 것이랍니다. 제가 관심이 있는 일은 머니처를 만드는 것이고 좋아하는 일은 빵을 만드는 것입니다.
요즘은 '무슨 빵을 만들까' 생각하는 게 무척 행복합니다. 오늘도 즐겁게 맛있는 빵을 만들어야죠! 여러분도 오늘 하루 열심히 살고 매일매일을 힘차게 보내세요.

23. 문장 재배열 글쓰기

문장 재배열 글쓰기는 간편하면서도 재미있게 자신만의 새로운 글을 창작할 수 있는 활동이다. 이미 쓰인 문장을 활용하는 만큼 글을 써야 한다는 부담을 줄일 수 있다는 장점이 있다. 그림책의 경우 다른 책에 비해 글이 적은 편이므로 아이들이 더욱 쉽게 접근할 수 있을 것이다.

> **어떤 그림책이 좋을까?**
> - 시는 문장의 배열을 달리하면 또 다른 시가 될 수 있다. 『구부러진 길』은 시 그림책으로, 독서 전 활동을 통해 아이들이 자신만의 시를 만들어 배열하기에도 좋다. 독서 후 활동을 통해 시인의 배열과 다른 나만의 배열과 구성으로 새로운 창작을 할 수도 있다.

●● 함께 읽을 책

『구부러진 길』

이준관 글, 장은용 그림, 온서재, 2021

도시에서 나고 자란 아이들에겐 낯선 자연 풍경을 담고 있지만 시의 문구는 마치 그곳에 우리를 데리고 가는 느낌을 주는 책이다. 모든 것이 직선으로 쭉쭉 펼쳐지는 시대에 아이들은 몸을 낮추며 관찰하고 느끼고 생각하는 시간을 보내며 구부러진 길과 자연의 아름다움을 느낀다. 모든 학년의 국어 교과에 시 장르가 나오는 만큼 원작을 읽기 전 본문 내용을 재배열해 나만의 시를 창작해 봐도 좋다.

●● **활동 안내**

1. 교사는 프린트한 시를 문중이나 행 단위로 잘라 학생들에게 나눠 준다.
2. 학생들은 재배열한 작품에 자신들만의 제목을 붙인 뒤 모둠별로 발표한다.

1단계

그림책 뒤쪽에 게재된 시 전문을 프린트한다. 행별로 자른 문장을 잘 섞은 다음 봉투에 넣어 모둠별로 나누어 준다. 그런 뒤 모둠별로 시구를 꺼내서 한 행씩 읽어 보며 어떻게 배치하면 좋을지 상의한다. 시구를 배열하다 보면 원작에 가깝게 맞추고 싶어 하는 경우가 있는데, 저배열은 모방을 통해 '새로운 창작'을 하는 과정임을 강조할 필요가 있다. 재배열만으로 자신들만의 시 한 편을 만들 수 있음을 강조하면 아이들도 적극적이고 자신감 있게 활동에 참여할 수 있다.

2단계

재배열이 끝나면 시구를 색도화지에 붙인 다음 제목을 정한다. 모둠별로 적은 시구를 발표하고 작품을 전시한다. 연과 행과 시구의 배열이 달라졌을 뿐인데 새로 창작을 한 것 같은 효과가 있다.

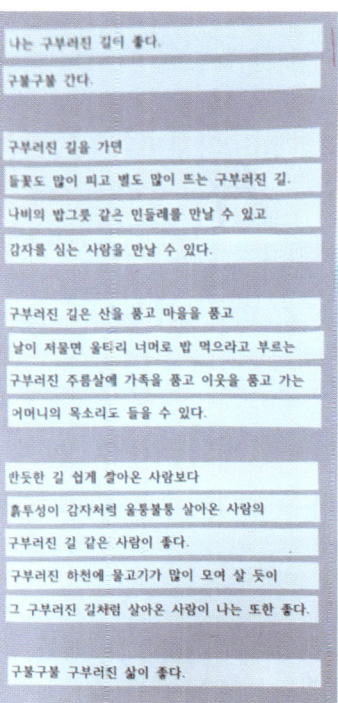

〈구부러진 길에서 만난 사람〉

24. 모둠 내 릴레이 글쓰기

릴레이 글쓰기는 한 장면씩 돌아가면서 내용이 이어지도록 글을 써 보는 활동이다. 특히 글이 없는 그림책을 읽을 때 아이들은 그림을 자세히 관찰하고 그에 맞는 말을 넣거나, 자기만의 의미를 부여할 수 있게 된다. 앞사람의 이야기를 이어 나가며 순발력을 기를 수도 있다.

> **어떤 그림책이 좋을까?**
> - 글이 없는 그림책을 선택하면 좋다. 같은 그림으로 구성한 서로 다른 내용을 읽으며 학생들은 나와 다른 시선이 있을 수 있음을 이해하고, 상대의 감정과 생각을 살펴볼 수 있다.
> - 『코끼리 아저씨와 100개의 물방울』은 간단한 의성어 이외에는 이야기가 활자화되어 있지 않아 릴레이 글쓰기 활동에 적합하다.

•• 함께 읽을 책

『코끼리 아저씨와 100개의 물방울』
노인경 글 · 그림, 문학동네, 2012

파란 물방울이 담긴 물동이를 머리에 인 코끼리 아저씨. 어디론가 향하는 코끼리 아저씨는 뜨겁게 내리쬐는 뙤약볕에 지치고, 소중한 물을 도둑맞기까지 하지만 결코 포기하지 않는다. 우여곡절 끝에 어린 코끼리들에게 물을 주면서 행복한 웃음을 보이는 아저씨는 가족을 위해 애쓰는 어른들의 고달픈 일상을 떠오르게 하기도 한다. 코끼리 아저씨의 다양한 감정들이 녹아 있어 릴레이 글쓰기 활동에 적합한 책이다.

●● 활동 안내

1. 표지와 마지막 두 컷을 제외한 그림책 장면들을 학생들에게 나누어 준다. 각자 포스트잇 색깔을 정해 각 장에서 느껴지는 감정, 떠오르는 대사, 내레이션 등을 마음대로 쓰게 한 뒤 그림이 가려지지 않도록 붙인다.
2. 그림책에서 릴레이 글쓰기를 할 열 장면을 선택한다. 마지막 장면은 빈 종이로 제시한다.
3. 순번을 정해서 장면마다 틈 레이로 글을 쓰고 모둠에서 한 명씩 이야기꾼이 되어 완성된 그림책을 읽는다.

1단계

6인 1모둠(인원이 적은 경우에는 4인 1모둠)을 만든 뒤, 표지와 마지막 두 컷을 제외한 그림책 장면들을 아이들에게 나누어 준다. 각자 색이 다른 작은 포스트잇을 하나씩 선택해 주인공의 감정이나 그림에 어울릴 만한 대사, 내레이션 등을 써서 장면마다 붙인다. 릴레이 글쓰기를 할 때 그림을 보며 앞 문장을 이어 글을 써야 하기 때문에 포스트잇이 최대한 그림을 가리지 않도록 한다. 각자의 색깔 포스트잇을 따라 읽으면 한 편의 이야기가 된다.

2단계

20분 정도 그림 읽기가 이루어졌을 때, 6명(혹은 4명)이 릴레이 학습지를 넘길 수 있게 책상을 한 줄로 배열한다. 모든 장면을 릴레이 글쓰기에 활용할 경우 앞의 글을 꼼꼼히 살펴보기 어렵기 때문에 교사는 열 장면을 제시한다. 마지막 장면은 학생들이 결말을 자유롭게 만들 수 있도록 빈 종이로 대체한다. 모둠원끼리 그림 장면을 선택하게 해도 좋다.

 학생들에게 첫 장면과 마지막 장면이 매우 중요함을 강조하여 이야기를 가장 잘 엮을 수 있는 학생을 1번 자리에 앉게 한다. 자리 배치를 어떻게 할지 짧게 의견을 나누게 한 후 글의 평가 요소를 미리 알려 준다. 감동, 그림과의 연관성, 완성도(앞뒤 문장의 연결성)가 평가 요소임을 미리 알려 줘야 글이 엉뚱한 방향으로 흐르지 않는다.

[선택한 그림책 10장면 + 빈 종이]
① 한 귀퉁이에 식물이 말라 가는 첫 장면
② 자전거를 타고 가는 코끼리 아저씨
③ 코끼리 아저씨가 울퉁불퉁한 길을 힘들게 가는 장면
④ 무서운 동굴을 지나가는 장면
⑤ 절벽에서 떨어져서 선인장에 엉덩이를 찔리는 장면
⑥ 개미집에 난 불을 물로 꺼 주는 장면
⑦ 기린이 물을 훔쳐 먹는 장면
⑧ 마지막 남은 물방울들을 새들이 가져가는 장면
⑨ 코끼리 아저씨가 물이 없는 것을 발견하고 눈물 흘리는 장면
⑩ 비가 내려 기뻐하는 장면
⑪ 빈 종이

3단계

한 장면당 1분 30초로 타이머를 설정하여 릴레이로 글을 쓰게 한다. 학생들은 놀이하듯 에너지 넘치게 활동에 참여한다. 순발력과 재치가 필요한 활동이지만 장면에 관한 감정, 대사, 해설 등을 작성해 두었기에 글쓰기를 어려워하는 친구들도 쉽게 할 수 있다. 교사는 학생들이 앞의 이야기를 읽지 않은 채로 글을 작성하지 않도록 사전에 충분한 안내를 해야 한다. 릴레이 글쓰기가 끝나면 모둠 글을 보고 제목과 주제를 만든다.

릴레이 글쓰기를 마치면 그림책 제목과 함께 모둠 릴레이 글을 발표한다. 한 모둠이 발표할 때 학생들은 그림책에 대해 한 줄 평을 쓰고, 릴레이 글쓰기를 한 소감을 적는다. 이때 미리 안내한 평가 기준에 맞춰 점수를 별 다섯 개로 표현한다.

[학생 결과물]
그림책 제목: 천국과 지옥 편(코끼리의 험난한 여행)
학생 1: 작은 동물들이 커다란 우산을 쓰고 여행을 가네요.
학생 2: 코코는 자전거를 타고 산책을 나왔어요. 그런데 뭔가 불안해요.

학생 3: 벌써 힘들어요. 좀 쉬어야겠어요.

학생 4: 아, 동굴이 너무 캄캄해요. 귀신이 있는 걸까요?

학생 5: 어머나, 이게 어떻게 된 일이죠? 코끼리가 선인장으로 떨어지네요. 선인장 가시가 코끼리 엉덩이에 박혔어요. 아이쿠.

학생 6: 휴, 운이 좋게 살았어요. 하마터면 죽을 뻔했어요.

학생 5: 괴생명체가 있어요. 다시 생각하니 뭔가 이상해요. 여기 어디죠? 앗! 천국이네요. 천국에도 뱀이 사네요.

학생 4: 아, 있었는데 없어지고, 분명 천국이랬는데 나한테 왜 이런 일들만…….

학생 3: 또르르, 나는 가끔씩 눈물을 흘린다. 눈물이 덜어지네요.

학생 2: 오? 비가 오네요! 물이 채워져 기쁜 코끼리는 다시 나들이를 떠났답니다.

학생 1: 여러 모험을 하며 슬픈 일도 있지만 다시 기쁜 일을 찾은 코끼리처럼 당신에게도 신비한 모험이 있기를 바랍니다.

25. 패러디 글쓰기

전래 동화나 흔히 '고전'으로 꼽히는 명작 동화에는 오랫동안 전해 내려오는 가치가 함축적으로 표현되어 있다. 패러디 글쓰기는 그 가치에 의문을 제기하거나, 주인공이 아닌 주변 인물의 입장에서 이야기를 새롭게 구성하여 기존의 시각을 비틀고 재탄생하게 하는 독후활동이다.

> **어떤 그림책이 좋을까?**
> - 옛이야기를 다룬 그림책을 선정해 보자. 비판적 시각으로 전통적인 이야기를 바라보게 되면 그 당시 사회 제도를 풍자하는 글을 쓰기에 좋다.
> - 『방귀쟁이 며느리』는 결혼 제도 및 여성의 사회적 지위, 선택의 자유 등 다양한 주제로 접근해 볼 수 있는 그림책이다. 관점 바꾸기, 시대 바꾸기, 주인공 바꾸기 등 여러 부분에서 패러디 글쓰기가 가능하다.

●● 함께 읽을 책

『방귀쟁이 며느리』
신세정 글·그림, 사계절, 2008

『방귀쟁이 며느리』는 방귀를 소재로 한 옛이야기로, 선조들의 삶을 엿볼 수 있는 전래동화다. 작품의 구성이 민화와 고전 서책 같은 느낌을 주고, 전라도 토박이말로 구성되어 있어 더욱 구수하게 느껴진다. 표지와 본문 장면들 중 조선 시대 그림을 패러디한 부분이 있는데 신윤복의 <미인도> 김득신의 <야묘도추> 이교익의 <휴식> 같은 작품을 찾으며 읽는다면 더 깊이 있는 그림책 들여다보기가 되겠다.

●● 활동 안내

1. 모둠별로 그림책 읽기 활동을 한 다음 패러디 글쓰기가 무엇인지 설명한다. 그림책을 다시 읽고 학생들이 이야기에 관한 질문을 만들게 한다.
2. 질문을 분류하고 관심 가는 질문을 선택하게 한다.
3. 질문에 답한 내용을 바탕으로 어떤 부분을 패러디할 것인지 간단한 시놉시스를 짠다.
4. 시놉시스를 바탕으로 글쓰기를 한 후 패러디 글쓰기 소감을 말한다.

1단계

　4~5인 1모둠을 구성하여 그림책 읽기 활동을 한 후 패러디 글쓰기가 무엇인지 설명한다. 『슈퍼 거북』『늑대가 들려주는 아기 돼지 삼 형제 이야기』『개구리 왕자』 등 패러디 그림책의 예시를 소개한다면 학생들의 이해를 도울 수 있다.
　'패러디 글쓰기'라는 주제를 생각하며 다시 『방귀쟁이 며느리』를 읽었다면 등장인물의 성격과 관계, 질문 등에 관한 마인드맵을 작성한다. 교사는 마인드맵에서 나온 내용을 칠판에 적어 유목화한 후 이 책의 특징을 알아본다. 학생들은 '연상연하 커플이다' '마침표가 특이하다' '사투리를 쓴다' 등을 이야기 한다. 결혼하는 여성의 표정이 어두운 이유, 저고리와 치마의 색깔 변화를 찾아 질문한 학생들도 있다. 이 내용을 바탕으로 질문을 만든 후 패러디 글쓰기에 활용할 수 있는 아이디어에 표시한다.

[패러디에 활용 가능하다고 선택한 질문 예시]
① 표지와 그림 중간 중간 종이 등장하는데, 그 의미는 무엇인가요?
② 왜 신랑이 많이 어린가요?
③ 결혼 전 저고리와 치마 색깔, 결혼 후 저고리와 치마 색깔, 쫓겨날 때 저고리와 치마 색깔이 왜 바뀌는 건가요?
④ 부인이 쫓겨나는데 남편은 왜 가만히 있나요?
⑤ 결혼할 때 주인공의 표정은 왜 어두운가요?

⑥ 큰돈을 벌게 된 후 며느리는 왜 다시 시댁으로 갔나요?
⑦ 방귀의 세기 조절이 가능하다면 어떻게 방귀를 활용할 수 있을까요?
⑧ 방귀가 결혼하는 데 방해가 되는 요소인가요?

2단계

이제 각각의 질문이 '무엇'과 관련되었는지 분류해 본다. '방귀'와 관련된 질문, '결혼 제도와 풍습'에 관련된 질문, '주인공과 주변 인물의 선택'에 관련된 질문, '작가의 의도와 관련된 질문' 등으로 나누고 가장 관심 가는 질문을 선택한다.

3단계

패러디 글쓰기는 독후활동 중에서도 난이도가 높기 때문에 모둠이 함께 진행하는 게 좋다. 같은 영역을 선택한 학생들을 한 모둠으로 묶고 모둠원이 함께 핵심 단어, 주제, 줄거리 등 시놉시스를 작성한다.

작품명	은밀한 비밀을 가진 부인에 대한 철없는 꼬마 신랑의 복수 대작전
키워드(핵심 단어)	#결혼 #복수 #방귀 #난아직어머니가더좋아 #말짱도루묵
주제 및 기획 의도	어릴 적 방귀로 모욕을 받았다고 생각하는 신랑은 부인에게 복수하기로 마음을 먹는다. 철없는 꼬마 신랑의 행동을 통해 아직도 어머니와 놀고 싶어 하는 신랑과 그런 신랑을 돌보아야 하는 부인의 상황을 보여 주고 있다.
패러디 소재	예전 결혼 제도

4단계

시놉시스를 바탕으로 글을 써 본다. 기존 그림책 내용을 기-승-전-결로 정리한 뒤 어떤 부분을 바꿀 것인지 의논한다면 학생들이 조금 더 쉽게 글을 써 나갈 수 있다.
 활동이 끝난 뒤엔 자신이 생각하는 패러디 글쓰기 방법을 네 가지로 요약 정리하며 마무리한다.

[학생 결과물]

기: 아니, 오늘 내가 이상한 소리를 들었지 뭐야. 내가 나보다 열 살이나 많은 늙은 이와 결혼을 한다지? 얼굴이라도 예쁘거나 성격이 고우면 집안의 말을 따르려고 했지. 이게 웬일이야. 방귀로 날 날려 버린 옆 마을 처자지 뭐야. 아이고 내 팔자야.

승: 그렇게 혼례를 치르고, 부인과 이야기하는 시간이 왔지. 그런데 부인 표정이 너무 안 좋은 거야. 밤마다 어디를 가지를 않나, 얼굴은 메주처럼 누렇게 변하지 않나. 이 부인이 무슨 일이 있구나, 생각하고 뒤를 밟았지. 글쎄, 날 날려 버렸던 그 무시무시한 방귀를 대나무 숲에서 뀌고 있는 게 아니겠어? 하마터면 또 내가 날아갈 뻔했지 뭐야. 부인의 이 은밀한 비밀을 나는 이용하기로 했어. 몰래 우리 어머님에게 말씀드렸지. 아무래도 부인에게 무언가 불편한 것이 있는 것 같다고. 집요하게 물어보시는 우리 부모님께 드디어 부인은 방귀 이야기를 했어. "방귀를 못 뀌어 그래요." 옳다구나. 시원하게 뀌라는 부모님 말씀에 눈치도 없는 부인은 아주 맛깔나게 뀌어 버렸지.

전: 내가 돈으로 매수한 힘센 하인 스무 명은 아주 커다란 부채로 강한 바람을 일으켰어. 그리고 어린 하인 열 명에게는 꽹과리를 치게 하고, 더 어린 하인 다섯 명은 몰래 물건을 깨뜨리게 했지. 그걸 모르는 우리 부모님은 방귀쟁이 며느리와 같이 살 수 없다고 결정을 내리셨어. 내 계획대로 된 거지. 방귀로 날 모욕한 것에 대한 복수니 내가 미안해할 필요는 없지 않나.

결: 하지만 그녀는 결국 다시 우리 집에 돌아왔어. 그것도 엄청난 돈을 들고서. 하, 이제 어떻게 쫓아내지? 부모님은 자꾸 부인에게 날 맡기고 날 돌봐 주지도 않아. 난 어머니와 노는 게 더 좋은데……. 저 부인에게 또 다른 비밀은 없을까?

26. 황금 문장으로 만드는 필사 달력

그림책을 함께 읽다 보면 간결하면서도 운율감 있는 글귀에 마음을 사로잡히는 경우가 있다. 그 문장을 그냥 흘려보내지 않도록 함께 필사를 해 보면 어떨까? 필사 달력을 만들며 좋은 문장을 정성껏 적어 보고 어울리는 그림을 그려 넣다 보면 책에서 받은 감동을 더욱 오래 간직할 수 있을 것이다.

> **어떤 그림책이 좋을까?**
> - 서사와 에피소드가 중심이 되는 그림책보다 이야기가 기승전결로 이어지지 않더라도 통찰할 문장이 많이 나오는 그림책을 선정하면 문장 선택의 폭이 넓어질 것이다.
> - 『소년과 두더지와 여우와 말』은 장면 장면이 짧은 단상으로 되어 있어 아무 데나 펼쳐 보기 좋다. 처음부터 끝까지 다 읽지 않아도 멋진 문장을 고르기 좋은 그림책이다.

●● 함께 읽을 책

『소년과 두더지와 여우와 말』

찰리 맥커시 글·그림, 이진경 옮김, 상상의힘, 2020

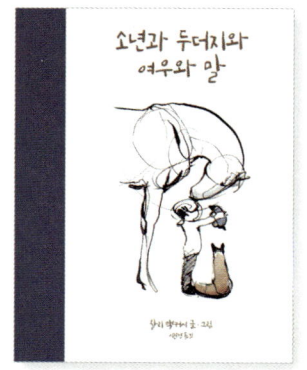

『소년과 두더지와 여우와 말』은 흑백의 간결하고 독특한 그림과 글씨체로 이루어진 책이다. 소년은 집으로 가는 길에서 두더지를, 여우를, 말을 차례대로 만난다. 이들은 친구가 되어 일상과 자아를 성찰하는 질문과 답변으로 대화를 이어 간다.

처음에는 과연 이 책이 그림책이 맞는지 의문이 들기도 하지만, 책을 읽어 나가며 아이들은 '인생에서 가장 중요한 것이 무엇인지' 스스로에게 질문을 던지며 삶을 진지하게 생각해 볼 수 있다. 특히 학업 스트레스와 교우 관계에서 오는 불안감에 짓눌린 학생들에게 위로가 되는 글귀가 많아 황금 문장으로 만드는 필사 달력 활동에 적합하다.

•• 활동 안내

1. 그림책을 함께 읽으며 가장 마음에 와닿는 문장 열두 개를 선정한다.
2. 먼저 필사 연습을 한 후 글귀와 함께 들어갈 그림은 무엇이 있는지 생각한다.
3. 교사가 나눠 준 달력 용지에 앞서 고른 문장들을 필사하고 그림을 그린다. 그다음 친구들 앞에서 자신이 고른 문장을 소개하고, 그 이유도 함께 발표하며 활동을 마무리 한다.

1단계

문장을 이용해 달력을 만드는 경우 마음에 와닿는 문장 열두 개를 선정해야 한다. 그러기 위해서는 모든 학생들이 각자 자신의 그림책 한 권을 가지고 있으면 좋다. 학급 인원 수만큼 책을 준비하는 데 현실적인 어려움이 있다면 교사가 실물화상기를 활용해 대표로 한 권을 읽어 준다. 교사는 아이들이 마음에 들어 하는 구절이 나올 때마다 손을 들게 하고, 포스트잇을 사용하여 그 페이지에 손을 든 학생들의 이름을 써 둔다. 책을 다 읽은 후엔 교사가 본문을 타이핑해 출력하고 해당 구절에서 손을 든 학생들에게 글귀를 나누어 준다. 학생들은 교사에게서 받은 타이핑 종이를 보고 필사 연습을 할 수 있다.

2단계

공책이나 연습장을 이용하여 선정한 구절들을 연습 삼아 필사해 본다. 정성을 들여 써 보는 과정에서 학생들은 책의 내용을 자신의 것으로 체화할 수 있다. 글귀에 어울리는 그림까지 생각하여 여백에 그려 봐도 좋다.

3단계

교사는 달력 용지나 달력 만들기 키트를 준비해 학생들에게 나누어 준다. 달력 용지는 두께감 있는 도화지 또는 레이저 프린터용으로 코팅된 종이가 좋다. 인터넷에 '달력 만들기 키트'로 검색해 보면 시중에 다양한 디자인이 있으므로 수업에 알맞은 것으로 구매하면 된다. 학생들은 달력의 꾸밈 면에 필사를 하고 어울리는 그림을 그린는 과정에서 책을 더욱 깊이 읽을 수 있고, 책 속에서 삶의 지혜를 발견해 내기도 한다. 만약 달력 만들기가 어려운 경우 캘리그라피 엽서에 글귀만 필사해 보는 활동으로 대체 가능하다.

필사 달력을 모두 완성했다면, 자신이 고른 문장과 그 이유가 무엇인지 친구들과 이야기 나누며 활동을 마무리한다.

학생들이 완성한 달력

27. 서평 쓰기

인터넷 서점에서 책을 검색해 보면 다양한 서평을 볼 수 있다. 출판사에서 쓴 서평, 책을 읽은 사람들이 적은 서평 등 독자로서 우리는 여러 사람들의 감상과 별점을 참고하여 책을 구매하게 된다. 그림책을 읽고 서평을 쓸 때 학생들에게 일곱 가지 역할을 부여하면 마치 역할 놀이 하듯 자신이 맡은 관점에서 서평을 완성할 수 있다. 어떤 역할이 되는지에 따라서 서평의 내용이 달라질 수 있는 활동으로, 아이들은 이 과정을 통해 한 책을 다양한 관점에서 바라보게 된다.

> **어떤 그림책이 좋을까?**
> - 역할을 나누어 감상의 기준을 달리해야 하기 때문에 해석의 여지가 많이 열려 있는 그림책이 좋다.
> - 『직선과 곡선』은 함축적인 표현과 단순한 그림, 사람마다 다양한 생각을 할 수 있는 철학적인 주제를 품고 있어 서평 쓰기에 적합한 그림책이다.

●● 함께 읽을 책

『직선과 곡선』
**데보라 보그릭 글, 피아 발렌티니 그림, 송다인 옮김,
브와포레, 2021**

그림책 속 세상은 직선과 곡선 두 가지로 표현된다. 직선이 가로등을 잇는 선을 팽팽하게 잡아당기면 곡선은 펑펑 불꽃을 터트리는 식이다. 이처럼 서로 너무나도 다른 두 선은 '우르릉 쾅쾅!' 하고 부딪치며 갈등을 벌이지만, 이후에는 서로의 다름을 인정하고 화해하는 과정을 통해 아이들에게 공존이라는 메시지를 던져 준다.

●● 활동 안내

1. 서평이 무엇인지 알아보고 서평과 독후감의 차이를 이야기한다.
2. 사전 활동으로 자신이 쓸 서평의 키워드, 주제 등을 선정한다.
3. 초등학생, 중학생, 학부모, 교사, 출판사 직원, 크리에이터, 그림책 작가 등으로 역할을 나누고 각 입장에 맞게 짧은 서평을 쓴다.
4. 같은 역할을 맡은 학생끼리 한 모둠으로 모여 각자 쓴 서평을 통합해 최종 서평을 만든다.

1단계

'서평(書評, Book Review)'이란 한 권의 책이 출간되었을 때 그 내용과 장단점, 의의 및 가치를 평가하는 글이다. '서평이 무엇일까?'라는 질문에 '독후감이요.'라고 답하는 학생들을 위해 서평과 독후감의 차이점을 정확히 짚어 주면 좋다.

> 독후감(讀後感)이란 한자어 자체를 풀이해 보면, '책을 읽은 감상' 정도가 된다. 주관적인 감상이 주를 이룰 수도 있다는 뜻이다. 반면 서평(書評)은 책에 대한 평가를 다룬 글로, 객관적인 도서 정보와 비평을 동시에 담는 것이 특징이다.
> 　서평의 정의를 간단히 이야기하면 "책에 대한 객관적인 정보에 자신의 느낌과 평가를 덧붙이는 글" 정도가 된다. 자신이 쓰는 글이 독후감이 아닌 서평이라면 책에 대한 객관적인 정보(ⓐ)와 책을 선택하는 데 도움을 줄 만한 주관적인 평(ⓑ)을 고르게 실어야 한다.
> 　특히, ⓑ의 기능은 서평에 있어 매우 중요하다. 아직 해당 책을 읽어 보지 못한 독자들에게 읽어 볼 만한 책인지 그렇지 못한지에 대한 판단 근거를 제시하기 때문이다.

2단계

학생들이 서평을 충분히 이해했다면 서평 작성 사전 작업을 진행한다. 서평을 쓰기

---

* 서평의 뜻, 서평과 독후감의 차이, 서평 작성 방법은 원광대학교 자료실의 '서평 쓰기' 내용을 참고하였다.

전 사전 작업으로 다음 세 가지 활동을 한다.
1. 서평에 담고 싶은 키워드 적기
2. 키워드를 바탕으로 하고 싶은 말 '한 가지' 고르기
3. 그림책에서 고른 '한 가지' 주제를 중심으로 책 내용+관점 적어 보기

아이들이 적은 세 가지 활동 예시
1. 바다, 수평선, 파도, 화해, 통합
2. 서로 다른 직선과 곡선이 바다에서 화합을 했다.
3. (내용) 직선과 곡선이 서로의 다름을 인정하니 수평선과 파도로 만나서 멋진 바다가 되었다. (관점) 화해와 통합이 세상을 얼마나 아름답게 만드는지 잘 표현한 그림책이다.

3단계

사전 작업이 끝난 후에 학생들에게 다음 일곱 역할 중 하나를 부여한다. 역할을 나누어 서평을 쓰도록 하면 학생들의 부담을 덜어 주는 것은 물론 한 권의 책만으로도 다양한 시선을 가질 수 있음을 알 수 있다. 이때 전체 학생 수에 따라 교사가 역할 수를 조정하도록 한다.

역할이 모두 정해지면 일단 각자 자신의 역할에 맞는 서평을 써 본다.

역할	서평
초등학생	곡선과 직선이 계속 싸우는 장면이 안타까웠다. 직선과 곡선이 빨리 화해할 수 있도록 돕고 싶다.
학부모	직선이 수평선을 만들고 곡선이 파도를 만들면서 화해하는 것이 감동적이다. 자녀와 함께 이 책을 읽어 보면서 가정에서도 서로 다른 두 사람이 어떻게 함께 잘 지낼 수 있는지 이야기를 나눌 수 있다.
크리에이터	책 속에는 서로 다른 직선과 곡선이 다투는 장면에서부터 화해하는 장면까지 실려 있다. 화해의 비결이 담긴 책으로 갈등으로 힘들어하는 사람들에게 추천하고 싶다.
중학생	처음에는 사이가 좋지 않았던 친구가 떠오른다. 우리도 처음에는 직선과 곡선처럼 다투는 일이 많았는데, 지금은 친한 친구가 된 그 친구에게 이 책을 선물해 주고 싶다.

그림책 작가	곡선과 직선을 잘 표현하기 위해서 직접 펜으로 그린 효과를 내기 위해 노력했다. 질감을 잘 표현하기 위한 디테일에 신경을 쓴 그림책이다.
교사	이 책에는 서로 다른 두 대상이 어떻게 서로를 인정하고 친구가 될 수 있는지가 담겨 있다. 직선과 곡선처럼 서로 달라서 갈등이 생기기도 하지만, 다름으로 인해 더욱 좋은 친구가 될 수도 있는 법이다.
출판사 직원	직선과 곡선 형태로 자신의 생각과 느낌을 표현할 수 있는 활동지도 들어 있다. 직접 그려 보면서 책을 좀 더 재밌게 읽을 수 있다.

4단계

같은 역할끼리 한 모둠으로 모인다. 모둠원들의 활동지를 돌려 읽어 본 후 좋은 문장에 별표를 치고, 별표 친 문장들을 자연스럽게 연결해 모둠별 최종 서평을 작성한다. 별표 친 문장을 꼭 모두 적을 필요는 없고, 합칠 때 어색하거나 어울리지 않는 내용은 수정 또는 삭제할 수 있다.

별표 치는 활동까지 마무리되면 각 모둠별로 서기 학생을 정하고, 서기 학생을 중심으로 함께 글을 작성하도록 한다. 다 작성한 후 역할별로 만든 최종 서평을 함께 읽으며 활동을 마무리한다.

교사 모둠 최종 서평

이 책에는 서로 다른 존재인 직선과 곡선이 어떻게 서로를 인정하고 친구가 될 수 있는지가 담겨 있습니다. 서로 다르다는 사실은 갈등을 일으키기도 하지만, 그 다름으로 인해 더욱 좋은 친구가 될 수도 있습니다. 마지막 페이지에 직선과 곡선의 공존은 바다의 수평선과 파도로 표현됩니다. 수평선은 직선으로, 파도는 곡선으로 표현할 수 있습니다. 한 바다에 담긴 직선과 곡선이 화해하는 것이 감동적입니다. 서로 다른 친구들과도 잘 지낼 수 있다는 것을 말로도 전할 수 있겠지만 직선과 곡선 그림책을 읽어 주며 전할 수도 있습니다. 학생들과 함께 읽어 보면서 다양한 학생들이 한 교실에 있는 상황에서의 갈등과 어려움을 이해할 수 있습니다. 오히려 서로의 다름을 인정하며 다양한 사람들이 어울려 지내는 세상이 더 아름다움을 느낄 수 있습니다.

그리기 활동

28. 다음 장면 예측하며 그리기

그림책을 읽다 보면 다음엔 무슨 일이 일어날지, 주인공은 어떤 모습을 하고 있을지, 주위 상황은 어떻게 변해 있을지 머릿속에서 그려지고 작가와 내 생각을 비교하기도 한다. 이 활동은 아이들이 쉽게 글의 내용을 추론할 수 있도록 돕는다. 다양한 내용을 상상할 수 있고 특히 융통성과 독창성을 기르는 데 탁월하다. 학생들은 그림책을 능동적으로 읽어 가며 새로운 표현을 만드는 재미를 느낄 수 있을 것이다.

> **어떤 그림책이 좋을까?**
> - 반복적인 구성으로 진행되는 그림책은 다음 이야기나 장면을 예측하기 수월하다.
> - 『문제가 생겼어요』는 반복적이고 단순한 그림으로 그려져 그림 실력이 뛰어나지 않아도 아이들이 장면을 그리기에 부담이 없다.

●● 함께 읽을 책

『문제가 생겼어요!』
이보나 흐미엘레프스카 글·그림, 이지원 옮김, 논장, 2010

아이는 엄마가 아끼는 식탁보를 다림질하다가 그만 자국을 남긴다. 자국을 없애고 싶은 마음은 다양한 생각을 만들어 내고, 삼각 형태의 얼룩은 사람의 몸통, 세제 병, 마우스, 올빼미 등 온갖 모습으로 변한다. 한편 아이가 잘못을 털어놓으면서 자국을 발견한 엄마는 고민 걱정을 날려 버릴 상상도 못한 방법을 생각해 내는데……. 형태의 유사성에 착안해 다양한 상상을 불러오는 그림책으로 자신이 실수했던 상황을 떠올리고, 그 상황을 되돌아보며 아이에게 공감할 수 있다.

●● 활동 안내

1. 그림책 1/3을 함께 읽고 그림의 특징과 책의 구성을 이야기 나눈다. 읽기를 잠시 멈추고 다음 장면을 예측하여 그림을 그리고 문장을 쓴다.
2. 만든 장면을 그림책 속에 넣어 읽는다.
3. 때에 따라 문장 맞히기 활동을 진행할 수도 있다.

1단계

『문제가 생겼어요!』를 모자 쓴 아기 모습과 곰방대 부분 정도까지 함께 읽은 후 그림의 특징을 질문하면 아이들은 다리미 세모 얼룩과 파란 선으로만 그림이 그려져 있다고 대답한다.

   책을 끝까지 읽지 않은 상태에서 아이들에게 세모 얼룩이 그려진 종이, 책의 판형과 같은 크기의 종이를 나누어 준다. 종이 크기는 자유롭게 재단해도 좋지만 판형과 비슷하게 하면 장면을 그린 후 책에 끼워 넣기 좋다. A3 종이를 반으로 접어 가로 1cm, 세로 3cm를 잘라 내면 그림책 크기와 비슷하다.

   준비를 모두 마치면, 다리미 얼룩 도안을 활용하여 그림책 구성처럼 다음 장면을 예측해 그리게 한다. 내가 실수로 다리미 얼룩을 남겼다고 상상하고 얼룩 모양을 바탕으로 다른 사물, 자연물의 형태를 떠올려 그려 보는 활동이다. 이때 텍스트는 읽기를 멈춘 지점의 "~그랬다고 할까요?" 형식으로 써 본다.

| 다리미 세모 얼룩이 그려진 종이 | A3 종이 자르기 |

교실 안에서 이미지 편집과 인쇄 작업이 원활하게 이루어진다면 아이가 원하는 크기의 다리미 세모 얼룩을 제공할 수 있다. 다음 장면을 떠올리는 데 어려움을 겪는 아이에게는 얼룩 모양을 잘라 여러 방향으로 움직여 보라고 안내한다. 색다른 각도로 움직이다 보면 머리로만 상상하는 것보다 아이디어가 쉽게 떠오를 것이다.

2단계

아이들은 닌자, 생쥐 등 기발한 아이디어를 떠올렸다. 그림이 완성되면 어울리는 문장을 적는다. 완성된 그림은 책 읽기를 멈춘 다음 그림책에 끼워 넣어 함께 읽는다. 아이들이 만든 장면은 클립으로 고정해 두고 학급 문고에서 찾아 읽을 수 있도록 한다.

모든 학생들이 같은 지점에서 읽기를 멈추고 다음 활동을 해도 되지만 아이들의 흥미를 유발하기 위해 모둠별로 읽기를 멈추는 지점을 달리할 수도 있다. 이런 경우 책 읽기와 장면 그리는 공간을 달리한다. 교실에서 함께 책 읽기를 하다 읽기를 멈추는 지점1에서 모둠1이 복도로 나가 그림을 그리고, 멈추는 지점2에서 모둠2가 복도로 나가는 방식으로 진행한다. 상대 모둠이 어떤 이야기를 만들었을지 상상하며 책장을 넘기는 과정은 그 자체로 하나의 훌륭한 독서가 된다.

3단계

아이들의 사고력을 키우고 활동의 재미를 더하기 위해 '장면과 문장 연결하기' 활동으로 넘어가도 좋다.

한 명씩 일어나 자신의 그림을 친구들에게 보여 주면 친구들은 그림에 어울리는 문장을 상상하고 발표자의 문장을 맞힌다. 개인별로 유추할 수도, 모둠별로 상의할 수도 있다.

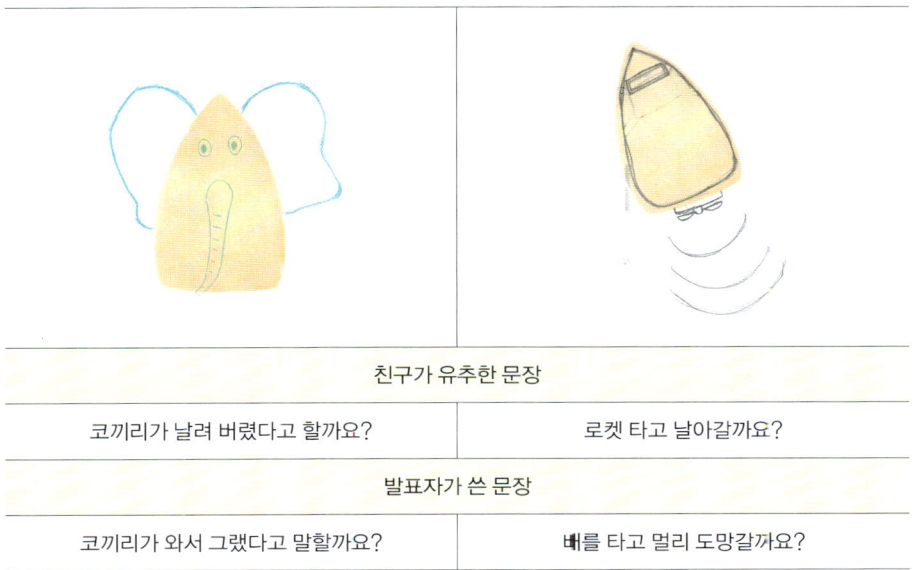

친구가 유추한 문장	
코끼리가 날려 버렸다고 할까요?	로켓 타고 날아갈까요?
발표자가 쓴 문장	
코끼리가 와서 그랬다고 말할까요?	배를 타고 멀리 도망갈까요?

아이들은 같은 그림을 보고 비슷하거나 전혀 다른 문장을 유추해 낸다. 이런 과정은 각자의 견해를 알아 가고 서로를 더욱 배려하는 계기가 되어 준다.

29. 그림책 표지 다시 만들기

그림책 표지는 작가가 나타내고자 하는 주제를 집약적으로 보여 주기도 하고, 이야기의 한 부분을 강조하기도 하는 등 여러 의미를 담고 있다. 그렇기에 학생들이 자신만의 의미를 담아 자유롭게 표지를 꾸며 보는 활동은 그 의미가 크다. 가장 마음에 드는 장면을 선택하여 그리거나 그림책의 주제를 생각하며 추상적인 그림으로 표지를 꾸며도 좋다.

> **어떤 그림책이 좋을까?**
> - 추상적인 개념이 본문에서 단순하게 표현되어 있다면 아이들이 그 이미지를 활용해 나만의 표지를 만들기 수월하다.
> - 『마음여행』은 주인공의 마음이 빠져나간 자리가 텅 빈 구멍처럼 표현되어 있다. 간결한 시각화를 통해 아이들의 상상력을 자극할 수 있는 그림책이다.

●● 함께 읽을 책

『마음여행』
김유강 글 · 그림, 오올, 2020

『마음여행』은 마음에 커다란 구멍이 난 주인공이 자신의 마음을 찾아 떠나는 이야기이다. 그 여정을 통해 학생들은 자신의 현재 마음 상태를 돌이켜 보고, 저마다의 경험에 비추어 내용을 해석한다. 주인공처럼 뻥 뚫린 마음은 없는지, 뚫린 마음 자리를 채우기 위해 어떤 노력을 하는지 말이다. 학생 수만큼 다양한 해석이 나오는 그림책이므로 자신만의 의미를 담아 표지를 바꿔 보는 활동을 하기에 적합하다.

●● 활동 안내

1. 그림책을 읽고 인상 깊은 장면을 함께 나눈다.
2. 그림책 표지를 어떻게 바꾸고 싶은지 이야기하고 각자 표지를 바꿔 그린다. 학생들의 작품을 칠판에 붙여 전시한 뒤, 함께 감상하도록 한다.

1단계

활동을 시작하기 전 학생들과 그림책을 읽으며 주인공이 외로움, 두려움, 고단함을 마주하는 과정을 이야기 나누도록 한다. "너희들은 언제 두려움을 느끼니?" "두려움이 지나고 나면 너희들 마음에 남는 것은 무엇이니?"와 같은 질문을 통해 학생들의 경험담을 이끌어 낸다.

요정이 주인공의 가슴에 불어넣은 작은 '씨앗'은 무엇을 상징하는지 함께 토의해 볼 수도 있다. 학생들은 대부분 '커지는 마음' '깊어지는 마음'이라 답한다.

함께 이야기를 나누는 과정에서 학생들은 책의 내용을 더 고민하게 되고, 이야기와 자신의 삶을 연결 짓는다. 독서를 마쳤다면 가장 인상 깊은 장면을 뽑고 그 이유를 발표하도록 한다.

장면	그 장면을 뽑은 이유
요정이 주인공에게 마음씨앗을 심어 주는 장면	마음씨앗이 점점 커지는 부분이 마음에 들었다. 내 마음도 그렇게 되기를 바라기 때문이다.
주인공이 날아가는 노란 풍선을 쳐다보는 장면	나도 요새 마음이 많이 멍해서 하늘을 자주 올려다보는데, 그 장면이 나와 비슷하다 생각했다.
주인공이 바다에 띄운 보트에 누워 밤하늘을 올려다보는 장면	밤하늘이 예쁘게 채색되어 있는데 그 색깔이 마음에 들었다.
마음자리가 커진 주인공이 또다시 시련을 마주하는 장면	'마음자리 크기의 최대치는 없구나' 하는 생각이 들었기 때문이다.

같은 책을 읽고도 인상 깊은 장면과 그 이유는 각각 다르다. 학생들과 서로 다른 감상이 나오는 까닭을 이야기해 보도록 한다.

2단계

자신만의 의미를 담아 그림책의 표지를 바꿔 그려 보도록 한다. 한 학생은 오묘한 색깔의 밤하늘을 바라보는 것만으로도 마음이 힐링되기 때문에 표지에 밤하늘을 그리고 싶다고 하였다. 또 다른 학생은 씨앗이 주인공의 마음자리를 커지게 해 주었다는 점에서 주인공이 선물받은 마음씨앗을 그리고 싶다고 대답했다.

표지를 바꿔 그릴 때 유의해야 할 점은 가장 마음에 드는 장면을 따라 그리는 데 그쳐서는 안 된다는 점이다. 그 장면을 바탕으로 하되, 배경 색이나 주인공의 표정에 변화를 주는 등 나만의 의미를 담아 장면 일부를 바꿀 수 있도록 지도한다. 또한 그림책 표지답게 책 제목, 출판사, 글·그림 작가명이 빠지지 않도록 유의한다. 제목을 써넣을 때는 자신이 디자인한 표지를 고려하여 글 위치를 적절하게 배치할 수 있도록 한다. 제목 크기 역시 디자인에 맞게 조절 가능함을 알려 준다. 표지 디자인이 끝났다면 학생들의 작품을 칠판에 게시하여 서로 감상하는 기회를 마련한다.

밤하늘의 채색 느낌이 마음에 들어서 표지로 그린 작품	주인공의 마음자리가 커질 수 있도록 도움이 된 괴물을 그린 표지	마음자리가 커지기 위해선 마음씨앗이 중요하다고 생각한 작품

학생 작품 예시

30. 독후 감상화

학생들은 글쓰기보다 그림으로 표현하는 것을 쉽고 재미있게 여기는 경우가 많다. 이 활동은 책을 읽고 느낀 점, 인상 깊은 장면이나 사건 등을 직접 그려 볼 수 있어서 호응도가 매우 높은 편이다. 책의 한 장면을 개성 있게 표현하거나 자신만의 독창적인 생각을 덧붙여서 상상의 나래를 펼치다 보면 독서에 흥미도 생기고 정서적 안정감과 예술적 감수성도 키울 수 있다.

> **어떤 그림책이 좋을까?**
> - 그림책의 상황을 자유롭게 확장하거나 변화시킬 수 있는 그림책, 상상력을 충분히 발휘할 수 있는 요소가 많은 그림책이 좋다.
> - 이번 활동에서는 짝꿍 그림책으로 꼽히는 작품 두 권을 선정했다. 그림책의 이야기와 캐릭터가 더욱 다채롭고 둥성해지므로, 학생들은 그림책에 대한 감상을 창의적으로 표현할 수 있을 것이다.

•• 함께 읽을 책

『팥빙수의 전설』, 『친구의 전설』
이지은 글·그림, 웅진주니어, 각각 2019, 2021

『팥빙수의 전설』은 팥빙수의 유래에 관한 이야기로 단팥죽을 시장에 내다 팔기 위해 길을 나선 할머니가 눈호랑이를 맞닥뜨리며 생기는 일화를 유쾌하게 그린다. 『친구의 전설』은 『팥빙수의 전설』의 프리퀄

에 해당하는 그림책으로, 말썽꾸러기 호랑이와 호랑이의 꼬리에 붙은 꼬리꽃의 이야기다. 티격태격하면서도 어느새 정이 든 꼬리꽃과 호랑이의 우정이 따뜻하고 감동적이다. 두 책 모두 만화풍의 귀여운 캐릭터들과 재미있는 이야기로 학생들의 흥미를 끌기에 충분하며, 배경과 장소가 다양하여 그림 장면을 구상하기에도 좋다. 많은 여백을 담고 있는 책의 공간 구성 또한 상상력을 자극한다.

●● 활동 안내

1. 그림책을 읽고 나서 궁금한 점을 질문한다.
2. 책 속의 인상적인 장면과 그리고 싶은 장면을 함께 이야기 나눈다.
3. 등장인물의 특징을 생각하면서 표정이나 몸짓을 살려 스케치를 한다. 채색 후에는 친구들과 작품을 감상한다.

1단계

팥빙수가 어떻게 생겨났는지 알아보자는 말과 함께 『팥빙수의 전설』을 읽는다. 책을 읽고 나서 궁금한 점을 찾아보라고 하면, "할머니는 왜 눈호랑이를 무서워하지 않을까?" "눈호랑이는 어떻게 마법을 부릴 수 있을까?" "눈호랑이는 어떻게 눈처럼 하얗게 되었을까?" 등 다양한 질문이 쏟아진다. 답을 생각해 본 뒤, 두 번째 책인 『친구의 전설』을 함께 읽는다. 두 책을 읽고 나면 학생들은 호랑이가 하얀 눈호랑이가 된 이유와 할머니가 눈호랑이를 무서워하지 않은 이유를 납득하게 된다.

2단계

두 책에서 가장 인상 깊은 장면과 그림으로 표현하고 싶은 장면에 관해 이야기를 나눈다. 『팥빙수의 전설』에서는 눈호랑이가 과일을 맛있게 먹는 장면, 『친구의 전설』에서는 호랑이와 꼬리꽃이 서로 다투는 장면, 눈호랑이가 민들레 꽃밭에 누워 있는 장면이 주로 언급된다. 이야기를 마친 후에는 표현하고 싶은 장면을 선택하여 주제를 구상한다.

학생들의 생각과 느낌을 풍성하게 표현하기 위해서는 그리고 싶은 주제를 자유롭게 선택할 수 있는 분위기가 무척 중요하다. 그림책 내용이나 장면을 천천히 음미하는 시간도 필요하다. 나타내고 싶은 장면이 있어도 직접 그리기 어려워하는 학생들을 위해 책을 다시 한번 꼼꼼히 살펴보는 것도 좋다.

3단계

각자 그리고 싶은 장면을 정하고, 배경과 등장인물의 배치 등을 생각하면서 스케치를 한다. 이때는 주제를 어떻게 나타낼 것인지 생각해 보아야 한다. 책 속에서 찾은 '극적인 장면'이나 책의 주제를 상징적으로 잘 전달할 수 있는 장면을 선택하여 그리는 것도 좋다. 뒷이야기를 상상하여 그림으로 표현하거나 인상적인 그림책 장면에 독창적인 생각을 담아내는 것도 좋은 방법이다. 무엇보다도 학생들이 그림책의 기존 장면에 한정되지 않고 자신의 느낌을 표현할 수 있도록 최대한의 자율성과 창의성을 인정해 주어야 한다.

스케치가 끝나면 색연필, 사인펜, 크레파스, 물감 등의 채색도구를 이용하여 그림을 완성한다.

과일을 좋아하는 눈호랑이에게 많은 과일을 선물하고 싶은 마음을 표현함.

호랑이와 꼬리꽃이 친구들에게 책을 읽으라고 이야기하는 장면을 표현함.

눈호랑이가 민들레 꽃밭에 누워 있는 장면이 아름다워서 그림으로 표현함.

31. 등장인물 관계도 그리기

등장인물 관계도란 등장인물 사이의 관계를 한 눈에 알아볼 수 있도록 나타낸 일종의 도면이라 할 수 있다. 화살표(→, ↔, ⇥, ↦)로 대립, 사랑, 협력 등의 관계를 나타낼 수 있으며 도형(♡, ♩, ☆)과 다양한 색을 사용하여 표현하기도 한다.

> **어떤 그림책이 좋을까?**
> - 등장인물들 사이의 관계가 첨예하게 드러나 있어야 어떻게 시각화할지 직관적으로 파악하기 쉽다.
> - 『거짓말』은 학교폭력, 거짓말, 교우 관계 등을 다루는 그림책으로, 학교폭력 가해자로 몰린 주인공의 모습을 보여 주고 있어 아이들이 보다 섬세하게 상황과 관계를 살펴볼 수 있다.

●● 함께 읽을 책

『거짓말』

미안 글·그림, 고래뱃속, 2021

친구의 발을 걸어 넘어뜨렸다는 오해를 산 주인공. 자신이 그런 게 아니라고 억울함을 호소하지만 아무도 그 말을 믿어 주지 않는다. 이들의 관계가 책에는 정확히 정의되지 않으므로 독자는 그저 등장인물의 표정과 정황만으로 추측해야 한다. 아이들은 주인공을 향한 반 친구들의 시선에서 주인공과 친구들 사이의 관계를 생각하고, 실제 가해자와 가해자로 오해받는 주인공 사이의 관계도 유추할 수 있다.

●● 활동 안내

1. 표지와 제목을 보여 주며 내용을 예측한 후 책을 읽고 내용과 등장인물을 정리해 본다.
2. 등장인물 사이의 관계를 생각하며 관계도를 그린다. 완성되면 친구와 돌려 보며 생각을 공유한다.

1단계

상반된 색상의 앞표지와 뒤표지를 제목과 함께 살피며 책의 내용을 예상해 본다. 표지에 느낌이 다르게 표현된 두 마리의 토끼가 나오므로 '거짓말'이라는 제목을 두 마리 토끼의 색상과 연결 지을 수 있다. 표지와 제목을 보여 주며 무슨 내용인 것 같은지 질문하면 몇몇 학생들은 "어두운 색 토끼가 거짓말을 하는 것 같다."라고 답한다. 이렇듯 앞표지와 뒤표지를 비교해 가면서 책을 읽으면 주인공과 그 주변 등장인물에 조금 더 집중할 수 있다.

책을 읽은 후 학생들과 함께 책의 내용과 등장인물을 확인한다. 등장인물로는 주인공, 태경, 규리, 부모님 등이 있고, 아이들은 태경으로 인해 사람들의 오해를 산 주인공이 태경을 미워할 것이라고 대답했다. 또한 주인공이 부도에게 서운할 것이라고 답하기도 했다. 일반적인 그림책에 비해 『거짓말』은 등장인물의 수가 많은 편이다. 그 사이의 미묘한 감정 변화가 이 책의 주된 요소이므로 등장인물을 정리하며 내용을 꼼꼼히 살펴볼 필요가 있다.

2단계

책에서 일어난 사건을 바탕으로 인물들 사이의 관계 양상을 생각해 본 후 관계도를 그린다. 인터넷에서 예시를 찾아 보여 주면 처음 접하는 학생들도 등장인물 관계도가 어떤 것인지 알 수 있다.

본격적으로 『거짓말』의 등장인물 관계도를 그린다. 화살표와 도형을 사용하거나 글로 표현하는 방법도 가능하다. 자신의 개성에 따라 다양한 방식을 택하도록 한다.

등장인물 관계도 그리기는 개인 혹은 모둠 활동으로 진행할 수 있다. 개인 활동으로 진행할 땐 A4용지에 색연필이나 사인펜을 이용하여 그리는 것이 좋고, 모둠 활동으로 진행할 경우엔 4절 도화지에 매직으로 그리는 것이 좋다. 관계도를 다 그린 뒤에는 친구와 바꿔 보며 서로의 생각을 공유한다. 아이들은 이 활동을 통해 책 내용을 보다 잘 이해하고 인물의 행동이나 표정을 통해 인물의 심리에 한층 더 깊게 다가갈 수 있다.

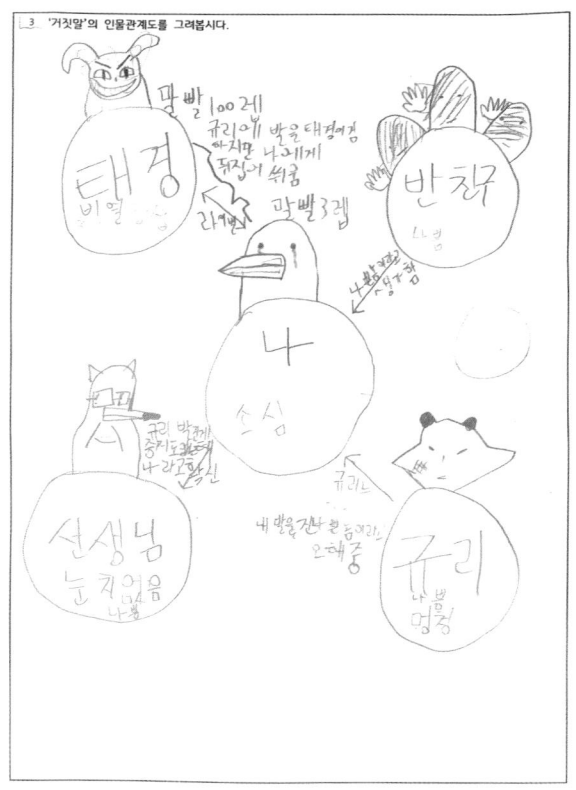

태경이가 나쁜 아이라 생각되어서 태경이를 심술궂은 표정으로 그렸어. 책의 주인공들을 다 그리기보다는 대표적으로 태경이, 반 친구들, 선생님, 규리, 주인공 '나'에 집중했지.

등장인물 밑에는 내가 생각하는 등장인물의 성격을 같이 썼어. 그리고 화살표로 서로를 어떻게 생각하는지 썼어. 예를 들어 태경이와 주인공 '나'를 서로 라이벌 관계라고 생각했기 때문에 둘을 화살표로 연결하고 그 아래 라이벌이라고 적었어.

32. 뇌 구조 그리기

뇌 구조 그리기 활동은 등장인물을 이해하는 데 도움이 될 뿐만 아니라 아이들이 보다 재미있게 책을 읽을 수 있도록 한다. 등장인물의 생각 패턴을 알아보는 것에서 나아가 자신의 뇌 구조를 그려 본다면 내가 요즘 어떤 생각을 하고, 어떤 가치를 중요하게 여기는지, 어떤 고민을 하는지 깨닫게 될 것이다.

> **어떤 그림책이 좋을까?**
> - 일상에서 쉽게 느낄 수 있는 고민을 다룬 그림책이면 좋다. 학생들이 각자의 일상에 비추어 뇌 구조의 소재와 주제를 길어 올리기 쉽기 때문이다.
> - 『더우면 벗으면 되지』는 문제에 심각하게 빠져들기보다는 유쾌한 화법을 던져 주는 그림책이다. 작가의 뇌 구조도를 그려보며 생활 속 여러 고민으로부터 마음이 좀 더 가볍고 편안해지길 바란다.

●● 함께 읽을 책

『더우면 벗으면 되지』
요시타케 신스케 글·그림, 양지연 옮김, 주니어김영사, 2021

『더우면 벗으면 되지』는 말 그대로 '더우면 벗으면 된다'는 단순하고 유쾌한 진리를 통해 아이들의 다양한 고민거리를 해결해 준다. 화자의 뇌 구조도를 그려 보고, 내 고민을 작가는 어떻게 해결할 것 같은지 생각해 보면서 아이들은 저마다의 근심 걱정을 물리치고 용기를 얻는다.

●● 활동 안내

1. 함께 그림책을 읽고, 뇌 구조도가 무엇인지 알아본다.
2. 『더우면 벗으면 되지』 화자와 나의 뇌 구조를 그리고, 그 이유를 적는다.
3. 요즘 나의 고민을 적어 보고, 작가라면 고민을 어떻게 해결했을 것 같은지 그 과정을 뇌 구조로 표현한다.

1단계

함께 그림책을 읽은 후 뇌 구조도가 무엇인지 알아본다. 뇌 구조도는 머리 측면 이미지를 통해 우리가 생각하는 것들의 우선순위를 보여 주는 도식을 의미한다. 관심이 없는 요소는 간단한 점으로 표현되고, 관심이 많은 요소는 뇌의 많은 영역을 차지하게 하는 식이다. 웹에서 뇌 구조도를 검색하면 다양한 형태가 나오는데, 학년, 연령에 따라 적절한 형식을 선택하면 된다. 고학년, 높은 연령일수록 머릿속이 텅 비어 있는 활동지를 선택하면 아이들이 높은 자유도로 생각의 우선순위를 매겨 볼 수 있다. 저학년, 낮은 연령일수록 기본 틀이 어느 정도 갖춰진 이미지가 용이하다.

2단계

뇌 구조도가 무엇인지 충분히 이해한 뒤에는 직접 그려 본다. 『더우면 벗으면 되지』는 주인공이 특정되어 있지 않으므로 작가의 뇌 구조도를 그리고, 그린 이유도 함께 적는다.

그다음 요즘 내가 어떤 생각을 하고 지내는지 나의 뇌 구조도를 그리고 그 이유까지 함께 적어 보도록 한다. 뇌 구조도를 큼직하게 잘 그릴 수 있도록 활동지는 B4 사이즈로 제작한다. 작가의 뇌 구조도를 왼쪽에, 나의 뇌 구조도를 오른쪽에 배치해 작가와 자신의 머릿속을 비교할 수 있도록 한다.

『더우면 벗으면 되지』 작가의 뇌 구조	요즘 나의 뇌 구조
이렇게 그린 이유는?	이렇게 그린 이유는?
모든 사람들은 빨리 끝내는 것을 좋아하고 책이 완성되면 뿌듯할 것 같기 때문에.	학원에 가면 영단어, 수학 공식을 외워야 하느라 피곤한데 시간이 빨리 가면 집에 갈 수 있다.

3단계

『더우면 벗으면 되지』에는 여러 상황과 어려움을 이겨 내는 작가의 유쾌한 문제 해결법이 들어 있다. 제아무리 크고 심각한 고민일지라도 학생들이 작가처럼 관점을 전환하여 해결할 수 있도록 다음 과정을 진행한다.

자신의 고민고- 작가라면 이 고민을 어떻게 해결했을 것 같은지 적은 다음 고민 해결 과정을 뇌 구조도로 표현한다. 이 과정에서 자신의 고민을 작가의 시선대로 유쾌하게 해결하고, 즐겁게 서로의 고민을 털어놓을 수 있다.

요즘 나의 고민: 방학이 너무 늦게 옴	
작가라면 어떻게 해결했을까?	기다리면 되지~ 타임머신을 타면 되지~ 어쩔 수 없지!
	고민의 해결 과정을 뇌 구조로 표현하기

33. 시화 그리기

언어 매체로만 진행하는 활동은 아이들에게 다소 지루하게 다가가는 반면, 시를 이미지로 나타내는 활동은 작품을 더 깊이 음미하는 데 도움이 된다. 함축적이고 비유적인 시를 읽고 떠오르는 장면을 그리는 과정에서 아이들은 하고 싶은 이야기를 정리하고 창의력과 상상력을 발휘할 수 있다. 파스텔, 색연필, 사인펜, 스티커 등 다양한 재료를 사용하면 그리는 재미를 더 풍부하게 느낄 수 있을 것이다.

> **어떤 그림책이 좋을까?**
> - 시화를 그려야 하기 때문에 시나 노래 가사를 이야기로 삼은 그림책을 선정하면 수월하다. 문장이 반복되어 운율을 느낄 수 있는 그림책도 적합하다.
> - 질문과 응답이 반복되는 형식으로 구성되어 있다면 질문에 대한 답을 아이들 자신의 이야기로 바꾸어 쓰는 과정에서 창의력을 기를 수 있다.

●● **함께 읽을 책**

『살아 있어』

나카야마 치나츠 글, 사사메야 유키 그림, 엄혜숙 옮김, 보물상자, 2008

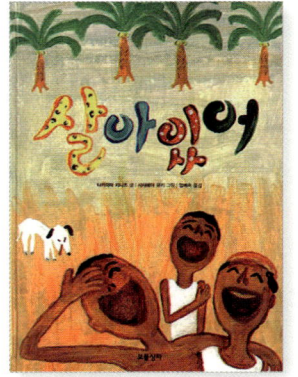

『살아 있어』는 생명의 이야기를 철학적으로 다룬 시 그림책으로, 다양한 생명체의 모습을 생동감 넘치는 글과 그림으로 표현하고 있다. '살아 있다는 건 어떤 거지?'라는 질문에 운율을 살려 반복적으로 응답하는 전개 방식이 흥미롭다. 특히 살아 있다는 것에 대한 깨달음을 얻은 아이들이 활짝 웃는 마지막 장면에서는 삶의 기쁨과 경이가 고스란히 전해진다.

●● 활동 안내

1. 교사는 나무 모양 스크랩북과 다양한 색채 도구를 준비한다.
2. 「살아 있어 행복해」라는 노래를 부르며 그림책을 읽는다.
3. 스크랩북 왼쪽 면에는 질문을, 오른쪽 면에는 나만의 답변을 기록한다. 마지막 한 면에는 시 바꿔 쓰기를 한다.
4. 파스텔이나 색연필 등을 이용하여 각 면에 기록된 내용과 관련된 그림을 상상하여 그리고 색칠하여 꾸민다. 완성된 시화 나무를 전시하고 함께 감상을 나누며 마무리한다.

1단계

교사는 재료를 먼저 준비한다. 그림이 그려질 흰색 무지로 된 5면의 입체 종이 나무는 '드로잉 스크랩북 사계절 나무'로 검색하면 구입 가능하다. 입체 종이 나무가 두꺼운 재질의 매끄러운 면으로 제작되어 있으므로 채색 도구는 유성 문구류가 더 적합한 편이지만 아이들의 선호와 취향을 고려해 다양하게 구비한다. 색연필과 사인펜 세트 외에도 파스텔과 스티커 등을 활용하면 훨씬 더 풍성한 표현을 할 수 있다. 파스텔을 사용할 경우에는 소프트 파스텔과 오일 파스텔의 특징이 서로 다르므로, 예산이 허용되는 한 두 종류를 모두 구비할 필요가 있다. 재료의 폭넓은 사용은 아이들에게 다양한 표현법을 체험할 기회를 제공하고, 상상력과 창의력을 발휘하는 촉발제가 될 수 있기 때문이다.

2단계

「살아 있어 행복해」라는 노래를 함께 부르면서 그림책을 읽는다. '살아 있어 행복해(해-)' 코러스 부분에서는 두 손을 번쩍 들고 신나게 부르기도 한다. 그 후에 주제 그림책을 제시하면 노래 제목을 그림책으로 확인할 수 있어 흥미를 더한다.

노래 영상

　그다음에는 학생들이 한 명씩 돌아가면서 본문의 '응답' 부분을 읽을 수 있도록 발표자가 되는 순서를 정한다. 질문 부분은 발표자 한 명 외 나머지 학생이 함께 읽고, 응답 영역은 발표자가 순서대로 돌아가면서 대화식으로 읽으면 효과적이다. 학생들이 질문 부분을 모두 읽고 교사가 반복해서 응답 부분을 읽는 방식도 좋다. 그림책을 읽고 '살아 있다는 건 어떤 거지?' 질문에 대한 자신만의 응답을 「살아 있어」 시 형식에 맞추어 미리 네 개 이상 기록해 둔다.

살아 있어 살아 있어 (춤추고) 있어
아, 살아 있다는 건 (춤추는) 거네.

살아 있어 살아 있어 (노래하고) 있어
아, 살아 있다는 건 (노래하는) 거네.

살아 있어 살아 있어 (피아노를 치고) 있어
아, 살아 있다는 건 (피아노를 치는) 거네.

살아 있어 살아 있어 (시를 쓰고) 있어
아, 살아 있다는 건 (시를 쓰는) 거네.

아이들이 부분적으로 바꾸어 쓴 응답시

3단계

이후 질문 부분은 책의 시를 그대로 활용하고, 응답 부분은 핵심 단어만 고쳐서 시 바꿔 쓰기를 한다. 아이들은 일상생활 언어를 시어로 바꿔 봄으로써 활동에 보다 친근하게 접근할 수 있다. 입체 나무는 총 5면으로 구성되어 있어 시 바꿔 쓰기 연습을 하기에 충분하며, 미리 생각한 일상 활동 단어를 공책에 정리한 후 입체 종이 나무에 옮겨 쓰면 실수를 줄일 수도 있다.

무지로 된 입체 종이 나무를 펼치고 왼쪽 면에는 그림책에 나오는 '살아 있어 살아 있어 살아 있어 / 살아 있다는 건 어떤 거지?' 질문을 그대로 옮겨 쓴다. 종이 나무의 오른쪽 면에는 사전에 바꿔 써 둔 시를 응답으로 기록한다.

4단계

입체 나무에 시 쓰기를 모두 마치면 파스텔이나 색연필, 색 네임펜, 스티커 등을 적절히 사용하여, 장면에 맞는 그림을 상상하여 표현한다. 완성된 작품을 전시하고 작품을 감상한 후, 서로 배-느-실(배운 점-느낀 점-실천할 점)을 함께 나눈다.

평면 시화 나무(작업 시)

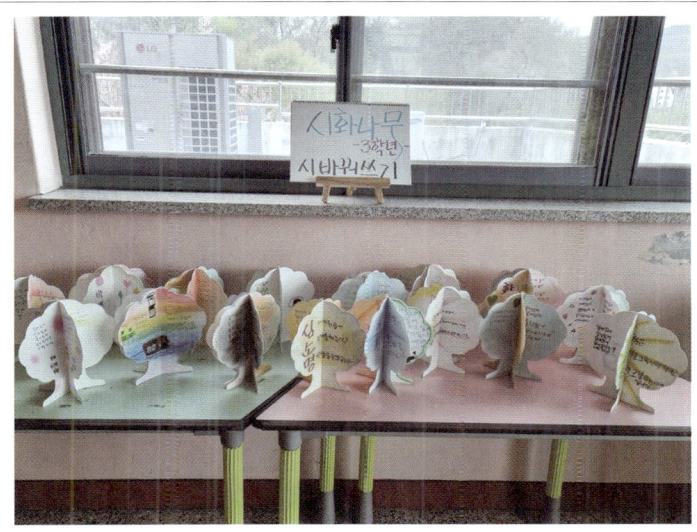

입체 시화 나무(전시 시)

34. 만화 그리기

그림책의 많은 장점 중 하나는 접근성이 좋다는 것이다. 적은 분량과 다채로운 이미지 덕분에 아이들은 큰 어려움 없이 독서와 친해질 수 있다. 만화 역시 아이들이 마음의 문을 열기 쉬운 장르이다. 시간의 흐름에 따라, 이야기 구조에 맞게, 자유롭게 상상하면서 만화를 만들고 그리는 활동을 통해 내용을 정리하는 능력과 창의성을 키워 나가 보자.

> **어떤 그림책이 좋을까?**
> - 칸별로 그림과 이야기가 분명하게 구분될 수 있도록 아이들이 장면을 정하기 수월한 스토리를 고른다.
> - 『책 冊』을 선정한 이유는 주인공이 독자에서 작가로 변한 것처럼 아이들도 이 활동을 통해 그림책을 읽고 자기만의 만화를 주도적으로 창작하는 경험을 할 수 있기 때문이다. 자기 안에 있는 이야기를 만화라는 매체를 이용하여 꺼집어내면서 유창성과 독창성을 기를 수 있다.

●● 함께 읽을 책

『책 冊』

지현경 글·그림, 책고래, 2019

옛날 옛적 조선 시대, 책을 좋아하는 양반집 아이 연이는 순이가 말동무를 해 주려고 찾아왔는데도 독서를 멈추지 않는다. 평민이라 책이 신기하기만 한 순이는 연이 옆에서 함께 책을 읽고, 둘은 책을 매개로 점차 가까워진다. 어느 날, 연이는 직접 이야기를 짓게 되고 그 이야기는 또 다른 아이가 책에 빠지는 계기가 된다. 주인공 연이처럼 아이들은 만화 그리기 활동을 통해 뛰어난 이야기꾼으로서 자신들의 가능성을 발견할 수 있을 것이다.

●● 활동 안내

1. 그림책을 읽고 모둠별로 만화 그리기를 준비한다. 발단-전개-위기-절정-결말 5단계로 그림책 내용을 분석한 뒤 그 내용을 반영해 만화를 그린다.
2. 시간의 흐름에 따라 이야기가 어떻게 진행되는지 정리한 다음 그 내용을 반영해 만화를 그린다.
3. 자유롭게 상상하며 '책'을 소재로 만화를 그린다. 세 활동을 마친 후에는 갤러리 워크 활동을 통해 만화책을 공유한다.

1단계

그림책을 읽은 다음 모둠별로 이야기 구조에 따라, 시간의 흐름에 따라, 자유롭게 상상하기 등의 방법 중 한 가지를 정해 만화 그리기를 준비한다. 모둠 안에서는 만화의 흐름을 알 수 있는 콘티 기록, 스케치, 채색, 말풍선 그리기, 큐레이터 등의 역할을 나눠서 일이 골고루 분배되도록 돕는다.

먼저 그림책의 이야기 구조를 분석해 만화를 그려 본다. 만화의 흐름을 알 수 있는 콘티 기록을 맡은 학생이 발단 – 전개 – 위기 – 절정 – 결말 5단계별로 어떤 이야기들이 담겨 있는지 확인하고 기록한다.

- 발단: 책 읽는 연이와 친밀해지고 싶어서 다가가 기다리는 순이
- 전개: 책을 함께 읽으며 서로 정드는 연이와 순이
- 위기: 농사일이 바쁜 부모님을 대신해 동생을 돌보느라 찾아오지 못하는 순이
- 절정: 연이가 직접 찾아가자 연이가 썼던 책을 동생들에게 읽어 주는 순이
- 결말: 더 많은 이야기들을 지어내며 더욱 친밀해지는 연이와 순이

스케치, 채색, 말풍선 그리기를 맡은 학생들이 협력해서 발단 – 전개 – 위기 – 절정 – 결말 단계를 각각 만화로 표현한다. 콘티 기록을 맡은 학생이 말풍선 그리기도 함께 맡아 이야기가 한 방향으로 진행될 수 있도록 돕는다.

책 읽는 연이와 친밀해지고 싶어서 다가가 기다리는 순이	책을 함께 읽으며 서로 정드는 연이와 순이	이야기를 쓰는 연이와 농사일로 바쁜 부모님을 대신해 동생을 돌보느라 찾아오지 못하는 순이

연이가 직접 찾아가자 연이가 썼던 책을 동생들에게 읽어주는 순이	동생들에게 책을 쓴 주인공인 연이를 소개해 줌	더 많은 이야기들을 지어내며 더욱 친밀해지는 연이와 순이

2단계

시간의 흐름에 따라 만화를 그려 본다. '연이' '순이' '순이의 동생' 등 누구의 관점에서 그리는지에 따라 다른 작품이 나올 수 있다. 다음은 '순이'의 관점에서 시간의 흐름에 따라 작성한 콘티와 만화다.

1. 연이네 집에 놀러 가는 순이
2. 많은 책에 놀라지만 연이와 더욱 가까워지려고 노력하는 순이
3. 연이에게 이야기를 들려주고 함께 책을 읽으며 더욱 친해짐.
4. 농사일로 바쁜 부모님을 대신해 동생을 돌보기 위해 연이 곁을 떠남.
5. 연이가 지은 책들을 동생들에게 읽어 주며 연이를 그리워함.
6. 연이가 직접 찾아와 놀란 순이. 둘은 더 좋은 친구가 됨.

| 표지 | 연이 네 집에 놀러 가는 순이 | 많은 책에 놀라지만 연이와 더욱 가까워지려고 노력하는 순이 | 다가가는 순이에 비해 책만 계속해서 읽는 연이 |

3단계

자유롭게 상상하여 만화를 그릴 때는 '책'을 소재로 하여 장르나 주제, 내용 모두 자유롭게 작성하도록 한다. 다음은 그 예시다.

제목: 책

1. 연이에게 놀러 간 순이가 책 속에 파묻혀 있는 연이를 발견한다.
2. 연이가 누군가에게 살해되었다고 생각하고 복수를 계획하고 닌자가 되는 순이
3. 유력한 용의자라고 판단한 주 대감을 관찰하는 순이
4. 아무리 기다려도 나오지 않자 주 대감이 살해되었다고 판단하는 순이
5. 책에 파묻혀 있었으나 식곤증으로 인해 잠깐 졸았던 연이
6. 주 대감 역시 살해된 것이 아니고 건강하게 잘 지내고 있음.
7. 연이와 순이는 서로에게 스며들며 행복하게 잘 지냄.

만화를 완성한 뒤에는 큐레이터 역할을 맡은 학생의 주도로 갤러리 워크 활동을 통해 서로의 작품을 공유하는 시간을 보낸다.

만화 그리기 활동은 다른 활동에 비해 접근성이 좋기 때문에 학생들이 쉽고 재미

있게 참여할 수 있다. 또한 자유롭게 상상하여 그리기 활동의 경우 그림책의 내용을 정확하게 파악하고 있는지와 상관없이 가능하다. 이때 주제나 중심 소재, 스토리의 틀을 제한하면 내용 파악에 도움이 된다.

연이에게 놀러 간 순이가 책 속에 파묻혀 있는 연이를 발견한다	연이가 누군가에게 살해되었다고 생각하고 복수를 계획하고 닌자가 되는 순이	아무리 기다려도 나오지 않자 주 대감이 살해되었다고 판단하는 순이
		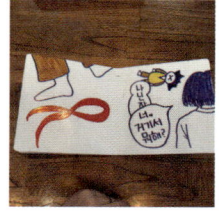
복수를 계획했으나 용의자라고 생각한 주 대감의 피살로 무력하게 집으로 돌아가는 순이	책에 파묻혀 있었으나 식곤증으로 인해 잠깐 졸았던 연이	

35. 포토스케이프 X로 협동화 그리기

조각 그림을 서로 연결하여 하나의 큰 그림으로 완성하는 협동화 그리기 활동은 서로 다른 개성과 분위기가 어우러져 색다른 느낌을 준다. 작품을 완성하는 과정에서 협력의 기쁨과 보람을 얻을 수 있으며 공동체 의식, 소속감을 느낄 수 있는 좋은 기회를 제공한다.

> **어떤 그림책이 좋을까?**
> - 조각 그림들을 서로 연결해야 하므로 많은 학생들이 협동하여 만들기에 적합한 특별한 의미나 주제를 갖고 있는 책이 좋다.
> - 『상자 세상』은 사회적 화두인 환경 문제를 다룬 이야기이다. 이 책에서 상자들이 힘을 합하여 거대한 숲을 이루는 장면은 학생들이 협동화를 그리기에 적합한 주제를 제공한다.

●● 함께 읽을 책

『상자 세상』

윤여림 글, 이명하 그림, 천개의바람, 2020

현관문 앞에 배달된 택배 상자! 아파트 여기저기에 버려진 상자들은 어느새 산더미처럼 쌓이고, 세상의 모든 것들을 먹어 치우기 시작한다. 과연 세상을 집어삼킨 상자들과 상자들에게 잡아먹힌 사람들은 어떻게 될까? 다양한 의성어나 의태어, 상자들이 나누는 대화 등 각각의 그림책 장면들을 꼼꼼히 살펴보면 더욱 재미있게 읽을 수 있을 것이다.

●● 활동 안내

1. 그림책의 인상적인 장면에 관해 질문을 나누며 서로 생각을 공유한다. 이야기를 나눈 후에는 협동화를 그리는 방법을 알아보고, 밑그림으로 사용할 도안을 선택한다.
2. 포토스케이프 X를 이용하여 그림 파일을 편집하고 A4 크래프트 용지에 분할 인쇄한다.
3. 위치를 찾기 쉽도록 뒷면에 번호를 쓴 도안을 한 장씩 나누어 준 다음, 자유롭게 색칠하거나 꾸민다. 완성한 도안 조각들을 순서에 맞게 연결하여 협동화를 완성한다.
4. 택배 상자를 활용해 상자가 원래 어떤 나무였는지 상상하며 협동화를 그려 본다.

1단계

그림책을 읽고 나서, 상자들의 본래 모습에 관해 질문하면 학생들은 잘린 나무들이 우리가 사용하는 택배 상자가 된다는 사실에 잠시 숙연해진다. 쓰레기를 줄이고 나무를 많이 심어야겠다고 답하기도 한다.

그림책 이야기가 끝나면 협동화가 무엇인지 설명한다. 『상자 세상』의 상자들이 모두 함께 힘을 모아 숲을 이룬 것처럼 작은 조각 그림을 모아 거대한 협동화를 만들자고 하면, 학생들은 무척 관심을 보이며 의욕적으로 참여한다.

『상자세상』의 여러 장면들 중 어떤 것을 선택하고 싶은지 질문한다. 상자들이 나무였던 자신의 모습을 떠올리는 장면과 모두 힘을 합쳐 나무와 숲을 만드는 장면을 표현하고 싶다는 의견이 많았다. 이처럼 협동화를 만들 때는 학급 구성원이 이야기를 나누고 가장 인상 깊은 장면을 선택하는 것이 좋다. 그러한 과정이 그림책에 관한 생각이나 느낌을 공유하는 기회가 되기 때문이다.

2단계

협동화 제작을 위해 그림책의 한 장면을 스캔하여 그림 파일로 저장한 다음, 포토스케이프 X 프로그램을 이용하여 협동화에 적합한 형태로 변환한다. 먼저 포토스케이프 X를 설치한 후 〔사진 편집〕-〔내 컴퓨터〕에서 완성본으로 합칠 그림을 선택한다. 그다음 편집 과정은 다음과 같다.

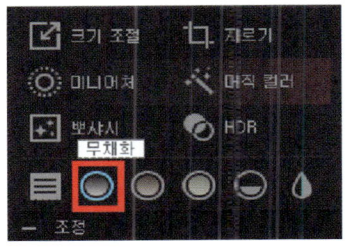 ①〔무채화〕-원본을 무채색으로 변경한다.	 ② 〔효과〕-〔윤곽선〕을 선택한다.
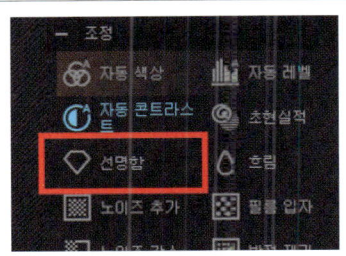 ③ 〔조정〕-〔선명함〕: 선명도를 조절한 후 그림 파일을 저장한다.	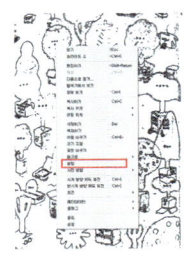 ④ 〔사진 뷰어〕 메뉴-사진 불러오기-오른쪽 마우스 클릭-〔분할〕-원하는 열과 행의 개수대로 분할한다.

⑤ 분할이 완료되면 파일이 저장된 폴더로 가서 사진을 인쇄한다.
이때 택배 상자의 느낌을 살리기 위해 A4 크래프트 용지를 이용하는 것도 좋다.

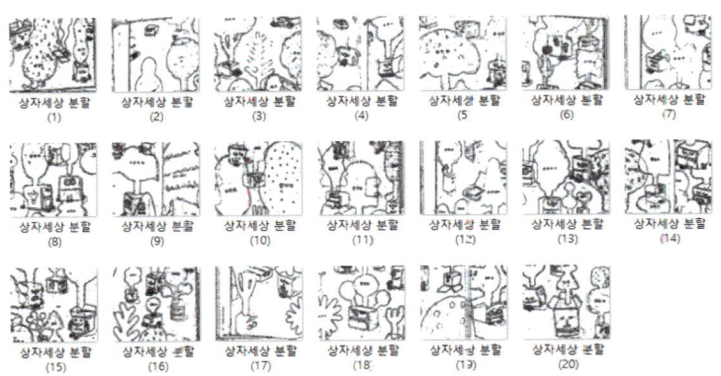

3단계

분할된 그림 뒷면에 순서대로 번호를 쓴 다음, 학생들에게 한 장씩 나누어 주고 각자 꾸미도록 한다. 이때 그림책의 장면 그대로가 아니라 각자 원하는 방법대로 자유롭게 그리는 게 바람직하다. 협동화 그리기 활동은 학생들마다 각기 다른 부분을 그리기 때문에 친구들과의 소통이 매우 중요하다. 자신이 그리고 있는 부분이 전체 그림의 어느 부분에 해당되는지, 다른 친구가 그리고 있는 부분과 잘 어울리는지 계속 관심을 두어야 한다. 혼자만의 생각으로 조각 그림을 그릴 경우, 주변의 그림과 어울리지 않거나 전체적인 조화를 깨뜨릴 수 있기 때문이다. 자유롭게 자신의 개성을 표현하는 것도 필요하지만, 모두가 협력해서 하나의 조화로운 작품을 완성하는 과정임을 잊지 말아야 한다.

조각 그림을 완성했다면 번호대로 맞추어 본다. 협동화 그림이 서로 잘 어우러지는지 확인한 다음 조각 그림 뒷면에 풀칠을 해 전지에 차례차례 부착한다.

4단계

20×20 크기로 실제 택배 상자를 잘라 준비한다. 상자 조각에 '택배 상자는 원래 어떤 나무였을까?'를 상상하여 나무를 그린다. 책의 주제와 직접적으로 연관되는 그리

기 활동을 통해 활동을 마무리하는 단계이다. 앞서 그린 협동화와 함께 게시판에 전시한다.

36. 추상화로 표현하기

'추상(抽象, abstract)'은 '모습을 없앤다'는 뜻으로, 외부 형태보다는 내적 정신성에 초점을 맞춘다. 그렇기에 추상화로 표현하기 활동은 점, 선, 면, 색채 등 순수 조형 요소만으로 그림을 그리면서 아이들이 자신의 진짜 모습을 만나게 해 준다. 마음 가는 대로 낙서하듯 선을 그으며 의외의 즐거움을 만끽해 보자.

> **어떤 그림책이 좋을까?**
> - 눈에 보이지 않는 개념을 단순한 형태로 표현하고 있는 그림책을 선정하면 아이들이 추상 기법을 직관적으로 알 수 있다.
> - 『진짜 내 소원』은 지니의 모습과 아이의 소원을 '연기'라는 개념으로 풀어 내며 그 개념을 '선'이라는 단순한 요소로 형상화했다. '뜨거운 추상'이라고 부르는 이 기법을 활용하여 마음 가는 대로 선을 그리는 활동은 아이들이 표현의 자유를 만끽하는 경험이 된다.

●● 함께 읽을 책

『진짜 내 소원』

이선미 글·그림, 글로연, 2020

호리병에서 나온 램프의 요정 지니가 소년의 세 가지 소원을 들어준다. 소년은 공부를 잘하고 싶다고, 돈을 많이 벌게 해 달라고 부탁하지만 사실 그건 부모의 바람일 뿐이다. 자신이 원하는 것이 무엇인지 모르는 아이의 마음은 부드러운 선의 역동적인 움직임으로 표현된다. 추상화 방식으로 재미나게 형상화한 이미지를 넘기며 독자들은 비로소 생각하게 된다. 세상의 기준이 덧입혀지지 않은, 나의 '진짜' 소원은 무엇일까?

●● 활동 안내

1. 그림책 장면마다 점·선·면·색을 어떻게 표현했는지 살펴본 뒤 따라 그리고, 자신의 진짜 소원이 무엇인지도 생각해 본다.
2. 자신이 원하는 것을 마음 가는 대로 선으로 표현한다. 이때 점, 선, 면을 모두 활용해도 좋다. 추상 표현이 완성되면 뒷면에 제목을 쓰고 어떤 그림인지 설명한다.
3. 그림을 전시한 후 추상화 한 점을 선택해서 어떤 그림인지 예상하여 자유롭게 이야기를 나누고, 그 그림을 그린 친구의 해설을 듣는다. 이때 '배-느-실(배운 점-느낀 점-실천할 점)'을 배움 기록장에 정리한다.

1단계

책을 읽기 전 다른 책과 차별화되는 부드러운 감촉의 표지를 만져 보도록 한다. 앞면지의 호리병이 제각각 다른 모습인 이유나 앞면지에서는 무채색이었다가 뒷면지에서는 색을 입은 호리병의 변화를 생각해 볼 수도 있다. 책을 읽는 동안에는 다양한 색깔의 선으로 표현된 그림을 잘 살펴보도록 안내한다.

사물을 사실적으로 표현하는 데 익숙한 아이들에게 추상화는 이해하기가 쉽지 않고, 직접 그리기는 더 어려운 예술 장르이다. 그래서 본격적인 활동에 앞서 마음 가는 장면 따라 그리기를 해 볼 필요가 있다. 선을 긋고 다양한 색을 활용하는 과정을 통해 아이들은 형태가 명확하지 않아도 생각 표현이 가능하다는 것을 알게 된다. 그러한 경험은 상상력을 발휘하는 기폭제가 되기도 한다.

뒤표지의 '네 소원은 뭐야?'라는 질문을 통해 교사는 아이들에게 각자 자신의 진짜 소원이 무엇인지 생각해 보라고 안내한다. 부모님이 바라는 것이 아니라, 아이가 원하는 것을 찾는 시간이다.

2단계

생각이 정리되면 마음에 드는 도구와 색을 이용해서 8절 도화지에 선을 그려 나간다. 마음 닿는 대로 자유롭게 선을 그리다 보면 우연이든 의도한 것이든 어떤 형체가 보이기 시작할 때가 있다. 그것을 인식하면서 색깔을 칠하거나 점을 추가하고, 그렇지 않은 경우라 하더라도 추상화가 주는 자유로움을 마음껏 누려 본다. 완성된 작품 뒷면에는 추상화 그림과 관련하여 나름의 제목과 해설을 기록한다.

〈피아니스트〉
이 그림은 램프에서 막 나온 지니가 내가 연주하는 곡을 감상하면서 행복해하는 장면이다. 나는 피아노 연주로 사람들을 감동시키는 사람이 되고 싶다.

〈이상한 나라의 토끼 지니〉
선을 그어 가다가 우연히 토끼와 지니를 합치게 되었다. 나는 이렇게 뭔가를 융합해서 새로운 것을 만들어 내는 일이 재미있다. 그래서 그런 일을 하는 사람이 되고 싶다.

3단계

이제 작품을 전시하고 서로 어떤 내용인지 예상해 본다. 다양한 생각을 나눈 후에는 그 작품을 그린 아이의 설명을 들어 본다. 반대로 먼저 설명을 듣고 자기의 생각을 이야기하는 등 여러 방법으로 작품을 감상할 수 있다. 정답이 없는 추상화 표현 활동을 통해 아이들이 다양한 생각을 접하고 즐거운 상상의 세계를 체험할 수 있도록 한다.

 '추상화로 표현하기'는 학생들이 개인별로 결과물을 내는 활동이지만, 때로는 친구와 함께 더 큰 창의성을 발휘할 수도 있다. 예컨대 오른쪽 페이지 전시 작품의 왼쪽 하단 그림은 '춤'과 '피아노 연주'라는 소원을 음악이라는 공통점을 통해 연결한 것이다. 마음껏 춤출 수 있는 연습실을 가졌으면 좋겠다는 마음으로 선을 긋다가, 옆 친구가 오선을 긋는 걸 보고는 의도적으로 선을 그어 두 그림을 이어 붙였다. 이처럼 의도적이든 아니든 추상화 표현 활동에는 우연을 통한 창조의 기쁨이 존재한다.

전시 작품

37. 등장인물 노선도 그리기

등장인물 노선도 그리기는 책을 읽고 주요 사건을 간추린 후 사건을 진행 순서에 맞추어 다시 배열해 노선도를 그리는 활동이다. 재구성한 자료를 활용함으로써 지식정보처리역량을 기를 수 있으며 글의 순서, 얼개, 배치를 살피며 구성력을 키우기에도 좋다. 그림책을 읽는 소비자에 머물렀던 아이들이 이야기를 재구성하며 능동적으로 소통하는 생산자의 경험을 쌓게 하기에 적합하다.

> **어떤 그림책이 좋을까?**
> - 노선도를 그린다는 활동 취지에 적합하게 다양한 공간 배경이 나오는 그림책을 선정해 보자.
> - 『모래 언덕에서의 특별한 모험』은 모래 언덕에서 석호까지, 장소의 변화가 뚜렷하고 장소마다 새로운 등장인물이 나와 노선도 그리기 활동에 적합하다.

●● 함께 읽을 책

『모래 언덕에서의 특별한 모험』
막스 뒤코스 글·그림, 길미향 옮김, 국민서관, 2014

부모님과 캠핑카 여행을 다녀오던 중 폭풍을 만난 주인공. 모래 언덕에서 하룻밤을 보내게 된 소년은 끊임없이 짖어 대는 까만 개를 따라가고, 그 과정에서 독일에서 온 듯한 아이들, 캠핑 중인 젊은 부부, 낚시하는 할아버지를 만난다. 그리고 마침내 파도에 휩쓸려 바닷가에 떠밀려 온 돌고래를 발견한다. 돌고래를 다시 바다로 돌려보내려는 주인공의 노력은 인간과 동물의 교감, 해양 쓰레기 문제, 생명 존중, 함께하는 가치를 다시 생각하게 한다.

●● 활동 안내

1. 그림책을 읽고 카드 짝 맞추기 활동으로 등장인물과 등장인물의 이동 경로를 파악한다.
2. 노선도의 형태를 익히고 어떤 형태로 표현할지 선택한 뒤 등장인물 노선도를 그린다.
3. 노선도를 따라 캐릭터의 감정을 짐작하는 활동을 해 봐도 재미있다.

1단계

그림책을 함께 읽고 아이들에게 등장인물이 누구인지, 어떤 장소에서 등장 또는 이동했는지 질문한다. 등장인물과 장소를 연결하며 내용을 파악해 짝이나 모둠별로 칠판에 정리한다.

아이들에게 카드 크기의 종이를 두 장 한 묶음으로, 여러 묶음 나누어 준다. 두 장 중 한 장에는 등장인물을, 나머지 한 장에는 인물이 등장하거나 이동하는 장소를 쓴다. 글자가 보이도록 모든 카드를 펼쳐 놓고 1분 동안 카드의 위치를 기억한다. 카드를 뒤집어 글자가 보이지 않도록 놓은 뒤 활동을 시작한다. 먼저 가위바위보로 순서를 정한 다음, 등장인물 카드와 장소 카드를 뒤집어 등장인물과 장소가 짝을 이루는 카드가 나오면 두 카드를 가지고 간다. 카드를 많이 가진 사람이 승자가 되며, 등장인물과 장소를 적는 종이의 색을 달리하여 난이도를 조절할 수 있다. 짝 맞추기 활동으로 등장인물의 이동 경로를 정리해 본다면 등장인물 노선도를 그릴 때 장소를 빠짐없이 그릴 수 있을 것이다.

등장인물과 장소 알아보기

2단계

노선도의 형태를 익힌다. 아이들에게 노선도를 본 경험이 있는지 물으면 대부분 버스나 지하철 노선도를 본 적이 있다고 대답한다. 학년에 따라 노선도가 무엇인지 모를수도 있으므로 교사가 미리 준비해 알려 줄 수 있다. 학교 주변이나 해당 지역의 버스나 지하철 노선도를 보여 주면 아이들의 삶과 직접적으로 연결되는 만큼 이야기하기 좋다. 부산도시철도 관광 노선도, 전철 노선도, 관광지 순환버스 노선도 등 다양한 형식을 소개해도 사고력을 확장하는 데 도움이 된다.

그다음 어떤 형태의 노선도를 그릴지 정한다. 책의 면지에 모래 언덕과 그 주변의 지도가 그려져 있으므로 이를 아이들에게 제공하면 좀 더 수월하게 구상할 수 있다. 짝 맞추기 활동에서 사용한 카드로 이동 경로를 간단히 나타낸 후 등장인물 노선도를 그린다.

※ 노선도 그리는 순서
1. 어떤 캐릭터의 경로를 그릴지 먼저 정한다.
2. 노선도의 제목을 쓴다. '나의 노선도'나 '넵튠의 노선도' 같은 간단한 제목을 달아 본다. '돌고래를 사랑한 넵튠의 위대한 경로' 처럼 부제를 달아도 좋다.
3. 노선도 구성을 생각한다. 가로, 세로 중 어떤 형태가 어울리는지, 글자 크기는 어떻게 할 것인지, 색깔 구분을 할 것인지, 문장은 어디에 쓸 것인지 등을 정한다.
4. 등장인물의 이동 경로에 맞게 장소와 장소에서 있었던 일을 쓴다. 어울리는 그림도 그린다. 중간에 빠진 경로가 있으면 처음부터 다시 그려야 하므로 아이들이 이 부분을 꼼꼼히 확인할 수 있도록 안내한다.

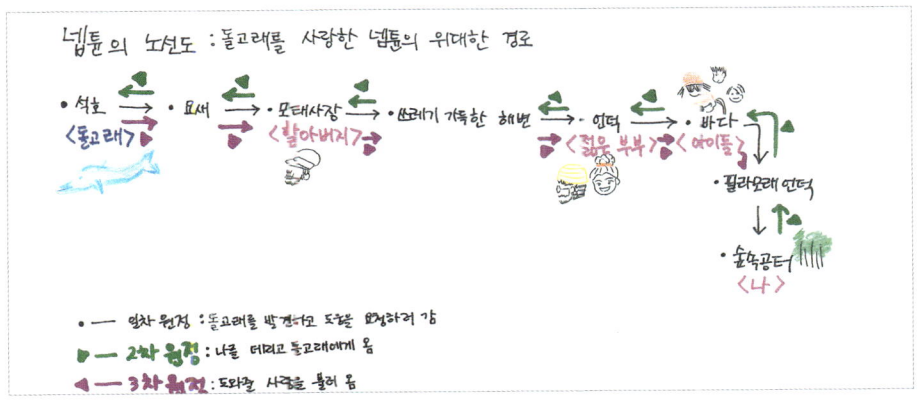

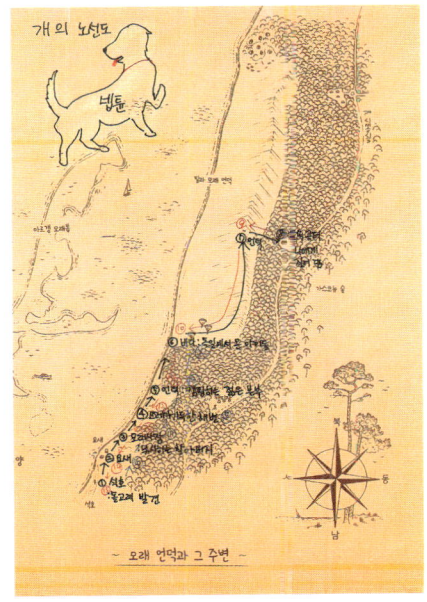

3단계

등장인물 노선도를 완성한 후 이를 활용하여 등장인물의 감정을 짐작해 볼 수도 있다. 등장인물이 느낀 감정을 감정 카드에서 골라 친구들에게 토여 주면 친구들은 해당 등장인물이 누구인지, 장소가 어디인지 유추한다. 노선도 그리기 활동에서는 파악할 수 없었던 인물의 감정과 심리 상태를 알아볼 수 있어 추가 활동으로 적합하다.

38. 조형 요소를 재구성하여 뒷이야기 그리기

그림책은 인물들의 성격, 생각과 느낌을 점, 선, 면, 색과 같은 기본적인 조형 요소로 이해하기 쉽게 표현한다. 주변에서 손쉽게 구할 수 있는 재료로 자유롭게 뒷이야기 그리는 활동을 통해 아이들의 표현력과 구성력을 높일 수 있다.

> **어떤 그림책이 좋을까?**
> - 기교나 테크닉이 뛰어난 그림이 담긴 작품보다는 점, 선, 면, 색 등 기본 요소가 두드러지는 그림책을 고르도록 한다.
> - 『엄청나고 신기하게 생긴 풀숲』은 동그라미, 세모, 네모, 별 모양 등 단순한 도형으로 풀숲의 역동성과 생명력을 드러내고 있어 조형 요소를 재구성하여 뒷이야기 그리기 활동에 적합하다.

●● **함께 읽을 책**

『엄청나고 신기하게 생긴 풀숲』
다시마 세이조 글·그림, 고향옥 옮김, 우리교육, 2007

흰 공 하나가 풀숲으로 굴러 들어오고, 공이 굴러가는 곳을 따라 다양한 풍경이 등장한다. 공이 지나가며 바람을 일으키면 풀잎이 꺾이고, 메뚜기가 그 풀잎에 매달려 있다가 밑으로 뚝 떨어지는 식이다. 화려한 색감과 단순한 형태로 표현된 재미있는 장면들을 자세히 보면 볼수록 아이들은 자연 그 자체의 생동감 넘치는 세계를 발견하고 받아들인다.

●● 활동 안내

1. 그림책을 읽은 후 무엇이 등장하였는지, 각 사물이 점, 선, 면, 색으로 어떻게 표현되었는지 이야기 나눈다. 그런 뒤 뒷이야기의 주제를 선정한다.
2. 교실 안에 점, 선, 면, 색의 요소를 가진 미술 부자재를 찾아본 뒤, 도화지에 표현하고 싶은 장면의 밑그림을 그린다. 부자재를 스케치 위에 붙여 이야기에 어울리는 덧그림을 표현한다.
3. 완성된 그림에 어울리는 한 문장을 적는다. 그림을 칠판에 붙이고 각 장면의 순서를 결정한 다음 작품을 감상한다.

1단계

"정말 엄청나고 신기하게 생긴 풀숲이 있는데……."라는 말로 아이들에게 그림책을 소개하고 함께 읽는다. 그리고 책에 등장하는 것이 무엇이었는지 질문한다. 심심한 공, 커다란 꽃, 물고기, 개구리, 거미줄, 뱀, 넝쿨 등 설명 없이 그림책을 읽어 나갔어도 아이들은 간략하고 독특한 그림 덕분에 각 장면에 등장하는 사물을 정확히 찾아낸다.

그다음 그림책에 등장한 사물의 모습을 다시 살펴본다. 점, 선, 면, 색의 단순한 형태로 이루어졌음에도 그 특징과 느낌이 잘 나타나 있다는 걸 알 수 있다.

각 사물이 어떻게 표현되었는지 이야기 나눈 뒤에는 그림책 뒷이야기의 주제를 선정한다. 이때 그림책과 내용이 이어질 수 있도록 한다. 아이들은 공이 숲을 지나가면서 본 것을 이야기해 주는 내용이니 2편에도 공이 등장해야 한다거나, 얼마 전에 벚꽃을 보고 왔다며 공도 봄을 찾아보면 좋겠다는 의견을 낸다.

2단계

교실 안에 있는 미술 부자재 중 봄의 느낌을 표현하기에 좋은 것을 찾아보게 하면 학생들은 골판지, 단추, 구슬, 나뭇가지, 색종이 등 여러 재료를 가져온다. 재료 고르기가 마무리됐으면 A4 크기의 도화지를 학생당 한 장씩 나눠 준다. 색연필, 사인펜, 연필과 같은 그리기 도구로 표현하고 싶은 장면의 밑그림을 그린다. 이때, 실물처럼 자세히 그리기보다 자신이 느꼈던 봄의 모습을 점, 선, 면, 색으로 단순하게 표현하도록 안내한다. 부족하게 표현된 부분이 있다면 골판지, 단추, 구슬, 나뭇가지 등 미술 부자재를 이용하여 어울리게 구성하고 목공용이나 공예용 풀로 붙인 후, 덧그림을 그리도록 한다. 학생들은 골판지로 꽃잎을, 분홍 솜으로 봄꽃을, 나무 막대로 풀을 표현하며 새로운 장면을 만들어 낸다.

밑그림을 그리고 필요한 부분에 부자재를 붙여요.

3단계

완성된 그림에 어울리는 한 문장을 적는다. 공이 봄을 찾아가는 중에 무엇을 보고 만났는지를 드러내는 글로 그림을 보충하는 것이다.

완성된 그림을 모두 칠판에 붙이고 각 장면의 순서를 정하면서 이야기를 연결해 본다. 마지막 장면까지 정한 뒤 아이들은 여행을 통해 공의 마음에 봄이 가득 담긴 것 같다고, 정말 엄

완성된 그림들을 칠판에 붙이고 이야기 순서를 정해요.

청나고 신기한 풀숲이라 자신들의 이야기도 계속될 것 같다는 감상을 나눈다. 담고자 하는 이야기에 맞게 장면이 만들어졌는지, 구성이 짜임새 있게 나왔는지 살펴보며 작품을 감상하도록 한다.

| 1. (시작 페이지) | 2. 봄이 왔어요 | 3. 나비가 왔어요 | 4. 공이 날아갔어요 | 5. 공이 아름다운 숲속으로…… |

| 6. 공이 풀밭에 가요 | 7. 잔디로 지나간 공 | 8. 봄을 찾아라! | 9. 공이 꽃을 타고 갑니다 | 10. 공과 봄바람이 지나간 길 |
| 11. 봄바람이 살랑살랑 공도 좋아하네 | 12. 공이 지나간 봄 자리 | 13. 찬란한 봄의 모습 | 14. 공이 숲으로 가요 | 15. 어, 가자! |

　조형 요소를 재구성하여 뒷이야기를 만들 때 아이들은 그림책 작가가 된 것처럼 선 하나에도 의미를 부여하면서 자신의 생각과 느낌을 표현한다. 봄, 여름, 가을, 겨울 사계절을 주제로 생태 수업을 할 경우 각 계절별 자연물을 학생들과 수집하여 이야기를 만들어 볼 수도 있다.

그 외 활동

39. 윈도우 패닝을 이용한 그림책 독후활동

윈도우 패닝은 지식이나 정보를 오래 기억할 수 있도록 그림과 단어로 아홉 칸 안에 적절히 배치하여 나타내는 사고 기법이다. 분량이 긴 그림책을 다루거나 그림책 주제를 놓고 토의할 것이 많을 때, 그림책 여러 권으로 학생들과 수업을 할 때 사용하면 미처 놓쳤던 장면이나 의미를 다시 살펴볼 수 있을 것이다.

> **어떤 그림책이 좋을까?**
> - 질문을 아홉 개 선정해야 하므로 토의할 거리가 많은 그림책을 함께 읽으면 좋다.
> - 『위대한 깨달음』은 부모가 아이에게 베드타임 스토리로 들려주는 2020년 이야기를 담고 있다. 시의성 높은 주제여서 아이들이 자기 삶과 연결 지어 나눌 이야기가 풍부하다.

●● 함께 읽을 책

『위대한 깨달음』
토모스 로버츠 글, 노모코 그림, 이현아 옮김, 키다리, 2020

『위대한 깨달음』은 신종 바이러스가 나타난 2020년을 미래의 시점에서 되돌아보는 이야기다. 사람들은 서로 단절되고 자유를 잃어버리지만, 동시에 평범한 일상이 얼마나 소중한지 깨닫게 된다. 희망과 믿음, 따뜻함과 배려가 세상을 변화시킬 수 있음을 말해 준다는 점에서 윈도우 패닝을 이용한 독후 활동에 적합한 책이다. 바이러스와 관련된 경험, 인상 깊은 장면 등을 그림으로 표현하고 설명하는 과정에서 저마다의 '위대한 깨달음'을 이야기해 보자.

●● 활동 안내

1. 3X3 사각형을 만들어 그림책 내용을 단어나 그림으로 나타낸다.
2. 교사는 오리드(orid) 기법을 적용하여 학생들에게 아홉 가지 질문을 하고 학생들은 답변을 정리하며 모둠에서 이야기하고 싶은 질문을 선정한다.
3. 3X3 사각형이 그려진 큰 전지를 나누어 주고 학생들이 답변을 붙여 보도록 한다.
4. 윈도우 패닝 기법으로 소감을 정리하며 마무리한다.

1단계

그림책을 읽고 떠오르는 내용을 윈도우 패닝 활동지에 맞춰 단어나 그림으로 표현한다. 전반적인 내용을 작성하는 활동임을 설명하여 책 앞뒤 부분에 관해서만 쓰지 않도록 지도한다. '바이러스' '질병' '코로나19'처럼 같은 의미를 담고 있는 단어는 나열하지 않는다는 규칙을 정해도 좋다. 5분 동안 작성한 후, 작성한 내용 중 세 개를 골라 짝과 이야기 나눈다.

2단계

위 활동이 끝나면 오리드 기법을 적용하여 교사가 질문을 아홉 개 제시한다. 오리드 기법이란 퍼실리테이션 기법 중 하나로, 객관적 관찰 질문, 감정과 관련된 질문, 의미와 가치를 묻는 질문, 자신의 삶에 적용하는 것과 관련된 질문을 학생들이 주고받으며 대답하는 과정에서 사고를 촉진시킨다. 남은 한 칸은 소감을 쓴다.

그림책에서 2020년 이전 삶의 모습은 어떠했나요?(사실)	그림책에서 2020년 바이러스가 덮친 후 삶의 모습은 어떻게 되었나요?(사실)	세상에 퍼진 불안과 공포를 극복하기 위해 필요한 것은?(적용)
책에는 "우리는 이전의 세상보다 지금의 세상이 더욱 좋아졌다는 것을 깨달았지." 라는 문장이 나와요. 어떤 점이 좋아졌을까요?(의미)	나에게 가장 중요한 평범한 일상은 어떤 것인가요?(적용)	가장 인상 깊은 장면이나 문구는 무엇인가요? 해당 부분에서 어떤 감정이 느껴졌나요?(감정)
코로나19로 알게 된 위대한 깨달음은 무엇인가요?(적용)	책과 관련된 떠오르는 질문	책을 읽은 소감

아홉 질문에 관한 답을 자신의 학습지에 단어, 또는 그림으로 표현한다. 이 중 모둠원과 함께 이야기 나누고 싶은 질문 여섯 개를 선택하여 자신의 생각을 포스트잇에 적는다. 모든 질문에 대답하기 어려워하는 학생들을 위해 여섯 개로 범위를 좁혔지만 더 공유하고 싶은 학생들이 있을 시 모둠 내에서 자유롭게 발표하게 한다.

3단계

4인 1모둠을 구성하고 각 모둠별로 전지에 커다란 3X3 사각형을 그린다. 각 칸마다 앞서 교사가 던진 질문 아홉 개를 지정한 뒤 학생들은 앞서 작성한 포스트잇을 전지의 해당 칸에 붙이며 발표한다. 첫 발표자는 번호, 생일이 빠른 사람으로 선정하는 등 명확하게 한 명이 나올 수 있는 방식을 제시한다. 발표자가 자신의 이야기를 할 때 모둠원은 경청을 하면서 덧붙이고 싶은 생각이나 질문을 제시한다. 첫 발표자가 그다음 사람을 지목하여 릴레이식으로 활동이 이루어지도록 하며, 자기 순번에만 집중하는 걸 방지하기 위해 순서는 미리 정하지 않는다.

4단계

윈도우 패닝 기법으로 감상을 정리하며 마무리한다. 모둠에서 나눈 아홉 가지 내용을 다시 자신의 학습지에 정리한 다음, 단어와 그림을 바탕으로 위대한 깨달음에 관해 소감문을 쓰면 된다.

좋한 관계	활짝웃다	아이들은 자꾸만 외로움을 느꼈어
요리하기	도와주기	(그림)
나쁜 습관은 사라지고	(그림)	활짝 웃다.

[위대한 깨달음에 대한 소감문 쓰기]

나는 위대한 깨달음을 읽고, 위기를 회피하기보다는 싸우기로 결심했다. 싸우면서 지더라도 분명히 깨달은 바가 있을 것이기 때문이다. 또한 우리는 지구를 지키기 위해 에너지를 조금만 사용해야 하고, 환경을 보호해야한다는 것도 느꼈다.

○○○

40. 초성퀴즈 – 연결하여 이야기 만들기

그림책에는 다양한 소재들이 나온다. 그것들이 엮여서 하나의 이야기를 이루고, 그 이야기가 모여서 한 권의 책이 완성된다. 소재들을 기억하고 연결해 내는 것만으로 아이들은 내용과 주제에 쉽게 접근할 수 있으며, 초성퀴즈 활동을 통해 소재들의 쓰임과 역할을 기억하는 것은 물론 새로운 이야기도 창작할 수 있다.

> **어떤 그림책이 좋을까?**
> - 초성퀴즈의 대상은 명사형 낱말이므로 이야기 속에 다양한 사물이 등장하는 그림책이 좋다.
> - 초성퀴즈를 하며 생소한 낱말을 배우고 뜻을 알아 가는 과정도 의미 있다. 꼭 알아야 하지만 학생들이 잘 모르는 옛 물건 등이 나오는 그림책이면 더 유익한 활동이 될 수 있다.

●● 함께 읽을 책

『보따리 속에는 무엇이 들었을까?』
강혜숙 글, 바캉스 그림, 흰토끼프레스, 2020

한 아이가 잔뜩 쌓여 있는 보따리를 하나하나 풀 때마다 떡, 부채, 도끼, 삼 형제, 구름 등 전래동화의 단골 소재들이 잔뜩 등장한다. 아홉 작가가 그린 다종다양한 물건을 통해 아이들은 사물의 형태와 쓰임을 생각하고, 하나의 사물이 하나의 기능만을 갖고 있다는 고정관념을 깰 수 있다. 개성 있는 소재가 모여 있는 만큼 초성퀴즈-연결하여 이야기 만들기 활동에 적합하다.

•• 활동 안내

1. 어떤 사물을 퀴즈로 낼지 골라 육각 메모 보드판에 초성간 적는다.
2. 완성하면 모둠별로 퀴즈를 내 본다.
3. 마지막 모둠까지 초성퀴즈를 내고 나면 각 모둠이 만든 초성퀴즈에 나온 소재들을 연결하여 이야기를 만든다.

1단계

그림책을 읽은 다음 책에 나온 다양한 소재들을 활용하여 초성퀴즈를 만든다. 모둠별로 육각 메모 보드판을 여섯 개 나눠 준 뒤, 보드판 하나에 그림책에 등장한 소재 하나의 초성을 적어 퀴즈를 만들도록 한다.

까치, 호미, 막내딸, 삼 형제, 사또, 보따리

고잉이, 떡, 용왕, 도끼, 선비, 지팡이

2단계

모둠별 순서를 정한 뒤 각 모둠에서 만든 육각 보드를 하나씩 칠판에 붙여 퀴즈를 낸다. 첫 모둠의 퀴즈를 하나 푼 뒤에 두 번째 모둠의 퀴즈를 또 하나 푸는 방식으로 진행한다. 이때 교사는 자기 모둠의 문제는 맞힐 수 없고 다른 모둠의 문제만 맞힐 수 있음을 안내한다. 자기 모둠에서 정한 문제를 앞 모둠이 먼저 낼 경우 초성을 지우고 다시 문제를 생각해 내야 한다.

3단계

모든 모둠의 초성퀴즈를 풀고 난 뒤에는 각 모둠에서 낸 초성퀴즈에 나온 소재들을 연결하여 이야기를 만든다. 이때 바캉스 프로젝트에서 이수지 작가가 만든 『전래카드, 끝없는 이야기』를 활용할 수 있다. 제일 첫 장 '옛날 옛적에……'로 시작하여 '오래오래 잘 먹고 잘 살았다든가 뭐라든가.'로 끝나도록 안내하면 이야기를 어떻게 시작해야 하는지, 어떤 방식으로 연결해야 하는지 등의 질문 없이 자연스럽게 진행된다. 한 시간 내에 모든 활동을 하는 만큼 완성도 높은 이야기가 나오기는 어려우나, 교사가 내용을 잘 설명해 준다면 충분히 이야기의 짜임새를 갖출 수 있을 것이다.

모둠 안에서 나온 초성들을 활용하여 만든 이야기	
옛날 옛적에 삼 형제 중 사또가 보따리 싸고 가다가 호미를 들고 까치와 얘기를 하는 막내딸을 보고 반해서 고백을 해 버리고 행복하게 오래오래 잘 먹고 잘 살았다든가 뭐라든가	옛날 옛적에 용왕이 지팡이를 들고 떡을 팔다가 선비가 키우는 고양이가 용왕을 수상시 여겨 도끼로 찍어서 선비를 지키면서 오래오래 잘 먹고 잘 살았다든가 뭐라든가

모둠별 이야기를 만든 뒤에는 두 모둠 이상의 초성을 합쳐 이야기를 만들어 보는 것도 좋다. 두 모둠 이상이 모일 경우 단어가 열두 개 이상으로 늘어 이야기가 더욱 풍성해지기 때문이다. 나아가 경쟁에서 협력으로, 모둠 간의 관계를 변화시킬 수 있다.

41. 낱말 퍼즐 만들기

지식, 정보를 담고 있는 그림책에는 아이들이 기억해 두면 좋은 중요한 개념이나 단어가 많다. 이러한 낱말들을 퍼즐로 만들어서 풀어 보면 아이들은 퀴즈 형식을 통해 재미있게 어휘를 익히며, 낱말의 정확한 뜻을 알게 되면서 내용도 더욱 깊게 이해할 수 있다. 교사가 낱말 퍼즐을 만들어서 제공해도 좋지만 아이들이 직접 낱말 퍼즐을 만들어 본다면 훨씬 적극적으로 어휘와 친해질 수 있을 것이다.

> **어떤 그림책이 좋을까?**
> - 꼭 알아 두면 좋은 개념, 어휘가 많이 나오는 지식정보그림책이 좋다.
> - 환경, 인권 등 오늘날과 밀접하게 관련된 주제의 그림책을 꼽으면 아이들이 요즘 많이 언급되는 어휘의 정확한 뜻을 알 수 있어 더 유익하다.

●● 함께 읽을 책

『고래를 삼킨 바다 쓰레기』
유다정 글, 이광익 그림, 이종명 감수, 와이즈만북스, 2019

어느 해안가에 죽은 채로 떠밀려 온 향유고래 한 마리. 사람들은 고래의 사인을 궁금해하고, 이내 그것이 바다 쓰레기 때문임을 알게 된다. 이 책은 쓰레기가 어떻게 바다를 오염시키고 바다 생물을 고통스럽게 하는지 그리고 바다 쓰레기 문제가 우리 인간에게 어떤 영향을 주는지 개성 있는 그림을 통해 설명해 준다. 글밥이 많은 편이지만 한 차시 안에 충분히 읽을 수 있는 분량이며 낱말 퍼즐 만들기 활동에 적합하다.

●● 활동 안내

1. 그림책을 읽어 주고 그림책에 나오는 낱말을 옮겨 쓴다.
2. 같은 글자가 들어가는 낱말을 찾아 퍼즐을 만든다. 사전에서 낱말의 뜻을 찾아 정리해 문제를 만든다.
3. 함께 만든 낱말 퍼즐을 풀어 보면서 낱말을 익힌다.

1단계

그림책 『고래를 삼킨 바다 쓰레기』를 읽어 준다. 지식 그림책을 읽을 때는 책의 전반적인 내용을 이해하는 것이 중요하다. 책에 나오는 어휘와 어휘의 뜻을 미리 알아 두면 좋다. 교사가 글을 읽어 주는 동안 아이들이 그림을 보면서 천천히 내용을 살피도록 한다.

    낱말 퍼즐을 만들기 전에 책에 나오는 어휘를 정리한다. 낱말 퍼즐 만들기는 학년과 학생들의 수준에 따라 개별 또는 모둠별로 만들 수 있다. 본 활동에서는 모둠별로 책을 처음부터 다시 넘겨 보면서 큰 종이나 보드판에 책에 나오는 낱말을 모두 옮겨 적었다. 그림책에 나오는 어휘를 정리할 때 모둠별로 책이 한 권씩 주어지면 편하지만 여러 권 준비하기 어려운 상황이라면 본문을 타이핑하여 나누어 주거나 필요한 부분만 칠판에 적어 주는 방법도 있다.

2단계

어휘를 모두 적었다면 같은 글자가 나오는 낱말에 동그라미 표시를 해 둔다. 예를 들어, '비닐봉지'와 '피지'의 경우 '지' 음절이 겹치므로 동그라미를 칠 수 있다. 최대한 책에 나온 어휘로 낱말 퍼즐을 만들고, 핵심 개념이나 중요한 단어는 같은 글자가 나오지 않더라도 꼭 넣는 것이 좋다. 낱말 퍼즐 문제로 반드시 내야 하는 중요한 어휘도 함께 표시한다. 같은 글자가 세 번 이상 나온다면 문제로 만들 것만 남기고 취소선 표시를 이용해 지워 둔다. 아이들이 못 맞힐 것으로 예상되거나 중요하지 않은 낱말도 제외한다.

고래	쓰레기	오징어	과학자	해부	폐수	지대
향유고래	바다 쓰레기	물고기	어부	빗물	핵폐기물	태풍
돌고래	그물	해파리	낚시꾼	하수구	숟가락	가뭄
산호초	비닐봉지	바다거북	낚싯바늘	하천	인형	홍수
이산화탄소	타이어	바닷새	낚싯줄	강	물병	극지방
산소	플라스틱	앨버트로스	화물선	바다	병뚜껑	빙하
지구 온난화	미세 플라스틱	바다사자	컨테이너	늘록	포장 용기	해수면
투발루	몰디브	피지	키리바시	고통	독성	파해자
잠수부	포장재	상어	쓰레기통	장난감	가오리	고등어
참치	복어	바다 생물	불법 해양 투기	런던 협약	세안제	치약
참다랑어	황새치	유해화학	해산물	예술가	정크아트	빨대

어휘 정리하기와 같은 글자 표시하기를 마치면 낱말 퍼즐을 만든다. 10×10칸에 서로 겹쳐야 할 부분과 겹치면 안 되는 부분을 생각하여 낱말을 배치하고 가로 열쇠와 세로 열쇠 번호를 부여한다. 그다음 사전에서 낱말 뜻을 찾아 열쇠 문항을 표로 정리한다. 이때 사전을 찾아서 적어도 되고, 사전의 뜻만 보고 무슨 낱말인지 알아맞히기 힘들 때에는 책 속 문장에서 그 낱말만 비워 두고 힌트로 제시한다. '미세 플라스틱'처럼 하나의 낱말이 아니라서 사전에 검색되지 않는 경우도 책 속에 나오는 문장을 힌트로 준다.

3단계

낱말 퍼즐 문제가 다 만들어지면 모둠별로 문제를 바꾸어서 풀어 본다. 그다음에는 문제를 만든 모둠에서 점수를 매긴다. 한 모둠에서 만든 문제를 모든 아이들이 모둠별 대항으로 풀어 볼 수도 있다. 이때 교사는 가로 열쇠, 세로 열쇠를 하나씩 읽어 주고 먼저 손을 든 모둠에게 문제를 맞힐 기회를 준다. 기회를 공평하게 주기 위해 골든벨 형식으로 진행할 수도 있다.

다음은 학생들이 만든 낱말 퍼즐이다.

				세1)피		가2) 세2)낚	시	꾼		세3)지
가1)비	닐	봉	지			싯			가3)빨	대
						줄				
가4) 세4)바	닷	새								
다				가5)미	세5)세	플	라	스	틱	
거					안					
북					제					
						가6) 세6)해	파	리		
가7)핵	세7)폐	기	물			산				
	수					물				

〈가로 열쇠〉

1) 비닐로 무엇인가를 담을 수 있도록 만든 주머니.
2) 취미로 낚시를 가지고 고기잡이를 하는 사람.
3) 물 따위를 빨아올리는 데 쓰는 가는 대.
4) 바다를 생활 터전으로 삼고 사는 새.
5) 34쪽) ○○ ○○○○은 세안제, 치약 등에도 들어 있다. 크기가 5mm 이하로 작아서 바다에서 걸어 내기가 쉽지 않아요.
6) 7쪽) 고래가 너른 바다를 헤엄쳐 다니다 바다에 떠다니는 비닐봉지를 ○○○로 착각해서 먹고 플라스틱 장난감을 물고기로 착각해서 먹은 거야.
7) 원자력을 생성하고 난 후에 버리는 찌꺼기 물질. 방사능이 남아 있어서 특별한 관리가 필요하다.

〈세로 열쇠〉

1) 태평양 남부, 320여 개의 섬으로 이루어진 나라. 1970년에 영국에서 독립하였으며, 설탕·바나나·커피·금 따위가 난다. 주민은 인도인과 멜라네시아인이다. 수도는 수바, 면적은 1만 8272㎢.
2) 낚싯대에 낚싯바늘을 매어 달기 위하여 쓰는 가늘고 질긴 끈. 삼실, 명주실, 나일론, 말총, 인조 힘줄 따위로 만든다.
3) 자연적, 또는 인위적으로 한정된 일정 구역. 19쪽) 바다에는 작게 부서진 플라스틱 조각이 모여 있는 ○○가 여러 곳이야.
4) 등딱지의 길이는 1미터 정도이고 심장 모양이며 해초를 추식으로 하고 6~7월경 밤에 해안가 근처에 90~170개의 알을 낳는다. 고기와 알은 식용한다. 태평양과 인도양의 열대와 아열대 해역에 널리 분포한다.
5) 얼굴의 먼지나 때, 화장 따위를 닦아내는 데 쓰는 물품. 비누가 대표적이다.
6) 바다에서 나는 동식물을 통틀어 이르는 말.
7) 공장이나 광산 등지에서 쓰고 난 뒤에 버리는 물.

42. 단어 작성 후 띠빙고 하기

정사각형 형태를 띠고 있는 일반적인 빙고판과 달리 띠빙고는 큰 띠를 8등분 또는 12등분해 끝 칸부터 찢어 내고 가장 먼저 다 뜯어 낸 학생이 이기는 방식이다. 친구와 함께 하는 과정에서 사회성과 유대감을 높일 수 있으며 게임 전략을 짜 봄으로써 논리력을 키울 수도 있다. 그림책에서 언급된 단어를 활용한 띠빙고 활동은 주제에 맞는 단어를 찾으며 분류 개념을 익히는 데 도움이 될 것이다.

> **어떤 그림책이 좋을까?**
> - 삶에 필요한 여러 가치를 의미하는 단어가 두루 나올수록 좋다. 해당하는 가치에 따른 파생 단어들도 이야기 나눠 볼 수 있다.
> - 『쿠키 한 입의 인생 수업』은 '참는다는 것' '당당하다는 것' '겸손하다는 것' 등을 쿠키 굽는 과정에 비유하고 있어 추상적인 개념을 구체적인 상황에 비추어 인식하기 좋다.

●● 함께 읽을 책

『쿠키 한 입의 인생 수업』
에이미 크루즈 로젠탈 글, 제인 다이어 그림, 김지선 옮김, 책읽는곰, 2008

이 책은 쿠키를 소재로 인생의 중요한 가치들을 말해 준다. "친구와 함께 쿠키를 만들며 '협동'을, 쿠키가 익을 때까지 기다리며 '인내'를, 쿠키가 맛있게 구워져 나왔을 때 '자부심'과 '겸손'을" 생각해 볼 수 있다. 책을 읽으며 가치라는 주제에 맞는 다양한 단어들을 통해 서로가 중요하게 생각하는 가치가 무엇인지 이야기해 보자.

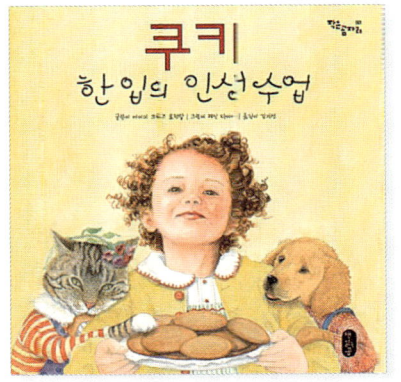

●● 활동 안내

1. '가치'의 사전적 정의를 알아본 다음 학생들이 중요하게 여기는 가치에는 어떤 것들이 있는지 질문하고 답을 듣는다. 책을 읽고 본문에 언급된 가치들 중 가장 기억에 남는 것은 무엇인지도 이야기 나눈다.
2. '가치 밸런스 게임'을 통해 토너먼트에서 특정 가치를 최우선으로 선택한 학생들을 한 모둠으로 구성한다. (인원 제한 없음)
3. 모둠원끼리 해당 단어로 마인드맵을 한다.
4. 띠빙고가 무엇인지 설명한 뒤 마인드맵에서 사용했던 단어들로 각자 빙고판을 만든다. 모둠별로 띠빙고 활동을 하고, 모둠에서 3인 이상이 빙고판을 모두 뜯어내면 활동을 종료한다.

1단계

그림책을 읽기 전 '가치'의 사전적 정의를 알아본다. 학생들은 어떤 가치를 중요하게 생각하는지 질문하고 답을 듣는다. 그림책을 함께 읽은 후엔 책에서 언급했던 가치들을 회상하며 가장 기억에 남는 가치는 무엇이었는지 질문하고 이야기 나눈다.

2단계

본 활동에서 학생들이 주로 언급한 가치는 배려, 존중, 사랑, 우정, 예의, 정의, 겸손, 공평 여덟 가지이다. 이렇게 고른 단어들로 가치 밸

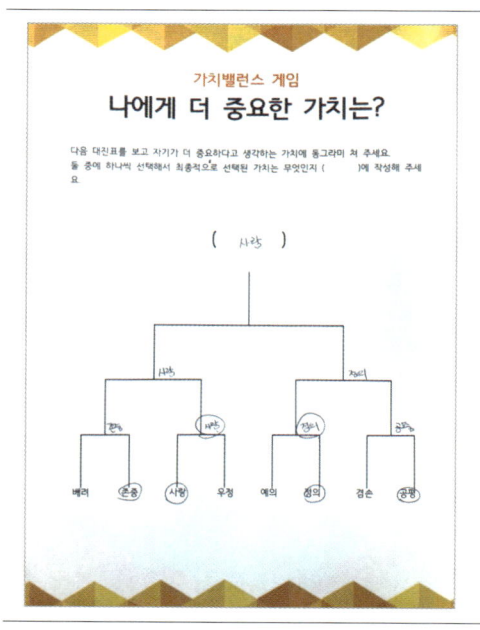

가치 밸런스 게임 예시

런스 게임을 한다.

'가치 밸런스게임'은 일종의 토너먼트 활동으로, 두 개의 가치 중 더 중요하다고 생각하는 것을 선택하는 활동이다. 예를 들어 배려- 존중이라는 가치를 제시한 후 내가 더 중요하다고 생각하는 가치를 선택하면, 선택한 가치와 새로운 가치를 비교하는 것이다. 이렇게 최종적으로 선택된 가치 단어는 자신의 모둠명이 된다. 같은 가치 단어를 선택한 학생들끼리 모여 최소 세 명 이상으로 모둠을 구성한다.

3단계

모둠이 구성되면 자신의 모둠명이 최종 선택된 이유가 무엇인지 서로 이야기 나누고, 모둠명과 관련된 단어들로 마인드맵을 작성한다. 모둠명이 '배려'라면 왜 배려를 가장 최우선 가치로 삼았는지 돌아가며 설명하고, 배려 하면 생각나는 단어들을 최대한 많이 적는다. 모둠원들이 자유롭게 이야기하는 동안 기록하는 학생이 모둠 마인드맵 활동지에 언급된 단어들을 모두 적는다.

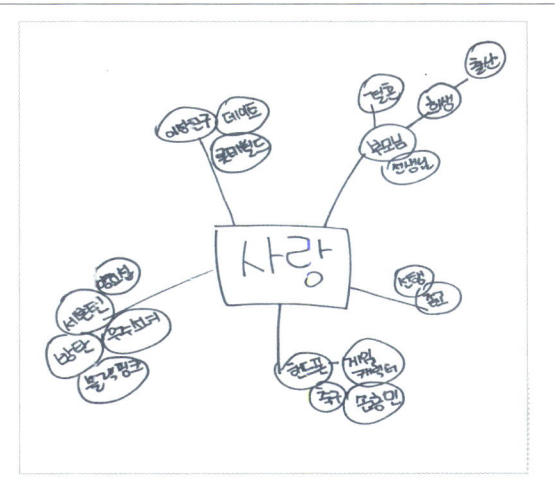

모둠 학습지 사진

10~20개의 단어가 나올 때까지 활동을 지속하고 학생들은 자신이 왜 그 단어를 선택했는지 돌아가며 설명한다.

4단계

모둠 활동을 마치면 교사는 A4용지를 세로로 반절 잘라 1인당 한 장씩 돌아가게 한다. 자른 종이를 여덟 칸으로 접고, 칸 수는 학생들 수준에 따라 자유롭게 조절할 수 있다. 아이들 모두 접는 과정을 완료했다면 활동 방법을 알려준다.

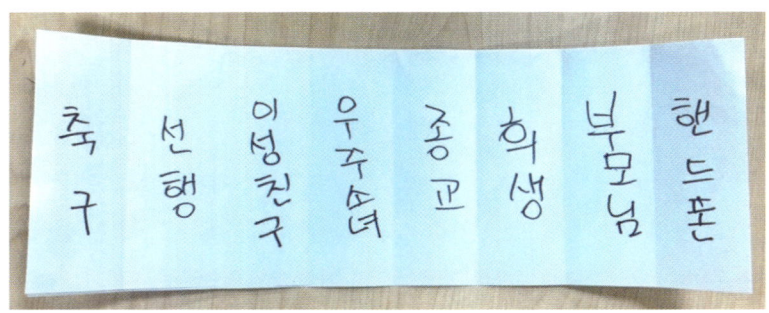
학생들이 만든 띠빙고판

　학생들은 마인드맵 활동을 통해 적었던 단어 중 자신이 원하는 단어 여덟 개를 전략적으로 골라서 적도록 한다. 이때 학생들이 다른 친구의 빙고판을 보지 않도록 안내한다.

　띠빙고는 자신이 작성한 빙고판의 종이 칸을 가장 먼저 뜯어내는 학생이 승리하는 활동이다. 단, 양쪽 끝부분에 있는 단어만 찢을 수 있다. 예를 들어 상대방이 '배려'라는 단어를 말했다면, 내 띠빙고판의 가운데에는 배려가 있어도 양쪽 끝부분에 적혀 있지 않다면 뜯어낼 수 없다. 그렇기에 어떤 단어가 먼저 불릴지 고민하고 전략적으로 띠빙고판을 작성해야 함을 안내한다.

　모둠이 아닌 한 학급 단위의 활동으로 진행할 경우에는 교사가 정한 인원이 띠빙고판을 뜯을 때까지 게임을 진행한다. 불렀던 단어는 또 부를 수 있으며 반드시 모둠별 마인드맵에 활용한 단어로 빙고판을 채워야 한다.

　띠빙고 활동을 마치면 교사는 그림책에서 나누었던 철학적인 가치 단어들을 다시 한번 언급한다. 마지막으로 그림책을 읽은 소감을 공유한다.

43. K-W-L 표 만들기

정보그림책을 읽을 때 K-W-L 표를 만들어 본다면 새롭게 알게 된 정보를 체계적으로 정리할 수 있고 머릿속 지식을 구조화해 책의 내용을 한눈에 파악할 수 있다. K(Know)는 이미 내가 알고 있던 점, W(Want)는 더 알고 싶은 점, L(Learn)은 새롭게 알게 된 점의 약자로, 이를 한데 정리한 것이 K-W-L 표이다. 표 작성 시 책 내용이나 학습 과정에 따라 순서를 바꿔서 활용할 수도 있다.

> **어떤 그림책이 좋을까?**
> - 서사 중심의 이야기그림책보다 정보가 담겨 있는 지식그림책을 권한다.
> - 그림책에 학생들이 알아야 하는 정보가 적정 수준으로 들어 있는지, 난이도가 너무 높지는 않은지 따져 보는 과정이 필요하다.

●● 함께 읽을 책

『MAPS』

알렉산드라 미지엘린스카, 다니엘 미지엘린스키 글·그림, 이지원 옮김, 그린북, 2017

그림이 내용의 90%를 차지하는 빅북으로, 총 67개 지도에 대한민국을 포함한 58개국의 지리, 문화, 특산물, 유적, 먹거리 등이 개성 있는 손그림으로 나타나 있다. 면지에는 5대양 6대륙이 그려져 있으며, 편의를 위해 각 나라별 페이지 쪽수도 안내되어 있다. 조사학습을 하다 보면 어디까지 조사해야 하는지 교사가 가이드라인을 제시해 줄 필요가 있는데, 이 책은 학생들이 알아야 하는 정보가 적정 수준으로 들어 있기 때문에 수업에서의 활용도가 높다.

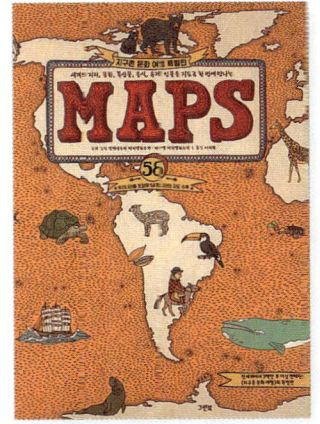

●● 활동 안내

1. K-W-L 표를 준비하고 수업 시간에 알고자 하는 나라를 선택한다. (예: 중국)
2. 면지를 보며 중국이 어느 대륙에 속하는지 함께 알아본 뒤, 그림책에서 해당 페이지를 찾아 읽고 이야기 나눈다. 알고 있던 내용은 K(Know) 칸에, 무엇인지 모르는 내용은 W(Want) 칸에 쓴다. W 칸에 쓸 내용은 조사학습 또는 동료학습으로 파악하며, 학습을 마친 뒤 가장 기억에 남는 단어를 L(Learn, 새롭게 알게 된 점) 칸에 쓴다.

1단계

알고자 하는 나라에 관한 부분을 『MAPS』에서 찾는다. 교사가 실물화상기로 그림책을 보여 줄 수도 있고, 모둠별로 그림책 한 권을 함께 볼 수도 있다. 먼저 면지를 살피며 찾고자 하는 나라가 어느 대륙에 속하는지 함께 이야기 나눈 뒤, 해당 페이지를 펼친다. 그림책 구석구석을 보며 각 나라의 지형지물도 함께 살핀다. 그림책의 구석진 부분에 그려진 소년과 소녀도 눈여겨볼 만하다. 소년과 소녀 머리 위에 적힌 이름은 그 나라에서 가장 흔한 이름이기 때문이다. 이번 활동에서는 함께 탐구해 볼 나라를 '중국'으로 정하고 책을 함께 읽어 나갔다.

2단계

면지와 본문을 살피며 중국은 어느 대륙에 속하는지, 중국에 관한 내용을 담고 있는 페이지에는 어떤 것이 보이는지 아이들에게 묻는다. 치파오, 취두부, 경극, 판다, 마니차 기도 바퀴 중 어떤 것을 알고 있고 어떤 것을 모르는지 대화를 나누며 K-W-L 표에서 '알고 있던 점(K)'과 '더 알고 싶은 점(W)'을 채울 수 있다. '더 알고 싶은 점(W)'을 적는 과정에서 조사학습을 실시해 학생들끼리 서로 알고 있던 것을 이야기해 봐도 좋다. 그 후에는 가장 기억에 남는 점들을 '새롭게 알게 된 점(L)'에 적는다.

K-W-L 표를 채워 나가며 학생들은 일목요연하게 정리하는 습관을 기르고, 지식과 사고를 확장해 나간다. 이에 익숙해진다면 다른 교과 수업에서도 K-W-L 표를 활용할 수 있을 것이다.

알고 있던 점(K)	더 알고 싶은 점(W)	새롭게 알게 된 점(L)
상하이가 따뜻하고, 바다가 정말 예쁘다는 것을 원래 예전에 많이 갔다 와서 알고 있었다.	– 게르라는 집을 짓는 것은 쉬울까? – 게르는 튼튼할까? – 월병에 중국어는 어떻게 새길까?	차강사르가 우리나라의 추석, 설날과 같은 풍습이라는 것을 처음 알게 됐는데 너무 신기했다.

몽골, 중국을 공부한 뒤 학생들이 작성한 <K-W-L 표 예시

44. 나만의 면지 만들기

그림책 표지 안쪽에 붙은 페이지인 면지는 많은 의미를 담고 있다. 그림책을 보기 전에 면지를 통해서 앞으로 이어질 이야기를 예상해 보거나 앞면지와 뒷면지의 차이점을 살피며 본문을 더 깊이 읽을 수 있다. 그림책을 다 본 뒤, 면지의 색깔이나 면지에 그려진 그림의 의미, 상징을 생각해 볼 수도 있다. 이렇듯 면지에는 다양한 장치가 숨어 있기에 학생들과 나만의 의미를 부여하여 면지의 그림을 바꿔 보는 독후활동을 해 보면 좋다.

> **어떤 그림책이 좋을까?**
> - 면지가 단순한 색깔 배경으로 이루어진 그림책보다 면지에 그림이 그려진 그림책을 선택할 때 나눌 이야기가 풍부해진다.
> - 『아나톨의 작은 냄비』의 면지는 주인공에게 중요한 영향을 끼친 인물의 옷 패턴이며, 면지의 배경색은 주인공의 옷 색깔과 같다. 독자들이 해석할 여지가 풍부한 면지라 할 수 있다.

●● 함께 읽을 책

『아나톨의 작은 냄비』

이자벨 카리에 글·그림, 권지현 옮김, 씨드북, 2014

언제 어디를 가나 냄비를 끌고 다니는 아나톨. 걸리적거리는 냄비 때문에 길을 걷거나 친구와 놀 때마다 불편함을 느낀다. 그러나 같은 냄비를 지닌 아주머니가 아나톨에게 다가와 냄비와 함께 사는 삶을 가르쳐 주면서 아나톨은 비로소 주체적인 삶을 살게 된다. 작가는 장애를 냄비로 비유하면서 냄비와 더불어 살아가는 삶을 긍정하고, 우리에게 어떤 냄비가 있는지 생각해 보도록 한다. 면지에 그려진 꽃 그림의 의미를 음미하며 나만의 면지 만들기 활동을 하기에도 좋다.

●● **활동 안내**

1. 그림책 면지를 살핀 뒤 책을 읽고 내용을 확인한다.
2. 인상 깊은 장면에서 면지로 나타내고 싶은 대표 아이콘을 떠올린다. 또는 반전이 되는 상황을 떠올린 뒤 그 상황의 앞뒤 장면을 생각한다.
3. 앞서 떠올린 내용을 그림으로 나타내어 면지를 바꾼다. 칠판에 게시하여 다른 학생들의 면지도 감상한다.

1단계

그림책을 읽기 전, 면지의 그림이 무엇을 뜻하는지 물으면 학생들은 '꽃무늬 그림이에요.'라고 답은 하나, 작가가 면지에 왜 꽃무늬 그림을 그려 넣었는지는 유추하지 못한다. 그렇기에 본격적으로 책을 읽기에 앞서 학생들에게 "면지에서 본 그림이 그림책의 어느 부분에 나오는지 책을 읽으며 잘 찾아보세요."라고 말해 주면 좋다.

책을 읽은 뒤 다시 면지의 의미를 생각해 보게 하던 학생들은 면지의 꽃 그림이 아나톨을 도와주었던 아주머니의 옷에 그려진 무늬라는 것을 금방 알아챈다. 면지의 배경색이 어떤지도 함께 질문한다면 학생들은 면지 배경색이 아나톨 옷의 색감인 것까지 파악할 수 있다.

2단계

학생들과 면지의 의미를 함께 생각했다면 책을 읽은 후 나만의 의미를 담은 면지로 그림을 바꿔 그리는 활동을 한다.

먼저 책을 읽으며 어떤 장면이 가장 기억에 남는지 질문한다. 학생들은 아나톨이 무언가를 하려고 할 때마다 냄비에 걸려서 좌절하는 장면이나, 아주머니에게 가방을 선물 받은 아나톨이 가방에 냄비를 넣는 장면을 그리기도 한다. 학생들의 답을 들은 후에는 만약 이 책의 작가가 되어 면지를 바꾸어 그린다면 어떻게 바꾸고 싶은지 질문한다. 인상 깊은 장면에 따라 학생들의 답이 달라지는데, 보통은 냄비를 활용하여 면지를 바꾸겠다고 답하는 학생들이 많다. 때로는 반전이 되는 포인트를 찾아 앞면지와 뒷면지를 다르게 하고 싶어 하는 학생들도 있다.

3단계

학생들과 충분히 이야기를 나눈 후 면지를 바꿔 그려 보도록 한다. 앞면지와 뒷면지를 같게 그리는 학생에게는 도화지 한 장을, 다르게 그리고 싶어 하는 학생에게는 도화지 두 장을 제공한다. A4 절반 크기면 그림책 사이즈와 비슷하다.

　면지를 바꿔 그릴 때는 책을 읽고 인상 깊은 장면과, 그 장면에서 면지로 나타내고 싶은 대표 아이콘을 생각해 보게 한다. 보통은 아나톨의 냄비나 아주머니의 냄비, 또는 사다리를 이야기한다.

아주머니의 냄비와 옷의 무늬가 아나톨 옷 색감과 어우러지는 면지

아주머니의 냄비와 아나톨의 냄비가 한데 섞인 면지

아주머니가 아나톨에게 선물한 가방과 아주머니의 옷 패턴이 그려진 면지

아나톨의 냄비가 아주머니의 냄비를 품은 면지

학생들이 바꾼 면지 그림 예시(앞·뒤 면지가 같은 그림)

| 앞면지 | 뒷면지 |

가방을 선물 받기 전 냄비 때문에 고통스러워 하던 아나톨(앞면지)이 아주머니에게
가방을 선물 받고 행복한 아나톨(뒷면지)이 되는 모습

아이콘 외에도 책의 내용에서 반전이 되는 상황을 떠올린 뒤 그 상황의 앞뒤 장면을 생각하여 각각 앞면지와 뒷면지를 바꿔 보도록 할 수도 있다. 반전이 되는 상황을 기억해 보라고 말하면 학생들은 아나톨이 아주머니에게 가방을 선물 받기 전과 후를 이야기한다. 그래서 앞면지에는 가방을 선물 받기 전의 아나톨을, 뒷면지에는 가방을 선물 받은 후의 아나톨을 그리기도 한다.

다 그린 학생은 면지를 칠판에 게시하고, 어떤 생각으로 그림을 그렸는지 친구에게 설명해 보도록 한다. 상황에 따라서 실물화상기를 사용해도 좋다.

학생들은 면지를 바꿔 그리는 활동을 하며 책의 내용을 더욱 깊게 생각하고, 자신만의 의미로 재창조하는 시간을 보낼 수 있다.

45. 핫시팅

핫시팅은 단순히 그림책을 읽으며 등장인물을 바라보는 것이 아니라 자신이 실제로 등장인물이 되어 보는 활동이다. 등장인물이라면 어떻게 했을지를 고민하고 질문에 답하는 과정에서 아이들은 그림책 속 등장인물의 상황과 감정을 자신의 것과 동일시하고 공감 능력을 키울 수 있다.

> **어떤 그림책이 좋을까?**
> - 누구나 한 번은 겪어 봤을 만한 이야기로 주인공의 상황에 감정이입을 할 수 있어야 내가 그 인물이라면 어떻게 했을지 스스로 고민하고 답을 할 수 있다.
> - 『내 마음이 들리나요』처럼 글 없는 그림책으로 활동할 경우, 자기만의 표현력과 문장력을 자연스럽게 끌어낼 수 있다.

●● 함께 읽을 책

『내 마음이 들리나요』

조아라 글·그림, 한솔수북, 2017

『내 마음이 들리나요』는 상처 가득한 학교생활을 하던 아이가 새들에게 공감과 위로를 받으며 성장하는 이야기를 다룬다. 글 없는 그림책으로, 작가는 연필만을 사용해서 아이의 감정과 상황을 드러내 깊은 여운과 몰입감을 준다. 친구 없이 홀로 지내는 아이를 이해하는 시간을 통해 독자들은 타인의  마음을 헤아려 볼 수 있게 된다. 아이가 좌절하지 않고 꿋꿋이 나아가는 모습에서 우리는 다시 일어설 용기에 관해서도 생각하게 된다.

●● 활동 안내

1. 6인 1모둠으로 구성하고 역할을 정한다. 각 모둠의 질문자들은 주인공에게 물어보고 싶은 내용을 정리한다.
2. 주인공 역할을 맡은 학생은 질문을 예상하고 답변을 미리 생각해 둔다.
3. 가상 인터뷰를 진행한 뒤 활동 소감을 나눈다.

1단계

6인 1모둠으로 구성하고, 원활한 대화를 위해 동그랗게 자리에 앉는다. 주인공 아이 역할을 할 학생 1인, 그리고 질문할 5인으로 구성한 다음 질문자들은 질문을 작성한다. 질문하는 학생 수를 더 늘릴 수도 있지만, 인원이 많아질수록 개별 질문 기회가 줄어든다는 것을 유의한다. 역할을 정할 때는 가급적 지원자를 먼저 받고, 지원자가 없을 경우에는 제비뽑기 등 다양한 방법을 활용할 수 있다.

질문자 질문
1. 등교할 때 왜 땅만 보고 걸었어?
2. 놀이터에서 새들과 눈을 마주친 후 왜 달라진 거야?
3. 무더운 여름인데 왜 그렇게 두꺼운 옷을 입고 다녔어?
4. 왜 항상 혼자 다니는 거야?
5. 새는 네게 어떤 존재야?
6. 왜 벽에 낙서를 했어?

2단계

질문자들이 질문을 만들 때 주인공 역할을 맡은 학생은 질문을 미리 예상하고 답변까지 생각해야 한다. 그래야 질문자들의 질문에 당황하지 않고 답변할 수 있다.

1. 등교할 때와 학교 마치고 집으로 돌아올 때 왜 모습이 달랐어?	등교할 때는 학교폭력이 걱정되어서 학교를 가고 싶지 않았는데, 집으로 돌아올 때는 해방되었다는 점이 기뻤어.
2. 놀이터에서 혼자 있던 너에게 새가 다가온 후 네 모습이 달라졌는데 새는 너에게 어떤 의미야?	항상 혼자 있는 난 의지할 친구도 없었어. 그런데 새가 주위에 머물며 위로와 위안을 줬어. 내 마음을 공감해 주는 존재야.
3. 왜 복도 벽을 슬리퍼로 지저분하게 했어?	내가 이렇게 힘들다는 것을 누군가 알아주었으면 했어. 누구나 볼 수 있게 일부러 더 크게 표현했어.

3단계

인터뷰 준비가 끝나면 질문자들이 돌아가면서 질문을 시작한다. 저학년들의 경우 사전 질문을 예상했음에도 갑작스러운 질문에 당황할 수 있으니 질문을 미리 받아 보면 좋다. 정돈된 생각보다 생동감 있는 대화가 오가기를 원한다면 질문지를 사전에 공유하지 않고 바로 진행하면 된다.

대화를 마친 뒤엔 참가자들의 소감을 들으면서 마무리한다. 이번 시간에 참여한 학생은 다음과 같은 소감을 말했다.

"주인공 입장이 되어 질문에 답하는 과정에서 주인공의 마음과 상황을 이해하게 되었습니다. 그림책만 읽었을 때는 '주인공이 힘든 상황에 놓여 있네' 정도의 마음이었다면, 핫시팅 활동을 하고 나서 주인공의 아픔이 고스란히 전달되는 느낌이었습니다."

한편 모둠이 아닌 학급 전체 학생이 핫시팅 활동을 진행할 수도 있다. 전체 학생이 동그랗게 앉고 등장인물과 대화를 나눈다. 이때 등장인물 역할을 한 명이 아닌 두세 명이 맡으면 좋다. 여럿이 같은 등장인물 역할을 하는 경우 답변에 대한 부담이 줄어들어서 좀 더 편하게 활동에 참여할 수 있기 때문이다.

46. 연꽃 발상 기법

연꽃 발상 기법은 활짝 핀 연꽃 모양으로 아이디어를 발상해 나가는 사고 기법이다. 문제를 해결하는 방법을 찾는 데에 주로 쓰이지만 특정 내용이나 생각을 정리하는 데에도 효과적이다. 이번 활동에서는 연꽃 기법을 통해 『삶의 모든 색』에 나온 색들을 참고하여 내 삶은 어떤 색으로 채워져 있는지 다시금 생각해 보자.

> **어떤 그림책이 좋을까?**
> - 연꽃 발상 기법으로 내용을 정리하려면 70여 개의 키워드가 필요하다. 따라서 분량이 어느 정도 있는 그림책을 선택하는 쪽이 유리하다.
> - 『삶의 모든 색』은 내가 사랑받고 있음을 깨닫고 자신의 소중함을 발견하게 되는 그림책이다. 연꽃 발상 기법을 통해 내용을 함께 정리하며 우리 삶의 소중한 부분들을 꺼내 보는 따뜻한 시간을 보낼 수 있다.

●● 함께 읽을 책

『삶의 모든 색』

리사 아이사토 글·그림, 김지은 옮김, 길벗어린이, 2021

'당신의 삶은 지금 어떤 순간, 어떤 색인가요?' 『삶의 모든 색』은 이러한 질문과 함께 우리가 인생에서 느끼는 희로애락의 순간들을 다양한 색으로 그려 낸다. 순수했던 어린 시절부터 노년에 이르기까지, 각각의 색으로 표현된 시절들은 매 순간이 의미 있으며, 우리 모두가 특별한 사람임을 일깨워 준다. '당신이 그 시절에 사랑받았다고 느꼈으면 좋겠어요.'라는 책의 내용처럼 아이들은 책을 읽으면서 우리가 사랑받는 존재임을 깨닫고 자신의 소중함을 발견할 수 있다.

•• 활동 안내

1. 3X3 사각형을 9개 배치한(총 81칸) 모둠별 연꽃 발상 기법 활동지를 준비한다. 그림책을 읽고 가장 한가운데에 있는 칸에 책 제목을 쓴 후 나머지 칸에 하위 주제를 적는다. 그림책의 여섯 개 챕터 이름(아이, 소년, 자기, 어른, 부모, 기나긴 삶), '책에 나온 색깔들', '느낀 점'이 카테고리가 된다.
2. 한가운데 3X3 사각형을 둘러싼 다른 여덟 3X3 사각형의 가운데 칸에 하위 주제를 각각 적어 넣고, 모둠원이 구성 요소를 함께 채워 나간다.
3. 개인별로 적어 넣을 새로운 활동지를 준비한다. 3X3 사각형의 가운데 칸에 '내 삶의 색'을 쓰고, 나머지 여덟 칸에 각각의 색깔을 쓴다. 여기에서 나온 키워드를 2단계처럼 둘레에 있는 여덟 3X3 사각형의 가운데 칸에 써넣고, 해당 색과 관련된 느낌을 주위 네모칸에 둘러 적는다.

1단계

그림책을 읽고 연꽃 발상 기법 활동지의 아홉 칸 중 가운데 칸에 책 제목을 쓴다. 해당 사각형을 둘러싼 여덟 칸에는 그림책을 읽으며 나오는 여섯 챕터의 제목, '책에 나온 색깔들', '느낀 점'을 쓴다.

그림책에 나온 색깔들	아이의 삶	소년의 삶
느낀 점	삶의 모든 색	자기의 삶
기나긴 삶	어른의 삶	부모의 삶

2단계

위 단계에서 작성한 3X3 사각형을 둘러싸는 형태로 또 다른 아홉 칸 사각형을 여덟 개 놓는다. 4인 1모둠이 되어 1단계에서 나온 하위 주제 여덟 개를 방금 그린 여덟 개 사각형의 한가운데 칸에 적는다. 중심에 놓이는 각 하위 주제를 모둠원당 두 개씩 담당해 해당 3X3 칸을 채우기로 한다. 한 명은 하나의 하위 주제만 맡되, 다른 모둠원들이 놓친 부분을 확인, 보충하는 역할을 한다. 그림책을 읽으면서 느낀 점은 모두 두 가지씩 적는다. 이 부분을 도식화하면 다음과 같다.

남색	하늘색	빨강
검정	그림책에 나온 색깔들	하양
노랑	파랑	초록

빗속에서 놀기	저녁 노란 민들레	푸르른 여름
집에 가기 싫은 무당벌레	아이의 삶	새하얀 겨울
바닷속 수호자	호기심	신비로운 크리스마스

반항	세상이 뒤죽박죽	파티 향수
안 된다	소년의 삶	학교
어른들의 걱정	달라짐	잊을 수 없는 선생님

삶의 아름다움	쓸쓸함	역경 사이 행복
시간이 빠르다	느낀 점	사랑의 중요함
삶의 소중함	비관적임	덧없음

그림책에 나온 색깔들	아이의 삶	소년의 삶
느낀 점	삶의 모든 색	자기의 삶
기나긴 삶	어른의 삶	부모의 삶

모두 알던 것을 나만 모름	인생의 좋은 날	영원히 함께
사랑	자기의 삶	사랑하는 사람 찾기
불확실한 길	영원히 함께	과대평가 받은 학창시절

낙천적인 사람	두려운 느낌	그 사람 덕에 든든
크리스마스의 신비로움	기나긴 삶	낯섦
하고 싶은 일을 할 시간이 생김	손주들	연금 수령자

어느새 늙어감	자신이 강하다고 느낌	여름날 빗속에서 놀던 아기는 어디로?
부모님을 돌볼 시간	어른의 삶	자아 찾기
다른 누구를 찾거나 새 사람을 만나거나 혼자 노를 저음	지옥으로 갈 수도 있음	희망과 절망이 공존함

아침의 힘듦	새로운 면을 발견	홀로의 소중함
사랑으로 가득 참	부모의 삶	지금의 소중함
온 세상을 바라봄	시간에 쫓기는 게 무엇인지 앎	사소한 일에 대가가 따름

3단계

그림책 내용을 파악했다면 개인 활동지 작성을 통해 자신의 삶을 성찰해 보는 시간을 마련한다. 그림책에 나온 색들의 이미지를 떠올리며 개인 활동지 중앙에 있는 사각형의 가운데 칸에 '내 삶의 색'이라고 쓰고, 나머지 여덟 칸에 내 삶과 관련된 색깔을 쓴다. 그림책에서 시절에 따라 각각 다른 색으로 자신의 삶을 표현한 것처럼 나의 일생을 잘 표현할 수 있는 색을

연두색	빨간색	검은색
주황색	내 삶의 색	하얀색
파스텔	분홍색	하늘색

찾도록 한다.

가운데 사각형을 둘러싼 3X3 사각형에 해당 색깔을 쓰고, 그 색과 관련된 자신의 감정, 사건, 사물 등을 적는다. 대체로 밝은 색은 기분이 좋을 때의 감정이나 상황, 사물을 나타냈고, 어두운 색은 기분이 나쁠 때의 감정, 상황, 사물들을 나타냈다.

여행	편안한	예쁜	힘이 나는 색	열정	평소와 다른	혼났을 때	싸웠을 때	시험 기간
생일 때	연두색	산뜻한	설명을 못 알아들을 때	빨간색	적당하면 힘이 나는 과하면 힘든	나를 무시할 때	검정색	지각했을 때
친구 사귀었을 때	용돈 받을 때	친척들 만났을 때	부모님 편찮으실 때	공부할 때	아플 때	다이어트 할 때	우울할 때	적막한
좋아하는 네일 색	오렌지	내게 어울리지 않는 색	연두색	빨간색	검정색	눈 올 때	동생이 태어났을 때	시험 끝났을 때
뭔가 새로운	주황색	파이리 (포켓몬)	주황색	내 삶의 색	하얀색	방 청소할 때	하얀색	옷 살 때
도전	노을	머리색	파스텔	분홍색	하늘색	빛	미래	가장 맑지만 쉽게 더러워지는색
무언가를 살 때	앨범 살 때	대본집 살 때	외식	만들기 할 때	친구에게 무언가를 사 줄 때	노래 들을 때	학교 올 때	놀러갈 때
큰 행사가 있을 때	파스텔	친구 만날 때	급식 먹을 때	분홍색	봉사할 때	어딘가 떠나고 싶은	하늘색	산뜻한
내가 좋아하는 수업 들을 때	게임에서 이겼을 때	폰 바꿀 때	잘 때	유튜브 볼 때	집에 도착했을 때	청량한	바다	하늘

학생들은 책의 내용을 정리하고 느낀 점을 기록하는 것보다 활동지를 작성하면서 자신의 삶을 성찰하는 것을 어려워했다. 색과 관련된 일화, 감정을 떠올리기 어려워하는 학생도 있었다. 이럴 때는 친구와 서로의 색을 찾아 써 주도록 하면 더욱 즐겁게 자신과 어울리는 색을 찾을 수 있다.

47. 핑거 활동지를 이용한 비주얼 씽킹

비주얼 씽킹은 생각을 글로 적거나 그림으로 그려 표현하는 활동을 의미한다. 이때 활용할 수 있는 핑거 활동지는 종이에 대고 그린 자신의 손 모양 틀에 이미지와 텍스트를 배치하는 형식으로 이루어져 있으며 자기소개서, 체험활동 보고서 등을 작성할 때나 소설 속 등장인물을 정리할 때 유용하다. 핑거 활동지를 이용한 비주얼 씽킹은 글자로 생각을 확장하고 이미지로 생각을 창조하는 데 특히 도움이 된다.

> **어떤 그림책이 좋을까?**
> - 두드러진 사건이 기승전결의 축이 되는 그림책보다 정서나 감정을 잔잔하고 부드럽게 풀어 주는 그림책이 핑거 활동지에 생각을 배치하기 적합하다.
> - 『아마도 너라면』은 학생들이 자신의 가능성이 무한하다는 것을 생각하게 해 주며 다정한 어조로 미래를 힘껏 응원하는 이야기이다. 지속되는 비교와 평가, 학업 스트레스로 상처받은 아이들이 서로를 위로할 수 있게, 책 내용을 비주얼 씽킹으로 한 번 더 정리하는 시간을 만들고 싶었다.

●● 함께 읽을 책

『아마도 너라면』
**코비 야마다 글, 가브리엘라 버루시 그림, 이진경 옮김,
상상의힘, 2020**

'우리 모두가 가진 무한한 가능성을 위하여'라는 부제가 달린 이 책은 삶의 의미를 찾는 아이들에게 희망을 선사한다. 우리는 모두 유일무이한 존재이며, 그렇기에 무엇이든 꿈꿀 수 있다는 메시지를 전하기도 한다. 특히 자존감과 자기 효능감이 떨어진 아이들이 자신의 가능성을 깨닫게 한다는 점에서 의미가 있다.

●● 활동 안내

1. 종이에 손 모양을 따라 그려 핑거 활동지를 만든다. 교사가 사전에 준비한 질문 일곱 개를 제시하고 학생이 답변을 정리하도록 안내한다.
2. 답변 중 다섯 개를 골라 각 손가락마다 한 답변씩 적도록 한다.
3. 답변을 토대로 '내 손바닥 안의 책'을 완성한다.

1단계

그림책을 읽고 자신의 손 모양을 따라 그려 핑거 활동지를 만든다. 손을 그리고 나면 교사가 사전에 준비한 질문 일곱 개를 제시한다. 질문은 교사가 직접 만들어서 준비해도 좋지만, 학생들과 함께 그림책을 읽은 뒤 질문 만들기 활동을 통해 나온 내용을 활용해도 좋다.

〈 교사가 제시할 일곱 가지 질문 〉

1. 가장 인상 깊은 부분은?
2. 아마도 너라면 (   ) 할 수 있지 않을까?
3. 내가 지금 사랑을 담아 하고 있는 일은?
4. 다른 사람을 위해 했던 일 때문에 다툼이 생겼거나 실패한 경험은?
5. 삶은 스스로에게 던지는 질문에 따라 달라진다는 말을 듣고 드는 생각은?
6. 내가 창조적인 일을 할 수 있도록 안전한 울타리가 되어 주고, 열린 마음으로 응원을 해 주는 존재들은?
7. 이 책을 읽어 주거나 권하고 싶은 사람은?

질문	학생1 답변	학생2 답변
1	아빠가 자녀에게 쓴 누쿡	열심히 노력해도 망치거나 실패할 수 있다는 부분
2	아마도 너라면 네가 죽어도 후세에 널 기억하는 사람이 있게 하는 삶을 살 수 있지 않을까?	아마도 너라면 나의 도움이 필요한 사람들을 돕는 일을 할 수 있지 않을까?
3	나에게 질문하기, 공부하기, 상상하기	내 미래를 고민하는 일
4	유튜버인 내 꿈을 말씀드렸는데 부모님은 열심히 일해서 공부시켰더니 딴짓만 한다고 화를 내셨다.	동생의 진로를 위해 현실적인 조언을 했다가 다투었다.
5	던지는 질문에 따라 사람은 변할 수 있다고 생각합니다. 왜냐하면 그러한 경험이 있기도 하고 비슷한 연구 사례를 접한 경험이 많기 때문입니다.	스스로에게 던지는 질문에 따라 자신의 삶의 방향이 달라질 수 있다. 나는 나에게 '후회하지 않는 하루하루를 살고 있니?'라고 질문을 하고 싶다. 매일 노력하는 하루들이 모여 내 가치 있는 삶 전체를 만든다고 생각하기 때문이다.
6	사랑하는 가족, 친구	·
7	자존감 낮은 주변 친구들에게	무기력한 사람들

2단계

일곱 질문 중 다섯 개를 선택하여 종이에 그려진 손가락마다 구체적인 근거를 든 답변을 하나씩 적는다. 답변을 작성하면서 학생들은 자신의 삶이 중요하고, 자신이 소중한 존재임을 재확인할 수 있다.

3단계

답변을 모두 적은 뒤에는 그것을 토대로 소감문 '내 손바닥 안의 책'을 작성한다. 책 내용 요약 및 인상 깊었던 한 구절, 책에 대한 자신의 평가, 책이 자신에게 끼친 영향, 책을 권하거나 선물하고 싶은 사람이 들어가도록 한다.

작성한 뒤에는 그림책을 추천하고 싶은 사람에게 가서 읽어 주는 활동을 한다. 특별한 멘트 없이 그림책을 함께 읽는 것만으로 아이들은 자신의 가능성을 돌아볼 수 있다.

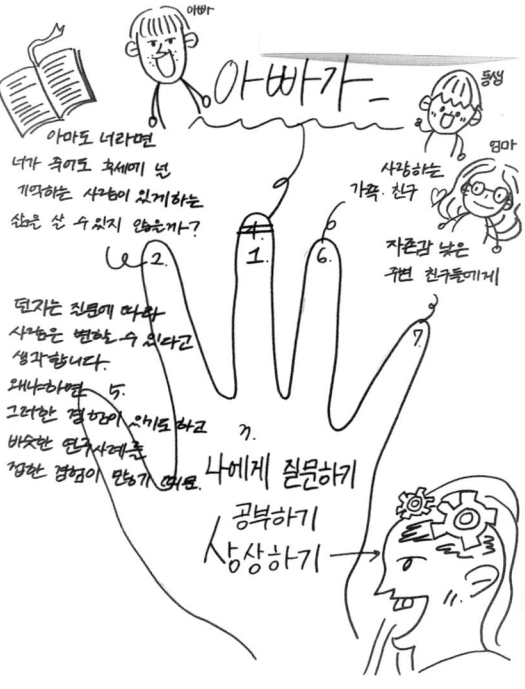

완성한 핑거 활동지 예시

내 손바닥 안의 책

이 책은 '아마도 너라면…….'이라는 질문들로 책을 읽는 사람이 삶을 왜 살아가야 하는지, 앞으로 삶을 어떤 태도로 받아들여야 하는지에 대한 내용을 담고 있다. 항상 성공만 하고 세상과 주변 사람들에게 선한 영향을 끼쳐야만 완벽한 삶일까? 이 책은 우리에게 실패해도 괜찮고, 중요한 건 스스로의 삶을 정의하는 것이라고 말해 준다.

48. 마인드맵

마인드맵은 식물이 가지를 뻗는 것처럼 생각의 가지를 만들어 나가는 기법으로, 사고를 촉진시키고 풍부한 시각적 자극을 통해 기억력을 향상시킨다. 학습 능력을 극대화할 수 있고 두뇌 개발에도 도움이 되는 것은 물론, 핵심 단어 중심으로 중요한 내용을 한눈에 파악하기 좋다. 그림책의 등장 인물과 줄거리를 작성해 보거나, 책에 관한 생각이나 느낌, 새롭게 알게 된 점 등을 정리할 때 사용하면 매우 효과적이다.

> **어떤 그림책이 좋을까?**
> - 기승전결이 명확하고 시간적 흐름에 따른 서사가 있는 그림책이면 마인드맵을 작성하기에 적합하다.
> - 인물의 생김새와 성격, 취미 등과 함께 가족, 친구 관계의 특징이 명확히 드러난다면 마인드맵을 처음 작성하는 아이들도 핵심 단어를 어렵지 않게 찾을 수 있다.

●● 함께 읽을 책

『샤를의 기적』

알렉스 쿠소 글, 필리프 앙리 튀랭 그림, 조정훈 옮김, 키즈엠, 2013

작은 몸집에 유난히 큰 날개와 발을 가진 꼬마 드래곤 샤를. 샤를은 다른 친구들과 달리 하늘을 날지도, 불을 뿜을 줄도 모르고 늘 혼자 화산에 올라가 시를 읊으며 외로운 시간을 보낸다. 그러다 갑작스러운 화산 폭발로 추락하며 모든 것을 포기하려던 순간, 샤를은 곁에 있던 파리의 격려를 통해 마침내 하늘을 날 수 있게 된다. 학생들은 샤를이 자신의 장점을 발견하고 자신감을 얻는 과정을 통해 스스로를 존중하는 마음을 배울 수 있을 것이다.

●● 활동 안내

1. 마인드맵이 무엇인지 소개하고 작성법을 안내한다.
2. 그림책을 읽고 이야기를 나누며 생각과 느낌을 공유한다. 이때 떠오르는 낱말이나 장면에 관해 이야기를 나눈다.
3. 낱말들을 일정한 기준에 따라 분류하고 『샤를의 기적』을 마인드맵으로 자유롭게 정리한다.

1단계

그림책을 읽기 전 학생들에게 마인드맵을 소개한다. 마인드맵은 흔히 '생각그물'이라고도 불리며, 종이의 한가운데 중심 낱말이나 이미지가 있고, 주 가지와 부 가지, 세부 가지로 연결되는 형식이다. 머릿속에 떠오르는 대로 자유롭게 분류 기준을 정하고 가지를 그린 다음 핵심 낱말을 쓴다. 가지를 그릴 때에는 기준에 따라 색깔이나 굵기를 다르게 표현하며, 각각의 가지에 핵심 낱말을 쓰도록 안내한다. 마인드맵을 그리는 과정은 다음과 같다.

① 종이의 중심에 주제로 정한 낱말이나 핵심 이미지를 그린다.
② 색깔을 세 가지 이상 사용해 주 가지를 만들고 주 가지 위에 핵심 낱말을 쓴다.
③ 주 가지의 연결선은 다른 가지들보다 두껍게 그리고, 선의 길이는 핵심 낱말의 길이와 비슷하게 한다.
④ 주 가지 차례를 정하지 않고, 생각나는 순서대로 낱말이나 이미지를 사용해 연결한다.
⑤ 부 가지는 주 가지의 끝에서 연결하고 주 가지보다 얇은 선으로 표현한다.
⑥ 부 가지 위에 관련된 낱말이나 이미지를 표현하고 부 가지 끝에 세부 가지를 연결한다.
⑦ 세부 가지 위에 떠오르는 대로 관련된 낱말이나 이미지를 표현한다.
⑧ 각자의 개성을 살려서 자유롭게 마인드맵을 꾸민다.

마인드맵 활동의 첫 시작으로 자기소개를 해 보는 것도 좋다. 종이 중앙에 자신의 이름을 쓰고 나이와 사는 곳, 성격, 가족, 좋아하는 것, 장래 희망 등으로 분류하여 자신이 어떤 사람인지 작성하고 발표한다.

마인드맵을 구성하는 동안 아이들은 머릿속에 자신이 말할 내용을 일목요연하게 정리할 수 있다. 자유롭게 뻗어 나가는 생각의 가지들을 바탕으로 학생들은 주 가지의 분류 기준을 정하는 요령을 습득한다. 좀 더 체계적이고 세부적인 마인드맵을 작성할 수 있게 되는 것이다.

각자 마인드맵 그리는 요령을 연습해 본 다음, 교사는 그림책의 등장인물 '샤를'을 놓고 마인드맵을 작성할 거라고 안내한다.

2단계

『샤를의 기적』을 함께 읽고 학생들과 책 내용을 되짚어 본다. 언제, 어디에서 일어난 일인지, 주인공과 등장인물은 누구인지 등, 육하원칙과 관련된 질문을 통해 책 내용을 파악한다. 주인공 샤를의 생김새와 성격, 좋아하는 것, 특징을 두고 서로 이야기를 나눠 봐도 좋다.

그 밖에 샤를의 부모님, 친구와 선생님들, 화산에 올라갔을 때 일어난 일에 대해서도 각자의 생각이나 느낌을 공유한다. 다음으로는 그림책을 읽고 떠오르는 낱말이 무엇이었는지 질문한다. 드래곤, 커다란 날개, 티라노사우루스, 기사와 공주, 시 등 학생들이 자유롭게 발표한 낱말들을 적다 보면 다양한 생각들이 꼬리에 꼬리를 물고 퍼져 나가는 것을 눈으로 확인할 수 있다.

3단계

앞 단계에서 꼽은 낱말들을 어떤 기준으로 묶을지 정한다. 아이들은 샤를의 '가족', '학교생활' 등 일상적인 것으로 분류하기도 했고 그림책의 위기, 갈등 해소 단계에서 중요한 역할을 하는 '화산'이나 '파리'를 기준으로 삼기도 했다.

마인드맵을 그릴 때는 머릿속에 떠오르는 생각들을 있는 그대로 자유롭게 표현해 보는 과정이 필요하다. 미리 분류 기준을 정한 뒤에 마인드맵을 작성하려고 하면 부담감과 어려움을 느낄 수도 있기 때문이다.

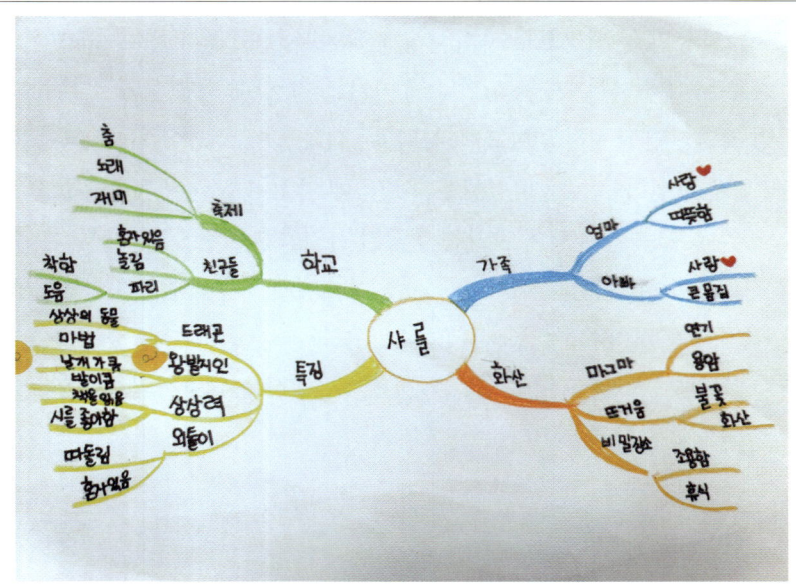

 가능한 다양한 생각들을 자유롭게 펼쳐 놓다 보면, 어느 순간 일정한 기준에 따라 생각들이 연결되고 있는 것을 발견할 수 있다. 무엇보다 학생들이 마음껏 생각을 발산할 수 있도록 자유롭고 허용적인 분위기를 조성해야 한다.

49. 전원 동시 발표

전원 동시 발표는 모든 학생들이 능동적으로 활동에 참여하며 의견을 표현하는 장을 제공하는 데에 의의를 둔다. 완전무결한 생각은 없다는 전제 하에, 각자의 생각을 다양한 경험을 기반으로 기록하게 하는 것이다. 정답주의에서 벗어나 모든 과정을 소중하게 여기고, 학생들의 생각을 동시에 발표함으로써 협력적 성장을 촉진하는 활동이라고 할 수 있다.

> **어떤 그림책이 좋을까?**
> - '지금, 여기'에서 세상에 도움을 주고 있는 주변인 이야기는 모두가 참여하는 활동을 전개하기에 용이하다.
> - 『영웅을 찾습니다』는 맡은 일에 책임을 다하는 평범한 사람에 관한 이야기를 담담하게 전한다. 이 점에서 배움의 주제를 현재 생활과 관련해 정리하는 '전원 동시 발표 활동'에 적합한 책이라고 할 수 있다.

●● 함께 읽을 책

『영웅을 찾습니다!』

차이자오룬 글·그림, 심봉희 옮김, 키위북스, 2018

『영웅을 찾습니다!』는 컵들의 왕국을 배경으로 한다. 왕국에는 광장의 탑 꼭대기에 있는 영웅컵을 차지하면 진정한 영웅이 된다는 전설이 전해지고, 컵들은 그것을 차지하기 위해 서로 밀치고 떨어지기를 반복한다. 이윽고 날이 저물고, 청소부 샤오바만이 홀로 남아 광장을 청소하다가 탑의 꼭대기에 올라 영웅컵을 닦는다. 왕좌에 앉은 샤오바는 영웅은 대체 언제 나타날지 궁금해하며 하루를 마무리한다. 일상에서 자신이 맡은 일에 책임을 다하는 샤오바처럼 우리 주변의 진짜 영웅은 누구인지 생각해 보도록 하자.

●● 활동 안내

1. 교사는 먼저 발표 내용이 담길 칩과 발표판을 만든다.
2. 주제와 관련된 영상을 시청하고 그림책을 함께 읽는다
3. 일상 속에서 나만의 영웅을 발견해 보고 칩에 적은 다음 발표판에 붙인다. 다른 사람의 생각을 살펴보고 서로 이야기 나눈다.

1단계

교사는 전원 동시 발표 활동을 위해 발표칩과 발표판을 제작한다. 발표칩에는 나의 영웅이 누구인지 적게 된다. A4 색지를 가로로 삼등분해서 자른 후 코팅하고 한쪽 면에 고무 자석을 붙여 만들면 적절하다. 모둠별로 색깔을 달리하면 시각적으로 구분이 되어 효과적이다. 발표판은 발표칩을 붙일 곳으로, 전지 한 장에 1/3장을 이어 붙여 22×11cm 크기의 직사각형을 다섯 칸씩 여덟 줄 그려서 만든다. 한 학급 28명 기준으로 4인 1모둠을 전제한 것이므로 학생 수에 따라 크기를 조절하여 제작한다.

	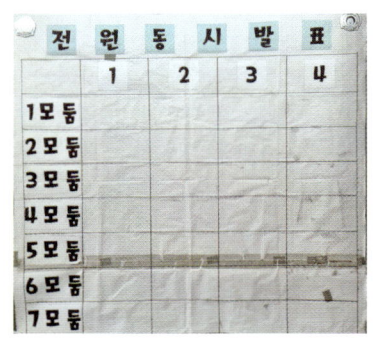
발표칩(뒷면에 고무 자석 부착)	전원 동시 발표판

2단계

그림책을 읽기 전에 시위 현장을 홀로 청소한 흑인 소년 이야기를 뉴스 영상으로 시청한다. 이어서 '영웅' 글자를 가린 그림책 표지를 제시하고 제목이 무엇인지 예상하게 한다. 아이들은 책 표지를 살펴 보면서 '희망을 찾습니다' '왕관을 찾습니다' '왕을 찾습니다' 등 자신의 생각을 다

영상 링크

양하게 제시한다. 어미에 '-을'이 제시되어 있는데도 '자유를 찾습니다'나 '용기를 찾습니다'처럼 '-를' 어기를 사용해서 발표하는 학생도 있지만, 교사는 학생들이 발표한 내용을 칠판에 다 기록하여 자신의 의견이 존중받고 있다는 느낌이 들도록 한다. 그림책을 읽을 때 '영웅' 부분을 학생 전체가 읽도록 하면 훨씬 역동적이다. 주먹을 쥐고 한쪽 팔을 올렸다 내리면서 함께 '영웅–' 하고 읽다 보면, 광장에서 군중이 외치는 함성이 그대로 전해지는 것 같다. 교사와 학생이 주고받으며 읽기 때문에 이야기에 몰입하기도 훨씬 용이하다.

3단계

이제 각자 주변에서 자신의 영웅을 발견해 보도록 안내한다. 학생들이 수업에서 공부한 앎이 일상과 연계될 때 비로소 진정한 배움이 일어나기 때문이다. 실제 자신의 생활 공간에서 감동이나 감사를 느낀 때가 언제인지 생각하고, 주변 인물 중에서 자신의 영웅을 찾아 발표칸에 쓴다. 그런 뒤 전원 동시 발표판에 제시한다. 이때 활동을 어려워하는 학생들은 먼저 활동을 끝낸 친구들의 내용에 자기 생각을 연계하여 써 볼 수 있다. 친구가 정리한 내용이 배움이 느린 아이의 생각을 촉진하는 디딤돌 역할을 하는 것이다.

전원 동시 발표판은 누가 참여하고 불참했는지 시각적으로 확인할 수 있어 효율성이 높다. 예컨대 이어지는 발표판 사진에서 4모둠의 4번 칸이 비어 있는 것은 해당 학생이 아직 참여하지 않았다는 표시이다.

　모두 참여가 끝났다면 어깨짝과 함께 각자의 영웅이 누구인지 이야기를 나눈다. 한 학생은 어렸을 때 엄마가 읽어 주었던 시가 감동적이었다는 이유로 윤동주 시인을 꼽았고, 또 다른 학생은 사람은 모두 실수하면서 성장한다고 격려해 주었던 선생님을 꼽았다. 이처럼 자신의 의견을 제시할 때 이유나 근거를 덧붙여 말하면 사고의 폭을 확장하고 생각을 합리적으로 전개하는 데 도움이 된다. 이후 더 듣고 싶거나 궁금한 내용이 있으면 해당 친구에게 질문하고 답변을 듣는다.

50. 사진전 열기

사진 찍기는 초등 미술에서 중요하게 다루는 활동 중 하나이다. 그림의 일부를 오려 다양한 풍경에 비추고 전체 형태를 사진으로 남기는 샤메크 블루위 기법이나 사진을 이용한 콜라주 기법을 활용하면 색다르고 재미난 작품을 만들 수 있다. 나아가 그림책의 다양한 주제나 키워드를 찾아 사진을 찍고 전시회를 열어 봄으로써 미술 교과에 있는 다양한 기법 및 도구, 매체 활용을 통합적으로 적용할 수 있을 것이다.

> **어떤 그림책이 좋을까?**
> - 아이들이 손쉽게 찍을 수 있는 소재인 일상적 사물이나 자연물이 두드러지는 그림책
> - 『하늘 조각』은 우리가 흔히 생각하는 평평하고 넓은 하늘을 다양한 조각으로 잘라 보여준다. 아이들이 저마다의 렌즈로 피사체를 바라보는 데에 상상력을 불어넣어 다채로운 사진 작품을 길어 올릴 수 있게 하는 책이다.

●● 함께 읽을 책

『하늘 조각』

이순옥 글 · 그림, 길벗어린이, 2021

하늘은 정말 하늘에만 있는 것일까? 이 책은 르네 마그리트의 그림 〈잘못된 거울〉을 오마주해, 바쁜 일상을 보내는 사람들에게 하늘을 들여다볼 기회를 준다. 작가는 물, 거울, 친구의 눈 속에 담긴 하늘 조각을 발견함으로써 배경에 거무르던 하늘에 새로운 의미를 부여한다.

•• 활동 안내

1. 그림책을 함께 읽고 장면들을 자세히 관찰한다. 특히, 하늘 조각이 어디에 있는지 유의하며 살펴본다. 하늘 조각을 찾아 사진 찍기 활동을 한 뒤 인쇄한다. 학급 홈페이지나 패들렛에 업로드해도 좋다.
2. 사진을 넣을 종이 액자를 만든다.
3. 액자에 넣은 사진에 제목과 작가명을 적어 사진 전시회를 연다.

1단계

그림책을 읽으며 하늘 조각을 자세히 살펴본다. 주로 그림(하늘 조각)으로 이야기하는 책이기 때문에 매 장면 어디에서 발견한 하늘일지를 생각하면서 읽는다.

이야기를 나눈 후 촬영을 위해 밖으로 나선다. 수업 시간에만 촬영한 결과물로 활동을 진행하기보다 일주일 정도 시간을 두고 다양한 사진을 찍게 하면 도움이 된다.

찍은 사진 중 한 장을 선택한다. 학생 수를 고려해 한 사람당 한 작품만 출품하도록 하고, 학생들의 동의를 구해 몇 작품을 더 선정하여도 좋다. 선정한 작품을 컬러로 프린트하거나 인화지에 인쇄해 사진의 느낌을 살린다. 학급 홈페이지나 패들렛에 업로드하면 의미 있는 아카이빙이 된다.

2단계

사진 전시회를 진행할 예정이기 때문에 액자가 필요하다. 이번 활동에서는 색A4용지로 간단히 종이 액자 만드는 법을 소개한다. 먼저, 원하는 색을 선택한 후 용지 각 모서리에 1cm 간격으로 네 줄을 긋는다. 네 개의 꼭짓점에 만들어진 정사각형을 잘라낸 뒤, 모서리를 접은 부분을 사각 원통 모양으로 세우기 위해 겹치는 부분을 잘라내고 풀칠한다. 1cm 줄을 접어 올려 붙인 후에는 가운데 부분에 사진을 끼우고, 액자로 사용한다.

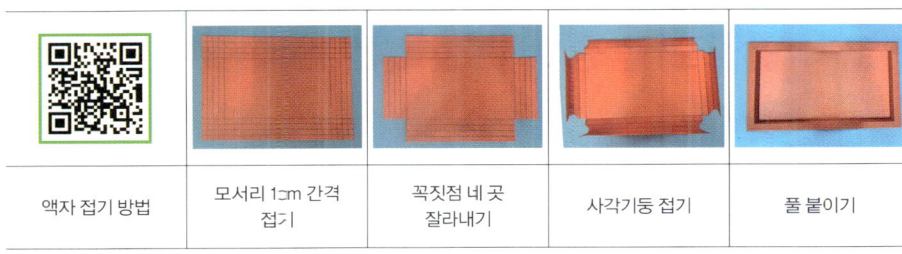

| 액자 접기 방법 | 모서리 1cm 간격 접기 | 꼭짓점 네 곳 잘라내기 | 사각기둥 접기 | 풀 붙이기 |

3단계

액자를 다 만들었다면 사진을 출력해 넣는다. 찍은 시간과 장소, 사진에 담은 의미, 작품에서 마음에 드는 점을 발표한 뒤 제목을 붙여서 전시하도록 한다. 학급 전시도 좋지만 복도나 도서관 앞을 활용하는 것도 가능하다.

사진 작품 전시하기

전시회를 위한 사진전이므로 학급 도슨트를 지정하는 것도 좋은 방법이다. 점심시간을 이용해 학생들이 돌아가며 사진을 설명해 준다면 더 의미 있는 활동이 된다.

사진전 열기 활동은 주제가 있는 그림책을 다룰 경우에도 적용할 수 있다. 예를 들어 꽃에 관한 그림책을 읽고 주변에서 볼 수 있는 꽃 사진전을 한다든가, 환경에 관한 그림책을 읽고 환경 관련 사진전을 열 수도 있다. 다양한 곳에 활용도가 높을 뿐만 아니라 학생들이 특히 보람을 느끼는 독후 활동이다.

51. 주인공의 감정에 어울리는 음악 찾기

그림책을 읽고 내용을 회상하는 과정에서 아이들은 특정 부분을 음악적 상상력으로 재구성할 수 있다. 주인공의 감정에 어울리는 음악을 찾는 활동을 통해 인물의 감정선에 따른 이야기의 분위기를 파악하고 그림책 장면에 관한 상상력을 넓혀 보자.

> **어떤 그림책이 좋을까?**
> - 여러 상황에서 인물이 각자 어떤 입장인지 뚜렷하게 그려지는 이야기
> - 각 캐릭터가 어떤 기분을 느끼는지 직관적으로 드러나면 아이들이 인물의 감정선을 파악하기 용이하다.
> - 기쁘다, 슬프다, 외롭다, 즐겁다 등 감정 관련 단어가 풍부하게 등장하는 그림책
> - 독자인 아동과 같은 문화 배경을 공유하고 있는 이야기가 공감을 더 쉽게 불러일으킨다. 가족, 학교생활, 친구 관계 등 어린이의 일상과 가깝게 닿아 있는 소재를 찾는 일도 중요하다.

●● 함께 읽을 책

『완벽한 아이 팔아요』

미카엘 에스코피에 글, 마티외 모데 그림, 박선주 옮김, 길벗스쿨, 2017

아이를 사기 위해 대형마트를 찾은 뒤프레 부부. 그들은 완벽한 아이 '바티스트'를 구매하며 완벽한 가족을 이루는 듯하지만 이내 바티스트가 불만을 터뜨리며 문제가 생겨난다. 완벽한 자녀는 어떤 자녀일까? 완벽한 부모는 또 어떤 부모일까? 이 책은 세상 그 누구도 완벽하지 않으며, 있는 그대로 서로를 사랑하는 것이 중요하다는 당연한 사실을 일깨워 준다.

●● 활동 안내

1. 사전활동 후 그림책을 함께 읽으며 인상 깊었던 장면, 대사, 주인공의 감정에 관해 이야기 나눈다.
2. 유튜브 화면을 통해 플레이리스트의 개념과 조건을 안내한 뒤 어떤 장면에 어울리는 플레이리스트를 만들지 정한다.
3. 조건에 맞는 음악과 가사를 고른다. 플레이리스트의 표지도 그려 본다.

1단계

사전활동으로 '완벽한 부모를 찾아라' 활동지를 채워 본다. 활동지를 통해 '완벽한' 부모는 어떤 모습인지, 완벽한 부모가 되려면 어떤 능력을 갖춰야 하는지 아이들이 생각해 보게 한다.

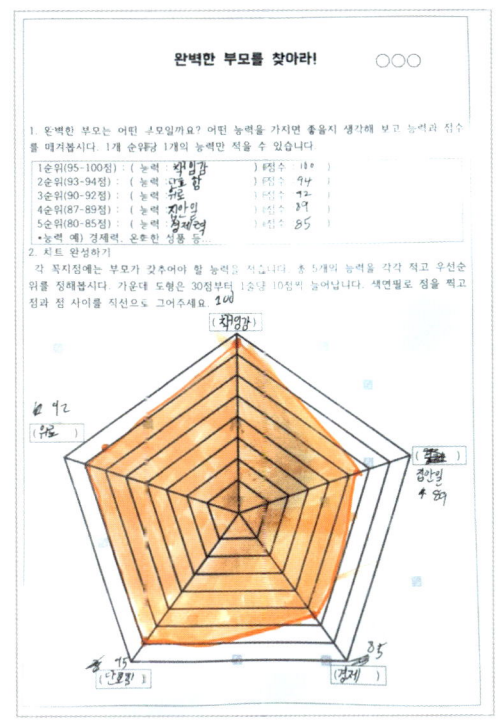

먼저 초능력, 마법 등 비현실적인 내용이 아닌 현실 세계에서 키울 수 있는 능력을 다섯 개 적는다. 각 능력은 무조건 우선순위에 따라 순서가 정해져야 한다. 그리고 해당 능력에 맞는 부모님의 점수를 매겨 보도록 한다. 우리 부모님은 어떤 능력 점수가 더 높은지 점수에 맞게 점을 찍고 다섯 능력에 찍은 점을 연결하여 차트를 완성한다.

사전활동이 끝나면 '완벽한 사람'은 어떤 사람일지 생각해 보라는 안내와 함께 『완벽한 아이 팔아요』를 읽는다. 이때 바티스트가 처한 상황이나, 바티스트의 감정을 짚어 주며 낭독한다. "바티스트가 한밤중까지 학교에서 아빠를 기다릴 때는 어떤 감정이었을까?" "바티스트가 화를 낼 때, 바티스트와 부모님은 각각 어떤 마음이었을까?" 등 다양한 질문을 던지며 읽고 멈추기를 반복한다. 책을 읽은 후에는 바티스트가 가장 속상했을 것 같은 장면이나 독자 입장에서 각자 인상 깊었던 장면이 어떤 부분이었는지 이야기 나눈다.

2단계

주인공의 감정에 어울리는 플레이리스트 만들기 활동을 안내한다. 먼저 플레이리스트가 무엇인지 유튜브 영상을 통해 알려 준다. '우울할 때 플레이리스트' '기분 좋을 때 플레이리스트' 등을 보여 주면 직관적으로 설명하기 좋다.

설명을 마쳤다면 어떤 장면으로 플레이리스트를 만들고 싶은지 생각해 본다. 1) 듣는 대상이 있어야 하고 2) 플레이리스트를 재생할 때의 상황이나 감정을 정해야 하고 3) 최소 다섯 곡 이상이 포함되어야 한다는 조건을 안내하면 학생들이 손쉽게 만들 수 있다.

학생들과 '플레이리스트를 틀고 싶은 그림책 속 한 장면'을 먼저 고른 뒤에는 내가 만약 바티스트였다면 어떤 상황에서 어떤 기분이 들었을지 생각해 보게 한다. 플레이리스트 주제가 인물의 감정과 직접 연결되기 때문이다. 학생들은 주로 바티스트가 억울한 일을 당하는 상황이나 화가 나는 상황을 골랐다.

한편 이번 수업에서는 개인 휴대전화를 사용할 수 있게 했다. 각 곡의 제목과 가사를 명확하게 찾아야 해당 곡이 플레이리스트에 적합한지 판단할 수 있기 때문이다. 교사는 플레이리스트 작성하는 도중에 학생들이 검색에만 몰두하지는 않는지, 휴대전화로 정보 검색하는 방법이 서툰 학생은 없는지, 진행 상황을 수시로 확인하여 개별적인 도움을 줄 수 있도록 한다.

3단계

어떤 장면을 놓고 플레이리스트를 만들지 정하고 나면, 해당 상황이나 감정에 맞는 주인공을 위한 음악 다섯 곡을 고른다. 이때 음악의 제목이나 가사 내용을 참고해서 작성하게 한다. 예를 들어, '바티스트의 슬픔을 위로하는 플레이리스트'라면 슬플 때

들으면 좋은 음악으로 리스트를 만든다. 작성을 마치면 활동지의 상단 좌측 칸에 플레이리스트 표지를 그리고 우측 칸에 곡들의 제목을 순서에 맞춰 적는다. 마지막으로 선곡 리스트 중 한 개를 골라 그 가사를 적도록 하면 플레이리스트가 완성된다.

바티스트의 부모님이 다시 바티스트를 마트로 데려갔던 상황

플레이리스트 제목
〈생각할 시간이 필요해〉

볼빨간사춘기 「여행」
윤하 「Parade」
효린, 창모 「Blue Moon」
저스틴 비버 「Sorry」
볼빨간사춘기 「Seoul」

부모님의 실수로 한밤중에 데리러 오셨지만 화를 내지 못하는 상황

플레이리스트 제목
〈화내도 괜찮아〉

아이즈원 「라비앙로즈」
아이즈원 「Fiesta」
아이즈원 「Secret Story of the Swan」
아이즈원 「Panorama」
아이즈원 「비올레타」

바티스트가 부모님에게 화를 내는 상황

플레이리스트 제목
〈완벽함과 이별하자〉

저스틴 비버 「Stay」
셀레나 고메즈 「Lose You To Love Me」
셀레나 고메즈 「Look At Her Now」
블랙핑크 「Lovesick Girls」
테일러스위프트 「Blank Space」

52. 카드를 활용한 공감 놀이 활동

그림책을 통해 인물의 감정을 들여다보는 활동은 타인의 감정을 이해하고 자기 감정까지 돌아볼 수 있게 해 준다. 이때 딕싯 카드와 그로그 카드를 활용하면 그 안에 담긴 감정과 욕구에 관련된 표현을 살피며 놀이하듯 참여할 수 있다. 딕싯 카드의 그림은 여러 측면으로 해석이 가능하기 때문에 그림 관찰을 통한 이야기 만들기 활동에 적절하며 그로그 카드는 느낌 카드와 욕구 카드로 나뉘어 있어 필요에 따라 구분해서 사용 가능하다.

> **어떤 그림책이 좋을까?**
> - 서사의 기승전결보다 감정의 결을 세세하게 표현하는 데 초점을 맞춘 이야기.
> - 아이와 어른의 입장을 모두 이해하며 서로의 마음에 난 상처를 어떻게 보듬을 수 있는지 이야기할 수 있는 그림책.
> - 이 활동을 위해 선택한 『고함쟁이 엄마』는 엄마가 큰소리를 냈을 때 아이가 어떻게 반응하는지 직관적으로, 하지만 재치 있게 보여 준다.

●● 함께 읽을 책

『고함쟁이 엄마』
유타 바우어 글·그림, 이현정 옮김, 비룡소, 2005

엄마 펭귄이 내지른 고함으로 아기 펭귄의 온몸이 산산조각 나 세계 각지로 흩어진다. 둘의 관계를 회복할 수 있는 방법은 무엇일까? 이 그림책은 상처를 피하지 않고 마주하려는 용기, 에두르지 않고 간결하게 마음을 전달하는 것이야말로 진정한 해결책임을 생각하게 한다.

●● 활동 안내

1. 4인 1모둠으로 구성하고 딕싯 카드를 펼쳐 놓는다.
2. 딕싯 카드 더미에서 세 장을 뽑아 나온 그림을 활용, 이야기꾼 역할을 하는 학생은 엄마 펭귄이 고함을 지르게 된 사연을 이야기로 만든다.
3. 다른 학생들은 그로그 카드를 활용해서 주인공의 감정을 찾아본다. 가장 적절하다고 생각하는 감정을 이유와 함께 이야기꾼에게 제시하고, 이야기꾼은 주인공의 감정과 가장 일치하는 감정 카드를 뽑는다.
4. 앞에서 뽑은 감정 카드와 연결되는 욕구 카드를 찾는다. 학생들은 해당 감정과 가장 관련 있다고 생각하는 욕구 관련 표현을 찾아 이야기꾼에게 제시하고, 이야기꾼은 가장 적합하다고 생각하는 욕구 카드를 선택한다.
5. 추가 활동으로 그로그 카드를 활용해 감정 놀이 활동을 진행한다.

1단계

『고함쟁이 엄마』를 함께 읽은 후 4인 1모둠을 구성하고 모둠별로 책상 위에 딕싯 카드를 펼쳐 놓는다. 먼저 학생들이 모둠 활동의 어색함을 깨고 카드에 익숙해질 수 있도록 놀이를 진행하면 좋다. 놀이는 딕싯 카드에 적혀 있는 방법을 택하거나 모둠끼리 주제 없이 그림에 따른 이야기 이어 말하기 활동을 해도 좋다.

2단계

책상에 딕싯 카드를 그림이 보이도록 펼쳐 놓은 뒤 펭귄 엄마가 소리를 지르게 된 이유와 아기 펭귄의 마음을 짐작해 본다. 두 명은 엄마 펭귄의 입장, 다른 두 명은 아기 펭귄의 입장으로 이야기를 만든다. 이야기를 만들 딕싯 카드 세 장을 각자 선택한 후 한 명씩 이야기꾼이 되어 카드 그림과 어울리는 이야기를 한다.

엄마 펭귄은 집에 가서 청소, 요리 등 해야 할 집안일이 너무 많아요.	하지만 아기 펭귄은 신나는 곳에서 더 놀다 가고 싶었던 거예요.	엄마 펭귄, 아기 펭귄 둘 다 자기 생각만 하다 엄마 펭귄이 소리를 질렀어요.

3단계

이야기꾼의 발표가 끝나면 이야기를 들은 학생들은 엄마 펭귄과 아이 펭귄의 감정을 그로그 감정 카드에서 찾는다. 한 명씩 이야기꾼에게 감정 카드를 보여 주면서 왜 이 감정 카드를 선택하였는지 설명한다. 모든 학생이 감정 카드를 제시하면 이야기꾼은 자신이 이야기한 엄마 펭귄의 감정과 가장 가까운 카드를 선택한다. 비슷한 카드가 없다면 엄마 펭귄의 감정에 해당하는 감정 카드를 보여 주며 왜 그런지 설명한다. 학생들은 엄마 펭귄의 감정을 표현하는 그로그 카드로 '질린' '지겨운' '속상한' '마음이 아픈' '지친' '피곤한' '힘든' 등을 골랐다. 이야기꾼은 그중 '지친' '피곤한' '힘든'을 엄마 펭귄의 감정과 가장 잘 일치하는 카드로 뽑았다.

4단계

흔히 감정은 욕구가 채워지지 않아서 생기는 마음의 표현이라고 한다. 감정 카드 찾기 활동이 끝나면 이야기꾼이 제시한 감정과 어떤 욕구가 연결되어 있는지 그로그 카드에서 찾아본다. 각자 선택한 욕구 카드를 이야기꾼의 감정 카드 위에 올려놓으면서 카드 선택의 이유를 설명한다. 이야기꾼은 모둠원의 이야기를 경청한 뒤 자신이 생각한 점을 가장 잘 이해한 욕구 카드를 선택하고 그 이유를 설명한다. 아이들은 엄마 펭귄이 지치고 고단한 감정을 느꼈던 이유로 '혼자만의 시간' '이해받고 싶은 마음' '휴식과 잠'이라는 욕구가 충족되지 않았다고 이야기했다. 이야기꾼이 자기

의도에 가장 잘 들어맞는다고 생각한 욕구 카드는 '이해'였다.

나머지 모둠원 두 명은 같은 방법으로 아기 펭귄 이야기를 진행한다. 모둠원 모두 활동이 끝나면 공감 향상 활동에 관한 소감을 쓰게 하고, 공감을 위해서 필요하다고 생각하는 것이 무엇인지 작성하게 하여 활동을 마무리한다.

5단계

활동 마무리 후 추가로 그로그 카드를 활용해 감정 놀이 활동을 진행하면 좋다. 감정 카드를 모두 섞고 나서 글자가 보이지 않도록 뒤집어 놓는다. 모둠원 순번을 정한 뒤 이야기꾼이 되는 학생이 카드 더미 제일 위에 올려져 있는 카드를 가져간다. 카드는 보고 고를 수도, 마음에 안 드는 단어가 나왔다고 해서 패스할 수도 없다. 카드를 가져간 학생은 카드에 적힌 감정 관련 단어를 보고 관련된 상황을 설명하거나 자신의 경험을 말한다. 다른 모둠원들은 그 감정이 무엇인지 맞힌다. 감정을 정확하게 맞힌 학생이 감정 카드를 가져가고, 카드를 가장 많이 보유한 학생이 이기는 식이다.

그로그 카드는 비슷한 감정의 결이지만 미묘하게 다른 표현들로 이루어져 있어서 상세한 상황을 말하지 않으면 학생들이 맞히기 어렵다. 구성원들의 반응이나 활동 시간을 보고 정답 기회를 3~5번 사이로 조절할 수 있다. 오랫동안 맞히지 못할 경우 보기로 감정 카드 목록을 제시하거나 정답을 공개하고 다음 차례로 넘어간다.

53. 등장인물 대사 상상하기

그림으로만 이루어진 그림책을 만나면 이야기의 맥락을 상상하며 책을 읽는 재미가 있다. 이 활동은 글 없는 그림책을 읽고 난 뒤 학생들이 글 작가가 되어 등장인물의 대사를 상상해 보는 활동이다. 각자 인상 깊은 장면을 골라 대사를 써넣은 후 이를 한데 모아 우리 반 그림책으로 새롭게 엮어 볼 수 있다.

> **어떤 그림책이 좋을까?**
> - 이야기를 세세하게 묘사한 그림이 돋보이고 캐릭터의 표정 변화가 뚜렷한 그림책, 구도나 색채 등 여러 장치를 활용해 이야기의 강약을 조절하는 그림이 펼쳐지는 그림책.
> - 『흰둥이』는 그림만으로 사건이 전개된다. 세밀한 연필 묘사로 이야기가 진행되다 서사의 끝자락에서 색채 대비가 이루어지며 주인공의 전후 마음을 강렬하게 보여 준다.

●● 함께 읽을 책

『흰둥이』

궈나이원 기획, 저우젠신 글·그림, 북극곰, 2018

할아버지는 꿈속에서 소년으로 돌아가 어린 시절을 함께 보낸 흰둥이와 좋은 시간을 보내게 된다. 하지만 함께하는 시간은 짧기만 하고, 꿈속에서 소년은 죽은 흰둥이를 안고 슬픔의 눈물을 흘린다. 슬픔을 극복하고 다시 삶을 살아내는 우리 모두를 생각하게 하는 이야기이다.

•• 활동 안내

1. 『흰둥이』를 함께 읽고 각자 마음에 드는 장면을 뽑은 후 그 이유를 발표한다.
2. 마음에 드는 장면을 A4 도화지에 똑같이 따라 그린다.
3. 따라 그린 장면 위에 등장인물의 대사를 상상하여 써넣는다.
4. 칠판에 붙여 전시한 뒤, 친구들의 작품을 감상한다.

1단계

먼저 학생들과 『흰둥이』를 함께 읽는다. 글 없는 그림책이므로 교사가 질문하고 학생들이 답하는 내용을 모아 줄거리의 토대를 만들어 읽어 나간다. "이 그림책의 시간적 배경은 언제일까요?" "할아버지의 표정은 어떠한가요?" "그림의 색감이 어떤가요?" "여기서 할아버지는 무슨 말이 하고 싶을까요?" "할아버지의 마음은 어떨까요?"에 관한 학생들의 답을 이어 이야기를 쌓아 간다.

그림책을 읽은 후에는 학생들과 가장 마음에 남는 장면이 무엇인지 이야기 나눈다. 장면을 골랐으면 그 이유도 함께 발표하도록 한다. 대부분의 학생들이 흰둥이가 할아버지와 함께 등장하는 장면을 공통적으로 손꼽았다. 발표를 하며 각자 마음에 남는 장면을 생각했다면 자신이 뽑은 장면을 직접 따라 그려 보도록 한다.

장면	그 장면을 꼽은 이유
할아버지가 꿈에서 흰둥이를 다시 만나게 된 장면	얼마나 강다지가 그리웠으면 꿈에 나왔을지 할아버지의 감정에 공감됐기 때문이다.
흰둥이를 보내고 검둥이를 다시 만나 새로운 삶을 꿈꾸는 장면	흰둥이가 죽었을 때 할아버지가 많이 슬펐을 텐데 새로운 강다지를 만나 여전처럼 다시 행복해졌으면 좋겠다.
검둥이와 나란히 앉아 아름다운 풍경을 바라보는 장면	그림책의 마지막 장면인데 해피엔딩인 듯하여 마음에 든다.

그 외 활동

| 흰둥이가 사고로 죽는 장면 | 우리 집 강아지가 죽으면 나도 할아버지처럼 많이 슬플 것이다. |

학생들이 선택한 장면과 그 이유

2단계

마음에 드는 장면을 따라 그려 본다. 인물의 표정을 자세히 살피고 시공간적 배경을 유심히 보는 과정은 그림책의 대사를 써넣는 데 도움이 된다. 이러한 활동은 자칫 놓치고 지나가기 쉬운 그림책의 구석구석을 찬찬히 살펴볼 수 있는 기회를 제공한다. 마음에 드는 장면을 선택해 따라 그렸다면 이번엔 그 장면에 어울리는 대사를 써 본다.

3단계

대사를 직접 지어 보는 과정에서 아이들은 책을 읽기만 했을 때보다 등장인물의 표정과 감정 변화에 훨씬 더 집중한다. 또한 간접적으로나마 글 작가 체험을 하며 상상력을 풍부하게 기를 수 있게 된다.

대사를 쓰는 과정

1. 인물의 표정을 살피고 표정에 따른 인물의 감정을 떠올린다.
2. 내가 그 인물이라면 어떤 말과 생각을 할 것 같은지 생각해 대사를 장면에 써넣는다.
3. 인물이 없는 페이지라면 시·공간적 배경을 살펴 어울리는 지시문을 써넣는다.

4단계

학생들 작품을 한데 모아 감상한 뒤 포스트잇에 감상평을 적어 작품 옆에 붙여 둔다. 감상을 적을 때에는 부정적인 말이나 비난보다 친구를 북돋을 수 있는 말, 칭찬을 주로 하도록 안내한다.

학생 작품 예시

54. 등장인물과 닮은 점 다른 점 찾기

아이들은 그림책을 읽는 과정에서 '내가 만약 등장인물이라면 어떻게 했을까?' '그 상황에서 등장인물은 어떤 심정이었을까?' 등 여러 질문에 답을 하고 자신을 들여다본다. 등장인물과 나는 어떤 점이 같고 다른지 확인하며 다양한 상상을 펼치는 것이다. '나는 누구인가?'라는 질문에 직접적으로 대답하기 어렵다면 이 활동을 통해 자신을 알아 가는 시간을 만들어 보자.

> **어떤 그림책이 좋을까?**
> - 캐릭터들의 차이점이 두드러지는 그림책이 좋다.
> - 『시소』를 선택한 이유는 반전되는 상황 속에서 두 인물의 다른 점을 명확하게 찾을 수 있기 때문이다. 독자들과 등장인물들의 연령대가 비슷하고 누구나 경험했을 만한 일상적인 이야기를 하고 있어 아이들이 흥미를 느끼는 그림책이기도 하다.

●● 함께 읽을 책

『시소』

고정순 글·그림, 길벗어린이, 2020

한 아이가 놀이터에 온다. 시소를 타고 싶어 여러 방법을 강구하지만 혼자서는 탈 수 없다. 외로움에 지쳐 갈 때쯤 다른 아이가 시소를 함께 타자고 먼저 손 내민다. 타인과 호흡을 맞춘다는 것, 그리고 우리 인생도 시소가 오르락내리락하듯 여러 희로애락이 함께한다는 것을 생각하게 한다.

●● 활동 안내

1. 모둠별로 대화를 통해 인물의 말과 행동, 성격을 분석한다.
2. 등장인물과 자신의 닮은 점, 다른 점을 활동지에 정리한다.
3. 모둠별 발표를 통해 같은 인물도 다르게 해석할 수 있음을 생각해 본다.

1단계

'등장인물과 닮은 점 다른 점 찾기'는 자신을 들여다보기 위한 활동이라 개인별로 하지만 어린아이들의 경우 캐릭터의 성격이나 행동 이유 등을 파악하기 어려워한다. 이럴 때에는 모둠별로 인물을 분석해 보면 좋다.

> 학생 1: 남자아이는 소심한 것 같아.
> 학생 2: 왜 그렇게 생각해?
> 학생 1: 놀 친구가 없어서 혼자 놀이터에 간 것 같아.
> 학생 3: 여자아이를 봤을 때 남자아이가 먼저 말을 걸지 못하기도 했잖아.
> 학생 1: 그럼 여자아이는 어때?
> 학생 2: 여자아이는 노란색 운동복 같은 걸 입고 있고 양갈래 머리를 하고 있어. 이 모습이 마치 액션 영화의 주인공 같아.
> 학생 3: 시소 탈 때도 주도적으로 행동하는 걸 봐서는 외향적이고 리더십이 강한 아이 같아.

2단계

주인공들을 파악할 수 있는 다양한 요소에 관해 이야기를 나눈 후 각자 닮은 점 다른 점을 찾는다. '더블 버블형 비주얼 씽킹'*을 활용하면 시각적으로 공통점과 차이점이 잘 드러나기 때문에 등장인물과 자신을 비교하기 좋다.

---

*『비주얼 씽킹 수업』(우치갑, 디자인펌킨, 2015) | 82~83쪽

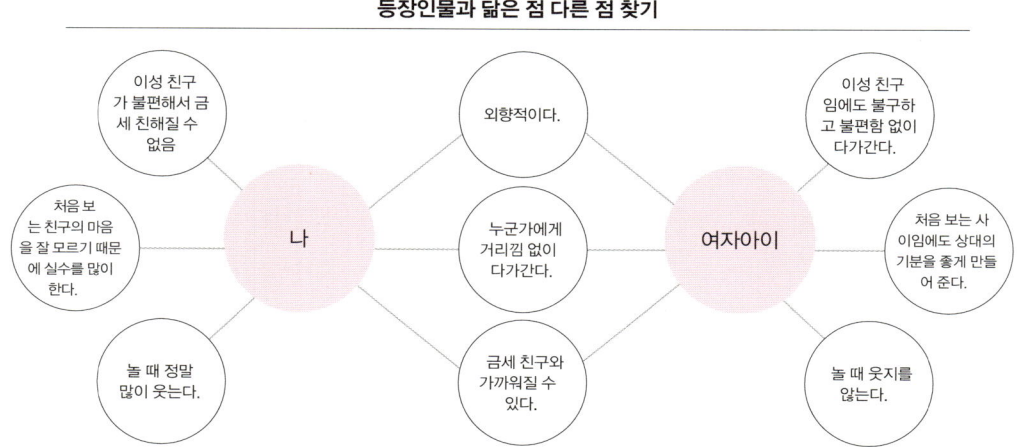

더블 버블형 비주얼 씽킹 활동지 예시. '나'와 인물 사이를 공통점 세 개로 연결하고 바깥쪽에는 다른 점을 적어 놓았다.

3단계

더블 비주얼 씽킹 활동지를 채우고 나면 모둠별로 발표를 해 본다. 한 모둠에서는 남자아이가 혼자 있는 걸 좋아한다고 파악했다면 다른 모둠에서는 혼자 있을 때 외로움을 느끼는 아이로 파악하기도 한다. 그러면 잠시 발표를 멈추고 '남자아이는 혼자 있는 것을 좋아할까?'라는 질문에 관해 의견을 나눈다.

닮은 점과 다른 점을 찾고 나서 마무리해도 되지만 나와 다른 등장인물에게서 가장 본받고 싶은 점을 적어 보게 해도 좋다.

시간 여유가 많다면 닮은 점과 다른 점을 찾기 전에 먼저 등장인물 간 닮은 점, 다른 점을 찾아봐도 좋다. 『시소』에서는 남자아이와 여자아이 캐릭터를 보다 더 자세하게 분석하는 과정이 필요할 것이다. 각 모둠별 분석 결과를 공유하면 등장인물의 성격을 엉뚱하게 파악하는 것을 방지하고 등장인물과 자신을 쉽게 비교할 수 있다.

55. 등장인물 별명 짓기

인물을 더 깊이 알고 싶을 때, 등장인물에게 어울리는 별명을 만들면 그 인물의 성격이나 특징을 파악해 볼 수 있다. 아이들은 같은 인물을 두고 친구들이 서로 다른 별명을 지어 주는 모습을 보며 인물에 관한 평가는 어떤 면에 주목하느냐에 따라 달라질 수 있음을 알게 된다.

> **어떤 그림책이 좋을까?**
> - 한 등장인물에게서 여러 특성을 발견할 수 있는 이야기가 좋다. 캐릭터가 입체적일수록 별명도 다양하게 나올 수 있기 때문이다.
> - 『헤엄이』는 처음 번역될 당시 제목이 '으뜸 헤엄이'였다. 책이 개정되며 주인공을 수식하는 부분이 바뀌었듯, 아이들도 헤엄이 캐릭터를 다채롭게 해석할 수 있을 것이다.

●● 함께 읽을 책

『헤엄이』

레오 리오니 글·그림, 김난령 옮김, 시공주니어, 2019

고무 스탬프와 물감을 이용한 '찍기' 기법으로 독특한 분위기를 자아내는 그림책. 빨간 물고기들 틈에서 살아가는 까만 물고기 이야기를 그렸다. 까만 물고기는 무리에서 헤엄을 가장 잘 쳐서 '헤엄이'라는 이름으로 불린다. 어느 날 빨간 물고기들이 큰 물고기에게 잡아먹히고, 헤엄이는 바닷속을 돌아다니다 또 다른 무리의 빨간 물고기들을 만난다. 수많은 어려움을  극복하고 힘을 합쳐 살아가는 헤엄이의 모습을 통해 아이들은 남과 다른 모습일지라도 공동체 안에서 중요한 역할을 할 수 있음을 깨닫게 된다.

•• 활동 안내

1. 『헤엄이』를 함께 읽고 등장하는 캐릭터들을 칠판에 적어 본다.
2. 다시 책 속으로 돌아가 속표지에 있는 헌사를 읽고 별명 짓기 활동이 작가의 생각과 어떤 연관성이 있는지 이야기한다.
3. 가장 인상 깊은 캐릭터를 고른 후 어울리는 별명을 붙여 준다.
4. 종이에 인물과 인물의 특징, 별명을 써서 칠판에 붙이고 감상한다.
5. 추가 활동으로, 그림책을 여러 권 놓고 등장인물의 별명을 지어 본다.

1단계

그림책을 함께 읽고 등장하는 캐릭터들을 칠판에 적어 본다. 빨간 물고기, 헤엄이, 다랑어, 해파리, 가재, 낯선 물고기, 물풀, 바닷장어, 말미잘 등이다. 모든 캐릭터가 한눈에 들어오면 헤엄이만 이름이 있고 다른 등장인물들은 이름이 없다는 사실을 알 수 있다.

2단계

레오 리오니는 이 책의 속표지에서 '헤엄이'라는 이름을 붙여 준 친구를 위한 헌사를 밝혀 두었다. 작가가 중심 캐릭터의 이름을 얼마나 중요하게 생각했는지, 얼마나 마음에 들어 했는지 알 수 있는 부분이다. 그렇기에 '헤엄이'만큼 멋진 별명을 만들자고 안내하면 학생들은 더욱 적극적으로 별명 짓기 활동에 참여한다.

3단계

『헤엄이』에서 가장 마음에 들거나 인상에 남은 캐릭터를 고른 뒤 그 캐릭터에게 어떤 특징이 있는지 살펴보고 어울리는 별명을 붙여 준다. 이때 최대한 긍정적인 시각으로 캐릭터의 장점을 살리도록 한다. 일상생활에서 친구들의 별명을 붙일 때도 부정적인 면을 부각한 별명은 친구에게 상처를 줄 수 있기 때문이다.

4단계

별명을 붙였다면 내가 고른 캐릭터의 이름을 쓰거나 그림으로 그리고 그 캐릭터의 특징, 지은 별명을 함께 적는다. 다 되면 모든 학생이 볼 수 있도록 칠판이나 게시판에 붙인다.

등장인물	인물의 특징	별명
헤엄이	홍합 껍데기처럼 새까맣다.	가망이
헤엄이	무리에서 헤엄을 가장 잘 친다.	날쌘돌이, 으뜸 헤엄이
헤엄이	커다란 물고기 모양에서 까만 눈이 되었다.	까만 눈동자, 화룡점정
헤엄이	모두 모여서 헤엄을 치자고 제안하였다.	리더, 리오니
해파리	무지갯빛으로 하늘하늘하다.	하늘하늘 무지개 해파리
가재	물지게꾼처럼 집게발을 들고 기어간다.	물지게꾼, 집게 가재
낯선 물고기	보이지 않는 실에 스스로 끌려가는 듯 움직인다.	꼭두각시
물풀	무성하게 자라서 숲을 이룬다.	바다의 수풀
바닷장어	몸이 너무 길어 꼬리가 있다는 걸 깜박깜박 잊어버린다.	너무 길어 꼬리 멀어
말미잘	바람에 흔들거리는 야자나무 같은 분홍 말미잘	바닷속 쿤홍 야자나무

5단계

추가 활동으로 그림책 여러 권을 놓고 별명 짓는 활동도 해 볼 수 있다. 도서관에 가서 좋아하는 그림책을 여러 권 찾은 다음, 각 이야기의 인물에게 어떤 면이 있는지 여러 각도에서 살피고 별명을 짓는다. 별명, 특징과 함께 친구들에게 그림책을 권하는 짧은 글을 쓰면 소개글을 본 친구들은 가장 마음에 드는 그림책을 읽고 감상을 남긴다. 이 과정에서 학생들은 등장인물 중심으로 그림책을 소개할 수도 있음을 알게 될 것이다.

56. 등장인물 상장 만들기

존경할 만한 가치를 지닌 인물을 통해 삶의 태도를 배우기에 적합한 활동이다. 인물의 훌륭한 점이나 칭찬할 점을 생각하면서 책을 깊이 있게 이해하는 데 도움이 되고, 상 이름을 정하는 과정에서 아이들의 창의력과 표현력이 향상된다. 꼭 위대하지 않더라도 모든 사람에게는 칭찬받을 면이 있음을 아이들과 함께 이야기해 보자.

> **어떤 그림책이 좋을까?**
> - '상장 만들기' 활동이라고 하면 위인전을 먼저 떠올리기 쉬운데 위인들의 모습은 아이들 현실과 다소 동떨어져 있어 읽기에 흥미가 떨어질 수 있다.
> - 평범한 사람들의 평범한 일상을 조명하는 그림책.
> - 주인공 캐릭터가 이야기를 이끌어 가는 그림책도 좋지만 다양한 캐릭터들의 모습이 병렬 구성되어 있는 그림책도 좋다.

●● 함께 읽을 책

『쫌 이상한 사람들』

미겔 탕코 글·그림, 정혜경 옮김, 문학동네, 2017

이 책은 자신을 바르게 이해하는 것을 바탕으로 한 자기 존중, 이웃과 작은 존재들을 향한 배려와 사랑을 아이들에게 알려 준다. 아주 작은 것에도 마음을 주는 사람들, 개미를 밟지 않기 위해 노력하는 사람들, 텅 빈 객석을 앞에 두고도 스스로를 위해 연주하는 사람들, 다른 이의 행복을 함께 기뻐하는 사람들……. 세상은 이렇게 기꺼이 이상한 사람이 되려는 이들 덕분에 따뜻해질 수 있는 것 아닐까?

●● 활동 안내

1. 상을 받아 본 경험을 나눈다.
2. 육하원칙을 통해 등장인물이 한 일을 파악한다.
3. 상장을 만들고 시상식을 진행하며 수상 소감을 발표한다.
4. 상 이름을 언급하지 않고 상장을 읽으며 어떤 상인지 유추해 맞힌다.

1단계

책을 읽기 전 상을 받은 경험, 누군가가 상을 받는 모습을 본 경험 등을 나눈다. 학생들은 주로 영화제나 가요 순위 프로그램에서 본 장면을 말하는 경우가 많다. 이때 뉴스 영상이나 기사로 시민상 등을 수상한 우리 주변 이웃들 이야기를 보여 준다.

2단계

그림책을 함께 읽은 후 등장인물이 한 일을 파악할 수 있는 질문을 한다. 육하원칙을 활용하면 보다 다양하고 핵심적인 질문을 던질 수 있다. 답을 찾는 과정에서 인물의 행동을 구체적으로 찾을 수 있기 때문에 상을 받는 이유를 쓸 때 많은 도움이 된다.

등장인물이 한 일을 파악할 수 있는 질문: 『쫌 이상한 사람들』에 적용한 예

Q. 언제, 어디에서 일어난 일인가?(책에 따라 시간과 장소가 드러나지 않을 수 있다.)
Q. 누가 한 일인가?   A. 쫌 이상한 사람들
Q. 그들은 무엇을 하였는가?
A. 개미를 밟지 않으려고 했어요. / 혼자 있는 강아지를 위로해 줬어요. / 자기 편이 졌는데도 상대에게 축하 박수를 보냈어요.
Q. 왜 그렇게 행동하였는가?
A. 작은 존재라도 생명은 소중하니까요. / 다정한 사람이라서요 / 자기 자신이 무엇을 하면 즐거운지 잘 알고 있어서요.
Q. (그들의 행동 덕분에) 어떻게 되었는가?
A. 세상에 '쫌 이상한 사람들'이 있어서 정말 다행이에요.

3단계

상을 줄 사람을 정하고 본격적으로 상장을 만든다. 등장인물이 한 일과 상을 주어야 하는 이유를 구체적으로 쓰고, 인물의 특징이 잘 드러나는 상 이름을 정하도록 안내한다. 교사가 몇 개의 상장 양식을 제공하거나 스마트기기를 활용하여 상장의 다양한 형식을 찾아보게 할 수 있다.

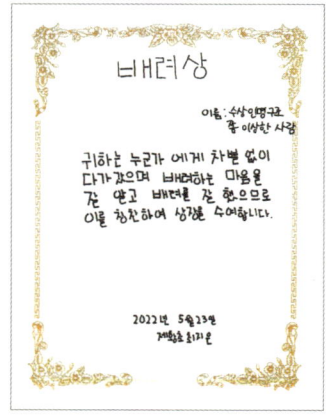

배려상: 귀하는 누군가에게 차별 없이 다가갔으며 배려하는 마음을 잘 알았으므로 이를 칭찬하여 상장을 수여합니다.

꿈 돋보기상: 위 사람은 작은 꿈을 보고도 큰 꿈을 알아채고 꿈을 멋지게 표현하는 실력이 뛰어나기에 이를 칭찬하여 상장을 수여합니다.

상장을 작성했으면 작성자가 '대리 수상자'가 되어 직접 상을 받고 수상 소감을 발표한다. 아이들이 난감해하지 않도록 대리 수상의 개념을 설명하고, 등장인물의 입장에서 수상 소감을 준비해 보도록 안내한다.

4단계

한 명씩 돌아가면서 자신이 만든 상장을 읽어 본다. 이때 상 이름은 언급하지 않고 상을 설명하는 문구나, 상 받는 이유만 듣고 어떤 상인지 유추해 맞힌다. 개인별로 유추할 수도, 모둠별로 상의할 수도 있다. 미술 교과와 연계하여 자신이 지은 상 이름으로 메달, 혹은 트로피를 만들어 봐도 좋다.

57. 픽토그램 만들기

픽토그램(pictogram)은 어떤 장소에서 지켜야 할 규칙을 누구나 쉽게 알아볼 수 있게 표현한 기호 형식의 그림을 의미한다. 함축적 시각언어인 픽토그램을 직접 제작하는 과정에서 아이들은 아이디어 활용 능력, 문제해결 능력, 창의력을 높일 수 있다.

> **어떤 그림책이 좋을까?**
> - 픽토그램이 무엇인지 책을 통해 이해하는 과정이 필요하므로 픽토그램 기법이 사용된 작품이 좋다.
> - 기호나 픽토그램에 관해 다룬 지식그림책도 훌륭한 읽을거리가 될 수 있다. 저학년에게는 픽토그램에 대한 이해를, 중학년 이상 학년에게는 픽토그램 제작에 필요한 아이디어를 주기에 적합하다.
> - 그림책 인물에게 필요한 픽토그램을 제작할 때에는 우리 주위의 작은 불편들을 이야기하는 그림책도 도움이 된다.

●● 함께 읽을 책

『이상한 꾐임에 빠진 앨리스』

김지영 글·그림, 향, 2020

화장실 표지판의 픽토그램인 앨리스는 화살표 토끼를 쫓아가다가 게임 세계에 빠지고, 이상한 나라의 엉터리 규칙을 지켜야 하는 상황에 처하게 된다. 판화 느낌의 그림에 픽토그램이라는 함축적 시각언어를 잘 녹여 내고 있다. 여자 화장실 표지판 속 기호를 등장인물로 발탁해 모험의 주인공으로 삼은 상상력이 놀랍다. 작가는 이상한 나라에 빠진 앨리스를 통해 엉터리 규칙과 올바른 규칙이 무엇인지 생각해 보게 한다.

●● 활동 안내

1. 픽토그램의 정의를 세세하게 설명한 다음 그림책을 함께 읽는다.
2. 지켜야 하는 규칙과 엉터리 규칙은 무엇인지 이야기 나눈다.
3. 다양한 픽토그램의 의미를 살펴본다.
4. 픽토그램을 직접 제작한다. 아이디어 스케치, 윤곽선 그리기, 채색 단계로 마무리하고 각자의 픽토그램이 어떤 의미인지 설명해 본다.

1단계

교사는 그림책을 소개하며 픽토그램의 정의를 알려 준다. 특히 사용하는 언어와 관계없이 어떤 문화권에서 보아도 이해할 수 있어야 한다는 중요한 특징을 강조한다.

그다음 그림책을 함께 읽는다. 다양한 픽토그램이 그려진 뒤표지를 함께 설명하며 읽으면 픽토그램의 개념을 직관적으로 이해하는 데 도움이 된다.

2단계

책 속에서 앨리스가 꼭 지켜야 했던 규칙과 엉터리 규칙은 무엇인지 이야기 나눠 본다. 일상생활 속 규칙을 돌아보며 지키기 어려운 규칙은 없는지, 있다면 어떻게 바꾸면 좋을지 함께 이야기해도 좋다. 이 과정은 학생들이 어떤 내용으로 픽토그램을 그릴지 고를 때 도움이 되는 것은 물론 스스로 생활 속 지침을 정하는 데에도 유용하다.

3단계

그림책에 픽토그램이 많이 나오는 만큼, 픽토그램이 어떻게 사용되었는지 그 예시와 뜻을 추측해 발표해 본다. 음식물 그림에 빨간 사선이 그어져 있으면 취식이 안 된다는 뜻, 자동차 모양이 그려져 있으면 차가 진입할 수 있다는 뜻이다. 올림픽에서 활용된 픽토그램을 보여 주며 맞히기 놀이를 하면 아이들이 더 잘 집중한다. 그런 다음 픽토그램 제작에 관한 영상을 보여 주

픽토그램 제작 영상

고, A4용지를 나눠 준다. 실제 공간에 부착해야 하므로 픽토그램이 잘 보이도록 용지 한 면이 꽉 차게 그려야 한다고 안내한다.

4단계

먼저 아이디어 스케치를 한다. 의미가 전달되어야 함, 제작자의 분명한 의도가 있어야 함, 연필 스케치를 지우고 덧그려야 하므로 너무 진하게 스케치하지 않도록 함 등 다양한 유의 사항을 이야기한다.

픽토그램은 일반적으로 원의 형태를 띠지만 학생들이 A4가 꽉 찰 만큼 큰 원을 그리지 못하는 경우도 있다. 이때는 원형 팔레트를 뒤집어서 대고 그리거나 네모 모양으로 그리는 법을 안내한다.

아이디어 스케치를 마치면 굵은 유성펜으로 윤곽선을 진하게 덧그리고 색연필, 유성펜, 보드마카 등으로 채색한다. 되도록 원색을 쓰고, 색이 겹치지 않도록 3~5가지 정도만 선택하면 좋다. 채색한 부분이 번지지 않도록 주의한다.

완성한 픽토그램을 벽면에 붙여 두고 왜 만들게 되었는지, 어떤 점을 강조해서 표현하고 싶었는지 구체적으로 발표하면 좋다.

	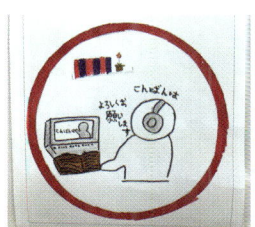	
1. 장소: 학교 2. 목적: 학교에서 핸드폰을 사용하지 말자는 의미 3. 표현: 학교 배경에 핸드폰 금지를 표현	1. 장소: 집 2. 목적: 집안 내 소음 차단을 위해 헤드셋 착용을 권장 3. 표현: 헤드셋을 쓴 사람이 방해받지 않는 모습 표현	1. 장소: 도서관 2. 목적: 도서관에서 물건을 던지는 등 장난 금지 3. 표현: 뛰면서 물건을 던지는 모습 표현

58. 키워드로 내용 요약하기

내용을 요약하는 방법에는 여러 가지가 있다. 글의 구조를 파악하고 활용하여 중심 내용을 정리하는 방법, 중요하지 않은 내용은 지우고 세부 내용은 대표적인 말로 바꾸어 중심 내용을 정리하는 방법 등이다. 여기에서 중요한 내용, 대표적인 말, 반복되는 말 등이 바로 키워드가 된다. 줄거리를 요약할 때 키워드를 먼저 뽑은 다음 순차적으로 내용을 함축해 나가면 학생들이 수월하게 그림책 전체 내용을 요약할 수 있을 것이다.

> **어떤 그림책이 좋을까?**
> - 글이 적지는 않지만 '발단-전개-절정-결말' 구조가 뚜렷해 내용을 비교적 쉽게 파악할 수 있는 책.
> - 『용감한 아이린』은 초등학교 학생들이 부담 없이 읽을 수 있는 분량이며 글에서 중심 내용을 파악하기 용이해 요약하기 연습을 하기 좋다.

●● 함께 읽을 책

『용감한 아이린』

윌리엄 스타이그 글·그림, 김영진 옮김, 비룡소, 2017

눈보라 치는 겨울날, 아이린은 드레스가 든 상자를 들고 어디론가 떠난다. 옷을 만드는 양재사인 엄마가 몸이 좋지 않아 공작부인이 무도회에서 입을 드레스를 갖다줄 수 없기 때문이다. 그런데 드레스를 배달하는 길은 험난하기만 하다. 바람에 드레스가 날아가 버리고, 설상가상으로 발목까지 삐고 만다. 그렇지만 아이린은 포기하지 않고 공작부인의 집으로 향한다. 약속을 지키려는 아이린의 용기가 빛나는 이야기이다.

●● 활동 안내

1. 표지를 충분히 보며 그림책을 읽고 '마음이 통통' 놀이로 키워드를 5~6개 뽑는다.
2. 키워드를 넣은 문장을 5~6개 써서 내용을 요약한다.
3. 요약한 것을 친구와 돌려 보고 내용을 수정한 후 발표한다.

1단계

표지에는 커다란 상자를 들고 눈보라와 맞서는 소녀의 모습이 등장한다. 표지는 앞으로 펼쳐질 이야기의 예고편에 해당하므로 충분한 시간을 들여서 보도록 한다. 본문을 읽을 때에는 교사가 낭독하는 동안 학생들은 그림을 살펴보도록 한다. 글에는 나와 있지 않은 중요한 정보나 재미가 그림 속에 숨어 있을 수 있기 때문이다. 해당 그림책이 모둠별로 한 권 정도씩 준비되어 있으면 좋지만 어려운 상황이라면 글만 옮겨 학생들에게 제공하도록 한다.

그다음에는 이야기의 중요한 키워드를 뽑아 본다. 키워드를 찾을 때는 먼저 개별로 5~6개 정도 찾을 시간을 주고, 어려워하는 학생에게는 글에서 반복해 나온 낱말을 찾아보도록 안내한다. 모둠 또는 반별로 찾은 키워드를 확인하는 시간도 마련한다. 그 과정에서 여러 학생이 중요하다고 생각하는 키워드를 5~6개 추린다.

키워드를 모둠에서, 반에서 공유할 때 '마음이 통통' 놀이를 활용한다. 책에서 찾은 키워드를 나열하고, 같은 키워드를 뽑은 사람 수단큼 키워드에 점수를 매기는 활동이다. 해당 키워드를 뽑은 사람이 많을수록 점수가 높다.

주요 인물이나 중요한 사건을 나타내는 키워드가 빠졌을 때에는 교사가 적절한 발문으로 보충하면 좋다. "엄마와 아이린 외에 주요 인물은 누가 있을까요?" "아이린이 엄마를 대신해서 하려고 한 일은 무엇이었나요?" "어떤 사건이 벌어졌나요?" "이야기는 어떻게 끝이 났나요?" 등을

마음이 통통 (주제어 : 키워드)

번호	단어	점수
1	아이린	3
2	공작부인	3
3	드레스	3
4	눈보라	2
5	배달	2
합계		13

질문한다. 눈, 바람, 눈보라 등 비슷한 키워드가 나오면 하나로 통합해 적는다.

2단계

핵심 키워드 정리가 끝나면 이 키워드를 넣은 문장을 5~6개 써서 내용을 요약한다. 이때 핵심 키워드를 동그라미나 형광펜 등으로 표시할 수 있다. 내용을 요약할 때는 의성어나 의태어, 꾸며 주는 말 등은 생략하여 되도록 짧은 문장으로 간략하게 표현하도록 한다. 학생들이 요약한 것을 살펴보면 핵심 키워드를 제시하면서 각자 인상 깊었던 부분을 더 넣기도 하는데, 이런 부분은 교사가 더욱 격려해 주면 좋다.

> **아이린**의 **엄마**는 **공작부인**의 **드레스**를 완성했지만 아파서 갖다줄 수가 없다. 아이린은 엄마 대신 드레스를 **배달**하기로 한다. 그런데 불어오는 **바람**에 그만 드레스가 날아가 버린다. 게다가 아이린은 발목을 삐고 말았다. 그렇지만 아이린은 포기하지 않고 공작부인의 집에 도착했다. **날아간 드레스가 그 집 앞 나무에 걸려 있었다.** 아이린은 드레스 배달을 성공하고 무사히 **집으로 돌아온다.**

3단계

자신의 요약본을 모둠 안에서 돌려 보고 수정하면서 이야기를 파악하는 능력을 점검한다. 다른 친구는 어떻게 요약했는지 참고하며 자신의 요약본에서 핵심 키워드나 중요한 내용이 빠졌는지 살피는 것이다. 그다음 모둠별로 누구의 요약이 가장 핵심 키워드를 잘 반영하였는지 스티커를 사용하여 평가한다. 가장 스티커를 많이 받은 요약본은 모두에게 읽어 주며 수업을 마무리한다.

만약 그림이 스토리를 주로 이끄는 그림책을 보며 내용을 요약할 경우에는 그림을 읽고 이야기를 나누는 단계에 시간을 많이 들이는 것이 좋다.

59. 감정 단어 컵 피라미드

그림책 인물의 감정 변화에 어울리는 단어 컵을 하나씩 쌓아 올리며 생각과 마음을 이해하는 활동이다. 그림책을 깊이 읽기 위해서는 장면마다 느껴지는 감정이 무엇이며, 어느 순간 어떻게 표현할 수 있는지 생각해 봐야 한다. 이러한 활동은 사실과 내용을 이해하는 인지적 능력과 더불어 인물의 감정에 반응하는 정서적 공감력을 길러 준다. 협동 활동으로 또래와 상호작용하면서 자신뿐만 아니라 타인의 감정을 이해하는 데에도 도움이 될 것이다.

> **어떤 그림책이 좋을까?**
> - 인물을 통해 다양한 감정의 변주를 읽어 낼 수 있는 이야기.
> - 장면 장면에서 어떤 감정이 느껴지는지 직관적으로 표현되어 있다면 아이들이 감정 관련 단어를 빠르게 찾아낼 수 있다.

●● 함께 읽을 책

『가만히 들어주었어』

코리 도어펠드 글·그림, 신혜은 옮김, 북뱅크, 2019

이야기는 테일러가 블록을 만드는 모습을 보여주며 시작한다. 완성한 기쁨도 잠시, 새들이 날아와 테일러의 블록을 무너뜨리고, 동물들은 속상해하는 테일러를 위로해 주려 다양한 방법을 제시한다. 그러나 아무것도 하고 싶지 않은 테일러는 결국 혼자 남게 된다. 과연 어떤 방법이 테일러에게 진정한 위로를 가져다줄 수 있을까?

●● **활동 안내**

1. 교사가 제시한 감정 단어 목록을 보고 모둠원끼리 카드에 적힌 감정에 관해 이야기를 나눈다.
2. 그림책 표지를 보며 내용에 나올 것 같은 감정을 짐작하여 학생 한 명당 감정 네 가지를 선택하고 얼굴 활동지에 감정과 어울리는 표정을 그린다. 그린 후에는 얼굴 윤곽을 따라 모형을 오리고 종이컵에 하나씩 붙여 감정 컵 네 개를 만든다.
3. 그림책을 함께 보며 장면마다 주인공의 감정과 비슷한 감정 단어를 모둠에서 한 개 선택하여 컵을 쌓아 올린다.
4. 그림책 함께 읽기가 끝나고 완성된 감정 단어 피라미드를 보며 이야기의 흐름을 다시 떠올리고 정리, 발표한다.

1단계

교사는 칠판에 감정 카드 목록을 붙인다. 그로그 카드를 사용해도 좋고, 교사가 직접 만들어도 무방하다. 이때 감정 단어는 학생들의 이해 수준에 맞게 구성하며 가짓수도 50여 개 정도로 꾸린다.

학생들은 4인 1모둠으로 모여 카드를 보고 각 감정은 어떤 느낌인지, 언제 해당 표현이 사용되는지 이야기를 나눈다. 감정의 뜻을 설명하는 것보다는 각자 일상에서 느꼈던 사례를 예시로 제시하도록 한다. 예로 '든든한'을 '치과 치료를 받는 동안 엄마가 내 손을 꼭 잡아 줄 때 느끼는 마음이다.'와 같이 실제 경험에 기반해 설명하면 아이들은 해당 감정에 더 공감한다.

2단계

『가만히 들어주었어』 표지를 보며 책에 나올 것 같은 감정이 무엇일지 예상해 보고 학생 한 명당 감정 단어를 네 가지씩 선택한다. 모둠 안에서 단어가 겹치지 않도록 교사가 유도하면 좋다.

　감정 단어를 선택한 후에는 눈, 코, 입이 없는 얼굴 도안을 나눠 주고 해당 감정에 어울리는 표정을 그리도록 한다. 얼굴색도 감정에 따라 달라질 수 있음을 알려 주면 더욱 실감 나는 표정을 그려 낼 수 있다. 다 그렸다면 도안의 바깥 선을 따라 오린 뒤 종이컵에 하나씩 붙인다.

감정 단어와 어울리는 표정을 그려요.

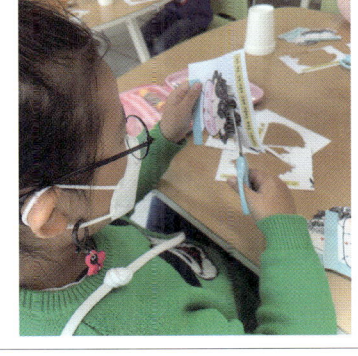
도안 바깥 선을 따라 오려서 컵에 붙여요.

3단계

그림책 함께 읽기를 시작한다. 첫 번째 장면에서 인물의 감정은 무엇일 것 같은지 모둠원이 갖고 있는 감정 컵 중 하나를 선택하여 책상 위에 올려놓는다. 다음 장면으로 넘어가면 남은 컵 중에서 해당하는 감정을 선택해 앞에서 고른 컵과 나란히 놓는다.

그림책 장면과 유사한 감정을 선택하되 없다면 다음 기회로 넘어간다. 만약 자신의 컵을 꼭 넣고 싶다면 모둠원을 설득하고 동의를 얻어야 한다. 여섯 번째 컵부터는 한 줄 위로 올려 쌓아 총 4층을 만든다. 그림책 장면을 읽고 주인공의 심경 변화를 포착하며 1층, 2층, 3층, 4층으로 감정 피라미드를 쌓는다. 마지막 장면에 어울리는 감정 컵이 남은 컵 중에 없는 경우 네 번째 층에서 멈춘다.

4단계

그림책을 덮고 감정 컵 피라미드를 보며 이야기의 흐름, 주인공의 마음이 어땠을지 정리해 본다. 감정을 이해하는 과정은 사건의 전후를 살피며 이야기를 이해하는 중요한 실마리를 제공한다.

테일러는 블록을 쌓는 것이 재밌어요. → 멋지게 쌓인 모습에 감동했어요. → 하지만 갑자기 날아든 새들 때문에 무너져 버린 블록을 보니 어이가 없었을 것 같아요. → 화도 나고, 슬프기도 하고요.

아이들이 피라미드 1층을 따라 되짚어 본 이야기

　모둠 활동이다 보니 모둠원끼리 의논하고 선택한 것이어도 완성된 감정 피라미드가 내가 생각한 감정 흐름과 맞지 않을 수도 있다. 그러므로 모둠 한 사람이 대표로 전체 흐름을 발표하기보다 모둠원이 함께 이야기 나누며 그림책 흐름을 정리하도록 한다. 친구들이 책장을 넘기며 함께 느낀 감정과 그 이유를 공유하고 자연스럽게 그림책을 깊이 이해하게 될 것이다.

60. 주인공 감정 그래프 그리기

사건마다 등장인물이 느끼는 감정을 시간의 흐름에 따라 2차원 좌표평면에 나타내 보는 활동이다. 이야기가 어떤 사건으로 이루어져 있는지, 그 사건으로 주인공의 감정은 어떠했는지 시각적으로 확인하며 아이들은 시간의 흐름에 따른 인물의 감정 변화를 분석할 수 있다.

> **어떤 그림책이 좋을까?**
> - 한 인물이 다양한 사건을 겪는 구성이면 감정 변화를 명확하게 파악하기 좋다
> - 비슷한 결의 감정이 연속해서 나오기보다 감정의 진폭이 큰 이야기를 선택한다면 그래프를 그리기 용이하다.

●● 함께 읽을 책

『노를 든 신부』

오소리 글·그림, 이야기꽃, 2019

"나도 신부가 되어야겠어!"라고 외치며 모험을 떠난 신부. 그러나 낯선 곳에서 느낀 설렘도 잠시, 신부는 자신을 태워 줄 배도, 애타게 찾던 신랑도 만나지 못한다. 그러다 우연히 자신의 노로 늪에 빠진 사냥꾼을 구하게 되고, 이를 계기로 신부는 노를 사용해 혼자서도 다양한 것들을 할 수 있음을 깨닫는다. 과일을 따고, 요리를 하고, 사나운 곰과 격투를 벌이고 심지어 야구까지 하게 되면서 신부는 관습과 제도에서 벗어나 자신의 진정한 가능성을 찾아 나선다.

●● 활동 안내

1. 함께 그림책을 읽고 중심 사건을 시간순으로 적어 본다. 사건별로 신부의 감정이 어땠을지 함께 적는다.
2. 2차원 좌표평면이 어떻게 이루어질지 간단하게 설명, 작성한다.
3. 앞에서 적은 것을 바탕으로 주인공 신부의 시간별 감정 그래프를 그린다.

1단계

먼저 학생들과 함께 그림책을 일독한 후, 모둠별로 책을 한 권씩 배부한다. 학생들은 활동지에 중심 사건을 시간순으로 쓰고 각 사건과 관련된 감정도 적어 본다. 감정을 말로 표현하는 것이 어려운 학생들을 위해서 감정·느낌 관련 단어 목록을 나눠 줄 수도 있다. 한국비폭력대화교육원 홈페이지의 '느낌/욕구 목록'을 활용하면 용이하다.

2단계

좌표평면의 세로축, 가로축을 간단하게 소개한다. 교육과정을 반영한다면 중학교 1학년 수학 좌표평면과 그래프 단원, 중학교 2학년 수학 함수 단원과 연결할 수 있다. 좌표평면과 순서쌍을 이해할 수 있다면 활동을 진행하는 데 큰 어려움은 없다.

가로축을 시간으로 두고 세로축을 신부의 감정으로 둔다. 신부의 긍정적인 감정은 양수로 부정적인 감정은 음수로 표현한다. 좌표평면의 원점을 전환점이 된 사건으로 잡고 좌우를 기점으로 사건을 적으면 주인공을 좀 더 잘 이해할 수 있다.

3단계

이제 그래프를 그릴 차례다. 먼저 x축 위에 시간별 사건을 적도록 한다. 그다음 신부의 감정이 어땠는지를 반영하여 좌표평면에 점으로 찍는다. 각 점을 직선으로 이어 그래프를 완성하도록 한다. 찍은 점 주변에 신부의 감정, 사건 등을 적어 각 점이 의미하는 것이 무엇인지 추가로 적는다. 완성한 후 모둠별로 각자 그린 그래프를 바탕으로 그림책 줄거리를 이야기해 보도록 한다.

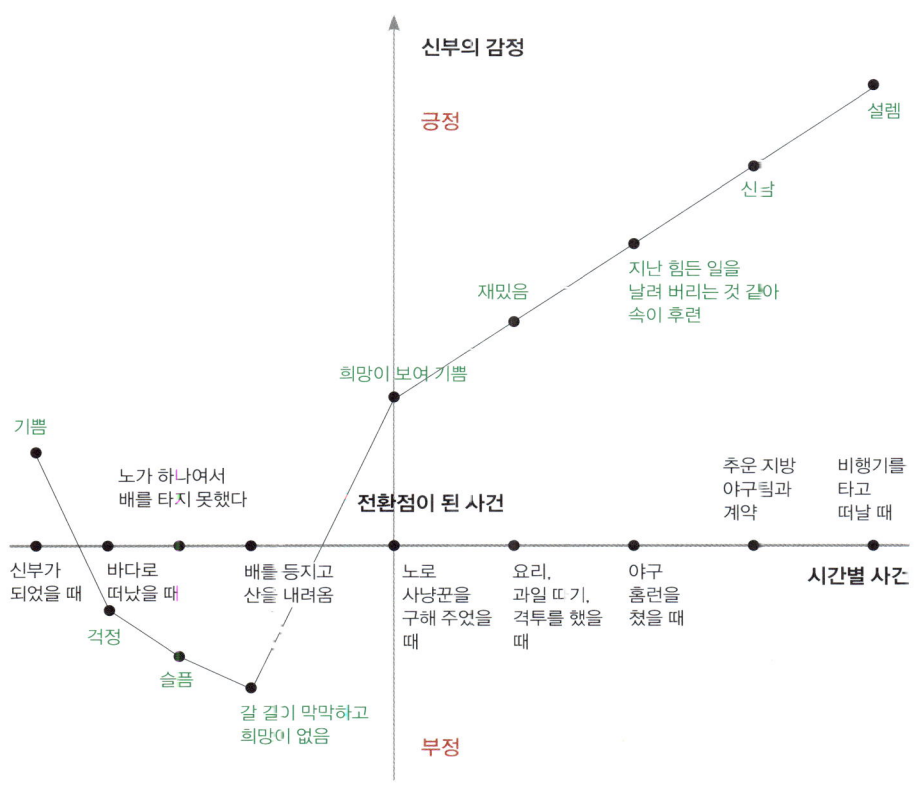

61. 타블로 기법

'타블로(Tableau)'는 평면 그림을 뜻하는 말로, 교육 연극 활동에서 움직임이나 대사 없이 정지된 동작으로 순간의 이미지나 상황, 생각 등을 나타낼 때 사용된다. 학생들이 자신의 몸을 움직여 이야기 속 상황을 재현하거나 창조할 수 있기 때문에 관심과 호응도가 매우 높다. 많은 사람의 시선에 부담을 느끼는 학생들도 손쉽게 참여할 수 있으며, 즉흥적으로 동작을 만들고 추측하는 과정에서 예측불허의 다양한 상황을 경험할 수 있다는 점도 매력적이다.

> **어떤 그림책이 좋을까?**
> - 학생들이 학교나 주변에서 경험할 수 있는 소재를 다룬 그림책이 좋다.
> - 학생들이 동작이나 대사 등을 자유롭게 상상할 수 있도록 다양한 상황이나 장면을 포함하고 있어야 한다.
> - 학생들의 적극적인 참여를 유도하는 쉽고 재미있는 그림책이라면 더욱 효과적이다.

●● 함께 읽을 책

『짝꿍』

박정섭 글·그림, 위즈덤하우스, 2017

짝꿍이 자신을 욕했다는 이야기를 듣고 화가 난 주인공은 짝꿍이 지우개를 빌려 달라고 해도 요청을 들어주지 않는다. 둘 사이의 작은 오해에서 시작된 다툼은 점점 커져, 서로의 친구들까지 끌어들이게 되는데……. 두 사람의 관계는 어떻게 될까? 작은 오해에서 친구와 다툼이 시작될 수 있고, 화해를 위해서는 큰 용기가 필요함을 알려 주는 그림책이다.

●● 활동 안내

1. 교사가 먼저 그림책의 한 장면을 활용해 타블로(정지 장면)를 보여 준다.
2. 학생이 직접 만든 정지 장면을 보며 다른 학생들은 어떤 내용인지 추측해 본다. 학생들 의견을 들어 본 후 정지 상태에서 교사가 학생을 '터치'하면, 학생은 자신이 처한 상황에 맞는 대사, 소리, 간단한 움직임이나 동작 등을 표현한다.
3. 두세 명이 함께 정지 장면을 만든다.
4. 모둠원 또는 여럿이 함께 정지 장면을 만든다. 활동이 끝나면 소감을 나눈다.

1단계

그림책을 타블로(정지 장면)로 표현할 경우 특정 장면을 재현하거나 창의적으로 변형해 볼 수 있다. 그림책에서 생략된 부분이나 뒷이야기를 상상하는 표현도 가능하다.

타블로 기법을 처음 안내할 때에는 먼저 시범을 보이면 좋다. 예를 들어, 그림책의 첫 장면에서 주인공은 다른 친구에게 짝꿍이 자신을 바보라고 놀렸다는 말을 듣게 된다. 이때 교사는 손으로 입을 가린 채 누군가에게 귓속말을 하는 정지 동작을 보여줄 수 있다. 학생들은 교사의 동작을 통해 장면을 추측해 보면서 타블로 기법을 확실하게 익히게 된다.

2단계

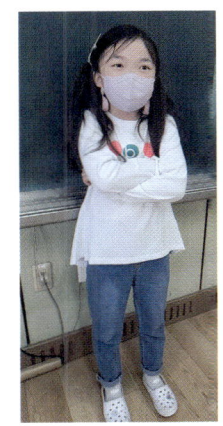

연극적인 상황에 익숙해지면 학생들이 직접 정지 동작을 만들어 본다. 정지 동작을 표현하기 전에는 만들고 싶은 동작을 깊이 생각해야 하고, 모둠원이 함께 만들 때에는 친구들과 충분히 협의하는 과정도 필요하다.

이제 학생들이 직접 가장 인상적인 장면을 정지 장면으로 구상해 보게 한다. 먼저 한 명이 앞으로 나와 타블로 장면을 만든다. 교사는 "하나 둘 셋, 얼음!"을 외치고, 학생들에게 어떤 장면일지 추측해 보게 한다.

팔짱을 끼고 가만히 서 있는 모습을 보며 학생들은 저마다 다른 의견을 내놓았다. 짝꿍에게 어떻게 복수할 것인지 생각하고 있다는 의견도 있고, 준비물을 안 가져와서 어떻게 할까 고민 중이라는 의견도 나왔다.

3단계

두세 명이 함께 타블로 장면을 만든다.

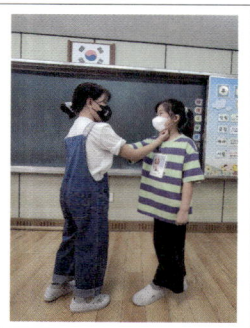

짝꿍에게 지우개를 빌려 달라고 하는 장면, 짝과 몸싸움을 벌이는 장면, 선생님께 꾸중을 듣고 벌을 서는 장면 등을 정지 동작으로 자유롭게 표현해 본다.

4단계

마지막으로 모둠 전체에서 하나의 정지 장면을 만들어 본다. 모둠에서 한 명씩 차례대로 나와 앞사람이 취한 동작을 보고 어떤 장면인지 예상하여 다음 장면을 정지 동작으로 이어 만들 수도 있고, 모둠 전체가 함께 의논하여 동시

모둠원들이 동시에 한 장면을 만들었다. 다투는 아이들, 손가락으로 가리키며 꾸중하는 선생님, 말리는 교장 선생님, 깜짝 놀라는 친구, 무심하게 핸드폰을 보는 친구의 모습이다.

에 하나의 장면을 만들 수도 있다.

   타블로 기법으로 그림책 장면을 표현할 때에는 지엽적인 장면보다는 그림책의 중심 장면이나 인상적인 부분을 선택하는 것이 좋다. 겉으로 드러나는 등장인물의 말과 행동 이외에 마음속 생각을 들어 보는 활동 또한 의미 있을 것이다. 모든 과정을 마쳤다면 친구들과 소감을 나누며 활동을 마무리한다.

62. 교육 연극 – 사물 역할극

그림책 내용을 극화해 무대에 올리는 연극 활동은 대사와 동작을 외우는 노력과 연습 시간이 많이 필요하다. 하지만 교육 연극 기법을 수업 중 독후활동으로 활용하면 학생들과 부담 없이 즉흥적인 표현과 창의적인 해석을 해 볼 수 있다. 교육 연극 기법 중 사물 역할극은 내가 마치 해당 주체가 된 듯 그림책에 등장하는 주인공이나 사물을 몸으로 표현하는 활동이다. 이러한 과정은 아이들이 대상의 기능과 역할을 다각적으로 살펴보는 계기가 되고, 창의력과 표현력, 공감력 또한 길러 준다.

> **어떤 그림책이 좋을까?**
> - 주위에서 흔히 볼 수 있는 사물의 특징과 역할을 보여 주어 그 의미를 생각하게 하는 이야기여야 사물에 감정이입을 하기 좋다.

●● **함께 읽을 책**

『말려 드립니다!』

남섬 글·그림, 향, 2020

평소에는 구석에 축 늘어져 있다가 말릴 것이 생기면 팔을 쭉 뻗는 빨래 건조대! 건조대는 젖은 빨래, 젖은 신발, 젖은 인형뿐만 아니라 할머니가 정성을 담아 손질한 우거지, 일상에 지쳐 푹 젖어 버린 사람도 뽀송하게 말려 준다. 그렇게 열심히 제 역할을 해낸 빨래 건조대는 비가 와서야 휴식한다. 눈여겨보지 않았던 사물의 다양한 기능을 살펴

보며 작은 역할을 하는 존재일지라도 주위에 위로와 격려를 전달할 수 있음을 생각해 보자.

●● 활동 안내

1. 책을 읽기 전 제목 '말려 드립니다!'의 다양한 의미에 관해 이야기 나눈다.
2. 그림책을 함께 읽은 다음 몸으로 표현할 사물을 하나 정하고 '나는 누구일까요?' 활동지를 작성한다.
3. 활동지 그림을 바탕으로 "나는 누구일까요?"를 외치고 내가 어떤 사물인지 몸으로 표현한다. 나머지 학생은 사물 이름을 맞힌다. 정답을 맞힌 친구가 다음 문제를 내도록 하여 활동을 이어 간다.

1단계

그림책을 함께 보기 전, 제목인 '말려 드립니다!'가 무슨 의미로 쓰였는지 학생들과 이야기를 나눈다. '말린다'라는 말은 다양한 의미가 있다. 그림책에 쓰인 것처럼 물기를 증발시키는 일이기도 하고 살을 빼서 야위게 하는 일, 싸움 같은 행동을 제한하는 일이기도 하다. '피를 말린다'는 말처럼 몹시 애가 타는 마음을 표현할 때도 쓰인다. 한 단어의 다양한 의미를 이해하는 과정에서 아이들의 표현 능력이 향상되고 그림책 내용을 여러 방향에서 상상하며 흥미를 끌어올릴 수 있다.

2단계

그림책을 함께 읽고 하나의 사물이 다양한 역할을 할 수 있음을 이해한다. 책을 읽고 난 후에는 몸으로 표현할 사물을 하나 선정하고 '나는 누구일까요?' 활동지 양식에 따라 사물의 동작과 그 사물이 할 법한 말을 작성해 본다. 활동지를 작성하는 과정은 사물을 몸으로 바로 표현하기 어려워하는 학생들을 위한 사전 연습이 되어 주고, 다음에 있을 '맞히기' 놀이에서 문제 난이도를 조절할 때에도 도움이 된다.

나는 누구일까요?

☺ 나는 누구일까요? 나는 무슨 역할을 하는지 문장으로 제목을 써주세요.
예) 제목: 말려드립니다!   이름: 빨래건조대

제목		이름	

☺ 만약에 내가 □□□ 라면~ 나의 이름은 비밀입니다.
내가 누구인지 친구들이 맞출 수 있도록 몸으로 표현하기 전,
아래의 4칸에 나를 표현할 수 있는 동작과 말풍선을 먼저 그려보세요.

①
②
③
④

활동지 QR코드

　활동지를 작성하는 첫 번째 과정은 책 제목 '말려 드립니다'처럼 중의적인 의미를 지닌 한 문장을 정하는 것이다. '지워 드립니다!(지우개)'처럼 사물을 쉽게 짐작할 수 있는 문장보다 '쉴 수 있게 합니다!(산소)' '보여 드립니다!(책)' '소통하게 합니다!(휴대폰)' '태워 드립니다!(택시)' '막아 드립니다!(우산)' 같은 예가 좋다. 중의적인 의미의 문장을 선택해야 다음에 있을 사물 이름 맞히기 놀이에서 보기가 다양하게 나오기 때문이다. 활동지의 네 칸에는 사물의 특징과 역할을 드러낼 수 있는 동작과 말풍선을 그려 넣어 구체성을 살려 표현해 보도록 한다.

3단계

활동지를 완성했다면 아이들 앞에서 사물 역할극을 하고, 다른 학생들은 역할극으로 설명하는 사물이 무엇인지 맞혀 보는 놀이를 한다. 설명하는 사람은 활동지 제목에 쓴 한 문장을 판에 적고 머리띠로 만들어 쓴다. 활동지 그림을 바탕으로 너가 어떤 사물인지 몸으로 표현하고 나머지 학생들은 어떤 사물인지 유추한다.

그림책을 읽은 후, 신체를 이용한 교육 연극의 하나인 사물 역할극으로 표현하면 학생들의 적극성을 끌어낼 수 있어 수업이 더욱 활기를 띠게 된다. 친구들과 함께 사물이 처한 상황에 맞는 대사를 하거나 동작을 이어 간다면, 한 편의 즉흥 연극을 해 볼 수도 있을 것이다.

역할극 '알려 드립니다!'

63. 낭독극

낭독은 말 그대로 소리 내어 읽는 것을 말한다. 글자만 무미건조하게 읽는 것이 아니라 글에 담긴 감정이나 느낌을 살려 읽을 때 아이들은 책의 의미를 훨씬 깊이 있게 이해한다. 특히 낭독극은 무대 장치와 소품이 필요한 연극과 달리 대본과 작은 무대만 있으면 가능하기 때문에 손쉽게 열 수 있고 아이들 참여도도 높다. 아이들은 낭독 과정에서 작품의 분위기와 등장인물의 감정에 더 크게 매료되며 그림책에 깊이 빠져들 수 있다.

> **어떤 그림책이 좋을까?**
> - 문장이 짧고 간결해 낭독극을 처음 시도하는 아이들도 부담 없이 할 수 있는 책.
> - 등장인물이 많아 아이들이 모두 참여하여 한두 문장씩 읽을 수 있는 작품이면 좋다.
> - 장면을 설명하는 글이 많은 그림책보다 캐릭터들의 대화가 많은 그림책이 좋다.
> - 학생들이 직접 소리 내어 글을 읽어야 하므로 애정이 많은 그림책일수록 적극적으로 낭독하게 된다.

●● 함께 읽을 책

『감기 걸린 물고기』

박정섭 글 · 그림, 사계절, 2016

이 그림책에는 아귀와 여러 가지 색깔의 물고기가 등장한다. 아귀는 물고기를 잡아먹고 싶지만 물고기들이 떼를 지어 다녀서 쉽지 않다. 꾀를 낸 아귀는 물고기들이 감기에 걸렸다는 거짓 소문을 퍼트려 물고기들 사이를 이간질시킨다. 그런 사실을 몰랐던 물고기들은 아귀에게 하나둘 잡아먹히고, 대체 누가 소문을 내는지 생각해 보게 된다. 소문, 거짓말, 가짜 뉴스라는 주제를 유쾌하게 풀어낸 그림책이다.

●● 활동 안내

1. 먼저 교사가 그림책을 읽어 준 다음 다 같이 낭독한다.
2. 모둠별로 자신이 맡을 배역과 읽을 부분을 정한다.
3. 역할이 모두 정해졌다면 모둠 안에서 자신이 읽을 부분을 정하고 읽는 연습을 한다. 이때 라인 게임을 활용할 수 있다.
4. 교사는 낭독극 PPT를 준비하고, 준비를 마치면 아이들은 낭독극을 한다.

1단계

먼저 교사가 낭독극을 할 그림책을 읽어 주고 학생들과 함께 다 같이 소리 내어 다시 한번 읽어 본다. 이 책은 글자가 여러 방향으로 배치된 부분도 있어 고사가 읽는 순서를 정해 주는 게 좋다.

2단계

책을 다 읽고 나면 누가 어느 부분을 읽을지 역할을 정한다. 작품에서 중요한 비중을 차지하는 역할은 오디션으로 선정한다. 오디션을 볼 때는 하고 싶은 역할의 대사 중에서 자기가 읽을 부분을 미리 정해 연습한다. 심사는 교사가 하고, 오디션 과정에서 아이가 떨어져도 실망하지 않고 다른 배역을 맡을 수 있도록 한다. 이 책에는 아귀 외에 빨강, 노랑, 파랑, 회색, 검정 물고기 그룹이 등장한다. 물고기 역할을 할 아이들은 자신이 맡고 싶은 색깔을 정한다.

3단계

역할이 정해지고 나면 누가 읽을지, 함께 읽을지, 혼자 읽을지를 모둠 안에서 정한다. 다 정해지고 나면 아이들 이름을 적은 포스트잇 플래그를 모든 문장에 붙여 읽는 연습을 한다. 물고기 그룹별로 그림책을 한두 권씩 나누어 주면 활동하기에 편하다. 글자를 잘 모르는 아이들은 잘 읽는 친구와 짝을 지어 낭독극에 참여하도록 하면 친구에게 물어 봐 가며 실감 나게 읽을 수 있다.

아이들이 소리 내어 읽을 때 주로 하는 실수는 쉬지 않고 후루룩 읽어 버리는 것이다. 그래서 교사는 어디에서 쉬었다가 읽으면 좋은지, 어느 부분은 강조해서 읽으면 좋은지 중간중간 조언을 해 준다. 덧붙여 맡은 인물이 처한 상황을 생각해 보고 그 상황에 어울리는 목소리로 읽도록 하면 좋다. 어떤 감정과 느낌으로 읽으면 좋을지를 서로 조언하면서 연습하도록 한다.

낭독극 연습을 여러 번 반복하며 지루함을 느낀다면 라인 게임을 활용할 수 있다. 교실 가운데에 테이프를 붙여 놓고 각자 그림책이나 그림책의 글이 인쇄된 종이를 들고 선다. 학생들을 반으로 나누어 양쪽 벽에 서도록 하고, 같은 그룹끼리는 같은 쪽에 서도록 안내한다. 자신이 읽어야 할 부분이 나오면 라인에 가까이 다가서서 큰 소리로 읽고, 다 읽으면 원래 자리로 들어간다. 라인 게임으로 자기가 소리 내어 읽을 순서와 함께 읽을 부분, 혼자 읽을 부분을 명확히 알 수 있다.

라인 게임 하는 모습

라인 게임을 변형해 팀 대항으로 미션을 수행해도 재미있다. 양쪽이 같은 대사를 하는 상황에서 목소리를 크게, 실감 나게, 감정을 넣어서 등으로 미션을 준다면 아이들이 소리 내어 읽기 연습을 다양하게 해볼 수 있다.

4단계

아이들이 연습하는 동안 교사는 음향을 넣어 낭독극 PPT를 만든다. 고학년 수업의 경우 PPT 만드는 팀을 따로 꾸려 자율적으로 만들도록 한다.

그림책의 장면을 스캔하고 좀 더 극적인 효과를 원하는 장면이 있으면 어울리는 음향(효과음, 배경음악)을 찾아 넣는다. 음향은 PPT에 바로 삽입해 두는 것이 편리하며 따로 준비해서 PPT 화면에 맞추어 틀어 주는 방법도 있다. PPT를 만들 시간이 부족하다면 실물 화상기로 작품을 보여 주고, 음향을 따로 틀어 줘도 된다. 교사는 학생의 수준을 고려하여 무대, 조명, 음향, 독서등, 마이크 등의 다양한 무대효과를 가능한 범위에서 필요한 만큼 사용하도록 한다.

낭독 공연을 할 때 교실이나 시청각실의 전체 불을 끄고 학생들 앞에 독서등을 켜 주면 훨씬 아이들에게 집중되는 효과를 볼 수 있다. 이 작품은 유독 등장인물이 다양해서 함께 읽어야 하는 부분이 많아 독서등 없이 진행했다.

낭독극을 할 때 마이크를 사용한다면 미리 사용법을 익혀 둔다. 마이크를 켜고 끄는 법, 친구에게 넘기는 방법, 마이크 돌리는 순서 등을 미리 연습해야 낭독극 중간에 잡음이 들어가서 극의 몰입을 막는 경우를 방지할 수 있다.

낭독극을 하기 위한 모든 준비를 마쳤다면 준비한 대로 낭독극을 하고, 아이들의 소감을 들어 본다. 아이들은 소리에 집중할 수 있어서 낭독극을 좋은 시간으로 기억하고, 낭독극을 여러 번 해 볼수록 연극도 경험하고 싶어 한다. 낭독극이 연극으로 가는 징검다리 역할을 하는 것이다.

64. 독후 신문 만들기

그림책을 읽은 뒤 작가나 등장인물 인터뷰, 독후감 등을 정리해 신문으로 표현하는 활동이다. 아이들은 등장인물의 감정, 그림책이 쓰인 역사적, 사회적 배경, 작가의 심정 등 다양한 측면으로 그림책을 이해하고 싶어 한다. 이때 관심 분야 독후 신문 만들기 활동을 하면 그림책을 좀 더 입체적으로 읽을 수 있다. 또한 신문 기사를 쓰기 위해 사전 조사 작업을 하면서 정보 탐색 능력을, 기사를 작성하면서 글쓰기 능력을 향상시킬 수 있다.

> **어떤 그림책이 좋을까?**
> - 신문은 사회적 사건에 관한 사실이나 해설을 널리 신속하게 전달하기 위한 간행물이므로 역사・사회적으로 굵직한 사건을 소재로 한 그림책을 선택하면 신문 형식에 어울리는 내용을 정리하기 쉽다.
> - 『씩스틴』은 역사적 사건을 배경으로 작가가 자신의 생각과 민주 시민으로서 갖춰야 할 자세를 기록한 책이다. 그림책을 통해 5・18민주화운동을 배울 수 있고, 자신의 생각도 기사형태로 작성하며 역사관을 확립해 나갈 수 있다.

•• 함께 읽을 책

『씩스틴』

권윤덕 글・그림, 평화를품은책, 2019

이 그림책은 5・18 민주화운동 당시 가해자의 입장이었던 계엄군 총 '씩스틴'이 신념의 변화를 느끼고 무너져 내리는 과정을 보여준다. 역사적 사실을 지속적으로 이야기하는 일의 중요성을 강조하는 것은 물론, 가해자의 고백과 증언 역시 화해와 연대로 나아가는 과정에 꼭 필요함을 말하고 있다.

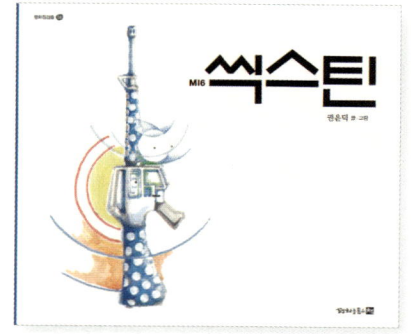

•• 활동 안내

1. 모둠별로 신문에 들어갈 내용을 선정한다.(작가 인터뷰, 주인공 인터뷰, 독후감, 광고, 장소 탐방, 만평 등) 각자 어느 부분을 맡아 정리할지 정한다.
2. 그림책을 읽으면서 알게 된 일, 조사를 통해 알게 된 일을 조합하여 자신이 맡은 분야의 기사를 작성한다.
3. 모둠원들이 작성한 기사들을 서로 평가하고 보완한 후 기사들을 한곳에 모아 신문을 완성한다.

1단계

『씩스틴』을 읽고 4인 1모둠을 구성한 후, 모둠별로 신문에 들어갈 내용을 선정한다. 작가 인터뷰(가상), 주인공 인터뷰(가상), 독후감, 광고, 만화를 각자 한두 가지씩 맡아서 신문을 구성한다. 등장인물 가상 인터뷰를 할 때는 그림책을 읽고 포털사이트나 인터넷 서적에 나온 출판사 서평을 참고한다. 인터뷰이 한 명이 의자에 앉고 다른 모둠원들이 기자가 되어 질문하는 핫시팅 기법을 쓰면 좋다.

2단계

자신이 맡은 분야의 기사를 작성해 본다. 인터뷰의 경우, 책에 나온 씩스틴의 심경 변화에 주목하면서 작가와 주인공 인터뷰를 작성한다.

<작가 가상 인터뷰 예시>
기자1: 『씩스틴』을 구상하게 된 계기는 무엇인가요?
작가: 몇 년 전 광화문 광장에서 넉 달 넘게 매주 열린 촛불 집회를 보며 이 작품을 구상했습니다. '촛불 혁명'이라 일컬어지는 이 평화적인 집회와 대비시켜 '5·18 민주화운동'을 왜곡하고 폄훼하려는 사람들이 여전히 많았기 때문입니다. 그래서 오늘날 우리나라 민주주의의 밑거름이 된 광주 시민들의 저항과 5·18의 정신을

새로운 방식으로 이야기해야겠다는 생각이 들었습니다.

기자2: 그림책을 집필하시면서 특별하게 신경 쓰신 부분이 있을까요?

작가: 저는 가해자와 피해자의 단순한 대립 구도를 벗어나 개인의 행동을 결정짓는 내면 변화와 세세한 결들을 깊이 있게 그려 냄으로써 피해자인 시민들의 저항과 아픔을 더욱 호소력 있게 드러내는 한편, 가해자의 고백과 증언 역시 사회에서 존중받아야 하며 그것이 화해와 연대로 나아가는 길임을 보여 주려고 했습니다.

<주인공 인터뷰 예시>

기자: 안녕하세요! 5월 18일, 광장으로 나아갔을 때 상황과, 그때 어떤 감정을 느꼈는지 알 수 있을까요?

씩스틴: 저는 M16, 씩스틴입니다. 그날 광장에서 도망치는 폭도들을 해치우고 다시는 거리에 나오지 않도록 하였습니다. 저는 폭도들을 향해 조준하여, '계엄군은 나를 지키고 나는 계엄군을 지킨다.'라고 마음속으로 기억했습니다. 제게 주어진 역할을 수행한다고 생각했지만 막상 총을 조준한 대상들이 일반 시민임을 알았을 때 여러 가지 생각이 들었어요.

독후감을 쓸 때는 그림책을 읽게 된 동기나 목적, 읽으면서 든 의문점, 줄거리, 독서하면서 느낀 점, 배운 점을 기록한다. 개요를 먼저 작성하면 독후감을 정리하는 시간을 줄일 수 있다.

<독후감 개요 예시>

1. 책을 읽은 동기

5월 하면 떠오르는 5·18 사건을 다룬 그림책이 있다는 사실을 알고 읽고 싶어짐.

2. 읽으면서 든 의문점

당시 계엄군들은 정말 무고한 시민들이 폭도라고 생각했을까?

3. 줄거리

폭도들을 진압하러 간 M16은 역할에 충실하게 상대방을 공격하지만 이내 잘못되었다는 사실을 깨닫고 희망의 씨앗 역할을 한다.

4. 독서하면서 느낀 점, 배운 점

제대로 아는 일의 중요성을 깨달았다. 제대로 알지 못하고 자신에게 주어진 역할에만 충실하려는 것이 얼마나 무서운 일인지, 내가 제대로 성찰하지 않고 마음대로 행동하는 것이 왜 위험한지 생각해 볼 수 있었다.

<독후감 예시>

당시 계엄군들은 정말 무고한 시민들이 폭도라고 생각했을까? 몰랐다면 너무 큰 비극이라고 생각했고, 제대로 아는 일의 중요성을 깨달았다. 제대로 알지 못하고 주어진 역할에만 충실한 것이 얼마나 무서운 일인지 알게 되었다.

한편, 그리기에 관심이 많은 학생들을 위해서 신문 광고란을 넣을 수도 있다. 책의 내용과 관련한 물건 또는 당시 시대와 관련이 있는 상품을 광고해야 하며, 상품의 그림과 상품명, 광고 문구가 들어가도록 안내한다. 이번 활동에서는 당시 어떤 상품이 판매가 되었을까 상상하면서 가상의 신발 브랜드 '타이거' 광고면을 만들었다.

학생들이 제작한 광고 이미지

풍자와 비판의 꽃이라고 할 수 있는 만평은 그림 실력보다 자신이 평가하고 싶은 부분, 비판하고 싶은 부분을 찾는 것이 핵심이다. 이번 활동에서는 사회 현상에 무관심하고 자신과 상관없다고 생각하는 사람들을 비판하는 만평을 작성했다.

만평
내용: 침대에 누워서 사회문제를 방관하는 태도 자체가 군인을 보내 사람들을 해치게 하는 일과 다르지 않다는 사실을 풍자함. 

3단계

앞 단계에서 만든 자료를 종합해 독후 신문을 만든다. 그다음 갤러리 워크 활동을 통해 각 모둠에서 만든 신문을 공유하면서 서로의 생각을 비교해 본다. 핫시팅 활동을 통해 M16, 계엄군, 유족, 작가를 대상으로 기자회견 활동까지 이어 간다면 자신들이 직접 조사하고 작성한 분야를 더 깊이 고민하고 성찰할 수 있는 시간이 될 것이다.

독후 신문

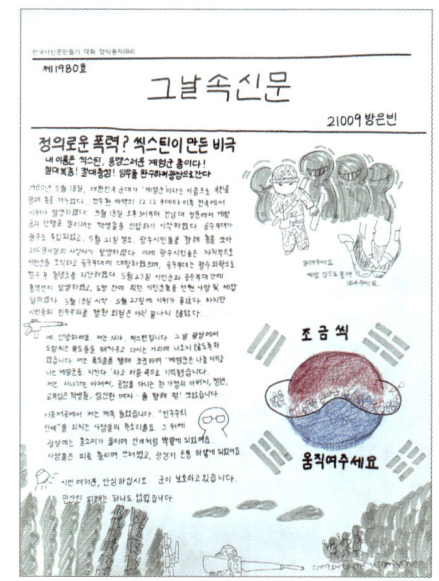

65. 모의재판 토론하기

모의재판 토론은 역할 놀이와 토론을 결합한 활동이다. 아이들은 그림책을 활용하여 가상의 인물이 되어 보고 갈등 상황을 설명하고 배심원을 설득하는 과정에서 주체적으로 의사소통을 할 수 있다. 판사, 검사, 변호인, 증인, 배심원 등 각자의 역할을 맡아 그림책 내용을 모의재판 형식으로 즉흥 토론하면서 논리적인 추론과 문제해결력을 기르게 된다.

> **어떤 그림책이 좋을까?**
> - 재판을 하려면 입장이 다른 두 주체가 있어야 하므로 갈등 상황이 명확하게 드러나는 그림책이면 등장인물의 의견을 손쉽게 정리할 수 있다.
> - 『곰씨의 의자』는 캐릭터의 미묘한 감정 변화에 집중하도록 주변 그림이 최소화되어 있어서 정서와 갈등을 직관적으로 읽어 낼 수 있다.

●● 함께 읽을 책

『곰씨의 의자』

노인경 글 · 그림, 문학동네, 2016

조용하고 규칙적인 생활을 즐기는 곰씨와 자유롭고 활달한 토끼 가족. 외모와 성격도 다른 두 인물이 한 공간에서 즐겁고 평화롭게 공생하는 방법은 무엇일까? 『곰씨의 의자』는 시시각각 변화하는 캐릭터의 감정과 행동을 통  해 사람마다 서로 다른 소통의 방식이 있음을 유머러스하게 그려 낸다. 다각적인 시선으로 각 인물의 입장을 살펴봄으로써 서로를 인정하고 소통하며 관계를 유지하는 방안을 생각해 보자.

●● 활동 안내

1. 교사는 모의재판에 필요한 재판 의상, 법봉 등 소품을 준비한다. 5인 이상으로 모둠을 구성한 다음 그림책을 함께 읽으며 등장인물을 탐색한다.
2. 내가 생각하는 갈등 인물을 선정하고 이유를 이야기 나눈다. 의견을 정리한 후 모둠에서 갈등을 일으키는 인물과 그 인물의 행동을 놓고 찬성, 반대 의견을 함께 이야기한다.
3. 갈등 인물 중 한 명을 피고인으로 정한다. 판사, 변호인, 검사, 원고, 증인, 피고인을 맡을 학생을 정하고, 나머지 학생은 배심원으로 한다. 배심원을 제외한 모의재판 배역은 예시 대본에 자기 역할에 맞는 대사를 작성하도록 한다.
4. 자리 배치를 한 뒤 대본 순서대로 아이들이 직접 모의재판을 진행한다.

1단계

5인 이상으로 모둠을 구성한 뒤, 모둠 이름을 정한다. 그다음 진행을 이끌어 갈 모둠장 한 명과 재판 내용을 기록할 서기 한 명을 뽑는다. 그림책을 함께 읽으며 등장인물의 성격과 특징을 파악하여 인물 사이의 관계를 도식화한다. 학생들은 인물 탐색을 통해 곰씨와 토끼는 타고난 성격이나 성향의 차이가 있다는 것을 확인할 수 있다.

2단계

사건의 흐름에 따라 갈등을 일으키는 인물은 누구인지와 그 이유를 이야기 나눈다. 아이들은 부모 토끼, 곰씨 등 다양한 입장에서 생각을 풀어놓는다. 토론에서는 두 인물의 갈등을 개인의 문제로만 보기보다 관점을 전환해 사회적 문제로 가치 판단할 수 있도록 한다. 학생들에게 그림책 앞뒤 면지를 다시 보여 준다면 두 인물에게만 집중되었던 시야를 확장해 그들이 있던 장소가 어디인지 생각해 볼 수 있다. 의자가 놓인 장소가 누구의 소유도 아닌 공원이라는 사실에서 학생들은 공중도덕의 가치를 돌아보고, 각 인물을 새롭게 해석할 수 있다. 학생들이 경험하거나 느꼈던 사례를 바탕으로 등장인물을 비판하고 갈등 인물을 선정하여 모의재판 역할극을 위한 근거와 이유를 찾아내 보도록 한다.

개별 생각을 정리한 후, 모둠에서 다시 토론하여 갈등 인물과 행동에 대한 찬성과 반대 의견을 근거와 함께 이야기 나눈다. 생각을 나누는 과정도 토론의 일환이기 때문에 사전에 학생들이 지켜야 할 점으로 근거를 들어 주장하기, 상대 의견 경청하기를 안내한다. 학생들은 교사의 안내에 따라 갈등의 책임이 가장 큰 인물을 근거와 함께 제시하여 주장한다. 그림책 『곰씨의 의자』는 성격이 다른 두 인물을 중심으로 이야기가 전개되는 만큼 자연스럽게 찬반 의견을 모을 수 있다.

	옹호	반대
곰씨의 행동	• 곰씨의 개인 시간을 토끼들이 방해했다. • 개인의 자유 시간을 방해하는 자에게 법적 처벌을 해야 한다. • 토끼는 곰씨가 아끼는 화분을 깨는 등 개인 물건을 망가뜨렸다. • 토끼가 준 정신적 고통으로 곰씨는 기절까지 하고 병을 얻었다.	• 의사 표현을 정확히 했다면 토끼가 금방 알아차렸을 텐데 오해하게 했다. 토끼는 억울하다. • 공공장소에 있는 의자는 누구의 것도 아니다. 곰씨가 자기 것이라고 우기는 것은 욕심이다. 토끼도 함께 이용할 권리가 있다.
토끼 부부의 행동	• 토끼는 원래 새끼를 많이 낳는 게 자연스러운 것이다. • 누구나 이용 가능한 공공시설을 특정 동물이나 어린이라고 입장하지 못하게 한다면 차별이다. • 곰씨가 의자에 마음대로 색을 칠하고 노상 방뇨까지 하는 것이 더 큰 잘못이다.	• 공공장소에서는 아이들이 어려도 기본 규칙을 지키도록 가르쳐야 한다. • 부모가 아이를 책임져야지 남에게 맡기려 하는 것은 무책임하다. • 공공장소에서 제멋대로 행동하는 것은 다른 사람에게 피해를 주는 행동이다. • '노 키즈 존'이 있는 이유도 부모가 아이들을 잘 관리하지 않기 때문에 생긴 것이다.
토끼 아이들의 행동	• 어린이들은 자유롭게 뛰놀고 싶어 한다.	• 곰씨의 마음을 살피지 않았다.

3단계

토론 내용을 토대로 모의재판 예시 극본을 참고하여 갈등 인물 중 한 명을 피고인으로 정한다. 이번 활동에서는 토끼 부모가 아이들에게 공중도덕을 제대로 가르치지 않아 곰씨에게 고통을 주었다는 의견이 많았다. 교사는 의견 현황을 간단히 이야기하고 "곰씨가 이 문제로 토끼 부모에게 소송을 제기하였다고 가정하여 피고인으로 법정에 세우겠습니다." 하고 말한다.

판사, 변호인, 검사, 피고인 역할까지 각각 정했다면 나머지 학생을 배심원으로 지정한다. 배심원을 제외한 모의재판 배역에게 예시 대본을 나눠 준다. 대본 앞장에 사건 개요와 쟁점, 배역 등 재판에 관한 내용을 모둠장과 서기를 중심으로 작성한다. 이후 예시 대본의 전체 흐름과 내용을 확인하고 자기 역할에 맞는 대사를 작성하도록 한다. 이때 내가 이 인물을 변호하거나 고소하겠다는 생각으로 논리적인 근거를 들어야 한다. 이 과정에서 아이들은 그림책을 다시 꼼꼼하게 살펴보고, 자기 경험으로 해석할 수 있다.

4단계

아이들이 모의재판을 진행하기 전에 판사 책상을 중심으로 오른쪽에 검사 자리를, 왼쪽에 변호인과 피고인 자리를, 증인은 따로 방청석 앞에 배치하고 의상과 소품을 갖춘다. 대본 순서대로 법정 개최, 최초 변론, 증인·피고인 신문, 최후 변론 순으로 진행하면서 배심원의 판결을 유리하게 끌어내기 위해 적절한 주장과 증거를 들어 설득한다. 배심원의 질문을 받으면 즉흥적으로 답변을 해야 한다. 판결은 배심원의 거수로 확인하고 재판장이 마무리 선언을 한다. 이러한 과정은 아이들이 재판의 형태를 빌려 자신의 의견을 밝히고 작품의 주제와 의미를 생각해 보도록 하는 것은 물론 몰입과 참여도를 높인다. 교사는 흐름이 다른 쪽으로 가지 않는 선까지 학생의 자율성과 즉흥성을 허용하며 보조한다. 또한 실제로 진행되는 재판 형식을 무조건 따라야 한다는 생각보다는, 답변 과정에서 일상생활에 기반한 예를 들어 설득하는 등 유연하게 운영하는 것이 좋다.

역할 정하기: 모의재판에 요구되는 역할은 판사, 검사, 변호인, 피고인, 변호인, 증인, 서기이며, 역할 외 학생들은 배심원으로서 재판에 중요한 역할을 맡게 된다. 예시 대본에 자기 역할에 맞는 대사를 미리 작성한다.

법정 개최: 판사를 중심으로 변호인과 피고인 측, 검사 측, 증인 측으로 나누고 배심원은 청중 자리에 배치한다. 판사복과 검사, 변호인 의상과 법봉을 준비하면 극에 대한 몰입도를 높일 수 있다. 발언 시에는 반드시 재판장의 허락을 얻도록 하고 전체적으로 재판장의 진행을 따른다.

최초 변론(모두 진술): 검사가 피고인을 법정에 세운 사건의 경위와 이유를 말한다. 피고인이 자신의 입장과 심정을 모두 발언한다.

증인, 피고인 신문: 검사와 변호인은 배심원들의 판결을 유리하게 끌어내기 위한 자료나 증인을 세울 수 있다. 증인으로 채택된 인물의 즉흥성이 극의 재미를 더해 준다. 피고인 신문 시 검사와 변호인이 준비한 논고와 변론 등의 발언이 논리적이어야 한다.

최후 변론(최종 의견 진술): 검사와 변호인은 의뢰인을 대신하여 최종적으로 판사에게 하고 싶은 말을 하고 판결을 기다린다.

배심원 평결 및 최종 판결: 법정 공방 후 시간을 주고 배심원들이 자기 생각을 정리하게 한다. 배심원들의 다수결로 누가 승소했는지와 그 이유를 함께 말한다.
판사는 배심원들의 결정을 듣고, 그 결과를 반영해서 최종 판결과 함께 형량을 부여한다.(법봉을 3번 친다.)

모의재판 [　　　　] 대본

논제:

모둠명 :

모둠장(이름) :

대본 작성(이름) :

사건 개요

1. 가해자(피고인) :

2. 피해자 :

3. 사건 경위('가, 나, 다'로 작성)

　가.

　나.

　다.

사건의 쟁점

검사측 (피고인=유죄)	
변호인측 (피고인=무죄)	

등장인물 (총인원 :　　), 배심원(관객)

법원서기(　)명, 판사(　)명, 검사(　)명, 변호인(　)명, 피고인(　)명, 증인(　)명

배역

역할	학생(학년, 이름)	역할	학생(학년, 이름)

·제1단계· 법정 개최

[법정경위] : 곧 재판이 시작될 예정입니다. 재판 중에는 정숙해 주시기 바랍니다. 재판부 입장합니다. 모두 자리에서 일어나 주시기 바랍니다. (전원 기립) (재판부 착석 후) 앉아 주십시오.

[판사] : 지금부터 **초등학교 법원 형사부 재판을 시작하겠습니다.
　　　　영* 모의법원 2022 도 223호 [　　　]사건의 피고인
　　　　(　　) 앞으로 나오세요.

[피고인] : 예 (대답과 함께 피고인석으로 나간다.)
　　　　(피고인의 변호인도 변호인석으로 나간다.)

[판사] : 피고인이 (　　　) 맞습니까?

[피고인] : (일어서 있는 상태로) 네.

[판사] : 이번 재판은 배심원 재판 형식으로 진행됩니다. 배심원은 검사와 변호인 측의 변론과 피고인 신문을 바탕으로 피고인의 유, 무죄에 대한 평결을 내립니다. 배심원의 평결은 만장일치가 원칙이나 합의에 이르지 못한 경우 다수결로 결정할 수 있습니다.

배심원이 유의해야 할 사항을 말씀드리겠습니다. 먼저 피고인은 무죄로 추정됩니다. 피고인의 유죄 입증은 검사가 밝혀야 합니다.

아울러 본 재판에서는 예외적으로 증인 및 피고인에 대한 신문 시 배심원의 질문을 허용합니다. 개별 신문이 끝난 후 손을 들고 질문할 수 있으며, 피고인 신문 이후 검사와 변호인에게 최종 평결을 내리기 전에 궁금한 점을 질의할 수 있습니다.

·제2단계· 모두 진술, 증인신문

[판사] : 자리에 앉으세요. (피고인 자리에 앉는다.)
　　　　검사는 왜 피고인에 대하여 재판을 청구하였습니까?

[검사] : 예. (일어난다.)
　　　　피고인은＿＿＿＿＿＿＿＿＿＿＿＿＿＿＿＿＿＿＿＿＿＿
　　　　때문에 재판을 청구하였습니다.

[판사] : 변호인, 모두 진술하세요.
[변호인] : 예. (일어나서 이야기한다.)

[판사] : 이제 증인신문을 시작하겠습니다. 검사 측 증인신문 먼저 진행하겠습니다. 검사측 증인은 증인석으로 올라와 주십시오.
[판사] : 선서를 먼저 해야 하고 거짓말하면 위증죄로 처벌받게 됩니다. 증인 선서하십시오.
[증인] : 예. (증인은 손을 들고 선서한다.)
[판사] : 증인은 증인석에 앉아 주세요.(증인은 자리에 앉는다.)
검사는 증인신문을 시작하세요.
[검사] : (자리에서 일어나) 증인은 _____
_____

[증인] : _____
[판사] : 변호인 측 증인신문을 시작하겠습니다.
(검사 측 증인 신문 절차 반복)
[판사] : 증인은 돌아가도 좋습니다.
(증인은 증인석을 나와 방청석으로 돌아온다.)

·제3단계· 피고인 신문

[판사] : 지금부터 피고인 신문에 들어가겠습니다.
질문에 앞서서, 피고인은 앞으로 물어보는 말에 대하여 대답을 거부할 권리가 있음과 자신에게 유리한 사실을 말할 수 있는 권리가 있음을 알려 드립니다. 검사는 피고인을 신문하여 주십시오.
[검사] : _____
[피고인] : _____
[판사] : 다음으로 변호인의 반대신문에 들어가겠습니다.
변호인은 피고인에 대해서 반대신문을 하여 주십시오.
[변호인] : _____
[피고인] : _____

[검사] : _____
[피고인] : _____
[변호인] : _____
[피고인] : _____
[변호인] : 이상입니다.

·제4단계· 최종 의견 진술

[판사] : 검사와 변호인께서는 각자 최종 의견을 말씀해 주십시오.
[검사] : (일어서서)
[변호인] : (일어서서)
[배석판사 1] : 피고인 마지막으로 하고 싶은 말이 있는지요?
[피고인] : (일어서서) 네. _____
[판사] : 이상으로 심리를 모두 마치고, 배심원의 평의를 거친 후 판결을 선고하겠습니다. 배심원들은 지금부터 평의를 진행하시기 바랍니다.

·제5단계· 배심원 평결 및 최종 판결

[판사] : 판결을 선고하기 전, 배심원의 평결을 들어보겠습니다.
배심원대표는 일어나서 평결을 말해 주세요.
[배심원대표] : 예. 우리 배심원은 유죄 (   )명, 무죄(   )명으로 피고인에게
(   )을 평결합니다.
그 이유는 _____

[판사] : 판결을 선고하겠습니다. 피고인은 자리에서 일어나 주세요.(법봉 3타)

66. 책 굿즈 만들기

'굿즈'는 콘텐츠와 관련된 기획 상품을 의미한다. 서평, 추천사, 독후감 등 글로 이뤄진 매체가 그림책에 관한 정보를 정확하게 전달할 수 있다는 장점이 있다면 굿즈는 그림책 콘텐츠를 자유롭게 재해석하고 새롭게 상상한 2차 창작 결과물이라는 점에서 의미가 있다. 그림책을 홍보하는 굿즈를 만들어 보며 책을 통해 상상할 수 있는 폭을 더욱 넓혀 보자.

어떤 그림책이 좋을까?
- 이야기를 대표하는 하나의 이미지가 분명하게 드러나 있다면 그 이미지를 바탕으로 다양한 상상을 발휘해 굿즈를 만들어 볼 수 있다.
- 『두근두근』은 주인공이 빵을 만들어 나누는 이야기이다. 아이들도 굿즈를 만들어 선물하는 과정에서 소통과 나눔을 경험할 수 있을 것이다.

●● 함께 읽을 책

『두근두근』

이석구 글·그림, 고래이야기, 2015

부끄러움이 많고 소심하여 외톨이로 살던 주인공 브레드 씨. 브레드 씨는 빵을 구워 가면서 여러 동물들과 만나 관계를 맺게 된다. 부끄러움은 점점 사그라들고, 혼자만의 세상에 갇혀 사는 대신 소통과 나눔을 통해 성장하기도 한다. 동물들의 필요를 채워 주기 위해 빵을 만들고 선물할 때 브레드 씨가 성장한 것처럼 아이들도 주변 사람들의 필요에 귀를 기울이고 도움을 주고받으며 관계의 외연을 넓히길 바라는 마음이다.

●● 활동 안내

1. 그림책을 읽고 주변에 도움이 필요한 사람이 누구일지 떠올려 본다. 교사는 빵 봉투와 색연필을 준비한다.
2. 도움이 필요한 사람을 위해 만들 굿즈 기획서를 작성한다.
3. 굿즈 기획서를 토대로 자기가 상상한 굿즈를 빵 봉투에 그린 후 선물한다.

1단계

주인공 브레드 씨가 동물들에게 각각 맞춤 빵을 선물했던 것처럼 우리 주변에 '맞춤 빵'이 필요할 것 같은 인물을 찾는다. 학생들이 주변 사람들 중에 도움이 필요한 사람을 찾지 못할 경우에는 가족, 사회, 환경까지 범위를 확장해도 좋다. 우리 사회에서 변화가 필요한 부분, 혹은 취약한 부분들을 찾아보도록 한다.

> **학생 1 의견**
> 안심 귀갓길 표지판을 보고 늦은 밤 귀갓길을 무서워하는 사람들을 떠올렸다. 위급한 상황이 생겼을 때 경찰서로 바로 연결되어 도움받을 수 있는 장치가 있으면 좋겠다는 의견이었다.
>
> **학생 2 의견**
> 담배를 끊고 싶어 하는 아빠를 떠올렸다. 습관처럼 씹으면 담배 욕구가 사라지는 껌 같은 장치를 상상했다.

2단계

개인별 굿즈 기획서를 작성한다. 굿즈 기획서에는 도움이 필요한 대상, 제작 재료 및 방법, 디자인, 굿즈를 통해 얻는 효과를 기록하도록 한다. 그것을 어떻게 고칠 수 있을지, 그로 인해 걱정되는 대상이 누구고 그들에게 어떤 도움이 필요한지 묻는 과정을 통해 만들고 싶은 굿즈를 설정한다. 굿즈 기획서를 만들 때는 실제 판매가 가능할 것 같은 물건을 구체적으로 기획하도록 안내한다. 자신의 진로와 연결해서 만드는 경우 좀 더 명확한 기획서가 나온다.

학생 1 의견
- 도움이 필요한 대상: 늦은 밤 귀갓길이 걱정되고 무서운 사람들.
- 재료 및 제작 방법: 외부 재료를 실리콘으로 해서 부드럽게 만들고 속에 센서를 넣어서 위험에 노출되었을 때 경찰서에 직접 연결되도록 만든다.
- 디자인: 지구를 형상화한 원형 중앙에 'SAVE US' 문구가 두 줄로 들어가게 디자인한다.
- 굿즈를 통해 얻게 되는 효과: 늦은 시간까지 공부하는 학생들이나 야근하는 직장인들이 안심하고 귀가할 수 있게 해 준다.

학생 2 의견
- 도움이 필요한 대상: 습관적 흡연으로 담배를 끊지 못하는 사람.
- 재료 및 제작 방법: 껌을 씹으면 담배에 대한 욕구가 사라지도록 제작함.
- 디자인: 담배로 망가진 심장과 담배 연기를 그리고, '금연하고 소중한 생명을 지켜요' 문구를 하단에 넣는다.
- 굿즈를 통해 얻게 되는 효과: 껌을 씹고 나면 담배를 끊지 못하던 사람들이 담배를 피고 싶다는 욕구 없이 현재에 집중하게 됨.

3단계

기획서를 작성한 뒤에는 직접 만들어 보는 과정을 거친다. 굿즈를 실제로 만들면 좋겠지만 학교 여건상 비용과 시간을 고려하여 빵 봉투 겉면에 제품의 디자인을 넣어서 굿즈가 들어가는 포장지 만드는 활동을 한다.

학생 1 완성 굿즈	학생 2 완성 굿즈
	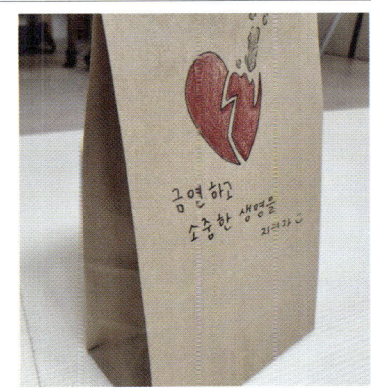

　봉투를 완성했다면 기획안에 작성한, 우리 주변에 도움이 필요한 대상에게 선물해 상대방을 생각하는 마음을 전한다. 학생들은 굿즈 만들기 활동을 하면서 타인에게 어떤 방식으로 도움을 줄 수 있을까 고민하고 주변을 돌아보며 성장해 나간다.

67. 띠지 만들기

띠지에는 책에 관한 여러 정보가 담겨 있다. 이야기를 홍보하는 글, 저자 약력 중 강조할 부분, 추천 내역 등 눈에 띄는 디자인으로 시선을 사로잡는 역할을 한다. 독후 활동으로 띠지 만들기를 하면서 그림책에서 중요한 부분이 무엇인지 다시 생각해 본다면 책과 친숙해지고 이야기의 의미를 되짚어 볼 수 있을 것이다.

> **어떤 그림책이 좋을까?**
> - 띠지를 만들 때 그리고 쓰는 방식은 흔한 것들이지만 이번 활동에서는 접고 붙여 입체감을 불어넣는 방법을 선택했다. 『나, 꽃으로 태어났어』는 팝업북이라 입체적인 이미지를 구상해 보기에 좋고, '꽃'이라는 두드러진 요소가 있어 띠지 디자인을 다각도로 상상하기 용이하다.

●● 함께 읽을 책

『나, 꽃으로 태어났어』
엠마 줄리아니 글·그림, 이세진 옮김, 비룡소, 2014

『나, 꽃으로 태어났어』는 인간의 삶에서 중요한 순간에 꽃과 인생사가 연결되는 이야기를 담고 있다. 사람들을 가깝게 이어줄 때, 사랑을 전해줄 때, 아이들의 머리를 예쁘게 꾸며줄 때, 어른들의 마음을 즐겁게 해줄 때, 세상과 나누는 마지막 인사에도 꽃이 사용된다. "난 가녀리고 연약하지만 세상을 아름답게 이겨 냅니다."라고 말한 꽃처럼 아이들이 자기 삶을 활짝 피워 내길 바라는 메시지가 담겨 있다.

•• 활동 안내

1. 띠지가 무엇인지, 어떤 내용을 담고 있는지 알아본다. 또한 그림책을 읽고 꽃과 관련된 경험을 나눈다.
2. 그림책 『나, 꽃으로 태어났어』 띠지에 넣고 싶은 내용을 미리 정리한다.
3. 띠지에 들어가기 어울리는 꽃 종이접기 도안을 검색해서 종이꽃을 만들고 앞 단계에서 정리한 내용을 반영해 연습 삼아 만들어 본다. 그다음 본격적으로 종이꽃을 붙여 실제 띠지를 제작한다.

1단계

띠지가 생소한 학생들을 위해 먼저 띠지가 무엇인지 이야기 나눈다. 실제로 유통되는 띠지들을 직접 보여 줘도 좋고, 웹에서 이미지를 검색해서 보여 줘도 좋다. 직사각형 띠지 이외에 다양한 모양으로 디자인된 띠지도 함께 살펴본다.

띠지를 관찰한 후 어떤 내용이 들어가는지 정리해 보도록 한다. 본문 내용 중 인상 깊은 구절이 적혀 있기도 하고, 저자의 사진이나 약력, 받은 상이나 개정판 소식, 추천사 등 다양한 정보를 발견할 수 있다. 어떤 띠지는 표지 이미지를 해치지 않도록 표지 그림과 연결되어 그려져 있기도 하다.

이렇게 띠지에 대해서 알아본 후 그림책 『나, 꽃으로 태어났어』를 함께 읽고 학생들과 책과 관련된 경험을 나눈다. 꽃을 선물하거나 받은 경험, 가족과 주말 벚꽃 놀이를 한 경험, 산책 중 우연히 꽃을 발견하고 기분이 좋았던 기억, 초등학교 졸업식에서 꽃다발을 받았던 경험 등 다양한 이야기가 나올 수 있다.

2단계

그림책 『나, 꽃으로 태어났어』의 띠지에 넣고 싶은 내용을 먼저 구상한다. 어떤 내용을 넣을지 막막해하는 학생들을 위해서 책 속의 인상 깊은 내용, 작가 소개, 작가 사진, 바코드, 추천 글, 광고 글, 책 속 대사 등이 들어가도 좋다는 것을 안내한다. 활동지에 대략적으로 내용과 디자인을 구상한 후 직접 띠지를 만드는 과정을 거친다. 이때 활동지에서 띠지의 디자인을 대략적으로 그려 보도록 하는데, 직접 띠지를 만들 때 시행착오를 줄이기 위한 활동이므로 세세하게 완성도 높은 그림을 그리려고 애쓰거나 구상하는 데 시간을 많이 쓰지 않도록 한다.

그림책 『나, 꽃으로 태어났어』 속에 나오는 팝업 꽃을 재현하기 위해서 학생들에게 핸드폰으로 '꽃 종이접기'를 검색하도록 한다. 교사가 꽃 종이접기 도안을 직접 인쇄해서 나눠 주기보다는 학생들이 직접 자신이 디자인한 띠지의 구성에 어울리는 종이꽃을 검색해 보도록 한다. 도안을 보고 접기가 어렵다면 '꽃 종이접기'를 검색하여 영상을 보고 따라 접을 수 있다.

3단계

띠지 디자인과 꽃 종이접기를 마친 학생에게는 띠지를 완성할 수 있도록 색지를 준다. 여건이 된다면 모둠별로 책을 배부하여 색지 사이즈를 잴 수 있도록 한다. 모둠 수만큼 책을 확보하지 못한 경우에는 책 사이즈에 맞는 간이 띠지를 교사가 미리 만든 뒤 모둠별로 나눠 준다. 간이 띠지는 A4용지를 잘라서 이어 붙인 형태로 앞표지, 뒤표지, 책등을 모두 넉넉히 감쌀 수 있도록 만들고, 띠지가 책을 충분히 감싸서 고정할 수 있도록 안으로 접히는 부분까지 고려해야 한다. 이번 활동에서는 띠지 여덟 개를 만든 후 모둠당 하나씩 배부하였다. 띠지 길이를 맞추어 디자인해야 하므로 색지를 받은 학생들이 미리 길이를 재어 책에 맞는 사이즈로 자를 수 있도록 돕는다.

그다음 교사는 활동지에 구상한 것을 바탕으로 직접 띠지를 만들 수 있도록 지도한다. 일반 색지보다는 그림책과 어울리는 압화가 들어 있는 색지나 식물 느낌을 주는 한지 종류를 활용하면 띠지 디자인이 어려운 학생도 만족스러운 결과물을 얻을 수 있다.

학생 결과물

68. 카드 뉴스 만들기

카드 뉴스는 책을 알리는 중요한 형식 중 하나로, 페이지마다 짧은 글과 그림으로 책 이야기를 간략하게 담아 핵심 내용을 독자에게 전달하고 호기심을 불러일으킨다. 여러 장의 통일된 템플릿 안에 책 내용을 효율적으로 전달할 수 있다는 장점이 있고 그림책 내용을 이어 보는 활동을 할 때에도 도움이 된다. 또한 그림책의 발상법을 활용해 아이디어를 효과적으로 요약하고 어울리는 이미지를 생각하는 과정에서 아이들의 문해력을 길러 준다.

> **어떤 그림책이 좋을까?**
> - 한 주제 안에서 이야기가 병렬로 배치되어 있다면 보다 수월하게 카드 뉴스를 만들 수 있다.
> - 『엄마가 너에 대해 책을 쓴다면』의 작가는 카드 디자인을 한 이력이 있다. 각 장면이 예쁜 카드처럼 다가와 학생들이 '엄마가 아이를 어떤 사물로 표현할지' 폭넓게 상상하며 간략하게 요약해 보기에 좋다.

●● 함께 읽을 책

『엄마가 너에 대해 책을 쓴다면』
스테파니 올렌백 글, 데니스 홈즈 그림, 김희정 옮김, 청어람아이(청어람미디어), 2017

엄마가 자기 아이에 대해 직접 책을 쓴다면 어떨까? 그림책 속 엄마는 무심결에 지나칠 수 있는 작은 사물에도 아이를 떠올린다. 주변에서 쉽게 볼 수 있는 사물들로 아이를 향한 마음을 표현하기도 한다. 마룻바닥에 어지럽게 굴러다니는 장난감으로 '즐거움으로 가득한'을 쓰고, 아이와 목욕하며 생긴 몽글몽글한 비누방울로는 '귀염둥이'라는 글자를 적는다. 독

특하면서도 진심 어린 표현들이 사물의 특성이 잘 느껴지는 글씨체와 그에 어울리는 아름다운 색감으로 표현되어 있어 따뜻한 사랑을 느낄 수 있는 책이다.

●● 활동 안내

1. 그림책을 함께 읽고 인터넷 서점에 있는 도서 카드 뉴스의 다양한 예시를 살펴본다.
2. 그림책 내용을 카드 뉴스 형식으로 이어 본다면 어떤 내용을 담을지 간단하게 구상한다.
3. 미리캔버스의 카드 뉴스 중 책에 어울리는 템플릿을 찾는다. 앞 단계에서 구상한 내용을 넣어 카드 뉴스를 완성한다.

1단계

『엄마가 너에 대해 책을 쓴다면』을 읽고 실제 인터넷 서점에 있는 다양한 도서의 카드 뉴스를 살펴본다. 학생들에게 인터넷 서점 카드 뉴스 섹션에 접근할 수 있도록 링크를 제공하고 다양한 예시를 살펴보도록 한다. 채널예스 사이트의 <카드 뉴스로 보는 책> 섹션을 참고하면 제작에 필요한 요소들은 물론 다양한 신작 도서들을 카드 뉴스로 어떻게 소개하는지 파악할 수 있다.

2단계

여러 카드 뉴스를 함께 살피고 『엄마가 너에 대해 책을 쓴다면』처럼 자신이 엄마가 되어 아이를 향한 마음을 카드 뉴스로 어떻게 표현할지 생각해 보도록 한다. 학생들이 각 페이지를 어떻게 구상할지 미리 활동지를 통해서 작성해도 좋다. 학생들이 카드 뉴스를 제작할 때 책 내용을 담는 부분과 제일 앞장에 표지 역할을 할 페이지도 구분해서 적어 보도록 한다. 미리캔버스에서 곧장 카드 뉴스를 제작하는 것보다는 활동지에 내용을 구상했을 때 좀 더 짜임새 있는 내용으로 카드 뉴스를 만들 수 있다.

3단계

다양한 예시를 보고 카드 뉴스 구상을 마친 학생은 미리캔버스(miricanvas.com)

에 접속한다. 핸드폰은 화면이 작아 작업하기 불편하므로 pc나 태블릿pc를 사용하면 좋다. 미리캔버스의 경우 회원가입을 하지 않아도 카드 뉴스를 만들 수는 있으나 중간 작업 과정을 저장하기 위해서 학생들에게 회원가입을 권장하였다. 수업 전에 미리 안내하면 수업 시간을 카드 뉴스 제작에 온전히 할애할 수 있다.

카드 뉴스를 만든 경험이 없는 교사라면 먼저 카드 제작을 해 보길 추천한다. 교사가 직접 미리캔버스에 접속하여 학생에게 간단한 기능을 시연해 제작 방법을 보여 줘도 좋고, 학생과 함께 제작 방법에 관한 유튜브 영상을 봐도 좋다.

카드 뉴스 제작 영상

카드 뉴스를 책 내용 그대로 만들 수도 있지만, 자신의 이야기로 바꿔서 자신이 어떤 아이인지에 대해 제작할 수도 있다. 교사가 진행하고 싶은 주제에 따라 카드 뉴스의 주제를 달리해 진행하도록 한다.

〈미리캔버스로 카드 뉴스 만드는 방법〉

1. 미리캔버스(miricanvas.com)사이트에 접속한다.

2. 왼쪽 탭에서 템플릿 - 카드 뉴스를 선택한다.

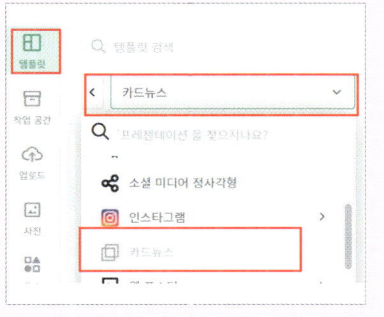

3. 여러 카드 뉴스 중 그림책에 어울리는 템플릿을 찾은 후 '이 템플릿으로 덮어쓰기'를 클릭하여 카드 뉴스 제작을 시작한다.

4. 템플릿을 고른 후 그림책과 관련된 세부 사항, 내용, 디자인 수정은 해당 페이지를 클릭하여 진행한다.

5. 카드 뉴스를 완성한 후 우측 상단 저장 옆 '공유하기' 버튼을 누르면 디자인 문서 공개를 활성화하는 창이 뜬다. 활성화 버튼을 누르면 밑에 공유 링크가 자동으로 생성된다. 생성된 링크를 복사하여 수업과 연결된 패들렛 링크나 학교 온라인 플랫폼에 올리도록 한다.

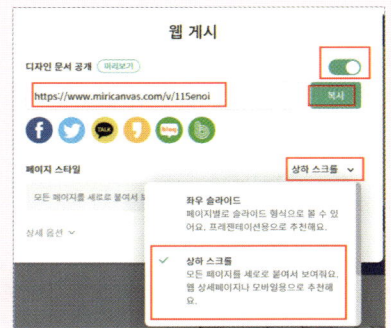

※ 공유하기에서 디자인 문서 공개 옆 '미리 보기'를 누르면 내가 만든 카드 뉴스를 공유할 때 어떤 형태로 보이는지 미리 확인 가능하다. 페이지 스타일 중 '좌우 슬라이드'와 '상하 스크롤'을 선택할 수 있는데 모바일이나 웹에서 대개 상하 스크롤 형태로 카드 뉴스를 게시하므로 학생들에게도 상하 스크롤을 선택하도록 권장하였다. 그림책에 어울리는 템플릿을 정한 후 표지를 작성하고, 글 내용에 맞는 이미지와 글씨체를 선택하여 전체적으로 어우러지는 디자인을 하도록 한다. 책 내용과 관련된 이미지를 추가하여 작업할 수도 있다.

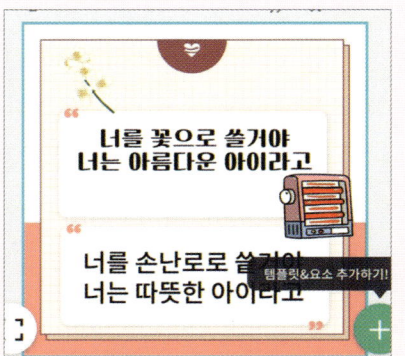

69. 웹 포스터 만들기

포스터는 책을 소개하며 홍보하는 중요한 수단으로, '한 장'이라는 적은 분량 안에 시각적인 디자인을 가미해서 책에 관한 모든 내용을 응축하여 전달한다. 영화 포스터, 전시회나 공연 포스터처럼 그림책도 포스터로 소개해 본다면 책 읽기를 꺼리던 아이들도 재미있게 활동에 참여할 수 있다. 직접 종이에 그릴 수도 있겠으나 요즘은 웹 포스터 형식이 많이 쓰이고 있으므로 학생들과 해당 형식으로 만들어 볼 수 있다.

> **어떤 그림책이 좋을까?**
> - 글밥이 적고 장면마다 그림이 강렬한 그림책은 포스터 한 장에 직관적으로 담기 좋다. 글밥이 적으니 인상 깊은 구절이 눈에 잘 들어오고 이를 포스터에 반영하기도 용이하다.
> - 『우정 그림책』은 장면마다 강렬한 색채가 시선을 사로잡고 내용과 어우러지는 명료하고 뚜렷한 그림이 글을 더 돋보이게 한다. 아이들과 접점이 많은 주제라 그림책 이야기를 포스터로 정리해 보며 자기만의 관점을 드러내는 활동을 하기에 효과적이다.

●● 함께 읽을 책

『우정 그림책』
하이케 팔러 글, 발레리오 비달리 그림, 김서정 옮김, 사계절, 2021

『우정 그림책』은 작가가 다양한 사람들을 만나 우정에 대한 생각을 인터뷰한 내용으로 이루어져 있다. 우정이 시작될 때, 깊어질 때, 우정으로 우리가 무언가를 극복할 수 있을 때, 우정에 위기가 찾아올 때, 관계가 다시 회복되는 과정 등 우정의 여러 장면을 일상에 비유해 보여 준다. 또래 관계가 중요한 시기인 만큼 학생들은 자신과 밀접하게 관련된 그림책 내용에 동질감을 느끼고 주제 자체에 큰 관심을 보인다. 많은 시간을 함께 보내는 친구의 소중함을 생각해 보며 마음을 열도록 안내하면 학생들에게도 편안하게 다가갈 수 있을 것이다.

●● 활동 안내

1. 『우정 그림책』을 함께 읽고 웹 포스터에 넣을 글을 작성한다. 미리캔버스의 웹 포스터 템플릿을 먼저 정한 후 맞춰 작성해도 좋고, 여러 형식과 분량으로 작성해 본 후 템플릿을 골라도 좋다.
2. 미리캔버스에서 웹 포스터를 만든다.
3. 결과물을 함께 보며 피드백을 주고받는다.

1단계

학생들과 함께 그림책을 읽고, 웹 포스터에 넣을 글을 구상하도록 한다. 학생들이 막막해하지 않도록 책 속에서 가장 인상 깊은 글귀, 포스터를 보여 주고 싶은 대상, 웹 포스터에 넣고 싶은 내용, 책 소개 글 등을 미리 생각해 보도록 한다.

웹 포스터는 미리캔버스로 만드는데 템플릿마다 글을 넣을 수 있는 공간, 분량이 다르다. 템플릿을 정하기 전에 먼저 웹 포스터에 넣을 글을 구상할 경우 다양한 형식과 분량을 함께 고려해 본다. 템플릿을 먼저 정하고 그에 맞춰 글을 구상하는 것 또한 좋은 방법이다. 이 경우 웹 포스터를 만들고 템플릿에 맞는 글을 바로 넣을 수 있으므로 완성도를 높일 수 있다.

2단계

글 구상이 다 끝난 학생은 태블릿pc를 켜고 미리캔버스(miricanvas.com)에 접속하도록 한다. 핸드폰은 화면이 작으므로 pc나 태블릿pc를 사용하길 권한다.

미리캔버스의 경우 회원가입을 하지 않아도 웹 포스터를 만들 수 있지만 수시로 작업 내용을 저장할 수 없고 최종 결과물을 공유하는 작업도 불가능하다. 작업 내용을 소실하는 위험 없이 중간중간 저장하면서 웹 포스터를 만들기를 원한다면 사전에 회원가입을 하도록 권장하는 쪽이 좋다.

웹 포스터를 만든 경험이 없는 교사라면 먼저 미리캔버스에 가입해서 웹 포스터를 제작해 보길 추천한다. 교사가 직접 미리캔버스에 접속하여 학생에게 간단한 기능을 시연하며 웹 포스터 제작 방법을 보여 주거나 학생과 함께 제작 방법에 관한 영상을 봐도 좋다.

웹 포스터 제작 영상

〈미리캔버스로 웹 포스터 만드는 방법〉

1. 미리캔버스(miricanvas.com) 사이트에 접속한다.
2. 회원가입 후 왼쪽 탭에서 모든 템플릿 – 웹 포스터 – 가로형, 세로형 중 원하는 것을 선택한다.

3. 여러 웹 포스터 중 그림책에 어울리는 템플릿을 고른다.
4. 템플릿을 고른 후 그림책과 관련된 세부 사항, 내용, 디자인 수정은 페이지를 클릭하여 진행한다.
5. 웹 포스터를 만들 때 수시로 우측 상단의 저장 버튼을 눌러 변경 사항을 저장하도록 하는 것이 좋다.

6. 웹 포스터를 완성한 후 앞 페이지 5번 사진의 '다운로드' 버튼을 눌러서 그림 파일 형식인 JPG나 PNG 형태를 선택한 후 빠른 다운로드를 하여 웹 포스터를 저장한다.

7. 저장 후 패들렛 계정에 올린다. 패들렛 계정이 없다면 학교 온라인 플랫폼 계정에 올리도록 안내한다.

3단계

완성한 작품을 패들렛 계정에 올렸다면 댓글로 피드백을 주고받는다. 비난이나 욕이 달리지 않도록 사전에 안내하고 작품의 좋은 점을 적어 보도록 한다. 교사 역시 학생 게시물에 댓글을 달아 학생 작품이 잘 완성되었는지 피드백을 주면 좋다.

70. 감성 엽서 만들기

엽서는 한쪽 면에 사진이나 그림이 있다는 점에서 편지와 두드러진 차이가 있다. 정보통신 기술의 발달로 엽서를 접할 기회가 거의 없는 요즘 아이들이 그림을 직접 그려 엽서를 제작해 본다면 그 과정에서 손을 움직여 직접 만드는 기쁨을 느낄 수 있다. 이번 활동에서는 엽서에 넣을 내용과 엽서를 받을 대상이 누구인지에 따라 그림책을 선정하면 된다. 엽서를 만드는 데 그치지 않고 다른 사람에게 선물로 전하는 게 목적이다.

> **어떤 그림책이 좋을까?**
> - 엽서에는 느낀 점, 문장 듣사, 줄거리 등 다양한 내용이 들어갈 수 있다. 이번 활동에서는 짧지만 감성적인 질문을 엽서 앞면에 적기로 하고 그림책 이야기에 있는 질문과 아이들이 새롭게 만든 질문을 활용하기로 했다. 『첫 번째 질문』은 평범해 보이지만 우리가 잊고 살았던 질문으로 일상을 돌아보게 하는 그림책이라 감성 엽서 만드는 활동에 적합하다고 볼 수 있다.

●● **함께 읽을 책**

『첫 번째 질문』
오사다 히로시 글, 이세 히데코 그림, 김소연 옮김, 천개의바람, 2014

글과 그림이 아름답게 어우러진 시 그림책으로, 삶을 돌아보게 하는 질문에 맑은 수채화 그림이 더해져 많은 이들의 마음에 울림을 준다. "오늘 하늘은 멀었나요, 가까웠나요?" "좋은 하루란 어떤 하루인가요?" 그림책 속 다양한 질문에 답을 하다 보면 나는 누구인지, 세상을 어떻게 살아가야 하는지 등 수많은 생각을 떠올릴 수 있을 것이다.

●● 활동 안내

1. 그림책을 읽고 인상 깊었던 질문을 고른다.
2. 엽서 받을 대상을 선정한 후 그림책 속 질문 외 새로운 질문을 만든다. 엽서에 어떤 내용을 담을지도 정리한다.
3. 글과 그림으로 엽서를 만들고 선물한다.

1단계

『첫 번째 질문』을 읽은 다음 인상 깊은 질문을 선정하고 공유하는 시간을 마련한다. 아이들이 수많은 질문 중에서 어떤 질문에 관심을 보였는지 확인한다. 질문을 선정하고 대답하는 시간을 통해 아이들이 현재 삶에서 무엇에 주목하고 있는지도 확인 가능하다. 어떤 학생은 '세상이라는 말에 가장 먼저 떠오르는 풍경이 무엇인지' 묻는 질문이 인상적이었다고, 바쁜 부모님이 주변 풍경을 둘러보며 잠시 숨을 돌렸으면 좋겠다는 이야기를 하기도 했다.

2단계

엽서 만들기의 취지에 맞게 선물하고 싶은 대상을 정한다. 그리고 그 대상에게 가장 하고 싶은 질문을 만든다. 엽서 뒷면에는 앞면에 적은 질문과 관련해 선물 받는 대상에게 전하고 싶은 글을 적는다.

3단계

엽서를 본격적으로 제작하는 과정이다. 질문에 맞는 그림을 직접 그리는 과정을 거치는 게 중요하기 때문에 시판 엽서를 활용하기보다 빈 종이에 완성하도록 한다. 물론 컴퓨터에 익숙한 아이들이라면 다양한 그리기 앱 등을 활용해 만들어도 된다.

엽서 앞면	엽서 뒷면
	TO. 가장 친한 친구 OO에게 아침에 창문을 열면 계절마다 느껴지는 향기가 있어. 너도 계절의 향기를 느끼는지 궁금해. 계절이 지날 때마다 바뀌는 향기를 느끼며 여유 있게 생활했으면 좋겠어.
	TO. 시간이 빨리 흐른다고 생각하는 친구들에게 시골에는 별이 잘 보이는데 우리 집에선 별이 잘 보이지 않아. 별을 보고 싶으면 조금 멀리 나가야 해. 나뿐만 아니라 우리 모두 학교생활 하느라 바빠서 하늘에 있는 별을 집중해서 보지 않는 것 같아. 너희들에게 잠시라도 별을 볼 수 있는 여유가 생겼으면 좋겠어.

    엽서 앞면에는 받을 사람에게 하고 싶었던 질문, 그 사람이 자신을 돌아볼 계기를 마련하는 질문을 적는다. 엽서 뒷면에는 앞면에 적은 질문과 관련해서 선물 받는 대상에게 하고 싶은 글을 적기로 한다. 학급에서 감성 엽서를 만들기를 하니 거의 대부분의 아이들이 친구들에게 엽서를 선물했다. 선물한 이유도 비슷했다. 학교, 학원 등으로 정신 없이 바쁘게 지내고 있는 친구들이 잠시라도 쉬어 가기를 바라는 마음이었다.

    엽서를 받은 친구는 앞면 그림을 보며 질문에 관해 생각하는 시간을 갖고, 뒷면에 따뜻한 이야기를 읽으며 감동을 받기도 했다. 또한 감성 엽서 만들기를 학년이 끝나는 12월 또는 1월에 실시하면 그동안 말하지 못했던 마음을 전할 수 있는 기회가 되어 줄 것이다.

71. 북트레일러 만들기

마음에 드는 그림책을 고를 때 북트레일러의 도움을 받으면 짧은 영상을 통해 그림책의 내용을 예상할 수 있다. 책을 읽고 북트레일러를 만드는 과정에서 핵심 내용과 인상 깊은 장면을 뽑아 음악과 함께 영상을 구상하게 되므로 그림책의 메시지를 깊게 이해하며 폭넓은 독서를 할 수 있을 것이다.

> **어떤 그림책이 좋을까?**
> - 주요 내용을 뽑고 스토리 보드를 구성하려면 내용 요약이 간편하고 비교적 단순한 그림으로 이루어진 그림책이 좋다.
> - 『두 갈래 길』은 붉은색과 푸른색의 간결한 대비가 돋보이는 책으로 북트레일러를 구성하기에 적합하다. 또한 누구나 걷게 되는 인생이란 길에 관해 생각해 보고 의미 있는 이야기도 나눠 볼 수 있다.

●● 함께 읽을 책

『두 갈래 길』

라울 니에토 구리디 글·그림, 지연리 옮김, 살림, 2019

『두 갈래 길』은 인생을 길에 비유하면서, 그 길을 걷는 이들을 응원하는 따뜻한 내용을 들려준다. 어떤 이들은 인생을 살면서 만나는 여러 고비와 위기를 당당히 헤쳐 나가야 한다고 말하지만 이 책은 오히려 때로는 한눈을 팔거나, 잠시 쉬어 가거나, 되돌아가도 괜찮다고, 이 모든 여정이 우리를 빛나게 만들어 줄 거라고 아이들에게 위로와 응원을 전한다.

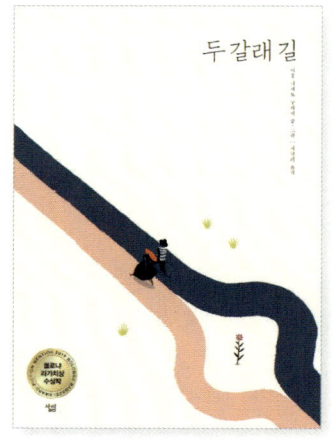

●● **활동 안내**

1. 그림책을 읽고 북트레일러 영상 제작 방향 아이디어를 공유하며 역할을 나눈다.
2. 콘티 및 스토리 보드를 작성한다.
3. 캐릭터 제작을 한 뒤 2인 1조로 총 16컷의 그림을 그린다.
4. 영상 편집 과정을 거친다. 글씨체와 그림색을 조정하고 배경음악, 내레이션 등을 적용해 최종 결과물을 완성한다.

1단계

그림책을 읽은 뒤 북트레일러 제작을 위한 아이디어를 공유하고, 역할을 분배한다. 『두 갈래 길』은 비교적 그림이 단순해서 직접 그림을 그려 애니메이션 형태로 영상을 제작하면 좋다. 직접 그리기 어려운 경우에는 내레이션, 줄글 등을 활용하여 보다 간단하게 만드는 것도 가능하다. 연출 및 콘티(스토리 보드 작성), 캐릭터 제작 및 그림 그리기, 영상 편집의 역할을 나눠서 각자 역할을 수행하도록 한다. 콘티 및 스토리 보드 작성, 캐릭터 제작 및 그림 그리기, 영상 편집의 순서로 일이 진행되는데 각 과정을 주도하는 학생이 한 명씩 있고 나머지 인원들은 보조하는 방식으로 진행해도 좋다. 콘티 및 스토리 보드를 한 명이 주도해서 작성할 경우 그 학생은 총연출 및 기획을 맡고 나머지 학생들은 연출, 기획자의 의견에 따라 작성하는 역할을 수행한다. 캐릭터 제작 및 그림 그리기를 진행하는 학생들의 경우에도 그리기와 채색 등으로 역할 분배를 하도록 한다.

2단계

콘티는 영화나 텔레비전 드라마의 촬영을 위하여 각본을 바탕으로 필요한 모든 사항을 기록한 것으로 장면 번호, 화면 크기, 촬영 각도와 위치에서부터 의상, 소품, 대사, 액션까지 적혀 있다. 스토리 보드는 영화, 광고, 애니메이션 등을 제작할 때, 이야기의 주요 장면을 제작할 영상과 가깝게 그림이나 사진으로 만든 연출판이다. 콘티 및 스토리 보드를 작성할 때는 그림책 내용 중 꼭 들어가야만 할 부분을 추려서 기록한다. 『두 갈래 길』은 줄글이 많지 않은 편이기 때문에 읽으면서 인상 깊었던 부분, 핵심 내용을 중심으로 각 장면을 어떻게 구성할지 결정한다.

> **학생들이 짠 콘티**
> #1 책 제목.
> #2 집에서 사람이 나와 걸어간다 → 인생은 길과 같다.
> #3 신기한 것과 두려움이 함께 공존한다.
> #4 두 갈래 길에서 선택의 기로에 놓인다.
> #5 빠르게 지나감.
> #6 암흑이 찾아옴.
> #7 장애물이 나타남.
> #8 잠깐 멈춰 고민에 잠김.
> #9 장애물을 뛰어넘음.
> #10 저마다의 방법으로 길을 나아간다.
> #11 지나온 길은 우리의 인생.
> #12 지난 너의 모든 길이 아름답기를.
> #13 엔딩(독자의 길을 응원).

영상을 만들 때 각 장면별로 어떻게 구상할지 줄글로 간단하게 작성한 뒤에는 장면별 그림을 통해 완성된 모습을 예상해 본다. 그림을 그리면서 장면을 삭제하거나 통합, 추가할 수도 있다.

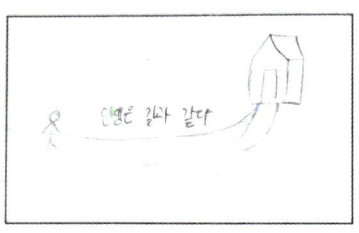 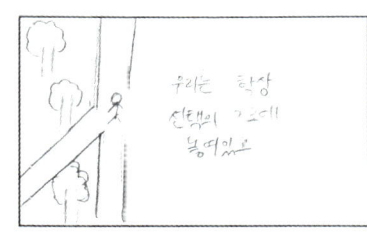
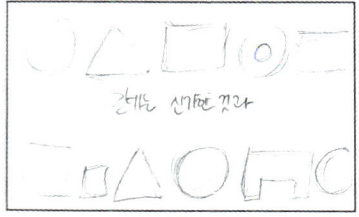 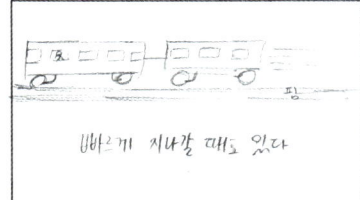

학생들이 만든 스토리 보드 일부

3단계

캐릭터를 만들고 작성한 스토리 보드의 각 장면을 참고하여 그림을 그린다. 그림 작업에는 태블릿 PC와 스마트펜을 활용하고 클립스튜디오, sketchbook 어플을 이용했다. 캐릭터가 움직이는 장면을 넣기 위해서는 캐릭터의 다양한 모습을 사전에 그려 놓는 과정이 필요하다. 총 16컷의 그림을 두 명이 절반씩 주도하여 그린 뒤 길의 색, 모양, 글씨체, 캔버스 크기 등을 통일하는 과정을 거쳐서 한 사람이 그린 듯한 효과를 주었다.

4단계

그린 그림들과 음악을 활용하여 윈도우 무비메이커, 뱁믹스 등의 무료 동영상 편집 프로그램, 또는 프리미어 프로 등의 유료 동영상 프로그램으로 북트레일러를 만든다. 각 장면에 영상 편집 프로그램에서 제공하는 효과를 넣어 자연스럽게 화면이 전환되게 하고, 캐릭터를 이동시키는 편집 효과를 넣어 캐릭터가 직접 움직이는 것처럼 만들 수 있다. 북트레일러에 삽입할 음악을 찾을 때는 우튜브에서 'Royalty free'를 검색한다. 저작자 표시가 필요 없는 음악은 따로 표시하지 않아도 되고, 저작자 표시가 필요한 음악은 저작자명을 함께 표기하면 자유롭게 사용할 수 있다.

북트레일러 영상을 만들 때 각 편집보다 내용을 요약하고, 주요 내용을 뽑아 스토리 보드를 작성하는 데 신경 쓰는 게 그림책 내용 파악에 더 큰 도움이 된다. 비교적 그림이 간단하고 핵심 내용이 명확한 그림책을 선정하면 학생들도 쉽게 스토리 보드를 그리고 북트레일러를 만들 수 있을 것이다. 각 모둠별로 다른 북트레일러를 만든 뒤 태블릿을 이용한 갤러리 워크 활동으로 그림책을 소개해도 좋다.

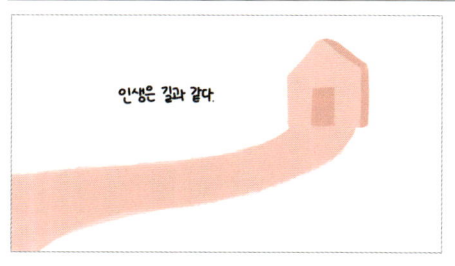

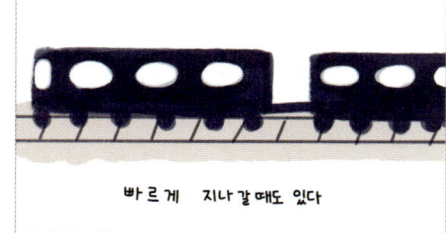

완성된 북트레일러 일부

72. 업사이클링 팝업북 만들기

한 해 버려지는 책들만 해도 160만 권이 넘는다. 코팅 처리된 그림책은 더 이상 이용하지 않거나 망가지더라도 재생지로 재활용하지 못하고 폐기, 소각된다. 버려지는 헌 그림책에서 마음에 드는 그림을 오려 나만의 팝업(pop-up) 그림책으로 새롭게 재창작하며 환경 보호를 실천해 보자.

> **어떤 그림책이 좋을까?**
> - 팝업 그림을 직접 그리고 어울리는 이야기도 만들어야 하기 때문에 아이들의 관심사가 반영된 그림책이면 좋지만 수업에서 주제와 활동을 연관 짓는 과정이 있다면 '환경'을 주제로 한 그림책을 함께 읽는 게 좋다.
> - 『검정토끼』는 쓰레기를 소재로 한 그림책으로, 자원의 순환과 환경에 관해 고민하게 하는 이야기이다. 쓰레기가 우리 아이들의 손을 거치며 아름답게 다시 쓰일 수 있다는 실천 의지를 나눌 수 있다.

●● **함께 읽을 책**

『검정토끼』

오세나 글·그림, 달그림, 2020

겉표지를 벗겨 내면 오색찬란한 색깔을 입은 토끼 뒷모습이 보인다. 겉모습은 검은색인데 그 안쪽은 휘황찬란하다니, 무언가 심상치 않다. 사실 검정 토끼의 정체는 비닐봉지이다. 전봇대 아래 한가득 쌓인 검정 토끼는 어느새 하늘에 가 닿을 만큼 쑥쑥 자라나고 순간 펑 하고 터져 버린다. 은유적이고 아름다운 방식으로 지구 환경 문제를 고발하는 그림책이다.

•• 활동 안내

1. 재활용과 업사이클링의 차이를 설명한다.
2. 팝업북의 한 종류인 '무대책'을 제작해 보기로 하고 먼저 틀을 만들어 준다.
3. 책에 들어갈 그림을 그리고 이야기를 완성한다.

1단계

검정 토끼 안에 담겨 있던 색색의 화려하고 아름다운 조각들이 세상을 덮었듯, 버려지는 쓰레기가 그림처럼 예쁜 존재가 될 수 있을지 아이들과 이야기를 나눈다. 이때 버려진 사물을 재사용하는 것에서 나아가 새로운 가치와 디자인을 추가해 제품으로 재탄생시키는 '업사이클링(Upcycling)' 사례를 소개한다. 이번 활동에서는 아이들과 함께 헌 그림책으로 팝업북을 만들어 본다.

2단계

팝업북은 지지대의 종류에 따라 간단한 것에서 복잡한 단계로 만들 수 있지만, 팝업을 처음 접하는 학생들을 위해 '무대책'을 제작해 보도록 한다. 무대책은 책의 가운데 부분에 창 모양 무대 틀을 만든 뒤 무대 위에 그림을 올려 꾸미는 것으로, 팝업북의 기본 형태라 할 수 있다. 먼저 무대책의 틀을 만들어 준다.

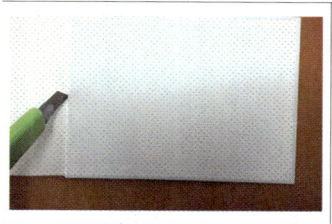

무대책이 될 그림책의 표지를 뒤로 젖혀서 눌러 주고 표지와 속지 사이에 칼집을 넣어 표지에서 속지를 분리한다. 떼어 낼 때는 표지와 속지를 잡고 앞뒤로 살살 흔들며 뜯어낸다.

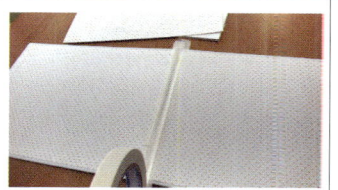
책을 뜯어낸 부분에 종이테이프를 붙이거나 비슷한 색감의 속지 한 장을 올려서 붙여 준다.

속지를 한 장씩 떼어 내면서 내용을 살펴보고 마음에 드는 그림이 있는 장을 따로 분류한다. 필요 없는 그림이 있는 내지로 무대 틀과 스프링을 만든다.

속지 한 장으로 무대 틀을 만든다. 반으로 접고 열려 있는 양쪽이 풀칠할 자리가 되도록 2cm 이상 바깥으로 접어 'ㅗ'자 모양으로 만든다.

접은 무대 틀의 가운데 부분을 오려서 'ㄷ'자 모양이 되도록 만든다.
자른 무대 틀을 표지의 가운데에 T자형으로 세워 놓고 왼쪽 표지의 1/3 지점에 풀칠하여 붙인다. 책장을 덮으며 오른쪽 표지에 닿는 무대 틀의 풀칠 자리를 확인하고 붙인다.

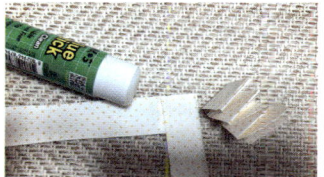
팝업 효과를 줄 스프링을 만든다. 사용하지 않는 장을 이용하여 두 줄 정도 1~1.5cm 간격으로 길게 자른다. 두 줄을 'ㄱ'자 모양이 되도록 겹쳐 붙여 주고, 아래 있는 종이를 꺾어서 위로 올려 접는다. 두 줄이 교차로 겹치게 접은 다음 끝부분은 풀로 고정한다.

3단계

이제 본격적으로 팝업북에 그림과 글을 넣는 단계이다. 아직 손힘이 약하고 칼을 다루기 어려운 저학년 수업의 경우 표지와 속지를 분리하고 종이테이프로 가운데를 감싸는 작업을 교사가 미리 해 놓는 것이 좋다. 수업에서는 분리와 전처리를 마친 표지와 속지를 나눠 주고 이후 순서를 학생과 진행한다. 고학년 수업인 경우는 사전에 안전 교육을 실시해 사고를 예방하여야 한다.

	책에 들어갈 그림을 선택하여 오려 낸다. 구상한 모습에 맞게 무대 틀에 붙일 그림과 바깥 배경으로 들어갈 그림을 생각하여 선택한다. 책 접히는 부분에 걸리지 않도록 크기를 조정하여 오려 낸다.
	전체 구성에 어울리도록 무대 틀과 스프링에 그림을 붙여 준다. 그 외 그림은 배경으로 표지에 바로 붙인다.
	책 표지의 여백이나 붙임 메모지에 그림에 맞는 자신만의 새로운 이야기를 재구성하여 글을 써서 붙인다. 학생 예시: "나는 코로나 바이러스를 사라지게 하려고 한다. 오늘 꿈에 드래곤이 나왔다. 드래곤이 자신과 함께 코로나를 사라지게 하기 위한 방법을 찾으러 여행을 떠나자고 했다. 나는 여행을 같이 가기로 했다. 우리가 달까지 갔을 때 나는 꿈에서 깨어났다. 비록 여행의 끝은 보지 못했지만 얼른 코로나가 끝나면 좋겠다."

만들어진 팝업 그림으로 새로운 이야기를 만드는 것 외에 원작의 내용을 간추려 요점 정리하기, 이 책을 추천하는 글을 써 보기 등 다양한 독후활동을 적용할 수 있다. 팝업 그림책을 만들고 남은 속지 그림은 오려서 모빌을 만들거나 다른 활동의 꾸미기 재료로 활용하여 쓰레기로 배출되는 것을 최대한 줄이도록 한다.

73. 학급 그림책 만들기

이 활동은 학급 학생들이 개별적으로 쓰고 그린 각각의 그림들을 모아 한 권의 그림책으로 완성하는 것이다. 학생들의 호기심과 창작 욕구는 배움과 성장을 위해 매우 바람직하지만, 각자 한 권의 그림책을 만드는 것은 부담스러울 수 있다. 이때 친구들과 학급 그림책을 만들어 본다면 글쓰기 능력과 심미적 감수성의 함양을 도모할 수 있고, 자신감과 협동심을 향상시키는 데에도 큰 도움이 될 것이다.

> **어떤 그림책이 좋을까?**
> - 학급 구성원 전체가 한 권의 그림책을 만들기 위해서는 그림책의 이야기 구조가 단순하고 이해하기 쉬워야 한다. 따라서 기승전결로 연결된 복잡한 서사구조보다는 문답 형식의 구조나 특정 주제에 대해 독립적으로 나열하는 병렬 구조가 적합하다.
> - 『다다다 다른 별 학교』는 다양한 미술 기법을 활용하고 있어서 학생들이 마음껏 각자의 개성대로 여러 별들을 상상하기에 좋은 예시를 제공한다. 자신이 온 별과 친구가 온 별은 어디일지 상상해 보며 이야기를 나누고, 각자가 표현한 다양한 별들의 모습을 모아 엮음으로써 쉽게 학급 그림책을 만들 수 있다.

●● **함께 읽을 책**

『다다다 다른 별 학교』

윤진현 글·그림, 천개의바람, 2018

내가 남과 다른 특별한 사람이듯이 남도 역시 특별한 존재이다. 그렇기에 서로의 특별함을 이해하고 존중할 수 있어야 우리는 함께 어울리며 살아갈 수 있다. 이 그림책은 작아도 별, 물음표 별, 눈물나 별 등 각기 다른 별에서 온 아이들이 서로 다른 성격과 외모를 지녔음을 보여 줌으로써 각자의 고유성을 인정하고, 스스로에게 자신감을

가져야 한다는 메시지를 전달한다. 제각기 다른 아이들과 별들의 특성을 표현하기 위해 판화, 콜라주, 수채화, 크레용 등 수많은 재료와 기법을 동원해 시각적으로 풍성한 재미도 주는 그림책이다.

●● 활동 안내

1. 그림책을 읽고, 각기 다른 별에서 온 친구들에 관해 함께 이야기를 나눈다. 나의 특성, 장단점 등을 떠올리며 나는 어느 별에서 왔을지를 생각하고 발표한다.
2. 앞 단계에서 구상한 내용을 바탕으로 일반적인 책 형태에 착안해 학급 그림책을 제작해 본다.
3. 주위 사람들이 어느 별에서 왔을지 상상하며 다른 형태의 학급 그림책도 만들어 본다.

1단계

그림책을 읽고, 책 속에 등장하는 각각의 별들과 그 별에서 온 친구들의 특성을 이야기한다. 작아도 별, 생각대로 별, 반듯반듯 별, 물음표 별 등의 이름과 그 별에서 온 학생들의 특성을 알아볼 수 있다.

다음으로는 그림책에 등장한 다양한 캐릭터들과 내가 어떤 점이 닮았고 어떤 점이 다른지 발표한다. 사람들 앞에서 발표하기 부끄럽다는 친구는 숨바꼭질 별에서 온 친구와 닮았다고, 계획표 짜기를 싫어하는 친구는 반듯반듯 별에서 온 친구와 다르다고 이야기한다.

나아가 각자 자신만의 특징과 좋아하는 것, 잘하는 것, 싫어하는 것을 알아보고 자신의 성격이나 취미 등에 관해서도 친구들과 이야기를 나눠 본다.

> 학생 1: 저는 걱정 별에서 왔습니다. 숙제도 걱정, 친구도 걱정, 크고 작은 걱정들이 정말 많이 있어요.
> 학생 2: 저는 예쁘게 꾸미는 것을 좋아합니다. 스티커나 리본을 모으는 것도 좋아해서, 저는 꾸며 별에서 왔습니다.

자신이 온 별을 소개하고, 각기 다른 친구들의 별에 관해 이야기를 들은 다음, 각자 '나의 별'을 구상한다. 이때 자신의 특징을 살린 별을 어떻게 표현할 것인지 고민해야 한다. 책 속에 등장하는 인물, 배경 등을 놓고 선택과 배치를 생각해 본 후, 별의 모양이나 색깔도 고려해 본다. 무엇보다 〈나의 별〉을 어떤 재료와 기법으로 표현할지 정하는 과정도 중요하다. 또한, 학생들이 자신의 개성을 살려 〈나의 별〉을 구상할 수 있도록 허용적이고 자유로운 분위기를 조성하고 충분히 격려해 주는 것이 좋다.

2단계

구상이 끝난 뒤 직접 학급 그림책을 만들어 본다. 그 과정은 다음과 같다.
① A4 도화지를 가로로 반 접는다.
② 〈나의 별〉을 주제 삼아 구상한 내용을 바탕으로 밑그림을 스케치한다.
③ 색연필과 사인펜 등의 채색 도구를 이용하여 〈나의 별〉을 색칠하고 꾸민다.
④ 〈나의 별〉을 두세 문장으로 소개한다.
⑤ 활동지의 양쪽면 중 오른쪽 뒷면에 풀칠하여, 다른 학생 활동지의 왼쪽 뒷면과 연결한다.
⑥ 희망 학생이 표지를 완성하여 맨 앞에 연결하면, 학급 그림책이 완성된다.

※ 학생 활동지의 뒷면(같은 색 뒷면 끼리)에 풀칠하여 서로 연결한다.

3단계

앞 단계에서 일반적인 책 형태로 '나'를 주제로 한 학급 그림책을 만들었다면 이번에는 주제와 형태를 확장해 본다. 내가 아닌 가족이나 친구, 이웃 등을 관찰하고, 그들이 어느 별에서 왔을지를 상상하여 글과 그림으로 표현하는 것이다. 책 형태는 다음과 같다.

색종이를 안으로 접어 'X' 형태의 삼각접기를 한다.

색종이를 뒤집은 다음, 안으로 접어 '十' 형태의 사각접기를 한다.

네 꼭짓점을 가운데 중심선에 맞추어 삼각형 모양으로 접는다.	반대쪽도 삼각형 모양으로 접은 다음 뒤집어서 양쪽 모두 삼각형 모양으로 접는다.	삼각형 부분을 펼쳐 꼭짓점을 안쪽으로 밀어넣는다.	반대쪽도 같은 방법으로 안으로 밀어 넣는다.

	 	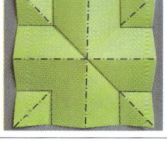  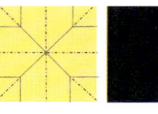
위와 같은 모양이 되면 완성!	안쪽 모습은 위와 같다.	종이를 펼친 모습과 표지

그 외 활동

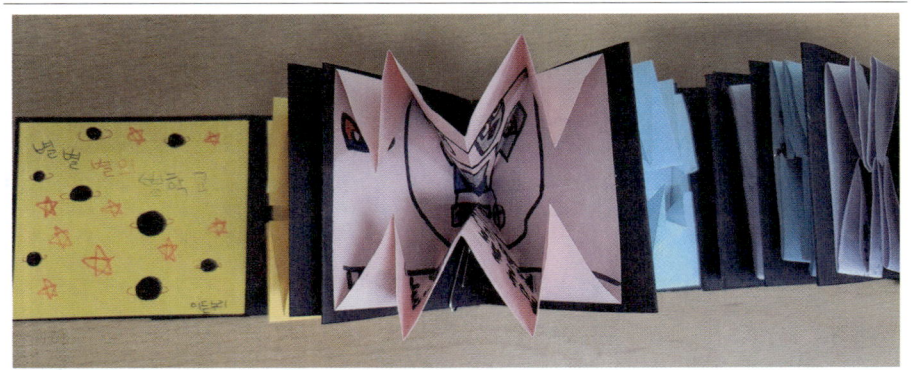
학생들이 완성한 학급 그림책 예시

　학급 그림책 만들기는 학생들이 완성한 각각의 장면을 전체적인 하나의 이야기로 엮어 그림책을 만드는 활동이다. 따라서 학생들의 작품이 서로 자연스럽게 연결될 수 있도록 세심하게 장면을 구성하거나, 각각의 독립성이 보장되는 구조를 선택하는 것이 좋다. 또한 그림책을 만드는 활동이 그림책을 향한 관심과 흥미를 유발하는 좋은 경험이 되도록 해야 한다.

74. 그림책 큐브

평면인 그림책을 입체인 큐브로 재구성하면서 책 내용을 자신의 말과 그림으로 나타내는 활동이다. 아이들은 책 내용을 경험이나 생각과 연결하여, 큐브에 간단한 텍스트와 그림으로 묘사한다. 그림책을 눈으로 읽고, 손으로 큐브를 만들어 쓰고 그리며 끊임없이 사고하는 과정은 아이들의 생각을 지속적으로 자극하여 상상력과 창의력을 활성화한다. 나아가 파편화된 조각 지식을 넘어, 각자의 경험, 생각과 융합된 지식을 형성함으로써 장기 기억을 증진시킨다.

> **어떤 그림책이 좋을까?**
> - 큐브의 여덟 면 중 제목을 쓰는 부분을 제외한 나머지 일곱 면에 키워드를 골라 써넣어야 하므로 아이들이 다양한 키워드를 겹치지 않게 길어 올릴 수 있는 그림책이 좋다.
> - 『감정은 무얼 할까?』에서 다루고 있는 다양한 감정은 각자의 경험과 관련지어 그림으로 나타내기에 적합하다.
> - 큐브를 움직이는 과정에서 만나는 감정에 대한 키워드·그림을 보고 그 감정을 표현해 보는 활동도 동시에 진행할 수 있어 흥미를 더한다.

● ● **함께 읽을 책**

『감정은 무얼 할까?』

티나 오지에비츠 글, 알렉산드라 자욘츠 그림, 이지원 옮김, 비룡소, 2021

『감정은 무얼 할까?』는 우리 안에 존재하는 31가지 감정을 살아 있는 생명체처럼 의인화하여 나타낸 그림책이다. 여러 가지 감정이 무엇을 하는지 재치 있게 표현하고 있어, 각자 자신의 감정에 대해 생각하고 상상해 보게 한

다. 감정을 나타내는 글과 그림의 조합이 섬세하다. 비유와 은유를 다양하게 사용해서 표현한 글을 저마다의 독특한 캐릭터와 연계하여 이야기한다. 독자는 작가가 초대하는 그림책 속에서 자신의 감정을 만나는 시간을 보내게 된다.

●● 활동 안내

1. 무지개 큐브를 만들어 보며 큐브가 움직이는 방향과 순서를 익힌다. 아래로 열고 다시 고무줄로 묶는다.
2. 그림책을 읽고 큐브에 감정 단어를 적는다.
3. 음악에 맞춰 큐브를 움직이는 동영상을 만들고 공유한다.

1단계

그림책 큐브를 만들기 위해서는 먼저 무지개 큐브를 만들어 움직임 방향과 순서를 익히는 것이 좋다. 특히 처음 그림책 큐브 활동에 참가하는 초보자들에게는 필수적인 과정이라 할 수 있다. 무지개 큐브란 그림책 큐브의 움직이는 방향과 순서를 명확히 하기 위해, 빨주노초파남보 무지개색 순서로 움직이도록 시각화한 것이다. 일종의 샘플 역할이라고 할 수 있다. 교사는 학생들이 먼저 무지개 큐브를 만들어 보면서 무지개색 순서에 따라 입체적으로 큐브를 재구성하도록 한다.

무지개 큐브 만들기 영상

2단계

영화 <인사이드 아웃> 영상의 일부를 본 후에 『감정은 무얼 할까?』 그림책을 읽는다. 해당 영화 또한 각 감정의 역할을 생각하게 하므로 함께 보면 주제가 자연스럽게 연계된다. 책 속 단어를 가린 후에 묘사한 부분을 먼저 읽어 주고, 그림을 참고해서 어떤 감정 단어일지 예상하게 하면, 아이들은 지속적으로 생각을 만들어 낸다. 작가 생각과 다르더라도 자기 생각을 표현하는 그 자체가 의미 있는 시도이다. 작가의 감정 설명과 캐릭터나 상황을 표현한 그림 간 관련성이 독특하게 전개되어 집중의 효과도 크다. 단어를 확인하면서 서른한 가지 감정 단어를 다 읽은 후에는 이 중 일곱 개를 선택하도록 한다. 큐브를 무지개색 순서대로 펼쳐 가면서 선택한 단어와 그에 따른 자기 나름의 생각을 그림으로 표현하고, 마지막 큐브판에는 제목을 써서 완성한다.

그림책 큐브는 무지개 큐브 샘플 자료를 보면서 순서대로 제작해도 무방하나, 시작 부분과 큐브를 움직이는 과정을 시각화하면 더 효과적으로 진행 과정을 익힐 수 있다. 교사는 아이들이 Z자 선택한 일곱 감정 단어를 그림책 큐브 표면에 쓰고, 본인의 경험이나 느낌을 바탕으로 관련 그림을 그리도록 한다. 마지막 큐브면에는 '나의 감정'이나 '감정 이야기' 등 제목을 알맞게 제시한다. 제목 부분에서 그림책 큐브의 처음으로 돌아가기 위해서는, 가운데 세로선을 열고 뒤집은 다음, 가운데 가로선을 중심으로 위아래를 닫는다.

3단계

빨, 주, 노, 초, 파, 남, 보, 제목 순서대로 그림책 큐브를 움직이는 연습을 반복해서 익힌 후에, 영화 <인사이드 아웃> OST의 「Bundle of Joy」 선율에 맞추어 동영상을 제작한다.

학생들이 만든 그림책 큐브 동영상 작품은 유튜브에 업로드하여 시청하고, 소감을 댓글로 작성하도록 한다. 그림책 큐브의 움직임 활동에 익숙해진 후에는, 큐브 터두리에 색깔 라인을 표시하지 않고도 무난히 만들 수 있게 된다. 그림책 큐브 만들기 원리를 활용해서 그림책 명언을 쓰는 활동으로 진행할 수도 있다. 이 경우에는 큐브의 면적이 충분하지 않은 관계로, 그림 없이 글만으로 제작해야 한다. 명언과 그림을 모두 표현하고자 한다면 사이즈가 큰 큐브를 사용할 필요가 있다.

영화 OST에 맞춰 큐브를 움직이는 영상

75. 북아트 1 – 클로버북

북아트는 문학과 미술이 결합한 형태의 예술교육으로, 북아트 형태 중 하나인 클로버북은 하트 모양의 종이에 주제에 맞게 기록한 네 개의 생각을 일체적으로 모을 수 있는 책이다. 책을 읽고 정리할 내용을 클로버 잎 모양의 낱장에 기록하여 책 형태로 엮어 본다면 평면적인 글쓰기 활동에 입체적인 만들기 형식을 더하여 예술성을 높일 수 있다. 쓰기의 단순함이 행운을 나타내는 상징물로 시각화되는 결과가 흥미로우며, 그 전환이 아이들의 감성과 창의성을 북돋을 것이다.

> **어떤 그림책이 좋을까?**
> - 클로버북은 네 면으로 구분되어 있으므로 안에 들어갈 내용을 네 갈래로 나눠 정리하려는 활동에 적합하다. 그림책을 읽고 정리할 내용이 네 방향으로 분류될 수 있다면 클로버북을 활용하기 좋다.
> - 『나는 너는』은 MBTI 성향을 소재로 삼은 그림책으로, 책을 읽고 자신의 성향과 비슷한 네 캐릭터를 찾는 활동을 할 수 있다. 학생들이 자신의 다양한 면모를 사고하고 연결하여 클로버북으로 정리하기에 유용한 책이다.

●● 함께 읽을 책

『나는 너는』

김경신 글·그림, 글로연, 2021

생각의 변화가 많은 학생 시기에는 자신의 성향을 한 가지로만 나타내기보다 여러 관점에서 들여다 볼 필요가 있다. 이 과정에서 평소에 타인에게 보여 주던 자기 모습 외에 나의 진짜 모습을 발견할 수 있기 때문이다. 『나는 너는』은 자전거 경기에 임하는 선수 16명의 성향을 MBTI 유형과 연계하여 '너'와 다른 '나'를 이야기한다. 이때 각 장면에 등장하는 '나'는 자기 삶에서는 주인공으로, 타인의 삶에서는 조연으로 등장한다. 특히 각각 다른 '나'의 이야기를 상대적인 관점에서 들여다보며 아이들은 건강한 자아관을 확립하고 타인을 보다 잘 이해할 수 있다.

●● 활동 안내

1. 색종이를 이용해 클로버북을 만든다.
2. 자기 자신을 탐구하며 그림책을 읽어 본다.
3. 자신의 성향과 비슷한 네 캐릭터를 클로버북에 정리한다.

1단계

클로버북 만들기 활동은 사각 주머니 접기로 출발한다. 색종이의 밝은 면이 보이게 세모 접기를 두 번 하고 반대 면이 보이도록 네모 접기를 두 번 하면 자연스럽게 마름모 모양의 사각 주머니를 접을 수 있다.

사각 주머니 접기

안쪽 면을 밖으로 세모 접기 두 번	겉쪽 면을 밖으로 네모 접기 두 번	마름모 모양의 사각 주머니 완성

색종이의 1/4 크기에 맞게 미리 본을 뜬 하트 모양을 사각 주머니 위에 대고 연필로 테두리를 따라 그린다. 이때 사각 주머니의 중심점과 하트의 뾰족한 부분이 일치하도록 유의해야 한다. 이후 테두리 선을 따라 가위로 오리면 네잎 클로버 하나가 완

성된다. 이 과정을 반복하여 네 개의 네잎 클로버를 준비한 후 A5 크기로 자른 8절 색지 도화지에 보기 좋게 배치한다.

하트 모양 오리기		

색종이 1/4 크기에서 하트 본뜨기	하트의 뾰족한 부분을 주머니의 중심점과 겹친 후 하트 테두리 그리기	접힌 네잎 클로버 완성

유의 사항	클로버북 배치

하트의 뾰족한 부분을 사각 주머니의 중심점과 반대쪽으로 겹친 결과	접힌 네잎 클로버 네 개를 'x'나 '+' 모양으로 배치

2단계

진로활동과 연계하여 간이 MBTI 검사를 실시한 후에 『나는 너는』 그림책을 읽어 주면 자신을 이해하는 데 많은 도움이 된다. 자전거를 타 본 경험으로 이야기를 꺼내어 책 읽기로 이어 가도 자연스럽다. 교사가 책을 읽어 주는 동안 각각의 장면에 등장하는 캐릭터 설명을 자신의 성격과 비교하면서 듣도록 사전에 안내할 필요가 있다. 함께 책을 읽는 동안 충분히 자기를 탐구하는 시간을 누리도록 여유를 가지는 게 무엇보다 중요하다.

   책을 다 읽은 후 미리 열여섯 캐릭터에 순서대로 번호를 매겨 메모해 두도록 안내하면 자신의 캐릭터를 쉽게 찾을 수 있다.

3단계

함께 책을 읽은 후에는 자신의 성향과 비슷하게 표현해 놓은 네 명의 캐릭터를 학생들 스스로 선택하도록 한다. 클로버 잎 하나를 펼쳐서 안쪽 면에 한 장에 한 캐릭터씩 그 주인공에 관한 설명이나 해당 장면의 문장을 적어 넣는다. 이때 미리 배치해 놓은 클로버 잎의 위아래를 구분하여 글씨를 쓰도록 주의해야 한다. 이 과정을 확인하지 않으면 클로버북 완성 후에 글자가 거꾸로 전시될 수 있기 때문이다. 배치해 놓은 위치에 클로버 잎을 그대로 붙인 다음 잎을 열어 안쪽 면에 내용을 기록하면 이런 실수를 방지할 수 있다.

   클로버북이 완성되면 잎 바깥 면에 이름과 캐릭터 번호를 쓴다. 마지막으로 그중에 자기가 가장 되고 싶은 주인공의 모습을 해당 번호를 써 놓은 잎의 겉면에 그려 넣는다.

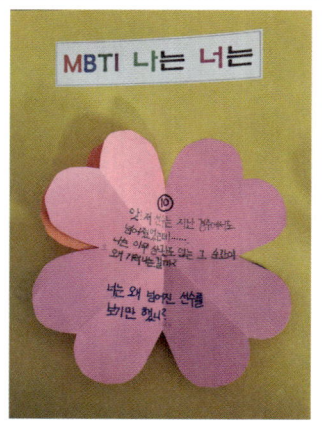

클로버 잎 안쪽 면에 나와 비슷한 캐릭터에 관해 기록한다.

클로버북 완성

학급 친구들의 작품을 이어 붙여 병풍 모양으로 전시 하기

사진으로 보는 바와 같이 완성된 작품은 개별로 게시하거나 모두 이어 붙여 병풍 모양으로 전시할 수도 있다. 아이들은 같은 작업으로 색다른 전시를 경험하는 일에서도 즐거움을 얻는다. 전시 작품을 둘러보며 감상 활동을 하는 동안, 친구들이 선택한 성격과 자신이 알고 있는 친구의 성격 사이에 어떤 차이가 있는지 발견할 수도 있다. 이런 이야기를 함께 나누면서 수업을 마무리한다.

76. 북아트 2 – 수레바퀴북

수레바퀴북은 북아트의 일종으로, 클로버북과 제작 과정은 비슷하나 전시 방법에 따라 평면과 입체로 나뉘어진다. 한 권의 책에서 네 가지 생각을 다각도로 펼치는 수레바퀴북을 만들어 봄으로써 아이들은 창의성을 키우는 동시에 적극적이고 도전적인 태도로 변화를 위한 다양한 시도를 해 나갈 수 있을 것이다.

> **어떤 그림책이 좋을까?**
> - 수레바퀴북 만들기는 역사의 수레바퀴가 계속 돌고 있는 현시점에서, 존경하는 인물에 관한 생각을 동시다발적으로 전개하기에 적합한 활동이다. 『우리는 패배하지 않아』 글 형식을 활용하여 주변의 인물과 자신을 주제로 수레바퀴북을 만들어 보고 차별에 맞선 역사의 의미를 되새겨 보자.

●● 함께 읽을 책

『우리는 패배하지 않아』
콰미 알렉산더 글, 카디르 넬슨 그림, 조고은 옮김, 보물창고, 2020

온갖 고난과 차별 속에서도 꿋꿋이 역사를 일구어 낸 사람들의 초상을 담은 시 그림책으로, 한계가 없는 사람들에게 바치는 찬가 성격을 띠고 있다. 특히 아프리카계 미국인들의 저항을 반복적인 시구로 강조하는 표현법이 인상적이다. 작가는 마지막 장면에서 이 시를 결국은 패배하지 않는 우리 모두에게 바친다고 이야기하면서 혁명적인 희망을 노래한다.

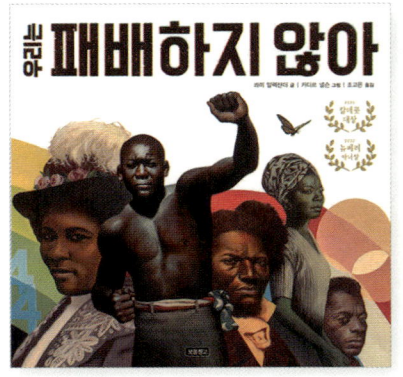

●● 활동 안내

1. 수레바퀴북을 만든다.
2. 그림책을 읽고 역사 속 인물을 생각하는 시간을 마련한다.
3. 인상 깊은 장면, 각자 선택한 익숙한 인물들에게 보내는 찬사를 수레바퀴북에 정리한다. 완성한 수레바퀴북은 개별로 바퀴 모양으로 오려 평면으로 전시하거나, 세로선을 모아 이어 붙여서 입체 모양으로 전시한다.

1단계

수레바퀴북은 클로버북의 시작과 마찬가지로 색종이로 사각 주머니를 접으며 시작한다. 사각 주머니를 다 접었다면 주머니의 중심점과 직각 호의 꼭짓점을 일치시킨 후, 호의 테두리를 따라 가위로 오린다. 이 과정을 네 번 반복하여 만든 호 모양의 주머니 네 개를 A5 크기로 자른 검은 도화지 위에 알맞게 배치한다.

사각 주머니 접기

연한 면을 밖으로 세모 접기 두 번	진한 면을 밖으로 네모 접기 두 번	마름모 모양의 사각 주머니 완성

하트 모양 오리기		

색종이 1/4 크기에서 직각의 호 본뜨기	호의 직각 부분을 사각 주머니의 중심점과 겹친 후 테두리 그리기	수레바퀴의 1/4 완성
수레바퀴북 배치		유의 사항
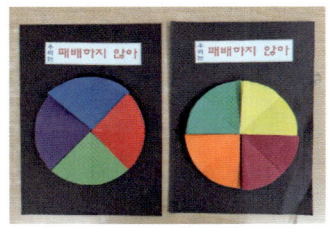		
직각의 호 4개를 'x'나 '+' 모양으로 배치		호의 직각 부분이 사각 주머니의 중심점과 일치하지 않을 때의 결과

2단계

『우리는 패배하지 않아』 그림책은 독립 의지를 표현한 곡 「대한이 살았다」 뮤직비디오(인터뷰 버전)를 시청한 후에 읽으면 수레바퀴북 만들기 활동과 더 자연스럽게 연계할 수 있다. '~에게 이 시를 바친다 ~한 사람들' 형식을 활용하여 우리나라를 빛낸 과거와 현재의 인물을 정리하고, 우리가 살고 있는 지금, 여기의 의미에 관해 생각해 보도록 한다.

3단계

먼저 한 장의 호를 펼친 후, 그림책 장면 중 가장 인상 깊은 부분을 호의 안쪽 면에 기록해서 검정 도화지 판에 붙인다. 그림책이 찬가 성격을 띤 것처럼 자신이 알고 있는 사람 중에서 찬사의 시를 바치고 싶은 인물을 자신을 포함하여 세 명 선정한다. 스스로에게 격려의 시를 바치는 경우 자신을 타자의 시각으로 객관화하는 기회가 된다.

직각의 호 한 장 한 장에 선택한 인물들에게 바치는 시를 상황에 맞게 기록한다. 글씨를 쓸 때는 배치해 놓은 호의 상하를 유의해서 쓰도록 하여 글자가 뒤집히지 않도록 하고, 쓰기를 완성해 가면서 한 장씩 순차적으로 붙이는 게 좋다.

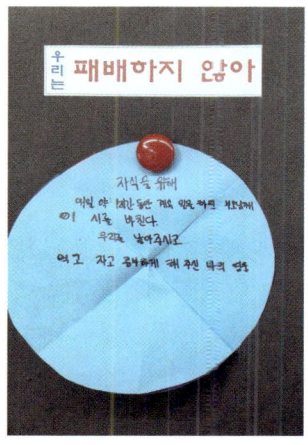

4장의 호 한쪽 면에는 인상 깊은 장면을 쓰고, 나머지 세 장에는 우리 주위 인물이나 역사적 인물에게 보내는 찬사를 쓴다.

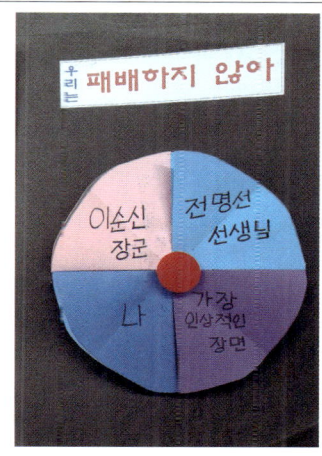

수레바퀴북 완성

가장 인상적인 장면	하얀 바탕에 글씨만 쓰여 있는 장면입니다. 왜냐하면 그 장면에서 다른 많은 뜻, 의미, 감정이 느껴졌기 때문입니다.
인물1 (부모님)	자식을 의해 매일 일을 하시는 부모님께 이 시를 바친다. 우리를 낳아 주시고 먹고 자고 공부하게 해 주신 나의 영웅
인물2 (세종대왕)	훈민정음을 만들어 한자를 모르던 백성들을 도운 세종대왕님께 이 시를 바친다. 자신보다 백성들을 더 아끼고 보살피며 밤을 새워 한글을 창조하신 위대한 인물
인물3 (나)	계속 공부하고 잔소리도 많이 들은 나에게 이 시를 바친다. 친구들에게 먹을 것도 사 주고 게임도 시켜 준 나

그 외 활동

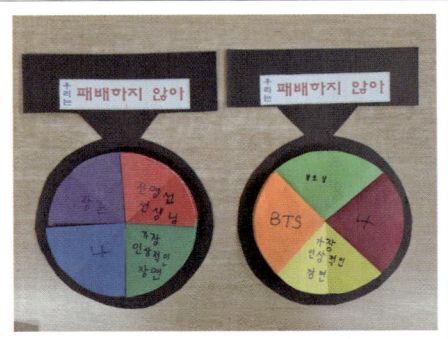	
평면 전시	입체 전시

 작품 완성 후에는 위와 같이 검정색 배경판을 바퀴 모양으로 둥글게 오려서 평면으로 게시하거나, 세로선을 중심선에 모아 붙여 입체 효과가 나도록 전시한다.

77. 북아트 3 – 비밀펼침북

비밀펼침북은 겉으로 봐서는 책과 제목과 만든 사람의 이름만 확인할 수 있을 뿐, 참여자가 학습 결과물을 직접 열어야지만 만든 이의 생각을 볼 수 있도록 설계되어 있어 아이들의 호기심을 유발한다. 이처럼 비밀펼침북의 가치는 적극적인 쌍방 소통을 지원한다는 데에 있다.

> **어떤 그림책이 좋을까?**
> - 『내 마음 ㅅㅅㅎ』은 비밀펼침북 다섯 면의 안쪽에 자신의 마음을 각각 한 개씩 쓰고 그림으로 표현하는 활동에 안성맞춤이다. 아이들은 'ㅅㅅㅎ'('ㄱㄱㅎ' 'ㄴㄴㅎ' 'ㅆㅆㅎ' 등 변형 포함)으로 시작되는 마음 감정 비밀펼침북 만들기 과정을 통해 안정감 있게 자신을 성찰하게 될 것이다.

●● 함께 읽을 책

『내 마음 ㅅㅅㅎ』

김지영 글·그림, 사계절, 2021

『내 마음 ㅅㅅㅎ』은 초성퀴즈를 푸는 흥미 위주의 활동으로 시작해 책을 읽는 이의 마음을 만나는 시간으로 마무리된다. 혼자 놀다가 친구들과 함께 할 때, 자신의 세계를 살짝 비틀어 세상으로 나올 때 등 아이들이 일상에서 누릴 수 있는 즐거움이 간결한 언어로 툭, 던져지는데 그 전달법이 묘하게 매력적이다. 구성력 있는 내러티브와 창의력은 스쳐 지나가기 쉬운 평범한 매일의 감정을 각자의 언어로 끄집어내게 만든다.

●● 활동 안내

1. 색종이로 사각 주머니를 접어 비밀펼침북 기본 틀을 만든다.
2. 맨 위쪽 사각 주머니의 바깥 면에 '(자기 이름) 마음 ㅅㅅㅎ' 혹은 '내 마음 ㅅㅅㅎ'이라고 제목을 쓴다. 겹쳐 있는 사각 주머니를 한 장 한 장 펼쳐 안쪽 면에 책에 나오는 초성으로 시작하는 자기 감정을 쓰고 그림도 그린다. 감정을 모두 기록하면 사각 주머니를 덮고 친구들이 살펴보기에 알맞은 장소에 전시한다.
3. 비밀펼침북을 명언펼침북으로도 활용해 본다.

1단계

비밀펼침북을 만들기 위해 먼저 색종이로 접은 사각 주머니 다섯 개를 준비한다. 경우에 따라서는 그 이상이 필요할 수도 있지만, 이 장에서는 다섯 개를 기준으로 안내하고자 한다. 사각 주머니를 접어 비밀펼침북을 만드는 방법은 다음과 같다.

사각 주머니 접기

| 글자를 쓸 면이 보이도록 세모 접기 두 번 | 겉면으로 사용할 면이 보이게 네모 접기 두 번 | 마름모 모양의 사각 주머니 완성 |

사각 주머니 붙이기

한 사각 주머니의 중심 꼭짓점을 마름모 모양에서 위를 향해 놓기	다른 사각 주머니를 이전 사각 주머니에서 2cm 정도로 띄워서 겹쳐 붙이기	다섯 개의 사각 주머니 이어 붙이기 완성!

2단계

표지를 보고 초성 'ㅅㅅㅎ'에 맞는 단어나 구를 발표해 보는 것으로 『내 마음 ㅅㅅㅎ』 읽기를 시작한다. 학급에서 발표한 내용을 칠판에 기록한 상태로 책을 읽고, 이후 발표에서 나오지는 않았지만 책에 등장한 사례를 다른 색깔로 보충한다.

그다음 그림책과 연계하여 비밀펼침북 첫째 장 바깥면에 '(자기 이름) 마음 ㅅㅅㅎ' 혹은 '내 마음 ㅅㅅㅎ' 등 펼침북의 제목을 알맞게 쓴다. 그리고 사각 주머니 안쪽 면에 'ㅅㅅㅎ'('ㄱㄱㅎ', 'ㄴㄴㅎ', 'ㅆㅆㅎ')으로 시작되는 마음 상태를 쓰고 그림으로 표현한다. 완성작은 친구들이 들여다볼 수 있는 곳에 게시하도록 한다.

바깥 면에 제목 쓰기	안쪽 면에 마음 쓰기	비밀펼침북 전시	친구 마음 펼쳐 보기

3단계

비밀펼침북은 명언펼침북으로 변형해서 활용해도 효과가 크다. 비밀펼침북은 활동에 참여한 아이가 직접 제작자의 작품을 열어야 확인할 수 있는 반면, 명언펼침북은 자기가 좋아하는 명언을 아예 펼쳐 놓고 친구들과 공유한다. 명언펼침북 역시 사각 주머니를 다섯 개 준비한 뒤 순차적으로 다음 과정을 거쳐 만든다.

안쪽 면끼리 1/4 겹쳐 붙이기	바깥쪽 면끼리 1/4 겹쳐 붙이기

다시 안쪽 면끼리 1/4 겹쳐 붙이기	다시 바깥쪽 면끼리 1/4겹쳐 붙이기

위와 같이 완성한 다음에는 첫째 장에 '○○의 명언 소개(기록)'라는 제목을 쓴다. 그 아래쪽에 있는 색종이의 보이는 면에 각자가 소개할 네 개의 명언을 한 장에 한 개씩 기록한다. 이때 가급적이면 명언을 기록하는 보이는 면이 연한 색종이가 되도록 배치하는 것이 좋다.

작품이 마무리되면 모두가 볼 수 있도록 게시한 후 친구들이 소개한 좋은 명언을 각자의 명언 기록장에 서로 메모하도록 안내한다.

78. 낯설게 보기(데페이즈망*)

그림책 작가는 주제와 내용을 독자에게 효과적으로 전달하기 위하여 그림 기법을 고심하여 선택하고 장면에 담아낸다. 그림책 작가의 그림 기법 중 낯설게 보기(데페이즈망)를 주변의 손쉬운 재료로 경험해 본다면 책에서 얻은 인상을 새롭게 창작하면서 예술성과 창의성을 기를 수 있을 것이다.

> **어떤 그림책이 좋을까?**
> - 앤서니 브라운은 어린이는 똑같은 사물도 다르게 바라보며 독특하게 표현한다는 것을 알게 되었고, 모든 어린이의 감각 속에는 초현실주의자들이 살고 있음을 발견하게 되었다고 한다. 작가의 그림은 초현실주의 화가 달리와 마그리트의 영향을 받았다. 사진처럼 현실감 있는 사실화의 성격도 띠면서 인공적인 색상, 현실에 맞지 않는 행동과 배경을 적극적으로 사용하여 인간의 상상 속에서만 가능한 비합리적인 세계를 그려 낸다. 그림책 속 장면을 통해 상상력을 발휘하여 새로운 이미지와 아이디어를 창출하는 활동에 적합하다.

●● 함께 읽을 책

앤서니 브라운 그림책 다수

『미술관에 간 윌리』『꿈꾸는 윌리』 등 앤서니 브라운의 그림책들을 다수 활용할 수 있다. 앤서니 브라운은 '한국인이 가장 사랑하는 그림책 작가'로 불리기

 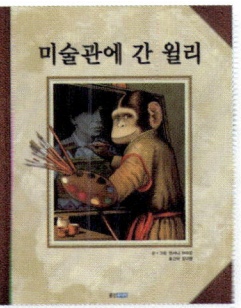

도 하며 간결하면서도 유머러스한 표현, 깊은 주제 의식, 세밀하면서도 이색적인 그

---

* 미술대사전-dépaysement: '추방하는 것'이란 뜻. 초현실주의에서 쓰이는 말로, 일상적인 관계에서 사물을 추방하여 이상한 관계에 두는 것을 뜻함. 있어서는 안 될 곳에 물건이 있는 표현을 의미한다.

림으로 많은 독자를 매료시켜 왔다. 대표작으로 『돼지 책』 『우리 엄마』 『우리 아빠』 『우리 형』 『나의 프리다』 『넌 나의 우주야』 『어니스트의 멋진 하루』 외 다수가 있다.

●● 활동 안내

1. 학생들과 살바도르 달리, 르네 마그리트 등 초현실주의 작가의 그림을 살펴보고 인상적인 점, 특이한 점 등 각자의 느낌을 이야기 나눈다.
2. 앤서니 브라운 그림책에서 초현실주의 기법으로 표현한 장면을 보여 주며 그 효과를 알아본다. 학생은 미리 준비한 앤서니 브라운 그림책 중 OHP 필름으로 모사할 한 권을 고른다. 그림책 속 캐릭터를 선택하여 OHP 필름을 장면 위에 덧대고 연필, 네임펜 등으로 따라 그린다.
3. 이월 잡지에서 새로운 배경으로 선택할 장면을 살펴보면서 모사한 OHP 필름을 덧대어 새로운 이야기를 구상한다. 이월 잡지에서 배경을 선택하였으면 OHP 필름을 배경과 조합해 마스킹 테이프로 붙이고 어울리는 제목을 지어 본다.

1단계

낯설게 보기(데페이즈망)는 '사람을 타향으로 보내는 것' 또는 '다른 생활 환경에 두는 것'을 의미하며 초현실주의의 대표적인 그림 기법이다. 이러한 기법은 어떤 물체를 본래 있던 곳에서 떼어 내 낯선 장소에 조합시켜 초현실적 환상을 창조해 낸다.* 초현실주의 작품 중 낯설게 보기 기법이 잘 표현되어 있고, 이해가 쉬운 조르조 데 키리코, 르네 마그리트, 살바도르 달리의 그림을 선정하여 함께 본다. 학생들은 광고, 포스터 등에서 본 듯하다며 흥미로워한다. 그림에서 인상적인 점, 우리가 아는 상식과 다른 점, 특이한 점은 없는지 다시 자세히 살펴보도록 한다.

---

* 『초현실주의』(Pierre. H 지음, 김정란 옮김, 열화당, 1979, p.15.)

2단계

초현실주의 기법을 그림책에 적용한 작가로 앤서니 브라운의 그림책을 소개한다. 『돼지책』은 이미 친숙한 그림책이지만, 초현실주의 기법으로 그려졌다는 사실을 알면 학생들은 놀라워하며 다시 그림을 살펴본다. 교사는 미리 준비한 여러 권의 그림책을 학생들에게 나눠 주고, 이때 각 모둠 인원의 두세 배 수만큼 앤서니 브라운 그림책을 무작위로 분배한다. 앤서니 브라운은 국내 출판된 그림책이 80여 권이므로 선택의 폭을 넓힐 수 있다.

교사는 OHP 필름지를 한 장씩 나눠 주고, 필름지를 그림책의 장면 위에 덧대 그림을 따라 그리도록 한다. 투명하고 매끄러운 특성이 있어 학생들이 부담 없이 선을 따라 볼 수 있다. 학생들은 곰, 고양이, 침팬지 등 마음에 드는 캐릭터를 선정하여 필름지를 덧대고 따라 그린다. 네임펜은 선명한 선과 색을 표현할 수 있고, 수성 사인펜은 수채화와 같은 느낌을 얻을 수 있으나 손에 묻지 않도록 충분히 말려야 한다.

3단계

모사가 끝나면 이월 잡지를 나눠 준다. 이월 잡지는 이용 달을 넘긴 정기간행물로, 학교 도서관에서 도움을 받아 준비할 수 있다.

교사는 아이들이 이월 잡지를 훑어 보며 새로운 배경으로 선택할 장면을 찾도록 안내한다. 장면만 봐서 선택하기 어려우면 먼저 그려 둔 OHP 필름을 잡지에 올려놓고 맞춰 보아도 된다. 서로 다른 인물과 배경을 하나로 연결하면서 새롭게 이야기를 구상하도록 한다. 필요한 경우 필름지를 잘라서 작게 만들 수도 있다. 배경이 될 잡지의 한 장면도 자유롭게 가위로 오려 내어 가상의 세계를 구상한다. 새로운 조합을 찾았으면 마스킹 테이프로 붙이고 테이프 위에 제목을 쓰도록 한다.

학생들은 그림책 캐릭터를 책의 문맥과 상관없는 낯선 장소에 배치해 보니 이미지가 더 강렬해지고 한층 더 감동적인 느낌이라고 감상평을 말한다. 또한 기존의 생각을 뒤엎는 기회가 되었다며 친구들의 참신한 발상과 표현 덕분에 새로운 이야기를 상상할 수 있었다고 한다.

학생 작품	제목
	음식 속에서 술래잡기
	바닷속 코끼리
	도시를 지배하는 고양이

　이 활동은 포스터 제작에도 활용할 수 있다. 학교폭력 예방, 환경 보호 캠페인, 흡연 예방 캠페인 포스터를 낯설게 보기 기법으로 만들어 본다면 기존의 생각을 뒤엎는 것은 물론 재조합의 묘미로 시선을 붙들 수 있을 것이다.

79. 그림자 인형극

그림자 인형극은 스크린 뒤에서 조명을 비추고 그림자 인형을 움직여 이야기를 전달하는 방식이다. 학생들은 종이를 이용하여 그림자 인형을 만들고 이야기를 재창작하는 과정에서 인형의 정적인 움직임과 조명에 비친 그림자의 신비한 효과에 매료되어 즐거움을 느낀다. 또한 그림자극을 준비하며 이야기를 재해석하는 능력, 상호협력을 통해 나와 타인을 이해하는 능력, 미술 표현 능력을 키울 수 있다.

> **어떤 그림책이 좋을까?**
> - 등장인물이 여러 명이어야 무대에 올릴 인형을 다양하게 만들기 좋다.
> - 『둥그렁 뎅 둥그렁 뎅』은 한밤중 산속 동물들의 모습을 달빛에 비친 그림자로 표현하고 있어 그림자 인형극 활동을 하기에 제격이다. 반복되는 운율이 살아 있어 극본을 만들기에도 좋다.

●● 함께 읽을 책

『둥그렁 뎅 둥그렁 뎅』

전래동요 각색, 김종도 그림, 창비, 2008

보름달이 뜬 어느 밤 깊은 산속, '둥둥둥 둥' 여우가 흥겹게 북을 두드리자 그 소리를 들은 동물들이 하나둘 모여든다. 동물들은 '둥그렁 뎅 둥그렁 뎅' 노래를 부르면서 제각기 장점을 살려 우편 배달부, 씨름 선수, 엿장수, 광부 등으로 변신한다. 아이들이 저마다의 성향을 발휘하며 마음껏 세상을 살아갔으면 좋겠다는 작가의 마음이 전해져 가슴을 따뜻하게 하는 이야기

이다. 학생들은 그림책을 통해 자신의 개성을 다시금 확인하고 간단한 연극을 만드는 과정에서 서로를 응원할 수 있다.

●● 활동 안내

1. 먼저 그림책 표지를 보고 내용을 짐작한다. 제목의 '둥그렁 뎅'은 어떤 의미로 사용되는지 이야기 나눈다. 그림책을 가락에 맞춰 읽고 후렴구는 학생들이 부르도록 한다. 책을 읽은 후에는 그림자 인형극을 표현할 스크린을 준비한다.
2. 나를 표현한 동물을 검은색 도화지에 그리고, 가위로 오려 내어 그림자 인형을 만든다. 스크린 뒤에 작은 조명을 비추고 그림자 인형의 수정할 부분을 찾아 보완하여 완성한다.
3. 모둠원이 만든 그림자 인형으로 인형극을 함께 하고 관람한다.

1단계

둥근 대보름을 바라보는 동물들이 그려진 그림책 표지를 보며 어떤 상황인 것 같은지 함께 이야기 나눈다. 학생들은 동물들이 달을 보고 소원을 빌거나 달빛을 받으려는 것 같다고 대답하며 검은 형태가 어떤 동물인지 알기 위해 표지를 더 자세히 들여다본다. 제목 '둥그렁 뎅 둥그렁 뎅'은 둥글다는 의미의 제주 방언으로, 정월 대보름 달빛 아래서 소망을 빌 때 부르던 전래 동요이다. 장단에 맞춰 읽어 주면 반복하는 시어와 리듬감 있는 운율이 살아 절로 흥이 난다. 이때 '둥그렁 뎅' 후렴구는 학생들이 부르도록 하여 그림책에 등장하는 동물들의 특성에 맞는 소원을 함께 빌어 준다.

    그림자 인형은 스크린의 크기에 따라 형태와 크기가 정해진다. 이번 활동은 학급에서 간단하게 진행할 것이므로 작은 스크린을 준비한다. 학급에서 쉽게 구할 수 있는 스탠드형 아크릴 안내판을 활용해도 좋다. A4 크기이면 A4 용지를 한 장 끼워 넣고, 뒤에 작은 조명등을 비춘다. 모둠별로 여건이 되는 만큼 나눠 주면, 학생들은 그림자 인형을 스크린에 직접 대 보면서 수정이 필요한 부분을 확인하며 완성할 수 있다.

2단계

교사는 스크린 크기에 맞지 그림자 인형을 만들도록 안내하며 검은색 도화지를 나눠 준다. 그림책에 등장하는 동물들처럼 내가 잘하는 것들을 생각해 보고, 동물로 비유하면 무엇이 될지 떠올리도록 한다.

그리고 나서 각자의 특성을 어떤 동물로 표현할지 생각하며 해당 동물을 그린다. 하얀색 젤리펜은 검정 도화지에 그리면 밑그림이 잘 보이나 수정이 어렵다. 연필은 밑그림이 확연히 드러나지 않지만 수정을 여러 번 할 수 있다. 축구를 좋아하는 학생은 자신을 치타와 같다고 하고, 노래를 좋아하는 학생은 귀가 긴 토끼를 자신과 같다고 하면서 밑그림을 그린다. 교사는 그림책을 다시 보여 주며 빛으로 비췄을 때 잘 드러날 수 있는 형태로 그려야 함을 강조한다. 그림자 인형이기 때문에 전체적인 형태에서 동물의 특징이 드러나야 하며, 형태 안의 세세한 표현은 그림자로 드러나지 않으므로 외곽선 위주로 그리고 필요한 경우 구멍을 내거나 과감히 삭제한다. 그다음에는 인형을 가위로 오려 낸 뒤 손잡이 역할을 할 아이스크림 막대를 테이프로 붙여 고정한다. 스크린의 크기나 형태에 따라 붙이는 막대의 위치가 달라질 수 있는데, 스크린이 작은 경우 아이들이 스크린 위에서 인형을 조정할 수 있도록 막대를 인형 위로 붙인다. 스크린은 모둠 책상 앞에 계속 세워 준다. 아이들은 그림자 인형을 만들면서 크기가 적당한지, 표현이 잘 되었는지 그때그때 스크린에 비추며 확인한다. 모둠별로 그림자 인형을 다 만들면 그림자극을 해 볼 수 있다.

아크릴 게시판 스크린과 조명 준비하기	그림자 인형 밑그림 그리고, 가위로 오리기	손잡이로 아이스크림 막대 붙이기	스크린에 대 보며 수정하기

3단계

그림자극을 시작하며, 교사는 "그림책 문장을 활용해 대사와 동작을 즉흥적으로 하면 된다."고 안내한다.

아직 자기가 무엇을 잘하는지 모르겠다고 하는 학생이 있는 경우, 교사는 꼭 잘하지 않더라도 좋아하는 것을 떠올려 보면 된다고 격려한다. 학생이 좋아하는 것을 답변하면 나머지 학생에게 이 학생에게 어울리는 소망을 대신 빌어 달라고 한다. 자신감이 없던 아이도 친구들이 대신 소원을 빌어 주니 금세 표정이 밝아진다.

"수빈이는 소설 짓기를 좋아하니 작가가 되거라, 둥그렁 뎅 둥그렁 뎅." "예림이는 레고 만들기를 좋아하니 레고 박사가 되거라, 둥그렁 뎅 둥그렁 뎅." "주아는 피겨를 좋아하니 피겨 선수가 되거라, 둥그렁 뎅 둥그렁 뎅." 등 학생들은 다양한 소원을 말하며 서로를 응원해 준다.

저학년의 경우, 등장인물로 즉흥 대사와 즉흥 행동을 하며 극을 만들어 가는 활동이 부담 없고, 그림책과 그림자 연극이 주는 주제와 효과를 경험하는 것만으로도 만족스러워한다. 고학년 수업의 경우 그림책을 각색하여 새롭게 이야기를 만들어도 좋다. 그림책 이야기 그 후를 상상하거나, 등장인물 또는 시대를 바꿔서 이야기를 새롭게 각색하여 한 편의 그림자극을 만들 수 있다. 전체 이야기 중 표현하고 싶은 부분만 재구성해도 무방하다. 또한 이 활동을 교과와 연계할 때 국어, 미술 교과 통합으로 그림자극의 탐색, 그림자극 스크린 만들기, 이야기 구성하기, 극본 만들기, 그림자극 인형과 소품 만들기, 공연 기획하기, 연습과 공연 그리고 후속 활동과 같은 모든 과정을 학생 주도적으로 이끌 수 있다.

80. 그림 기법 따라 하기 – 콜라주

'콜라주(collage)'는 '풀로 붙이다.'라는 뜻을 가진 프랑스어 'coller'에서 유래한 말로, 종이에 사진이나 그림, 인쇄물, 헝겊, 나무 조각, 나뭇잎 등을 붙여서 구성하는 회화 기법을 뜻한다. 작가들이 즐겨 사용하는 대표적인 기법으로, 학생들도 쉽고 재미있게 시도해 볼 수 있다. 또한, 소재를 다루는 방식에 따라 작품에 특이한 효과를 낼 수 있어서 학생들의 관심과 창작 의욕을 불러일으킨다. 콜라주 기법을 배우고 따라 해 보는 경험을 통해 학생들은 그림책을 깊이 이해하고 그림책의 다채로운 세계에 더욱 흥미를 느낄 수 있을 것이다.

> **어떤 그림책이 좋을까?**
> - 콜라주 기법을 아이들이 직관적으로 배울 수 있도록 해당 기법을 쓴 그림책을 함께 보면 좋다.
> - 『집』은 우리들이 살아가는 공간인 집과 마을, 길, 물결치는 강물, 나무들의 모습을 콜라주로 조화롭게 표현하고 있어 콜라주 기법을 따라 하기에 안성맞춤이다.

●● 함께 읽을 책

『집』

린렌언 글·그림, 이선경 옮김, 밝은미래, 2021

집에서 일터로 향하는 아버지의 파란 트럭을 빨간 새 한 마리가 계속해서 따라간다. 아버지의 하루 여정은 길을 따라 다음 길로 이어지며 나무들과 파도, 가을의 들판을 지나 다시 집으로 돌아와 마무리된다. 끊임없이 변화하는 자연의 풍경들과 함께 의외의 반전이 있는 결말이 인상적이다. 콜라주 기법으로 완성된 모든 장면들은 제각기 다른 재료를 사용했음에도 놀랍도록 조화롭고 아름답다. 신문, 폐지, 카탈로그, 전단지 등의 재료를 통해 섬세한 종이 결을 그대로 보여 주면서도 주변의 풍경들을 다채롭게 묘사한다. 특히, 삼각형이나 사각형, 원 등 단순한 조형이 많이 있어서 학생들이 활동을 쉽게 해 볼 수 있다는 것도 큰 장점이다.

●● 활동 안내

1. 『집』을 함께 읽고 나서, 그림책 속의 여러 장면을 자세히 관찰하며 배경과 등장인물의 행동, 표정 등의 표현 방법을 살펴본다.
2. 콜라주 기법에 관해 더 깊이 있는 이야기를 나눈다.
3. 그림책의 한 장면을 참고하여 콜라주 기법으로 표현할 작품의 주제를 정하고 다양한 재료로 작품을 꾸민다.

1단계

『집』을 한 장 한 장 넘기며 천천히 읽고 주제와 내용에 관해 이야기를 나눈다. 글이 많지 않은 책이기 때문에 그림을 꼼꼼히 보면서 자세히 관찰하는 시간이 필요하다. 장면마다 공간이 서서히 변화되며 다채로운 풍경들이 등장하므로, 학생들은 그림 속의 상황을 자유롭게 상상하며 내용을 구성하고 줄거리를 발표할 수 있다. 특히 일하러 나가는 아빠와 딸의 모습, 빨간 새가 아빠의 트럭을 따라 가는 장면 등에 말풍선을 넣고, 등장인물들이 나누는 대화를 상상해 보는 활동은 글 없는 그림책의 특성에 맞게 이야기를 파악하는 좋은 방법이 될 수 있다.

그림책의 마지막 장면에 이르러서, 빨간 새가 아빠의 트럭을 따라다닌 이유가 드러나면 학생들은 생각지 못했던 반전에 놀랍다는 반응을 보이기도 한다.

이렇게 책의 내용을 이해하고 나면, 그림책에 사용된 표현 기법인 '콜라주'와 재료에 관해 알아본다.

각각의 장면들에 어떤 재료와 표현 기법이 사용되었는지 다시 한번 유심히 관찰하며 이야기를 나눌 수 있다. 예를 들어, 두꺼운 판지, 신문지, 전단지 등이 쓰인 장면들을 보면서 각 재료의 특성과 느낌도 서로 공유하고, 종이를 찢어서 붙일 때 드러나는 종이 섬유질에서는 어떤 느낌이 드는지도 이야기 나눌 수 있다.

2단계

콜라주 기법을 더 깊이 있게 이해하기 위해서는 해당 기법으로 만들어진 다양한 그림책들을 소개하는 것도 좋다. 레오 리오니의 『파랑이와 노랑이』 『프레드릭』 등의 작품과 이보나 흐미엘레프스카의 『발가락』 『비움』 등이 대표적인 콜라주 기법의 그림책이다. 학생들은 다른 작가들의 그림책과 린렌언의 작품을 비교하며 콜라주를 더욱 잘 이해할 수 있게 된다.

3단계

다음으로는 그림책에서 대표적인 장면들을 꼼꼼히 살펴보며 어떤 주제로 콜라주 작품을 완성할 것인지 각자 구상해 본다. 아이들은 우리 집, 자동차, 들판 등 다양한 주제를 표현하고 싶다고 이야기한다.

각자가 원하는 주제를 선택하여 작품을 구상하고 나면 도화지에 스케치를 한다. 스케치를 할 때에는 연필선이 나중에 붙일 종이에 덮일 수 있도록 단순하게 하는 것이 좋다. 스케치가 끝나면 종이를 찢거나 오려서 원하는 부분에 붙인다. 이때, 색종이나 잡지처럼 무늬가 너무 복잡하거나 색의 대비가 강한 것보다는 일정한 계열의 색깔이나 질감으로 이루어진 종이를 선택하는 것이 바람직하다. 또, 건물이나 집 등을 표현할 때에는 가위로 오려서 직선의 느낌을 살리고, 자연 풍경의 경우에는 종이의 섬유질이 자연스럽게 드러나도록 손으로 찢어서 표현하면 효과적이다.

콜라주 기법은 다양한 재료를 활용하여 쉽게 오리거나 붙여서 표현할 수 있기 때문에 학생들이 흥미롭게 참여하기에 좋은 활동이다. 재료와 기법을 어떻게 활용하느냐에 따라 뜻밖의 효과를 얻을 수 있다는 장점도 있다. 학생들이 마음껏 창의성을 발휘할 수 있도록 격려해 준다면 그림책을 향한 관심과 흥미를 향상시킬 수 있을 것이다.

학생들이 만든 콜라주 작품

81. 그림 기법 따라 하기 – 파라텍스트

그림책에서 파라텍스트는 내용을 제외한 인쇄 디자인과 관련된 요소로, 책 판형, 제목, 앞뒤 표지, 면지, 갈피끈 등 부속들을 의미한다. 미술은 그림을 잘 그리는 학생들에게 재미있는 과목이지만, 그림 그리기를 어려워하는 학생들에게는 쉽게 재미를 느끼지 못하는 과목일 수 있다. 하지만 이 활동은 그림을 잘 그리고 못 그리는 것에 상관없이 오로지 상상력만으로 작품을 완성할 수 있다는 장점이 있다.

> **어떤 그림책이 좋을까?**
> - 『리본』은 작가가 표현하고자 하는 것을 파라텍스트로 나타낸 대표적인 그림책이다. 책갈피 끈을 이용하여 작가가 표현하고자 하는 사물, 동물 등을 표현하였다. 학생들도 리본을 이용해 그림을 잘 그려야 한다는 부담 없이, 즐거운 창작 활동을 할 수 있다.

●● 함께 읽을 책

『리본』

아드리앵 파를랑주 글 · 그림, 박선주 옮김, 보림, 2017

『리본』은 그림책의 부속물이 이야기의 주된 역할을 한다. 표지 그림을 자세히 보면 체조선수가 리본 봉을 잡고 그림책의 왼쪽 하단으로 몸을 숙이고 있는 것을 알 수 있다. 독자의 시선은 자연스레 책의 왼쪽 하단을 향하며, 그 끝에 노란 책갈피 끈이 연결된 모습을 발견한다. 그림책을 한 장씩 넘기다 보면 이 노란 책갈피는 풍선 끈이 되기도 하였다가, 물고기를 낚는 낚시 끈이 되기도 한다. 학생들과 책장을 넘기며 다음 장을 예상해 보는 재미가 있는 그림책이다.

●● 활동 안내

1. 『리본』 그림책 표지를 보며 책갈피 끈이 어떤 역할을 하는지 유추하고 그림책을 함께 읽는다.
2. 마지막 장을 덮으며 '나는 책갈피 끈으로 무엇을 표현할 수 있는지' 상상한다.
3. 상상한 바를 토대로 책갈피 끈을 활용하여 미술 활동을 한다.

1단계

『리본』 그림책을 읽기 전, 표지만 먼저 학생들에게 보여 준다. 표지에서 어떤 것이 보이는지 물은 뒤, 책 하단에 달려 있는 책갈피 끈을 언급한다. 상단에 달려 있는 일반적인 책갈피 끈과 다르게 이 그림책의 책갈피 끈은 왜 하단에 달려 있는지 함께 생각해 본다. 눈치가 빠른 학생들은 책 표지에 보이는 체조선수의 리본 봉이 책갈피 끈과 연결되는 것을 알아챈다. 이렇듯 표지를 함께 보며 이 그림책에서 책갈피 끈이 어떤 역할을 하게 될지 상상력을 고조시킨 뒤 책을 펼쳐 읽는다. 『리본』에서 책갈피 끈은 작은 뱀의 혀가 되기도 하며, 접시 위에 남은 스파게티 면이 되기도 한다. 또한 곡예사의 평균대가 되기도, 풍선의 끈이 되기도 한다. 장마다 역할이 달라지는 책갈피 끈을 보면서 다음 장에서 끈은 어떤 모습이 될지 학생들과 상상할 수 있다. 책갈피 끈은 아래로 축 늘어진 사물의 일부가 되기도 하며, 그림책 장면 속으로 들어가 대상의 일부가 되기도 한다.

2단계

책장을 덮으면서 "여러분이 이 책의 작가라면 책갈피 끈으로 무엇을 표현하고 싶나요?"라는 질문을 던져 학생들의 상상력을 유발해 볼 수 있다. 상상하여 발표할 때는 상상한 결과물만 발표하지 않고, 책갈피 끈이 어떤 형태로 작용하는지 함께 생각하여 이야기하도록 한다. 그리고 책갈피 끈이 『리본』처럼 하단에 있을지 아니면 상단에 있을지도 구체적으로 생각해 보면 좋다. 학생들의 다양한 발표를 들은 뒤 발표 내용을 그대로 작품으로 실현한다. 학생들에게 리본 끈, 테이프, 가위, 채색 도구를 나눠 준 뒤, A4 종이를 반으로 접어 상상한 내용을 표현하도록 한다.

3단계

책갈피 끈은 시중에서 파는 3~5mm 리본 끈으로 준비하면 된다. 한 학생당 약 10cm 길이로 끈을 잘라 나눠 준다. 이때 학생들이 다른 색 리본 끈을 요구할 경우에 대비하여 다양한 색을 미리 준비해 두는 것이 좋다.

학생들은 리본을 활용해 기발한 상상력을 발휘하고, 다양한 장면을 탄생시켰다.

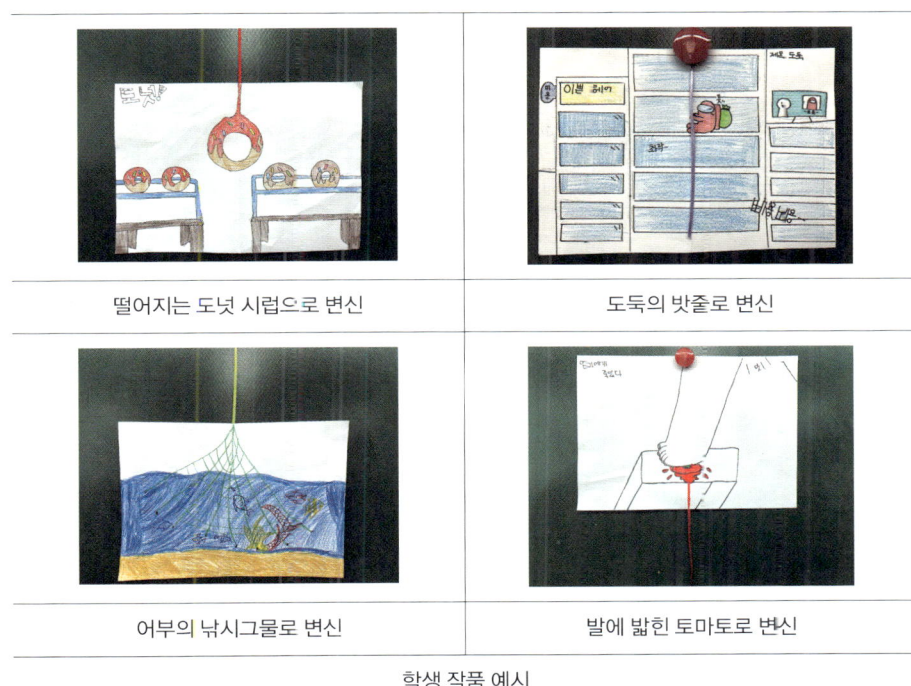

| 떨어지는 도넛 시럽으로 변신 | 도둑의 밧줄로 변신 |
| 어부의 낚시그물로 변신 | 발에 밟힌 토마토로 변신 |

학생 작품 예시

이렇게 만들어진 작품은 학생별로 전시를 해도 좋지만, 같은 색의 리본 끈으로 표현한 작품을 하나로 엮어 우리 반 『리본』 그림책을 만들 수도 있다. 그림책의 그림 기법을 쉽게 따라 해 보는 활동을 통해 학생들은 미술 활동이 꼭 어렵지만은 않다는 것을 깨닫고 다양하게 상상해 보는 재미를 느끼게 될 것이다.

온라인 활동

82. 구글 프레젠테이션으로 발표 자료 만들기

발표 학습에서 적절한 매체를 활용하는 것은 필수적이다. 학생들이 사용하는 매체는 보통 동영상, 사진, 표 등인데 이 모든 것이 구현 가능한 발표 도구가 프레젠테이션이다. 보통 발표 학습은 개인보다 모둠으로 진행하는데 구글 프레젠테이션은 각자 역할을 나누어 협업하여 발표하기 수월하게 구성되어 있다. 동시 작업도 가능하며 자체 검색엔진을 활용하면 따로 발표 자료를 저장하여 시트에 삽입하지 않아도 되므로 편리하다. 컴퓨터 활용 능력과 관계없이 손쉽게 활용할 수 있어서 더욱 효율적이다.

> **어떤 그림책이 좋을까?**
> - 발표 자료를 만들 만큼 정보를 얻을 수 있어야 하므로 논픽션 그림책을 권한다.
> - 『일곱 나라 일곱 어린이의 하루』는 각 나라의 의식주, 언어, 풍습 등을 서로 비교해 볼 수 있도록 구성되었다. 모둠별로 특정한 나라를 선택한 뒤 각 나라의 생활을 조사하여 이를 발표하는 활동을 할 수 있으며 그 나라의 언어, 풍습, 대표적인 관광 거리도 발표 자료로 추가할 수 있다.

●● 함께 읽을 책

『일곱 나라 일곱 어린이의 하루』
맷 라모스 글·그림, 김경연 옮김, 풀빛, 2018

일본, 이탈리아, 페루, 인도, 우간다, 러시아, 이란 어린이들의 하루를 소개하는 정보 그림책이다. 학교 가는 길, 학교의 모습, 먹거리, 집의 모습, 놀잇감 등 어린이들의 삶에서 많은 부분을 차지하는 것을 소개한다. 한 페이지 안에서 일곱 나라 어린이들의 하루를 한눈에 쉽게 비교할 수 있다.

●● **활동 안내**

1. 그림책을 읽은 뒤 교사는 구글 프레젠테이션 기본 시트를 만든다.
2. 시트 주소를 안내해 주며 달표할 때 유의점도 함께 안내한다.
3. 학생별로 발표할 주제별로 역할 분담을 한 뒤 각자 한 장씩 시트를 맡아 자신이 맡은 바를 조사하여 발표 자료를 만든다.

1단계

그림책 『일곱 나라 일곱 어린이의 하루』를 읽은 뒤 교사는 미리 각 모둠별로 구글 프레젠테이션 기본 시트를 만들어 둔다.

구글에 로그인한 뒤 오른쪽 상단 자신의 아이디 옆에 있는 9개 점을 클릭하면 위 사진과 같이 다양한 아이콘이 뜬다. 여기서 '프레젠테이션'을 누르면 아래와 같은 창이 뜬다

내용 없음의 + 버튼을 눌러 새 프레젠테이션 시트를 생성한다.

새 프레젠테이션을 형성하면 아래와 같은 창이 뜨는데, 여기서 '제목 없는 프

레젠테이션'을 클릭하면 글자를 바꿔 쓸 수 있게 탭이 활성화된다. 이때 각 모둠의 모둠 명을 쓰거나 조사하는 나라 명으로 바꾸어 써서 프레젠테이션 이름을 부여한다.

지금은 시트가 하나만 형성되어 있지만 1번 시트를 클릭한 뒤 인터 키를 누르면 시트가 하나씩 늘어난다. 작업 도구 창에서 맨 오른쪽 '테마'를 클릭하면 원하는 대로 프레젠테이션의 테마를 바꿀

수 있다. 프레젠테이션의 배경도 바꿀 수 있으며 사진으로도 설정 가능하다.

도구 창에는 여러 가지 아이콘이 있는 것을 볼 수 있다. 아이콘들이 직관적인 편이라 모양 그대로 해당 기능이라 생각하면 된다. 알파벳 T가 적힌 박스를 클릭하면 시트에 글자를 써넣을 수 있으며, 바로 산 모양 아이콘을 클릭하면 이미지나 영상을 검색엔진에서 검색하여 바로 삽입할 수 있다. 동그라미와 네모가 겹쳐진 아이콘은 도형을 넣을 수 있는 기능을, 직선 아이콘은 화살표와 다양한 선을 넣을 수 있는 기능을 의미한다. 학생들에게 아이콘 기능과 테마 기능을 알려 준 뒤 각자의 개성에 맞게 프레젠테이션을 만들도록 한다.

2단계

간단히 구글 프레젠테이션 활용법을 설명한 후에는 자료 제작 및 발표 유의점을 안내한다. 저작권 이슈와 관련해서 영상 길이나 자료 출처 등에 관한 사항도 이야기한다.

자료 제작 및 발표 유의점 예시
- 글씨는 크게 적어 주세요.
- 여러분의 말로 적어 주세요. 내가 이해하지 못한 정보는 복사하여 붙여넣지 않습니다.
- 필요한 경우 슬라이드의 수를 늘려도 됩니다.
- 다양한 사진이나 영상 자료를 활용해 주세요.
- 영상 자료를 사용할 경우 1분 내외의 영상을 사용해 주세요. 그 이상의 경우 필요한 부분만 선택하여 사용해 주세요.
- 단 한 사람은 다른 친구 것을 보고 있되, 다른 친구의 슬라이드를 임의로 수정, 삭제하지 않습니다.
- 단 한 사람은 남은 시간을 발표 연습에 활용하세요.
- 자료의 출처를 밝혀 주세요.

3단계

유의점 안내 후 발표 자료를 만드는 시간을 보낸다. 각자 조사하고 싶은 나라를 정한 뒤, 같은 나라를 원하는 학생들끼리 모여 한 모둠을 이룬다. 모둠원이 정해졌으면 각자 어느 부분을 조사할지 역할을 나눈다.(예: 의식주, 언어, 풍습, 볼거리, 즐길 거리 등) 인원이 많은 모둠은 조사하고 싶은 부분을 더 늘릴 수 있다. 그 뒤 교사가 미리 만들어 둔 구글 프레젠테이션 링크를 받아 첫 시트에 모둠명을 쓰고 각자 발표 자료를 만들기 시작한다. 자료를 만드는 시간은 한 시간이면 충분하다. 발표 자료를 다 만든 뒤에는 발표 연습 시간을 준다. 그 후 모둠별로 자신들이 만든 프레젠테이션을 활용하여 조사한 나라를 발표한다.

학생들은 모둠별로 협업하여 프레젠테이션을 만드는 과정에서 맡은 바 역할을 해내는 책임감을 키울 수 있으며, 무엇을 발표할지 정하는 과정에서 학습의 핵심 내용을 추리는 능력을 키울 수 있다. 또한 자료를 검색하며 저작권의 중요성도 함께 깨닫게 될 것이다.

학생 프레젠테이션 화면 예시

83. 구글 프레젠테이션 – 디자인씽킹: 등장인물 문제 파악하기

디자인씽킹은 문제를 발견하고 해결하는 방법을 의미하며, 가시적으로 보이는 문제가 아니라 진짜 문제가 무엇인지 살펴보기 위해 '관찰–인물에 대한 정의–인터뷰–공감 지도 만들기–문제 정의하기' 단계를 거친다. 이 과정에서 학생들은 진짜 문제가 무엇인지, 다른 사람의 입장에서 살펴본다는 것이 어떤 의미인지를 알게 된다.

> **어떤 그림책이 좋을까?**
> - 해결 방법을 함께 고민해 보는 활동이므로 이야기에 극명한 갈등 상황이 드러나 있어야 한다.
> - 『소음공해』는 아파트에 살고 있는 사람이라면 누구나 겪을 수 있는 문제를 구체적인 상황으로 제시하고 있다. 학생들이 이웃에 대한 이해와 배려가 무엇인지를 생각해 볼 수 있는 그림책이다.

●● 함께 읽을 책

『소음공해』

오정희 글, 조원희 그림, 강유정 해설, 길벗어린이, 2020

1993년 발표된 오정희 소설가의 작품을 원작으로 한 그림책이다. 스스로를 교양 있다고 여기는 여성이 윗집에서 들려오는 정체 모를 소음 때문에 갈등을 겪게 되는 하루를 담고 있다. 끊임없이 불거지는 층간 소음 문제 속에서 다른 사람의 사정을 이해하려고 하기보다, 자신의 시간과 자유가 침해되는 상황을 참지 못하고 쉽게 분노하는 우리 모습을 그대로 보여 준다.

●● **활동 안내**

1. 갈등이 가장 심화된 상황까지만 그림책을 함께 읽고 프레젠테이션을 만들어 갈등의 주체를 좁힌다.
2. 등장인물을 다각도로 분석하고 인터뷰를 실시한다. 인터뷰 과정과 소감을 구글 프레젠테이션으로 기록한다.
3. 인터뷰 활동을 바탕으로 공감 지도를 만들고 문제를 해결할 아이디어를 논의한다.

1단계

『소음공해』를 읽으며 교사는 갈등이 가장 고조된 부분까지만 학생들과 함께 본다. 그림책에서 나타난 문제를 두고 학생들에게 '무엇이 문제인지, 누구의 문제인지, 왜 문제인지, 어떻게 해결할 수 있는 문제인지' 구글 프레젠테이션에 작성하게 하는 이 활동을 통해 학생들은 갈등의 주체를 801호 여자, 901호 여자, 경비원으로 좁히게 된다.

2단계

4~5인으로 모둠을 편성한 뒤 중심인물을 선정하여 페르소나로 구체화하는 작업을 한다. 구글 프레젠테이션에서 자신의 모둠 슬라이드에 작업한 내용을 공유한다.

인물에 대한 이해가 끝난 다음에는 '페르소나 인터뷰하기' 활동을 진행한다. 학생 대부분은 인터뷰 질문 만들기를 어려워하기 때문에 기본 질문 틀을 주는 것이 좋다.

기본 질문 예시	– 층간 소음이 일어날 때 드는 기분은? – 만약 ~하다면 어떠실 것 같은지? – 하루 중 가장 피곤할 때가 언제인지?
기본 질문 틀을 이용한 학생들 예시	– 만약 불편한 점을 스스로 해결해야 한다면? – 층간 소음이 일어날 때 어떤 생각이 들었나요? – 자유시간은 당신에게 어떤 의미인가요? – 층간 소음을 어떻게 해결하셨나요? 그 해결법이 마음에 들었나요? – 윗집과 함께 해결할 마음이 있나요?

질문 만들기가 끝난 후 페르소나 인터뷰에 필요한 역할을 정한다. 질문자는 답변자에게 페르소나와 관련된 질문을 하고, 답변자는 질문자와 편하게 대화하며 떠오르는 답변을 이야기한다. 관찰자는 대화의 흐름과 답변자의 비언어적 요소를 관찰하고, 기록자는 답변자의 말을 요약해 정리한다. 각 역할의 주요 사항은 구글 프레젠테이션에 작성해서 모두 볼 수 있게 공유한다. 인터뷰를 마친 후 참여자들이 느낀 소감과 새로 알게 된 내용을 프레젠테이션 슬라이드에 작성한다.

3단계

작성된 내용을 함께 살펴보며 공감 지도를 만든다. 공감 지도는 주인공을 정확하게 파악하기 위해 인터뷰 내용을 요목에 따라 분류하는 활동이다.

인물의 말, 느낌, 행동, 생각, 고통, 소망을 파악하고 인물의 여러 측면을 의논한 후 진짜 문제가 무엇이었는지 정의를 내려 해당 슬라이드에 적는다. 학생들이 정의 내린 '진짜 문제'는 '어떻게 하면 내가 이웃 사람들에게 교양 있는 사람으로 보이면서 나의 불편함을 없앨 수 있을까?'였다.

문제 정의하기가 제대로 이루어진 다음에는 문제를 해결할 아이디어를 각자 제시한다. 그다음 회의를 통해 최종 아이디어를 도출하고 활동을 마무리한다.

디자인씽킹은 사용자의 소망을 이해하고, 프로토타입(샘플 상품)을 만들어 문제를 해결해 보는 방법이지만, 이 그림책 독후활동은 등장인물의 문제 파악하기 에 집중하였다. 왜냐하면 디자인씽킹에서 가장 중요한 부분은 사용자가 겪는 '진짜 문제'

를 파악하는 것이기 때문이다. 독후 활동이 마무리가 되면 그림책의 남은 부분을 읽어 주어 겉으로 드러나는 소음 문제가 서로 간의 소통, 이해의 부재 때문임을 알려 준다.

84. 구글 아트 앤 컬처 – 전통문화 체험하기

그림책을 읽고 온라인 도구를 통해 책에 나온 전통문화를 간접 체험해 보는 활동이다. 구글 아트 앤 컬처는 예술과 문화에 대한 전문적인 정보를 제공하고 있다. 코로나로 학생들의 체험학습이 힘든 상황에서 구글 아트앤 컬처의 3D Pottery 앱을 통해 간접적으로 도자기 공예 체험을 즐기고 조상의 삶을 이해해 보자.

> **어떤 그림책이 좋을까?**
> - 『숨 쉬는 항아리』는 우리의 전통문화와 풍속을 바르게 이해할 수 있도록 해 준다. 각양각색의 서구식 그릇들에 밀려 우리 주변에서 보기 힘든 항아리들의 우수성과 조상들의 뛰어난 지혜를 배울 수 있다.

●● 함께 읽을 책

『숨 쉬는 항아리』
정병락 글, 박완숙 그림, 보림, 2005

물레 위에서 빙글빙글 돌다가 뜨거운 가마 속에서 구워진 옹기 친구들은 차에 실려 시골장으로 가고, 혼자 숨어 졸고 있던 작은 항아리는 친구들과 떨어지게 된다. 집 구경을 하던 작은 항아리는 예쁜 꽃병들에게 못생겼다고 놀림을 받지만 곧 자신이 숨 쉬는 항아리라는 것을 알게 된다. 마침내 소금물과 메주를 품은 작은 항아리는 최선을 다해 숨을 쉬며 맛있는 된장과 간장을 만들게 된다.

●● 활동 안내

1. 그림책을 읽고 그릇과 관련한 생각들을 자유롭게 이야기한다.
2. Play a game의 3D Pottery를 실행해 창의적으로 나만의 도자기를 만들어 완성한다.
3. 각자 만든 도자기를 패들렛에 올리고 서로 작품을 감상한다.

1단계

책의 내용을 확인하고 다양한 종류의 항아리들을 살펴본다. 특히 옹기 항아리가 어떤 순서로 만들어지는지 확인한다. 흙으로 항아리 모양을 만들어 불에 굽는 도자기 제작 영상을 유튜브로 찾아보고 생각을 나눠도 좋다.

내가 만약 흙이라면 어떤 음식을 담는 그릇이 되고 싶은지, 그 이유는 무엇인지 돌아가면서 이야기한다. 이때 어떤 모양의 그릇이 되고 싶은지, 우리 가족 우리 반 친구들은 어떤 그릇과 닮았는지 등으로 주제를 다양하게 확장할 수 있다.

2단계

구글 아트 앤 컬처 앱을 실행한 후 Play a game의 3D Pottery를 클릭한다. 게임을 시작하고 도자기의 종류를 정한다.

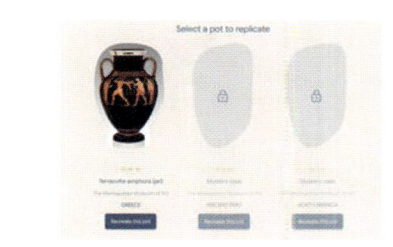 

직접 만들 도자기 선택하기

첫 화면에서 Recreate this pot 버튼을 클릭하고 Let's go 버튼을 누르면 물레에서 흙이 돌아가듯이 커서를 통해 도자기 흙 모양이 변해 간다. 컴퓨터에서는 마우스를 움직여 도자기 모양을 만들지만 앱을 활용할 경우 손가락을 이용하여 도자기의 모양을 완성한다.

도자기 형태 만들기

모양이 완성되고 Sculpting 버튼을 누르면 손잡이 핸들을 추가하는 화면으로 이동한다. 이때 핸들 없이 도자기를 완성할 수도 있다. Duplicate handle 버튼을 누르면 양쪽에 같은 모양의 손잡이가 만들어진다. Retry 버튼을 누르면 다시 만들기도 가능하다. 물레에서 도자기 모양이 회전하면서 painting 이 나온다. 색상을 클릭하면 회전하는 도자기에 무늬와 색을 입힐 수 있다. 마지막으로 Finish painting을 누르면 도자기가 구워진다.

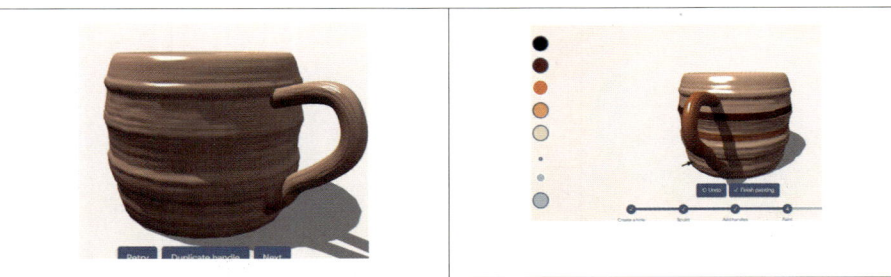

손잡이를 달고 도자기를 채색한 후 굽기

3단계

Share your piece 버튼을 누르면 자신이 만든 도자기의 링크가 만들어져 다양한 온라인 플랫폼에 공유할 수 있다. 학급 패들렛에 게시하고 서로 작품을 감상한다.

학교의 태블릿 pc를 사용할 경우 각 태블릿마다 구글 계정이 있으므로 로그인이

용이하다. 개인 휴대폰 또는 pc로 접속할 경우 구글 아이디와 ㅂ 번으로 로그인하면 된다. 각 단계가 끝나고 다음 단계로 넘어가면 세계 여러나라의 다양한 도자기를 체험할 수 있다.

또한 구글 아트 앤 컬처에 우리나라 이응노미술관 공간이 마련되어 있으므로 미술 시간, 감상 수업 등에 활용하면 좋다.

학생 작품 예시

85. 타임라인 – 목소리 그림책 만들기

패들렛의 타임라인(timeline)은 시간 순서대로 게시물을 나열할 수 있는 특징을 가지고 있다. 목소리 그림책 만들기는 특정 이미지를 시간 순서대로 배열하고 이미지의 내용을 추측해서 자기 목소리를 녹음해 올리는 활동이다. 패들렛의 타임라인 기능을 활용하여 릴레이로 생각과 의견을 모으는 과정에서 아이들은 이야기의 구조를 이해하며 더불어 짜임새 있는 이야기 만드는 법을 배울 수 있다.

> **어떤 그림책이 좋을까?**
> - 『박수 준비!』는 간결한 조형 요소로 이루어진 그림에 의성어를 조합한 책으로, 일반적인 그림책의 요소에 소리를 더해 소통하며 책 읽는 방법을 안내할 수 있는 작품이다.

●● 함께 읽을 책

『박수 준비!』
마달레나 마토소 글·그림, 민찬기 옮김, 그림책공작소, 2015

『박수 준비!』는 책 넘기는 방법을 활용해 시각적 영상화를 이룬다. 접었다 펼칠 때마다 양쪽에 있는 그림들이 서로 만났다 떨어지면서 동영상을 보는 듯한 느낌을 준다. 책장을 넘기는 행위 자체를 놀이처럼 인식할 수 있고, 책을 읽어 주는 중에도 의사소통을 할 수 있다. '책은 다 똑같다.'라는 편견에서 벗어나 그림책을 읽는 다양한 방법을 안내해 주고, 상상력을 발휘하여 이야기를 함께 만드는 방법을 찾아보도록 하고 싶었다.

●● 활동 안내

1. 『박수 준비!』를 함께 읽고 다양한 그림책 읽기 방법의 사례 중 하나로 음악 그림책 동영상을 보여 준다.
2. 패들렛 타임라인을 구성하고, 첫 게시물에 음악 링크와 시작하는 문장을 적는다.
3. 4~6명을 한 모둠으로 구성하고, 모둠 수만큼 패들렛을 만든다.
4. 교사의 첫 패들렛 게시물을 기준으로, 모둠원이 각자 다음에 이어질 문장을 게시물로 추가한다. 릴레이로 작성한 문장에 어울리는 그림을 그리고 패들렛 게시물에 댓글로 올린다.
5. 릴레이 그림책 문장을 녹음하여 댓글로 올린다. 모둠별로 완성한 목소리 그림책을 공유한다.

1단계

『박수 준비!』는 책장을 넘길 때 본문에 나온 의성어를 소리 내며 읽으면 이야기의 매력을 깊이 알 수 있는 책이다. 그림책을 읽고 난 후, 어떤 요소를 이용해서 만든 그림책인지 질문하고 답하는 시간을 마련한다. 책장을 넘길 때마다 책에 적힌 의성어를 통해 박수를 치는 형식으로 구성되어 있어서 학생들에게 총 몇 번 박수를 쳤는지, 어떤 의성어들이 나왔는지 질문하고, 다른 그림책과 차이점을 묻는 활동을 하면 자연스럽게 그림책의 다양성에 대한 이야기를 이어 갈 수 있다. 여러 그림책 읽기 방법 중 음악 그림책의 예를 들기 위해 이수지 작가의 <여름 협주곡> 온라인 전시회 영상을 활용해서 이야기를 나눈 뒤 본 활동인 패들렛 그림책 만들기에 관해 안내한다.

2단계

패들렛으로 목소리 그림책 만들기는 교사가 시작한 첫 문장과 배경음악을 공통으로 활용해 모둠원이 릴레이로 글을 쓰는 활동이다. 다른 느낌을 주는 두 개의 배경음악을 제시하고 모둠원들이 음악을 선택한 후, 교사가 제시한 첫 문장에 이어 릴레이로 이야기를 만든다. 주어진 음악의 분위기와 시작을 정해 주면 이야기 만들기를 어려워하는 아이들에게 도움이 된다. 시작하는 문장뿐만 아니라 끝 문장, 혹은 제목을 정해 주고 활동을 해도 좋다. 교사는 가사가 없는 연주 음악 중 분위기가 다른 두 곡을 배경음악으로 선택해서 첫 문장과 함께 유튜브 음악 링크를 게시물에 올려 둔다.

3단계

2단계 내용을 담아 모둠 수만큼 패들렛을 만들어 놓고 링크를 아이들에게 보내 준다. QR코드를 사전에 제작하여 패들렛에 접속하도록 할 수도 있다. 패들렛 접속 유무를 확인하고 난 뒤, 4~6인으로 모둠을 구성한다. 이야기를 릴레이 형식으로 이어서 써야 하므로 모둠을 구성하는 과정에서 불가피하게 4인 미만의 모둠이 생긴다면 한 명당 두 개의 문장을 작성하게 한다. 패들렛 타임라인 형식의 특성상 시간 순서대로 이어질 문장을 적도록 한다.

그림과 음성 녹음 파일을 패들렛에 올려야 하므로, 게시글 올리는 방법 중 더보기를 눌러 첨부파일을 올리는 방법과 음성 녹음 파일 올리는 방법을 그림으로 안내한다.

각각 업로드와 더보기 기능

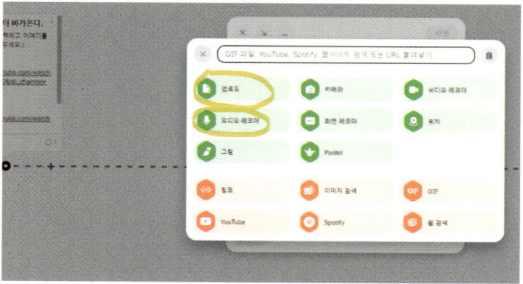

더보기 클릭한 화면(업로드/오디오레코더)

4단계

아이들은 교사가 제시한 동일한 문장으로 시작해서 도움별로 릴레이 이야기 만들기를 하는데, 한 명의 아이가 이야기 만들기를 독점하지 않도록, 모둠원의 숫자만큼 순서를 정한다. 제시된 음악의 분위기에 따라 두 가지 장르의 이야기를 만든다.

시작하는 문장과 음악을 제시한 화면

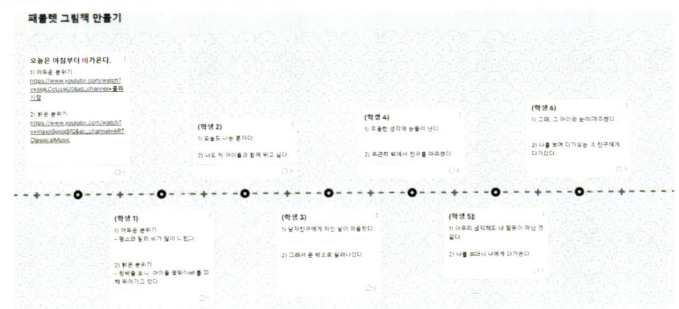

릴레이 이야기를 작성한 화면(모둠별)

이야기를 다 적은 아이들은 자기가 만들어 낸 이야기의 분위기에 맞는 그림을 그리도록 한다. 그림은 패들렛에 탑재되므로 크기가 일정해질 수 있도록 사전에 정방형의 포스트잇을 나누어 주면 좋다.

5단계

그림을 다 그리고 나면 각자의 그림을 핸드폰으로 찍어 패들렛의 문장에 넣는다.

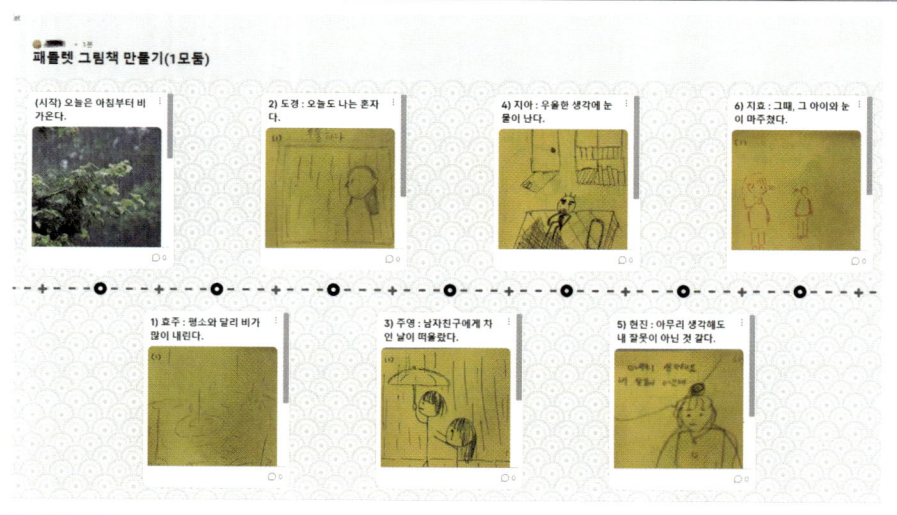

모둠별 패들렛

 패들렛의 문장에 맞는 그림 넣기까지 모두 마치면, 모둠원 중 한 명이 이야기를 녹음하여 패들렛 댓글로 완성된 이야기 녹음 파일을 올리도록 한다. 이야기를 만드는 과정도 중요하지만, 만든 이야기를 낭독하여 음성 녹음을 하면 수정할 부분을 발견하게 된다. 이런 경우 아이들이 희망한다면 이야기를 다듬어 수정해서 제출하게 한다. 최종 녹음 파일까지 모두 패들렛에 탑재하고 나면, 모둠별로 돌아가며 사전에 제시했던 음악을 틀어 놓고 이야기를 공유한다.

 모둠별로 패들렛이 완성되면, 다른 모둠의 패들렛 링크를 공유하여 결과물을 감상할 수 있도록 한다.

86. 패들렛 – 지도: 작품 속 건축물 조사하기

패들렛의 지도 템플릿은 구글맵을 기반으로 한다. 원하는 곳에 좌표를 찍고 콘텐츠를 입력할 수 있다. 이때 이미지나 설명, 자신의 생각을 넣는 등 다양한 방법으로 게시물을 올리게 된다. 그림책에 등장하는 세계 곳곳의 유명한 건축물을 찾아보고 지도상에 표현함으로써 등장인물이 되어 함께 세계여행을 떠나는 여정을 경험할 수 있고, 그림책과 삶을 연계하는 교육 활동도 가능하다. 이 활동을 하는 과정에서 건축이라는 주제에 즐겁게 다가갈 수 있고 진로, 꿈, 가치와 연계하여 수업을 다각적으로 설계할 수 있다.

> **어떤 그림책이 좋을까?**
> - 작품 속 건축물을 조사해야 하므로 실제로 존재하는 세계 유명 건축물을 소재로 한 그림책을 선택해야 한다.
> - 『작은 벽돌』에는 세계 곳곳의 다양한 건축물들이 그려져 있고 부록 페이지에 해당 건축물들의 사진과 간단한 설명을 함께 실어 대조해 볼 수 있도록 했다. 그림책을 통해 세계 여러 나라의 건축물을 찾아보기 하는 독후 활동에 적합하다.

•• 함께 읽을 책

『작은 벽돌』

조슈아 데이비드 스타인 글, 줄리아 로스먼 그림, 그레이트북스, 2018

작은 벽돌은 넓은 세상에서 자신에게 맞는 자리가 어디인지, 자신도 위대한 무언가가 될 수 있는지 해답을 찾기 위해 여행을 떠난다. 벽돌은 긴 모험 끝에 자기만의 자리를 찾아 환한 표정으로 그 자리에 남는다. 누군가와 비교하여 더

멋지거나 빛나기보다, 내가 가장 '나'다울 수 있고 마음 편히 행복할 수 있는 것이 인생에서 가장 중요함을 이 책을 통하여 다시금 깨달을 수 있다.

●● 활동 안내

1. 교사는 패들렛의 지도 서식을 이용하여 게시물을 만든다. 지도 스타일을 변경하여 다양한 서식을 만들 수 있다.
2. 모둠별로 조사할 건축물을 정하여 준다. 이때 이름 선택기(wheelofnames.com)를 활용한다.
3. 모둠별로 그림책 속의 건축물을 찾아 지도상에 표시한다. 주인공이 그 장소에서 무엇을 했는지 등을 넣을 수도 있다.
4. 선택 활동으로 각 나라별로 유명 건축물을 찾아 이미지와 함께 표시하고 그 건축물을 소개하는 내용을 검색하여 조사한다.

1단계

패들렛 만들기 첫 화면에서 교사는 '지도'를 선택해 게시물을 만들어 준다. 지도 수업에 활용하기 좋은 패들렛의 지도 스타일은 'The Usual', 영문의 경우 'Medieval'을 많이 쓴다. 설정(톱니바퀴 아이콘)에서 지도 스타일 변경을 누르고 바꿔 준다. 'Silver', 'Black Metal' 등은 배경을 흑백으로 만들고 싶을 때 유용하고 'Night'의 경우 지도상의 위치가 선명하게 보이는 특징이 있다. 인공위성에서 보는 것처럼 대륙과 산맥의 위치가 잘 보이게 하려면 'Satelite' 양식을 활용할 수 있다.

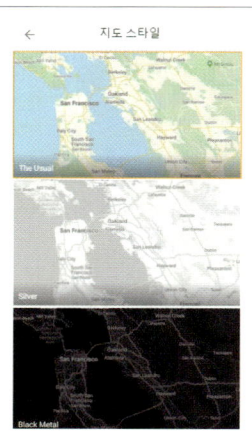

위에서부터 차례대로 The Usual, Silver, Black Metal 모드

2단계

모둠별로 작은 벽돌에 나온 건축물을 확인한다. 벽돌이 만나는 건축물들은 모두 열 가지이다.

학생들을 열 개 모둠으로 나누고 'Wheel of names'에 각 건축물의 이름을 넣는다. 첫 번째 모둠부터 돌림판을 클릭하여 모둠별로 어떤 건축물을 조사할지 정한다.

말보르크 성(폴란드)
아르크 요새(우즈베키스탄)
성 바실리 대성당(러시아)
말위야 탑(이라크)
파크 이스트 유대교 회당(미국)
레빗타운(미국)
마하보디 사원(인도)
만리장성(중국)
그로스베너 단지(영국)
빨간 벽돌집(영국)

3단계

모둠원은 지도 패들렛의 – 버튼을 눌러 위치 선택 옵션 1에서 건축물의 이름을 입력한다. 옵션 2의 경우는 직접 핀을 지도상에 입력하는 방식이므로 본 수업에서는 옵션 1을 사용하여 건축물의 위치를 정확하게 찾아 표시하게 한다. 예를 들어 '말보르크'라고 입력한 경우 '폴란드 말보르크' 또는 '폴란드 말보르크 성' 등이 하단에 나오게 된다. '말보르크 성'을 클릭하면 제목란에 '폴란드 말보르크 성'이 자동 입력된다. 이때 네 번째 아이콘인 이미지 검색 버튼을 누르면 '말보르크 성' 이미지가 검색된다. 마음에 드는 이미지를 클릭하여 삽입하고 제목란의 건축물 이름 앞에 모둠원의 이름을 적도록 함께 지도한다.

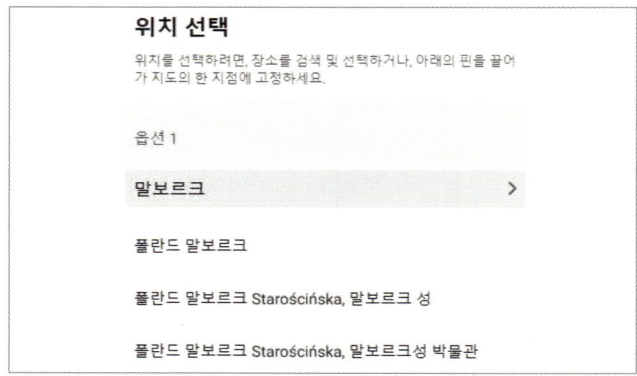

옵션 1에 입력한 건축물 '말보르크'

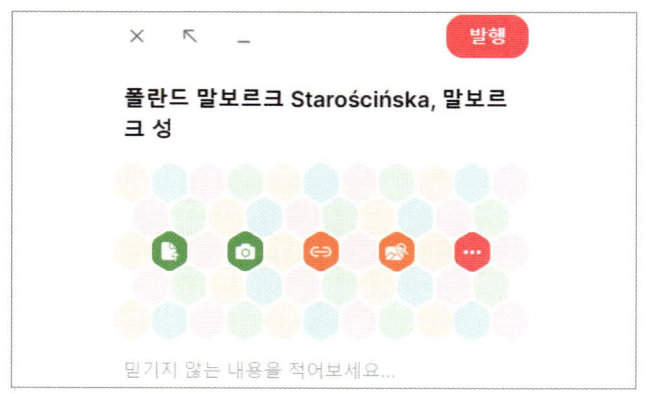

이미지를 검색해 삽입한다

　패들렛은 누가 어떤 내용을 올렸는지 알 수 없기 때문에 제목란에 학생 이름을 쓰도록 하는 것이 좋다. 또한 미리보기 패널을 사용하면 제목란에 조사한 학생들의 이름이 바로 목록으로 보이기 때문에 학생 활동을 한눈에 파악하기도 쉽다. 댓글 역시 실명을 쓰게 하여 상호 존중하는 온라인 언어 예절을 지도하는 것이 중요하다. 이미지를 삽입하면 하단에 '믿기지 않는 내용을 적어 보세요.'라는 칸이 나오게 된다. 그 부분을 클릭하여 간단한 생각이나 조사한 내용을 입력할 수 있다.

　인터넷 창을 추가하여 검색 사이트에 말보르크 성을 입력한 후 건축물에 관해 찾아본다. 조사한 내용을 복사하여 붙여넣기하거나 세 번째 링크 모양 아이콘을 선택하고 링크를 복사하여 넣을 수 있다. 건축물을 소개하는 유튜브, 또는 블로그 주소창도 복사하여 입력한다.

말보르크 성 검색 화면

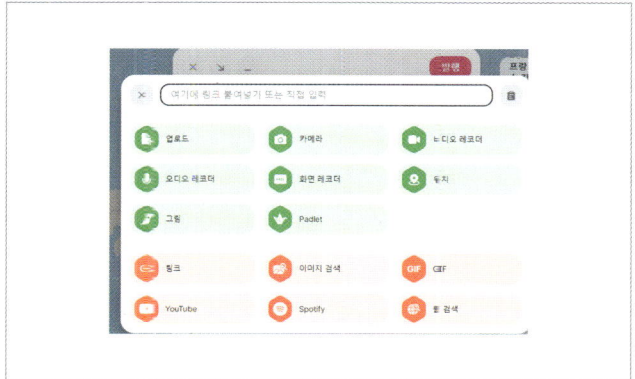

맨 위 검색창에 링크를 붙여넣기한다.

4단계

건축물을 게시하면 선택 활동으로 각 나라의 유명한 건축물을 찾아 지도에 좌표를 찍고 조사한 내용을 올리도록 한다.

조사학습이 끝나면 지도 서식 오른쪽 하단의 +, - (확대 축소) 버튼 부분 왼쪽에 있는 미리 보기 패널을 활용해 한눈에 학생 활동을 확인한다. 다른 친구들이 올린 게시물에는 댓글로 잘된 점, 새롭게 알게 된 점, 다음에 고려하면 좋을 점 등을 적게 한다. 댓글 역시 실명으로 쓰도록 하고 상호 존중하는 언어 예절을 지키도록 지도한다.

학생 활동 한눈에 보기

학생들은 자유 선택 활동으로 독도, 한라산, 경복궁, 롯데 월드 타워 등 우리나라의 건축물을 올리는 경우가 많았다. 또한 지식 백과 등을 편집하여 정리하지 않고 그대로 복사하여 붙여넣기하는 경우 게시물의 길이가 너무 길어져 좋지 않다는 의견이 나오기도 하였다. 학생들의 게시물을 살펴보면서 의외로 다양한 건축물에 관심이 높다는 것을 알게 되었다.

87. 패들렛 – 캔버스: 주인공에게 질문 만들기

학생들은 책 속 주인공들에게 각자 하고 싶은 질문을 만들어 봄으로써 인물과 이야기를 깊이 이해하고 공감할 수 있게 된다. 패들렛의 캔버스 서식은 가장 자유로운 양식으로, 콘텐츠를 다양한 방식으로 움직이거나 겹치거나 연결하는 활동이 가능하다. 특히 캔버스의 연결하기 기능을 통해 주인공과 해당 질문을 서로 이어 질문에 대한 생각을 공유하고 확인할 수 있다.

> **어떤 그림책이 좋을까?**
> - 주인공에게 질문을 만드는 활동은 여러 그림책에 적용할 수 있어서 선택 자유도가 높다. 다만 등장인물이 많으면 집중도가 떨어질 수 있으니 두 캐릭터 정도 등장하는 그림책을 고르면 좋다.
> - 『100만 번 산 고양이』는 주인공이 100만 번 산 고양이와 하얀 고양이뿐이라 학생들이 집중하기 쉽다. 백만 번이나 살고 죽었던 독특한 주인공의 삶은 다양한 상상력을 펼치게 하는 원동력이 되기도 한다.

● ● 함께 읽을 책

『100만 번 산 고양이』

사노 요코 글·그림, 김난주 옮김, 비룡소, 2002

『100만 번 산 고양이』는 '주인공이 되는 삶'과 '지금'의 소중함을 생각하게 만드는 그림책이다. 백만 번이나 죽고 백만 번이나 산 멋진 얼룩 고양이가 있었다. 백만 명이 그 고양이를 귀여워했고, 백만 명이 그 고양이가 죽었을 때 울었다. 그러나 그 고양이는 단 한 번도 울지

않았다. 그러던 중 고양이는 평생의 동반자 하얀 고양이를 만나 행복한 삶을 살게 되고 인생의 진정한 기쁨과 가치를 알게 된다. 책을 읽으며 우리에게 소중한 삶이 무엇이고 우리는 어떻게 살아야 하는지 다시금 생각할 수 있는 기회를 만들 수 있다.

●● 활동 안내

1. 교사는 패들렛의 캔버스 서식으로 게시물을 만든다. 배경을 그림책과 연관된 이미지로 변경한다.
2. 주인공에게 하고 싶은 질문을 생각하여 게시한다.
3. 친구들이 올린 질문을 확인하고 서로 생각을 공유한다.

1단계

『100만 번 산 고양이』를 읽고 교사는 패들렛의 '캔버스' 서식을 이용하여 게시물을 만든다.

그림책 주인공인 백만 번 산 고양이와 흰 고양이를 컴퓨터에 그림으로 저장한 후, 전체 화면 우측 하단의 + 버튼을 누르면 열리는 창에서 육각형 아이콘 중 맨 왼쪽의 '업로드'를 클릭해 저장한 그림을 게시한다. 서식 자체의 배경을 '백만 번 산 고양이'로 하고 싶은 경우에는 톱니바퀴 모양의 설정 버튼을 누른 후 배경화면을 클릭한다. 배경화면에서 '나만의 배경화면 추가'를 누르면 '개성 추가' 화면으로 바뀌고, 이때 업로드를 클릭한다.

캔버스 배경과 게시물에 모두 그림을 업로드했다.

파일 선택을 눌러 전체 배경을 바꿀 수도 있다. 이 때 배경 전체를 주인공으로 할 수도 있고 그 위에 주인공의 그림을 다시 게시하는 방식도 가능하다. 배경 전체를 주인공으로 하게 되면 학생들이 질문을 올리고 주인공 그림과 연결할 때 가독성이 떨어지기 때문에 주인공 그림을 먼저 게시물로 올려 주는 것이 좋다.

2단계

이야기의 내용을 떠올리며 주인공의 삶을 확인하고, 하고 싶은 질문을 생각하게 한다. 책의 내용과 관련 있는 질문을 하도록 지도하는 것이 좋다.

책 속에 나와 있지 않지만 추측하거나 알고 싶은 질문도 가능한데, 간혹 '고양이님 키가 몇 센티미터입니까?' '몸무게가 몇 킬로그램인가요?' '자식들 중 어느 고양이가 제일 오래 살았나요?' 등 주제와 다소 동떨어진 질문을 하는 친구들이 있다. 내용(사실)을 묻는 질문보다 주인공의 느낌이나 감정을 묻는 질문, 행동의 이유를 묻는 질문, 주인공의 생각이나 감정을 상상해 볼 수 있는 질문 등을 하도록 미리 안내하면 학생들이 질문 만들기에 쉽게 접근할 수 있다.

학생들은 전체 화면 우측 하단의 + 버튼을 눌러 게시물 작성 창이 뜨면 제목에 이름을 쓴다. 이름을 쓰게 함으로써 장난이나 부적절한 게시물을 올리지 않도록 미리 예방하는 효과가 있다. 또한 학생이 활동에 잘 참여하고 있는지 게시물을 통해 확인할 수 있다. 제목에 이름을 넣으면 하단에 '믿기지 않는 내용을 적어 보세요.'라는 칸이 나오게 된다. 그 부분을 클릭하여 질문을 입력한 후 발행 버튼을 누른다. 이때 이미지, 링크 등을 첨부할 수 있다. 이미지는 '바로 검색' 버튼을 눌러서 인터넷상에서 찾아 넣을 수도 있고, 미리 저장한 이미지를 올리는 것도 가능하다.

질문을 게시한 후 게시물 창 오른쪽 상단의 점 세 개를 클릭한다. 이때 '게시물에 연결'을 누르게 되면 게시물이 반짝이며 연결 아이콘이 보이게 된다. 연결하고 싶은 게시물과 연결 버튼을 누르면 주인공의 그림과 질문이 이어지게 된다.

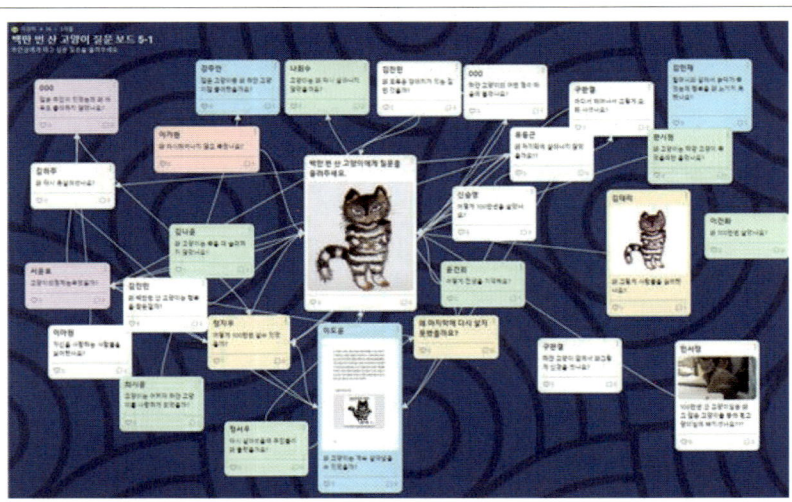

3단계

학생들과 함께 주인공에게 올린 질문을 살펴보고 주인공의 마음을 헤아려 보는 시간을 마련한다. 예를 들어 '많은 주인이 있었는데 왜 아무도 좋아하지 않았을까요?'라는 질문에 '주인공인 고양이가 자기 삶을 산 것이 아니라 주인이 하고 싶은 대로 살았기 때문이다.'라는 대답이 나왔다. '하얀 고양이의 어떤 점이 마음에 들었나요?'라는 질문에는 반에서 유머 감각이 있는 친구가 '예뻐서 그랬을 것이다. 원래 도도한 여자에게 끌리는 법이다.'라고 해서 다 함께 웃었다.

선택 활동으로 친구들이 올린 질문에 대답하는 활동을 추가할 수 있다. 이때도 대답하는 게시물을 같은 방법으로 올린 후 질문과 연결하게 한다. 학생들은 친구들이 올리는 질문을 보면서 스스로 질문을 수정하기도 했다. 활동이 마무리될 즈음에는 처음에 올린 질문보다 훨씬 깊이 있고 창의적인 질문들이 보여서 놀라웠다.

〈학생들의 질문 일부〉
- 백만 번 산 고양이는 왜 다시 못 살아났을까?
- 왜 행복하지 않았을까?
- 왜 마지막에 다시 태어나지 않았을까?
- 할머니와 살아서 늙다가 죽었을 때는 왜 행복을 느끼지 못했나?
- 하얀 고양이의 어떤 점이 마음에 들었나?
- 많은 고양이 중 왜 하얀 고양이만 좋아했을까?
- 많은 주인이 있었는데 왜 아무도 좋아하지 않았나?

88. 패들렛 – 스트림: 비유적 표현 활동

문학 작품의 문장을 읽고 나면 밀려드는 감동과 여운이 책의 내용을 더욱 생생하게 만들고 때로는 우리를 위로해 주기도 한다. 특히 비유적인 표현은 함축적인 내용을 통해 자신의 생각을 나타내는 것으로, 간결한 문장의 아름다움, 직관적인 이해의 매력을 느낄 수 있다. 패들렛의 스트림 형식은 다른 템플릿보다 사진이나 영상을 크고 명확하게 볼 수 있기 때문에 사진과 간단한 문장을 더하면 개인 SNS를 보는 듯한 느낌이 드는 장점이 있다. 스트림 형식을 이용하여 비유적 표현을 만드는 활동을 통해 학생들은 이미지를 적절하게 사용하여 자신의 생각과 느낌을 표현하는 방법을 배우게 된다.

> **어떤 그림책이 좋을까?**
> - 이 활동은 시각이나 청각 등 감각적 표현에 주목하며 작품을 감상하고, 떠오른 느낌과 생각을 다양하게 표현하는 과정이 필요하다. 문학 작품 중 특히 시에서 시각적·청각적 이미지를 중심으로 감각적 표현을 사용하는데, 이때 비유적 표현을 사용하면 시 표현의 재미를 느낄 수 있다.
> - 『나 진짜 궁금해!』는 비유적인 표현으로 질문을 만들고 있어 학생들이 자신의 생각을 창의적으로 표현하기에 적절하다. 비유적 표현을 중심으로 학습자의 창의적 사고를 계발하고, 자기를 둘러싼 세계에 관해 이해의 폭을 넓힐 수 있다.

●● 함께 읽을 책

『나 진짜 궁금해!』

미카 아처 글·그림, 김난령 옮김, 나무의말, 2022

『나 진짜 궁금해!』의 원제는 『Wonder Walkers』로 궁금한 것이 많은 두 아이의 산책에서 이야기가 시작된다. 아침부터 밤까지 아이들은 자연을 마음껏 느끼며 다양한 질문들을 던진다. 그 질문 하나

하나가 매우 창의적이고 기발하며 비유적이다. 호기심을 갖고 세상을 바라보는 아이들의 상상력 가득한 질문과 섬세한 콜라주 기법이 더해진 아름다운 그림책이다.

●● 활동 안내

1. 교사는 패들렛의 스트림 서식을 이용하여 게시물을 만든다.
2. 책 속 문장을 살펴보고 비으적 표현을 사용하여 나만의 표현을 만든다.
3. 내가 만든 문장에 어울리는 이미지를 넣는다.
4. 친구들이 올린 비유적 표현을 확인하고 서로 생각을 공유한다.

1단계

『나 진짜 궁금해!』를 읽고 교사는 패들렛의 스트림 서식을 이용하여 게시물을 만든 다음 책 속 문장을 통해 비유적 표현이 어떤 형태인지 알아본다.

> 교사: 그림책의 첫 문장은 함께 읽어 볼까요?
> 학생: '해는 세상의 전등일까?'
> 교사: '해'를 무엇이라고 표현했나요?
> 학생: '세상의 전등'이라고 표현하였습니다.
> 교사: 네, 이렇게 표현하고 싶은 대상을 다른 사물에 빗대어서 표현하는 방법을 '비유적 표현'이라고 합니다. 비유적 표현에는 이 그림책에서 읽은 문장처럼 '~은 ~이다.'로 표현하는 방법과 '~처럼' '~같이' 등을 넣어서 두 가지 대상을 직접 비교하여 표현하는 방법이 있습니다.

2단계

그림책은 남매처럼 보이는 여자아이와 남자아이가 보내는 하루 동안의 이야기가 시간의 흐름에 따라 전개되고 있다. 이처럼 학생들에게 아침부터 밤까지 일어나는 자연의 변화에는 어떤 것이 있는지 질문한다. 같은 태양이라도 아침에 떠오르는 태양과 노을이 가득한 하늘의 태양이 어떻게 다른지 비유적 표현을 넣어 만들어 보게 한다. 이야기 속 아이들처럼 학생들을 데리고 교실 밖으로 나가 자연의 아름다움을 느낄 수 있도록 산책하는 시간도 보낸다. 주변의 식물, 하늘 등을 살펴보며 어떤 비유적 표현이 떠오르는지 함께 이야기를 나눈다. 이때 교사는 학생들이 몰입하여 계속 표현할 수 있도록 격려하고 지지해 주는 것이 중요하다. 다시 교실로 돌아와 우리 주변의 자연을 비유적으로 표현해 보는 활동을 한다. 이때 그림책의 문장처럼 질문 형식으로 만들도록 한다.

3단계

패들렛의 스트림 전체 화면에서 우측 하단 + 버튼을 누른다. 게시물 입력 창이 뜨면 제목란에 꼭 자기 이름을 쓰도록 한다. 그렇지 않으면 익명으로 게시되기 때문이다. 이미지를 넣는 방법은 두 가지이다. 첫째, 입력창의 육각형 보드 중 왼쪽에서 네 번째 버튼을 누르고 이미지를 검색하여 넣는 방법이다. 가장 일반적인 방법으로, 컴퓨터에 저장해 놓은 그림을 넣을 수도 있고 인터넷상에서 바로 이미지를 찾아 넣을 수도 있다. 다른 하나는 육각형 아이콘 중 가장 오른쪽의 점 세 개 버튼을 누르고 그림 버튼을 클릭하여 직접 그림을 그려 넣는 방법이다.

패들렛의 게시물 입력 창. 왼쪽에서 네 번째 아이콘이 이미지 검색 기능을, 가장 오른쪽 아이콘이 그리기 등 기타 기능을 표시한다.

학생들에게 그림책에 나온 문장처럼 은유법을 사용하여 '~은 ~일까?'의 질문 형식으로 자연을 표현하도록 안내하고 교사는 개별적으로 피드백을 제공한다. 학생들에게 먼저 학급 산책을 통해 자연에서 느낀 것을 문장으로 말하게 한다. '비는 눈물 같아요.'라고 학생이 표현했을 경우 '~까?'를 넣어서 '비는 눈물일까?'처럼 질문으로 만들게 한다. 좀 더 재미있고 실감 나는 표현을 만들기 위해서는 어떤 단어를 추가하면 좋을지 생각하여 '비는 하늘이 울어서 내리는 눈물일까?' 등으로 문장을 다듬도록 한다. 학생이 문장 만들기 등을 어려워할 경우는 단계별로 문장을 완성해 나가도록 안내해 준다. 예를 들어 '구름'을 표현하고 싶은 학생에게는 '구름' 하면 떠오르는 사물이 무엇인지 묻는다. 학생이 '솜사탕'이 떠오른다고 했을 경우 '구름은 솜사탕이다.'로 문장을 만들고 끝에 '까'를 넣어 마지막으로 '구름은 솜사탕일까?'라는 질문을 만들 수 있다. 이때 재미있는 표현을 넣어서 문장을 더 길게 만들도록 격려한다. 그다음에는 '구름은 누가 만든 솜사탕일까?' '구름은 어떤 맛이 나는 솜사탕일까?' 등 생생하고 실감 나는 표현이 되도록 다듬는다. 학생들이 자신의 문장을 게시하면서 친구들이 올린 이미지와 비유적 표현에 댓글과 '좋아요' 등의 반응을 함께 올리도록 한다.

4단계

표현과 이미지가 잘 연결된 게시물을 함께 살펴보면서 잘된 점을 서로 칭찬하였다. 이미지를 검색한 친구들도 있었고, 그리기 기능을 사용하여 표현하는 학생들도 많았다. 특히 그림 표현이 훌륭한 친구들에게 '검색한 이미지보다 직접 그림으로 그린 점이 좋았다.'라는 댓글과 반응이 많았다. 온라인 도구를 활용하여 다른 친구들의 활동을 살펴보고 긍정적인 피드백을 적어 주는 상호 평가의 시간을 적절하게 제공하는 것이 본 활동에서 의미 있는 부분이었다.

학생 활동 결과물

89. 패들렛 – 셸프: 6색 사고로 토론하기

셸프(shelf)는 선반, 책장의 칸을 뜻하는 단어로 패들렛의 '셸프'는 책장처럼 여러 칼럼들을 한눈에 볼 수 있는 서식을 의미한다. 여섯 개 색깔 칼럼별로 생각과 의견을 정리하며 토론하면 다양한 생각을 한눈에 확인할 수 있어 다각적인 사고력을 높여 준다. 학생들이 생각과 의견을 모으고 배치하며 자율성과 주도성을 기르는 데에도 도움이 된다.

> **어떤 그림책이 좋을까?**
> - 그림책의 좋은 점, 아쉬운 점, 고칠 점, 각 캐릭터가 처한 상황의 문제해결법 등 한 작품을 다각도로 들여다봐야 하므로 여러 방향에서 생각을 확산해 나갈 수 있는 그림책이 좋다.
> - 『꽃을 선물할게』는 각자의 입장을 두고 첨예하게 대립하는 인간의 본성을 날카롭게 포착한 작품으로, 패들렛 화면에서 여러 의견을 한눈에 놓고 비교해 보는 활동에 적합한 책이다.

●● 함께 읽을 책

『꽃을 선물할게』
강경수 글 · 그림, 창비, 2018

거미줄에 걸린 무당벌레가 그 옆을 지나가는 곰에게 살려 달라고 부탁하며 이야기가 시작된다. 우연히 하루에 세 번이나 무당벌레 옆을 지나가게 되는 곰은 거미가 굶는다는 이유로, 무당벌레가 살기 위해 거짓말을 한다는 이유로 무당벌레의 부탁을 완강히 거절한다. 무당벌레는 포기하지 않고 자신이 꽃에 해로운 진딧물을 잡아먹는 이로운 동물이라며 꽃을 좋아하는 곰을 설득한다. 곰은 무당벌레를 살려 주었을까? 인간 면면의 민낯을 세 동물에 빗대어 재치 있게 그려내는 그림책이다.

●● 활동 안내

1. 교사는 패들렛에서 셸프를 열어 그림책 정보와 토론 주제, 6색 칼럼을 만든다. 칼럼별로 색깔을 지정한 뒤 각 색은 어떤 성격의 셸프인지 설명하고 모둠을 정한다.
2. 그림책을 함께 읽고 흰색, 빨강, 노랑, 검정 칼럼에 모둠별로 ⊕을 추가하여 생각을 입력하도록 한다.
3. 입력한 내용을 함께 확인하고 별점(☆)을 매겨 가장 많이 나온 주제를 학급 토론 주제로 선정한다. 해당 주제에 관해 모둠별로 문제해결 방법을 의논한 후 초록색 칼럼에 ⊕을 추가하여 입력한다. 그날의 나눔을 그림과 글로 정리해 파란색 칼럼에 적고 마무리한다.

1단계

수업 전에 교사는 패들렛에서 셸프 서식을 열어 제일 상단 좌측부터 그림책 정보 칼럼, 토론 주제 정하기 칼럼과 흰색–'사실 말하기', 빨간색–'느낌 말하기', 노란색–'좋은 점 말하기', 검정색–'나쁜 점 말하기', 초록색–'해결 방법 말하기', 파란색–'정리하기'와 같이 6색 칼럼을 순서대로 추가하여 총 여덟 개 칼럼을 생성한다. 이때 그림책 서지 사항이나 관련 자료를 첨부하여 학생들이 어떤 이야기인지 쉽게 참고할 수 있도록 배치한다. 토론 방법에 대한 이해를 돕기 위해 6색 칼럼에 대한 설명도 사진이나 파일, 링크 등을 활용하여 함께 게시한다.

색에 대한 설명 카드는 '홍성주 선생님과 당신의 무대' 블로그에서 발췌

그다음에는 학생 4~6명이 한 모둠이 되도록 구성하고 모둠장과 서기(기록이)를 선정한다. 서기는 모둠에서 나온 의견을 정리하여 패들렛에 입력해야 하므로 키보드를 잘 다루는 학생으로 자원을 받는다. 모둠장은 모둠원을 이끌어 가야 하는 부담감이 있어서 서로 맡지 않으려 할 수 있다. 이럴 때는 가벼운 게임을 하여 모둠장을 선정한다.

패들렛의 셸프(shelf) 서식에서는 책장처럼 칼럼을 할당하고 각 색깔 칼럼 아래에 있는 ⊕를 클릭해 의견을 추가하고 칼럼별로 정렬시킬 수 있다. ⊕을 클릭하면 348쪽과 같은 게시물 입력창이 뜨고 파일 업로드, 링크 추가, 구글 검색, 사진 업로드 등을 활용할 수 있다. 6색 사고 토의·토론은 여섯 색깔의 의미에 맞게 한정하여 생각을 표현하는 활동으로, 각 경계가 명확한 셸프 정렬 방식은 학생들의 생각을 성격에 맞게 한눈에 확인하기에 좋다.

2단계

좌측 첫 번째 셸프에 미리 입력한 그림책의 서지 사항과 표지를 함께 보며 오늘 나눌 그림책을 확인한다. 올려놓은 그림책 파일을 열어 함께 읽는다. 첫 번째 생각 나누기로 흰색-사실 말하기 칼럼 자리를 확인한다. 그림책을 보며 확인한 사실 내용으로 이야기에 누가 등장했는지, 언제 일어난 일인지, 어디인지, 무엇을 어떻게 했는지 중에 선별적으로 서술할 수 있다. 모둠별로 그림책 내용에 드러난 사실을 확인하고 의견을 나누어 작성하도록 한다.

다음으로 빨간색 칼럼의 위치를 확인하며 그림책을 읽고 어떤 느낌, 감정이 들었는지 의견을 올리도록 안내한다. 작성 형태를 교사가 지정해 줘도 되지만 모둠별 자율성에 맡기면 모둠의 대표 의견만을 적거나, 모둠에서 나온 여러 의견을 적거나, 모둠 구성원의 이름을 넣어 개별화하는 등 다양한 작성 형태를 확인할 수 있다.

노란색 칼럼과 검은색 칼럼은 동시에 진행하여도 된다. 노란색은 그림책의 좋은 점, 배울 점, 칭찬할 점을 찾아 작성하는 서식이고 검정색은 그림책의 나쁜 점, 고칠 점, 아쉬운 점, 그에 따른 충고나 조언을 첨부하는 공간이다. 학생들은 '곰이 마지막에 무당벌레를 살려 준 선택이 좋았다.' '포기하지 않은 무당벌레의 의지를 칭찬한다.' '해피엔딩으로 꽃이 만발한 봄 풍경이 아름다웠다' 등 긍정적인 내용을 노란색 칼럼에 작성하였다. 검정 칼럼에는 '곰의 마지막 선택이 좋으나 무당벌레를 빨리 살려 주지 않고 자기에게 유리하다는 것을 알고 난 후 살려 준 것이 선행이라고 할 수 있는지 의심스럽다. 곰이 말한 자연 법칙에 맞지 않게 거미는 굶게 되었다. 좀 더 나은 선택은 없었을까'와 같이 아쉬움을 제기하기도 했다. 무당벌레가 거미줄에 걸리기 전에 조심했어야 한다며 인물을 재평가하기도 했다.

그림책 전반에 대해 사실을 확인하고, 내 느낌을 말하고, 이야기에서 느낀 장단점을 나누며 다양하게 이해하였다면 토론 주제를 모둠별로 선정한다.

3단계

학급 대표 토론 주제를 선정하기 위해 별점 기능을 활성화한다. 별점은 패들렛의 기능 설정에서 반응 매뉴얼로 선택할 수 있다. 내 모둠 의견을 제외한 나머지 모둠 의견을 확인하고 1~5개의 별점을 준다. 이후 교사는 별점 항목에 마우스를 대어 평균 등급을 숫자로 확인할 수 있다. 이 방법을 통해 학급 주제로 선정된 '무당벌레를 살리지 않았다면 어떻게 되었을까?'에 대한 해결 방법을 초록색 칼럼으로 작성해 본다.

이때 뒷이야기를 상상하듯 자유롭게 대안을 제시하여도 된다. 초록색은 문제해결을 위한 여러 아이디어를 제시하고 종합하여 가장 합당한 방법을 제시해 보는 셀프로, 이야기 외 인물이나 상황을 가져와서 사건의 전환을 상상하는 내용을 넣어도 좋다. 학생들은 해결 방법으로 곰이나 무당벌레, 거미를 비난하기보다는 무당벌레가 숨어 있던 날개를 발견하여 날아가거나 힘을 키워 탈출하는 등 스스로 문제를 해결하는 방법을 생각해 내고, 가족이나 친구 등 제3의 인물을 등장시켜 전환을 맞는다는 새로운 대안을 제시한다.

수업의 마무리로 파란색 칼럼을 이용한다. 앞서 나눈 내용들을 종합하여 상징적인 그림과 글로 오늘의 내용을 정리하는 셀프다. 이

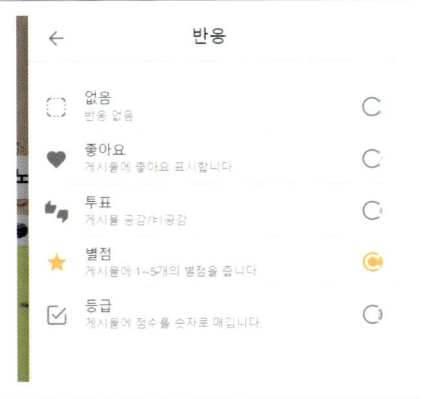

반응 매뉴얼은 패들렛 전체 화면의 오른쪽에 있는 톱니바퀴(설정) 아이콘을 클릭하면 '게시 관련'란에서 선택할 수 있다.

미지 검색을 사용하여 수업 소감에 어울리는 그림을 찾고, 그림을 선택한 이유를 글로 작성한다.

 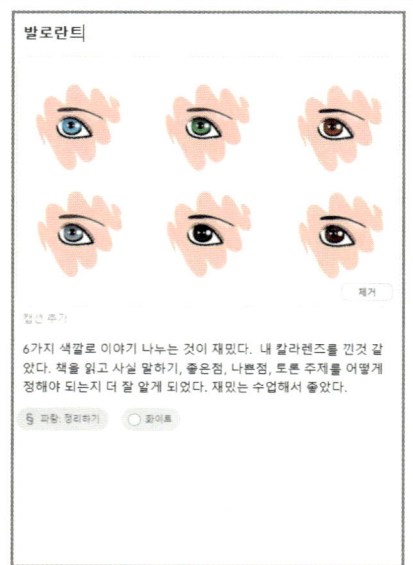

확장 활동으로 그림책에 등장하는 '캐릭터별 6색 토론'을 해 봐도 좋다. 교사가 수업의 방향에 맞게 각 색깔의 선정과 순서를 유연하게 선택할 수 있다. 곰, 무당벌레, 거미별로 논의하고 싶은 색깔 칼럼을 순서대로 배열하고, 각 인물이 처한 상황과 입장을 나라면 어떻게 했을지 적용, 이해와 문제해결을 위한 실마리를 찾아보는 활동이다.

90. 띵커벨 - 찬성반대

참여형 수업 플랫폼인 '띵커벨'을 이용해 찬성과 반대 입장을 골라 핸드폰으로 응답하는 활동이다. 주제에 대한 입장을 선택하고 그 이유를 공유하는 과정에서 아이들은 다양한 시각으로 주제를 살피며 사고를 넓힐 수 있다.

> **어떤 그림책이 좋을까?**
> - 주인공의 선택을 찬성과 반대 입장에서 살펴볼 수 있어야 한다.
> - 주인공에게서 얻은 교훈을 학생들의 생활에 실천적으로 적용할 수 있다면 좋다.
> - 『청소부 토끼』는 반전이 있는 이야기로, 토끼들의 결정을 두고 찬성과 반대 양쪽에서 생각을 나눠 보기에 좋다. 단편적인 사고를 넓히는 계기가 될 뿐만 아니라, 그동안 지식으로 배운 앎을 실천적 삶과 병행해 나가는 전환점이 될 수 있다.

●● 함께 읽을 책

『청소부 토끼』

한호진 글·그림, 반달, 2015

만화책에서 주로 사용하는 기법으로 장면을 나누어 이야기를 구성한 그림책이다. 언제나 달빛이 환하게 비추던 달빛 토끼 마을. 청소부 토끼 하나가 달 청소를 자원하지만 달까지 가는 과정은 험난하기만 하다. 지렛대와 사다리를 사용해 보지만 어림도 없다. 엎친 데 덮친 격으로, 열기구 풍선에 구멍이 나 청소부 토끼가 실종되고 만다. 그러던 중 엄청난 반전이 담긴 편지가 토끼 마을 촌장에게 도착하는데……. 과연 청소부 토끼는 달을 깨끗하게 돌려놓을 수 있을까?

•• 활동 안내

1. 교사가 미리 만든 띵커벨 '찬성반대' 토론방에 접속한다.
2. 토론 주제에 대한 자신의 의견과 그 이유를 기록한다. 함께 결과를 확인하고 생각을 나눈다.

1단계

'띵커벨 - 찬성반대' 활동을 위해서는 교사의 준비 작업이 선행되어야 한다. 인터넷 익스플로러에서는 띵커벨을 지원하지 않으므로 크롬으로 접속하도록 한다. 먼저 띵커벨 오른쪽 상단 '만들기'에서 '토의·토론' 영역을 선택한 후 제목(예:『청소부 토끼』찬성반대 토론) 등을 상황에 맞게 입력한다. 이후 문제 유형 중 '찬성반대'를 선택하여 질문을 입력하고, 알맞은 시간과 의견 받기 여부를 선택한 후 완료한다. 오른쪽 상단에 있는 '완료' 버튼까지 클릭하면 사전 작업이 완성된다. 학생들은 구글에서 '띵커벨 방 번호'를 검색하여 학습방 입장 준비를 한다. 먼저 닉네임을 입력한 후 방 번호 안내를 기다리도록 한다.

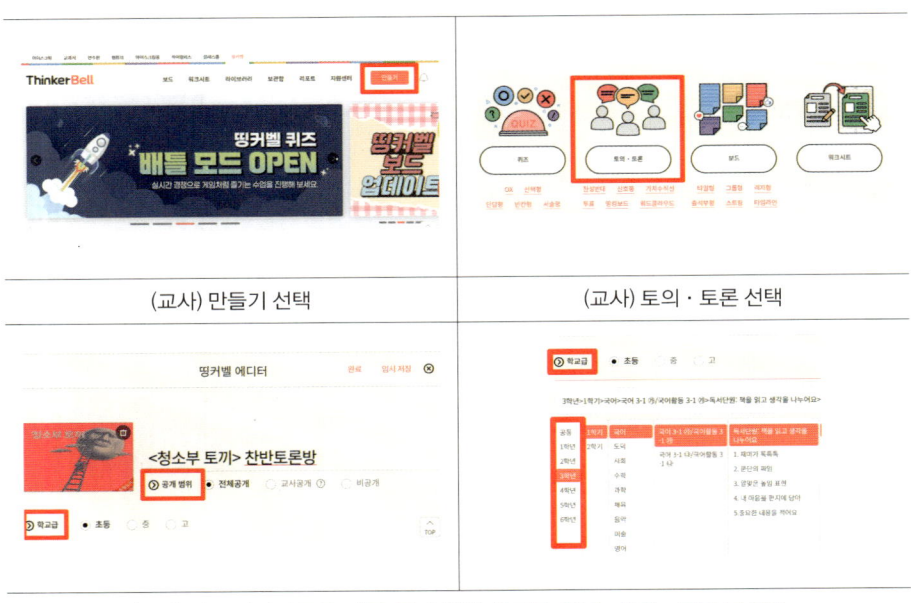

| (교사) 만들기 선택 | (교사) 토의·토론 선택 |

(교사) 대표 이미지 등록, 제목, 공개 범위, 학교급, 학년·학기·교과 등 선택

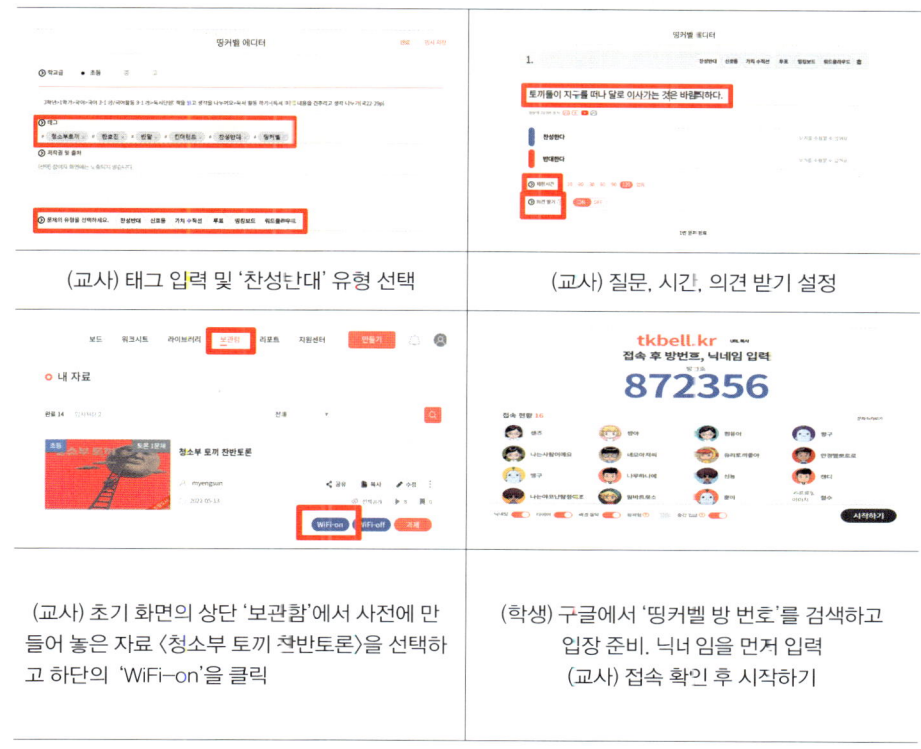

(교사) 태그 입력 및 '찬성반대' 유형 선택	(교사) 질문, 시간, 의견 받기 설정
(교사) 초기 화면의 상단 '보관함'에서 사전에 만들어 놓은 자료 〈청소부 토끼 찬반토론〉을 선택하고 하단의 'WiFi-on'을 클릭	(학생) 구글에서 '띵커벨 방 번호'를 검색하고 입장 준비. 닉네임을 먼저 입력 (교사) 접속 확인 후 시작하기

    교사는 안내문을 통해 자신이 보여 주는 화면과 학생들이 사용하는 핸드폰 화면 모습이 다르다는 것과, 그러면서도 두 화면이 서로 연결되어 있음을 알려 준다.

    처음 활동에 참여한다면 방번호-닉네임 순서로 입력을 진행하기보다, 닉네임-방번호 순으로 하는 편이 효과적이다. 방번호 입력 후 닉네임을 기록하는 순서로 진행할 경우에는, 대부분 닉네임을 바로 정하지 못해 그 부분에서 흐름이 단절될 때가 많다. 닉네임-방번호 순의 진행은 주제 활동으로 자연스러운 연결을 돕는다.

2단계

    오른쪽 하단의 '시작하기'를 클릭한다. 공유된 화면에 따라 학생들은 주제에 따른 의견을 선택한 후 이유를 기록하고 완료 버튼을 클릭한다. 제한 시간이 지나면 의견을 제출한 학생들의 생각을 화면에 공유하여 함께 확인하고 생각을 나눈다.

| (학생 화면) 찬반 선택하고 근거 입력 후 완료 | (교사 화면) 찬반 결과 왼쪽 아래 '참여자 보기' 클릭 → 찬반 이유 확인(랜덤 뽑기 발표도 가능) |

이 활동에서는 아이들이 생각하는 힘을 키우기 위해, 찬반 의견을 선택하는 것뿐만 아니라 그에 대한 이유나 근거를 함께 제시하도록 한다. 저학년일수록 초기에는 120초 정도로 입력 시간을 최대한 여유 있게 제공하는 것이 바람직하다.

토끼들이 깨끗한 달에 살기 위해 지구를 떠나는 것은 바람직한가?	
〈찬성 의견〉 (흰둥이) 지구에는 쓰레기가 많아 죽을 수 있지만 달은 깨끗해서 건강하게 살 수 있으므로 (뽀로로) 달에 가는 토끼들이 행복해 보여서 (짱아) 지구에서 계속 살면 환경오염이 심해져서 쓰러질 것이므로	〈반대 의견〉 (샌즈) 죽는 한이 있어도 지구를 깨끗하게 하면 모두가 행복한 날은 꼭 올 것이므로 (코난) 지구가 나를 키워 주었기 때문에 (네모) 그동안 청소한 게 헛수고가 되게 할 수는 없기 때문에

91. 띵커벨 – 가치수직선

띵커벨의 '토의·토론'은 총 여섯 유형으로 나뉘어 있는데 그중 '가치수직선'은 주제에 관한 의견을 수직선 위에 표현하는 방식이다. 이 기능을 이용하면 그림책 평줄을 매기고, 등장인물의 도덕성을 평가해 볼 수 있다. 책은 작가에 의해 탄생하지만 독자에 의해 완성된다. 독자마다 그림책을 바라보는 관점, 배경이 다르다는 의미이기도 하다. 이 활동을 통해 찬성 또는 반대 두 입장에만 그치지 않고 다양한 의견을 나누며 그림책을 깊게 읽어 보자.

> **어떤 그림책이 좋을까?**
> - 주인공이 도덕적인 갈등 상황에 놓여 어떤 선택을 하는지 두드러지는 이야기라면 인물의 도덕성을 파악하기 쉽다.
> - 『공룡이 왔다』는 실수로 잘못을 저지른 아이가 스스로 잘못을 뉘우치고 사과하는 과정을 다룬 그림책이다. 양심의 가책을 느끼는 아이의 감정이 잘 묘사되어 그림책에 몰입하게 만든다.

●● 함께 읽을 책

『공룡이 왔다』
박주현 글·그림, 노란상상, 2021

공룡을 좋아하는 한 아이가 있다. 갖고 싶었던 공룡이 있었지만, 엄마가 사 주지 않아서 속상해한다. 그런데 학교에 가니 친구가 그 공룡을 가지고 있는 게 아닌가. 아이는 몰래 공룡을 가지고 놀다가 그만 다리를 부러뜨리고 만다. 실수로 잘못을 저지른 아이는 스스로 뉘우치고 사과하게 될까? 죄책감과 양심이라는 감정을 다루고 있어서 아이들이 몰입하기 좋은 책이다.

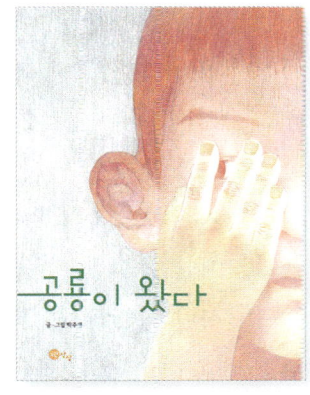

●● 활동 안내

1. 가치수직선 토의·토론을 만든 다음 평점을 매기고 결과를 공유한다.
2. 등장인물의 도덕성을 평가하고 토론해 본다.

1단계

띵커벨에 접속하여 만들기 클릭 후 토의·토론을 선택한다. 제목, 학교급, 교과군, 태그 등을 입력하고 문제 유형에서 가치수직선을 선택한다. '질문을 입력하세요' 칸에 '평점을 매겨주세요'라고 입력하고 보기를 수정한다. 보기는 기본적으로 '전혀 필요없다' '필요 없다' '보통이다' '필요하다' '항상 필요하다'로 되어 있다. 이것을 5점, 4점, 3점, 2점, 1점으로 바꾼다. 평점 매기기 점수는 다양하게 할 수 있으나 5점 만점으로 하는 게 아이들도 편하다. 마지막으로 1번 문제 완료를 누르면 평점 매기기가 완성된다.

    띵커벨은 과제형으로 제출하게 할 수도 있지만 줌(zoom) 등을 활용한 실시간 수업에서 아이들과 상호작용하기 좋은 도구라 가급적 실시간 수업에서 사용한다. 온라인 수업을 할 때는 보관함 가치수직선을 활용한 문제에서 WiFi-On을 선택하고 URL을 복사해서 아이들에게 전달한다. 아이들이 접속하면 문제를 보여 주고 평점을 매기게 한다. 단순히 선택하는 것에 그치지 않고 선택한 이유를 작성해야 입력됨을 알려 준다.

    아이들이 평점을 매기면 결과를 바로 보여 줘도 된다. 그렇지만 평점을 확인하기 전에 반 아이들은 평점을 어떻게 매겼을지 예측하게 해도 좋다. 그 후 평점 결과를 확인한다. 가치수직선을 활용하니 『공룡이 왔다』에 대한 아이들의 전체적인 반응을 한 번에 확인할 수 있다. 미참여한 학생을 제외하고 13명이 모두 3점 이상으로 점수를 주었지만 보통에 해당하는 3점이 가장 많았다. 평점 결과를 확인하고 점수별로 평점을 매긴 학생의 의견을 듣는다. 정보 기기 등의 문제로 입력하지 못하는 경우 미참여로 처리되는데 이런 경우 미참여를 클릭해 해당 학생들 의견도 듣는다.

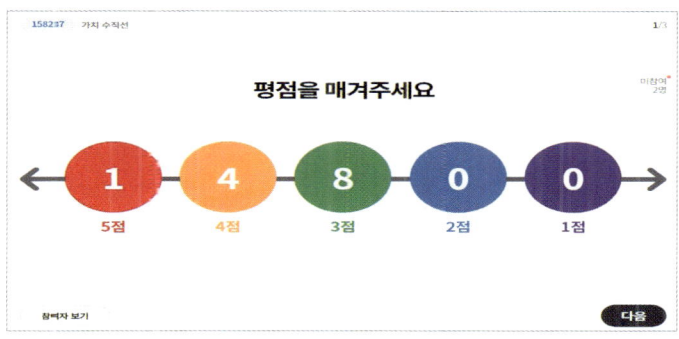

평점	이유
5점(1명)	죄책감을 느끼고 부끄러워하는 아이의 감정 상태가 그림으로 너무나 잘 묘사 되어서 재밌었다.
4점(4명)	공룡 장난감을 소재로 풀어낸 점이 흥미롭다. 잘못을 저지르고 나서 죄책감을 공룡으로 표현한 것이 인상적이었다. 주인공이 공룡을 부러뜨리고 아무도 몰랐던 상황을 그림자로 눈을 가리게 표현하는 등 그림이 좋았다.
3점(8명)	일상에서 흔히 접할 수 있는 주제를 다뤄서 관심이 생겼다. 그렇지만 상상력을 자극하거나 새롭고 신선한 소재가 아니라서 그저 그랬다. 사과하는 장면이 나오지 않아서 조금 답답했다.

2단계

다시 문제의 유형에서 가치수직선을 선택하고 '질문을 입력하세요' 칸에 '주인공 아이는 도덕적이다'라고 입력하고 보기를 수정한다. 보기를 '매우 도덕적이다' '도덕적이다' '보통이다' '도덕적이지 않다' '매우 도덕적이지 않다' 등으로 정하면 된다. 이번에는 5점에서 1점까지 입력해서 순차적으로 차등을 두었다.

도덕성 평가	이유
5점(0명) 매우 도덕적임	(없음)
4점(1명) 도덕적임	양심의 가책을 느끼고 스스로 잘못을 누우쳤기에 도덕적이다. 하지만 공룡 다리를 부러뜨린 잘못을 했기에 4점을 주었다.

3점(3명) 보통	남의 물건을 허락 없이 만진 점에서 그리 도덕적이라고 볼 수 없지만, 자신의 잘못을 생각해 보고 반성했다.
2점(8명) 도덕적이지 않음	멋대로 친구 물건을 만지고 남한테 핑계 대는 장면을 보면 아이는 도덕적이지 않다.
1점(3명) 매우 도덕적이지 않음	주인공 아이는 잘못을 저지르고 모른 체했다. 잘못을 저지르고도 직접적인 사과를 하지 않았기 때문에 매우 도덕적이지 않다고 볼 수 있다.

아이들의 의견을 듣고 곧장 마무리하기보다 토론하는 시간을 마련한 후 최종적인 생각을 다시 한번 선택하게 하면 좋다. 자신의 생각을 발표하고 다른 아이들의 생각을 듣는 과정을 거치면서 질문에 관한 생각이 조금씩 변화한다. 기존 생각과 어떻게 달라지는지 확인하는 것도 흥미롭다. 이번 시간에는 대부분의 아이들이 주인공 아이가 비도덕적이라고 생각했다. 그런데 토론 과정에서 주인공 아이가 도덕적이라고 4점을 준 아이의 의견에 많은 아이들이 동의했다. 실수는 누구나 할 수 있는데 잘못을 스스로 뉘우치고 사과하려는 마음 자세를 지녔다는 주장에 공감한 것이다.

92. 플리피티 – 스노우맨: 단어 퀴즈

알파벳 그림책을 읽은 후 단어 퀴즈 게임을 하면 아이들의 어휘 학습에 도움이 된다. 플리피티는 상대방이 생각하는 단어의 철자를 맞히는 행맨 게임을 다양한 템플릿으로 제공하고 있으며, 사용법도 간단해 알파벳 그림책 독후 활동에 적합하다.

> **어떤 그림책이 좋을까?**
> - 『Tomorrow's Alphabet』은 영어 알파벳 26개에 해당되는 단어 25개와 함께 각 철자별로 현재에 해당하는 26개의 단어를 함께 매칭함으로써 총 52개의 단어가 하나의 패턴을 중심으로 등장한다. 철자의 모양과 소리를 연상할 수 있도록 알맞은 문장과 삽화가 제시되어 있어 단어 퀴즈 게임을 하기에 적합하다.

●● 함께 읽을 책

『Tomorrow's Alphabet』

George Shannon 글, Donald crews 그림, MulberryBooks, 1999

『Tomorrow's Alphabet』은 26개의 알파벳을 현재와 미래의 모습으로 제시한다. 'A'로 시작하는 단어를 'A is for Seed(씨앗).' 'Tomorrow's Apple(사과).'로 나타내는 식이다. 각각의 알파벳으로 시작하는 단어가 현재 상태에서 성장 또는 발전하는 미래의 모습을 보여 주기 때문에 지적 호기심과 사고력을 길러 줄 수 있다. 단어 퀴즈 활동으로 어휘를 학습하기에도 적합하다.

●● 활동 안내

1. 그림책을 함께 읽고, 플리피티의 스노우맨(Snowman)을 실행하여 책에 등장한 단어를 입력한다.
2. 게임을 만들고, 짝과 협력하여 단어 퀴즈 게임을 한다.

1단계

그림책을 함께 읽은 뒤 플리피티(flippity.net) 사이트에 접속한다.

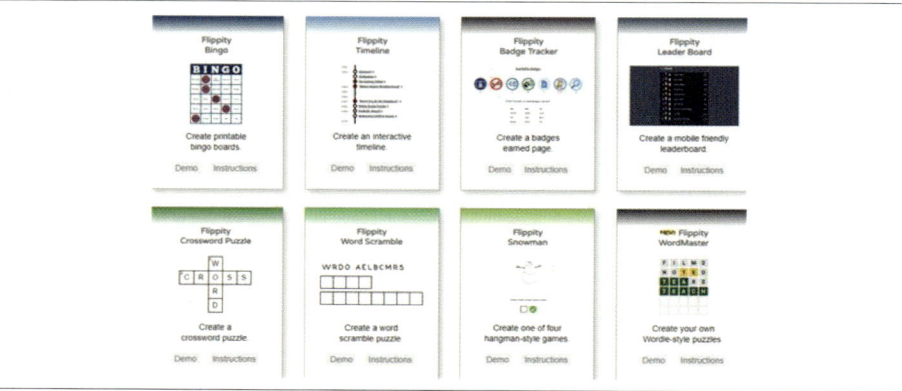

'Flippity Snowman' 하단의 'Instruction'을 클릭한다.
Quick & Easy 화면이 뜨면 그림책에 나온 단어를 입력한다.

Game Type 아래 휠바의 세팅을 달리해 게임 테마를 바꿀 수 있다.

2단계

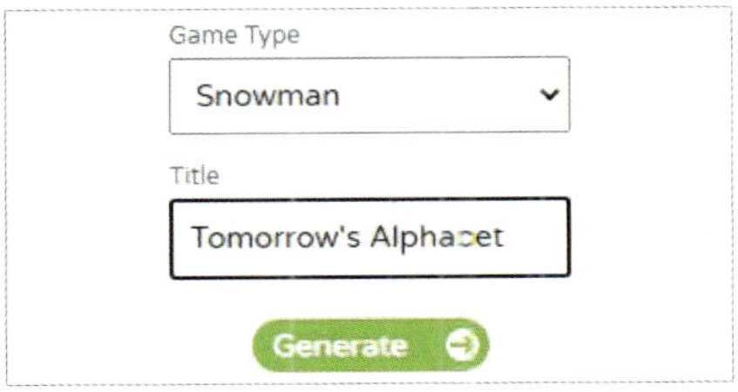 'Generate' 버튼을 눌러 게임을 만든다.	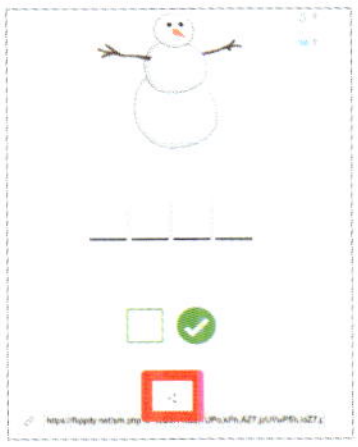 하단의 '공유 옵션' 아이콘을 누르면 링크가 나온다. 이 링크를 복사한다.
 패들렛 등을 통하여 링크를 학생들에게 전달한다.	 서로 협력하여 철자를 입력하고 오른쪽 체크 버튼을 누른다.
 만약 A를 입력했을 때 A가 해당 단어에 포함되지 않는 경우 눈사람의 코가 사라지고, 입력한 철자 'A'는 위에 표시된다.	 이번에는 'B'를 입력하였고, 해당 철자가 없어 눈사람의 두 눈이 사라졌다.

철자를 틀릴수록 눈사람이 녹는다.	입력한 철자가 맞을 경우 해당되는 칸에 적히고 눈사람의 형태는 변하지 않는다.
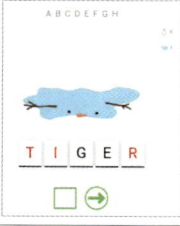	
주어진 기회 안에 단어의 철자를 모두 맞히지 못하면 게임이 끝난다. 오른쪽 상단의 점수판에 녹은 횟수가 표시된다.	주어진 기회 안에 단어를 완성하면 눈사람의 모습이 바뀌며 눈사람 점수를 획득한다.

알파벳 학습은 소리와 철자를 알고 대문자와 소문자를 연결하여 단어를 익히는 것이 중요하므로 학습한 내용을 직접 손으로 써 보도록 한다. 플리피티-스노우맨의 경우 단어가 대문자로만 제시되며, 공책에 소문자로 단어를 쓰며 복습할 수 있다. 또한 학생들이 그림책에서 찾은 어휘를 직접 템플릿에 입력하게 하면 자기 주도적 학습으로 이어질 수 있다.

93. 구글 잼보드 – 숨은그림찾기

숨은그림찾기는 그림책에 숨겨진 그림과 상징을 찾는 활동이다. 작가의 의도가 들어간 그림 하나하나를 자세히 들여다보는 과정을 통해 아이들은 창의력을 기르고 그림책과 공감대를 형성한다. 이때 온라인 판서 도구인 구글 잼보드를 활용한다면 여러 명이 동시에 접속하여 칠판에 낙서하듯 자유롭게 판서하거나 상호소통하여 협업할 수 있을 것이다.

> **어떤 그림책이 좋을까?**
> - 깊이 관찰할 수 있는 그림이 풍부하게 담긴 책.
> - 『꿈꾸는 윌리』는 명화 속 상징물을 새롭게 재해석해 담아내고 있어 독자의 지식이나 경험에 따라 폭넓은 해석이 가능하다.

●● 함께 읽을 책

『꿈꾸는 윌리』

앤서니 브라운 글·그림, 허은미 옮김, 웅진주니어, 2004

침팬지 윌리는 여러 꿈을 꾼다. 영화배우, 화가, 탐험가, 스쿠버 다이버가 되는 등, 윌리의 꿈속에는 자유로운 상상의 세계가 펼쳐진다. 이에 더해 책 속에는 풍부한 문화적 내용들이 담겨 있다. 찰리 채플린, 엘비스 프레슬리 등 미국 문화의 대표적인 인물들이 등장하기도 하고, 고흐, 루소, 달리, 마그리트와 같은 초현실주의 작가들의 그림들이 오마주되어 표현되기도 한다. 그렇기에 앤서니 브라운의 그림책은 독자의 지식의 정도, 문화적 경험 등에 따라 그 해석의 폭이 달라진다. 주인공 윌리를 시각적으로 상징하는 바나나가 처음부터 끝까지 숨겨져 있는 만큼 적극적으로 그림 속 그림을 찾는 활동을 해 볼 수도 있을 것이다.

●● 활동 안내

1. 구글에 접속해 잼보드를 만든 뒤, 그림책 장면을 넣는다.
2. 잼보드의 스티커 메모 기능을 활용하여 숨겨진 그림을 찾아 내용을 적는다.
3. 친구들이 찾은 내용을 확인하고 서로 생각을 공유한다.

1단계

구글 잼보드는 크롬 우측 상단의 더보기(점 아홉 개) 버튼을 클릭하고 'Jamboard(잼보드)'를 선택하여 접속한다.

그다음 우측 하단의 + 버튼을 클릭해 잼보드를 만든다. 내 컴퓨터에 있는 파일을 업로드하거나, 인터넷 주소인 URL을 선택하거나, 카메라로 바로 사진을 찍거나, 구글에서 이미지를 검색하여 첨부할 수 있다. 좌측에 세로로 이뤄진 메뉴 바의 위에서 다섯 번째 버튼을 눌러 그림 파일을 삽입한다. 우측의 파란색 '공유'를 클릭해 공동 작업을 위한 잼보드 공유 설정을 한다.

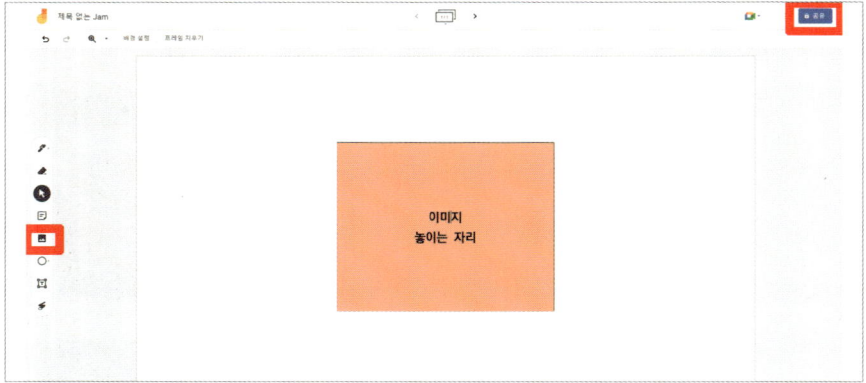

'공유' 버튼을 누르면 새로운 창이 뜨면서 공유할 대상과 범위, 링크가 나온다. 먼저 하단 링크 보기의 '변경'을 누른 후 공유할 범위를 선택한다. 이때 '링크가 있는 모든 사용자에게 공개'로 지정한다. 우측의 '편집자'를 눌러 학생들이 모두 글이나 그림을 입력할 수 있도록 권한 설정을 한다.

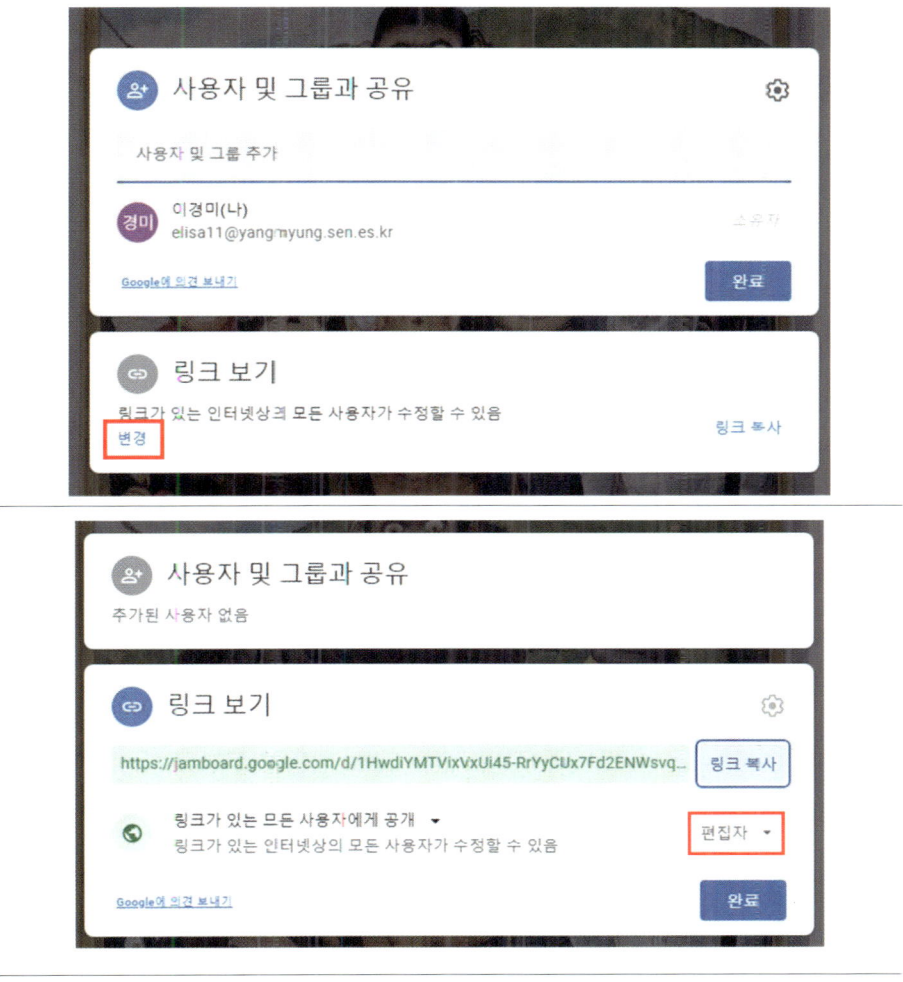

　링크 보기 하단의 '링크 복사'를 눌러 학생들에게 링크를 복사해 준다. 컴퓨터로 접속하여 사용할 경우는 위의 링크 복사로 사용이 가능하지만 휴대폰이나 패드의 앱으로 잼보드를 접속할 경우 한글이 지원되지 않는다. 이 경우 복사한 주소 중 'edit?usp=sharing' 부분을 'viewer'로 변경하여 학생들에게 전달한다.

2단계

　함께 그림책을 읽은 후에는 모둠 또는 개인별로 장면을 정해 그림 속에 숨어 있는 그림을 찾는다. 먼저 교사는 그림책에 나오는 인물 중 자신이 알고 있는 인물이 있는지 물어 본다. 오즈의 마법사에 나오는 사자, 허수아비와 양철 인간, 프랑켄슈타인, 백설 공주와 난쟁이, 킹콩, 타잔, 드라큘라, 투명인간, 메리 포핀스 등 학생에 따라 등장인물들을 알고 있는 정도가 사뭇 다름을 볼 수 있다.

이번에는 바나나가 어디에 몇 개 숨겨져 있는지 찾도록 안내한다. 킹콩이 들고 있는 바나나, 프랑켄슈타인 목 부분의 바나나, 메리 포핀스 모자 위의 바나나, 난쟁이의 곡괭이에 달린 바나나, 사자 꼬리의 바나나 외에도 그림 속에서 이상하거나 재미있는 부분을 찾아보도록 한다. 학생들은 산 위에 문이 있어서 다른 세계와 연결된다는 점, 메리 포핀스 우산 위에 수도꼭지가 있는 부분, 등장인물들의 옷을 보면 첫 장면에서 윌리가 입었던 조끼의 무늬가 여러 군데에서 보인다는 것 등을 발견하였다.

장면을 자세히 들여다봤다면 좌측 메뉴 중 스티커 메모를 클릭해 자신이 찾은 내용을 적는다. 이때 전체 학생이 스티커 메모를 사용할 만큼 잼보드가 크지 않

스티커 메모창을 열었을 때

기 때문에 개인 또는 모둠별로 독립적으로 활동하는 것이 좋다. 의견을 쓸 때에는 반드시 스티커 메모 안에 이름을 적게 하고, 스티커 메모의 크기를 적당하게 조절한다.

다른 사람의 의견, 잼보드 프레임 안에 삽입된 그림 등을 삭제하거나 수정하지 않도록 주의를 주는 것도 중요하다. 온라인 도구를 사용할 때 지켜야 할 규칙과 예

스티커 메모 배열 예시

절 등을 미리 강조한다면 쿨미스러운 문제를 사전에 예방할 수 있을 것이다.

3단계

자신의 의견을 쓴 후에는 프레임을 옮겨 가며 다른 도둠의 의견을 확인하고, 다른 그림 속 숨은 그림을 찾아본다.

   활동을 모두 마친 뒤에는 각자의 장래 희망을 이야기한다. 앤서니 브라운이 오마주한 초현실주의 작가의 작품과 그림책을 비교해 보면서 명화 패러디 활동 등 미술 교과와 연계할 수도 있을 것이다.

94. 구글 잼보드 – 말놀이로 이야기 만들기

모든 학습의 기본이 되는 문해력은 독서를 통해 길러지며, 가장 먼저 한글 체득이 바탕이 되어야 한다. 말놀이는 가정과 학교에서 쉽고 재미있게 한글을 익힐 수 있는 방법이다. 아이들은 한글 자음자를 통해 자연스럽게 단어를 떠올리고 사용하며, 직접 이야기를 만드는 창작 활동을 해 볼 수도 있다.

> **어떤 그림책이 좋을까?**
> - 한글을 소재로 한 그림책이어야 한다. 자음과 모음을 익힐 수 있도록 해당 자모가 글자 안에서 어떻게 보이는지 시각적으로 강조된 그림책이면 더욱 좋다.
> - 『우리엄마 ㄱㄴㄷ』은 엄마에 대한 생각을 ㄱㄴㄷ 순으로 설명해주고 있는데 특히 단어의 자음 부분을 시각적으로 눈에 띄게 표현해 두었다. 가족 이야기를 나누고, 자신이 표현하고 싶은 대상을 정하여 '나에 대한 ㄱㄴㄷ 이야기' 만들기 활동으로 연계하는데 적절하다.

●● 함께 읽을 책

『우리엄마 ㄱㄴㄷ』
전포롱 글·그림, 파란자전거, 2016

ㄱ부터 ㅎ까지, 한글 자음을 활용해 엄마를 표현할 수 있을까? '눈물이 많은 우리 엄마' '커피를 좋아하는 우리 엄마' 등 아이들은 엄마 하면 떠오르는 생각들을 이야기하며 숨어 있던 엄마의 매력을 발견한다. 특히 '이번엔 너의 엄마 이야기를 들려줄래?'와 같은 문장은 아이들이 자신의 엄마를 표현하는 낱말을 직접 써 보도록 유도한다. 단어의 자음과 그림의 색깔이 다채롭고 귀엽게 표현되어 있어 아이들 눈높이에 맞춰 학습하기에 적합한 책이다.

•• 활동 안내

1. ㄱ부터 ㅎ까지 한글 자음을 넣은 잼보드를 만든다.
2. 모둠원이 서로 협력하여 ㄱㄴㄷ 말놀이 단어 찾기 활동을 한다.
3. 말놀이로 찾은 단어를 활용하여 각자 이야기를 만든다. 서로 이야기를 확인하고 생각을 공유한다.

1단계

크롬 우측 상단의 더보기(점 아홉 개) 버튼을 클릭하고 '잼보드'를 선택하여 접속한다. 우측 하단의 + 버튼을 클릭해 잼보드를 만든다.

먼저 좌측 위에서 다섯 번째 버튼을 눌러 그림 파일을 삽입한다. 공동 작업을 위해 잼보드 공유 설정을 하고, 우측의 파란색 '공유'를 클릭한다. 하단 링크 보기의 '변경'을 누른 후 공유할 범위를 선택한 다음 링크가 있는 모든 사용자에게 공개로 지정한다. 우측의 '편집자'를 눌러 접속자 모두 글이나 그림을 입력할 수 있도록 권한 설정을 한다.

설정을 마쳤다면 링크 보기 하단의 '링크 복사'를 눌러 링크를 전달한다. 이때 컴퓨터로 잼보드에 접속하는 경우는 문제 없이 사용 가능하지만 휴대폰이나 패드으

앱으로 접속할 경우 한글이 지원되지 않는다는 점을 유의한다. 이 경우 복사된 주소 중 뒷부분의 'edit?usp=sharing' 부분을 'viewer'로 변경하면 된다.

이후 교사는 한글 자음 'ㄱ~ㅇ'까지 한 프레임, 'ㅈ~ㅎ'까지 한 프레임, 총 두개의 프레임을 모둠별로 만들어 준다.

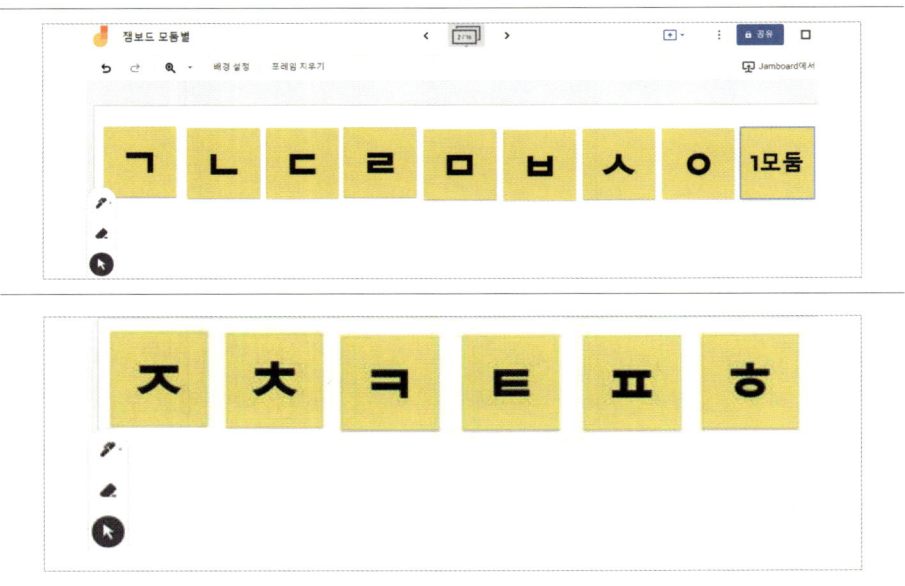

2단계

잼보드를 만들었다면 모둠원이 협력하여 각 자음에 해당하는 단어를 찾는 자음 말놀이 활동을 한다. ㄱ부터 ㅎ까지 각각의 자음으로 시작하는 단어를 스티커 메모에 적으면 된다. 좌측 메뉴 중 네 번째 스티커 메모를 클릭하면 총 여섯 가지 색깔 배경을 원하는 대로 선택할 수 있다. 교사는 해당하는 자음 아래에 스티커 메모를 순서대로 정리하여 배치하도록 안내한다.

모둠별로 보드를 함께 보면서 어떤 단어를 사용했는지 살피고 가장 많은 단어를 적은 모둠에게 자음별로 점수(포인트)를 준다. 예를 들어 1모둠이 'ㄱ' 자음에 다섯 개의 단어를 적은 경우 5점, 'ㄴ' 자음에 네 개의 단어를 적은 경우 4점을 준다. 각 자음마다 가장 많은 단어를 적은 모둠부터 3점, 2점, 1점으로 점수를 차등으로 주는 등 다양하게 말놀이 규칙을 변형할 수도 있다. 이때 각 모둠별로 적은 단어들을 교사가 전체적으로 정리하여 보여 주는 것이 효과적이다. 무엇보다 자음 말놀이를 할 때 과도한 경쟁을 벌이기보다 서로 협력하여 의견을 모을 수 있도록 지도한다.

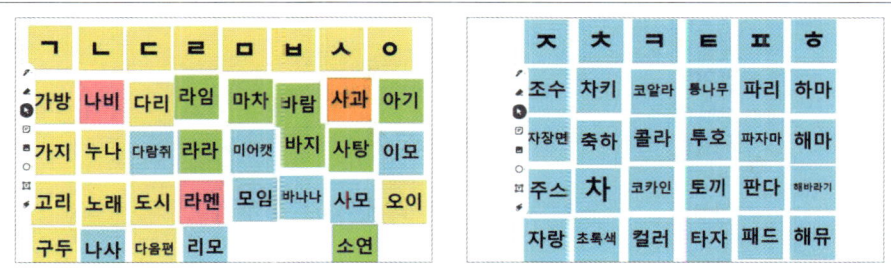

3단계

자음 말놀이에서 나온 단어를 활용하여 '나의 ㄱㄴㄷ' 이야기 만들기 활동을 한다. 이때 다소 수고롭더라도 개인별로 잼보드 화면을 만들어 주는 것이 중요하다.

잼보드 화면 번호 아래의 화살표를 누르던 화면을 추가할 수 있는 + 버튼을 볼 수 있다. + 버튼을 눌러 잼보드 프레임을 추가한 후 이름을 스티커 메모에 적는다.

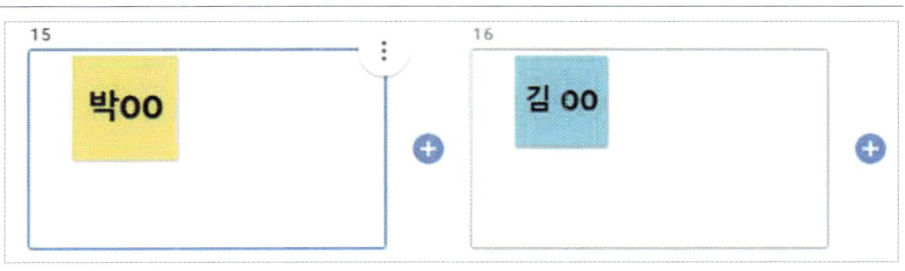

그다음 우리 가족 또는 반려 동물 등 표현하고 싶은 대상을 정하고, 자음 말놀이를 통하여 알게 된 단어를 활용해 이야기를 만든다. 예를 들어 '우리 엄마'를 표현 대상으로 정하고 자음 'ㅂ'에 '바다'라는 단어를 사용할 경우, '우리 엄마는 바다에 놀러 가는 것을 좋아합니다.' 문장을 적을 수 있다. 이야기를 만들 때는 내가 '표현하고 싶은 대상'과 관련이 있는 단어를 고르는 것이 가장 중요하다. 또한 문장과 문장이 잘 연결되도록 미리 생각을 정리해 둬도 좋다. 각자 자신의 잼보드 화면에 스티커 메모를 활용하여 문장을 적고, 자유롭게 화면에 배치하도록 한다. 가능한 많은 자음을 활용하도록 권장하되, 아이들이 문장 만들기를 어려워하는 경우에는 일부 자음만 활용하여 이야기를 창작하도록 안내한다.

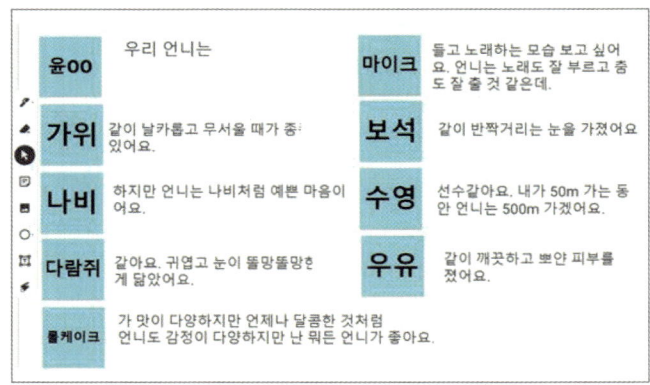

잼보드는 공유와 협업이 가능하다는 장점이 있지만, 다른 사람이 쓴 내용을 수정, 삭제할 수도 있기 때문에 불미스러운 문제가 발생하지 않도록 사전에 예방하는 것이 중요하다. 그러므로 교사는 다른 친구의 이야기를 보고 참고하는 것은 가능하나 절대 다른 사람의 프레임에 들어가 활동하지 않도록 학급 전체가 존중해야 할 규칙과 예절 등을 미리 지도하도록 한다. 또한 활동 전에 미리 사본을 만들어 둔다면 보다 안전하게 활동을 이어 나갈 수 있을 것이다.

95. 멘티미터 - 워드클라우드 선물하기

워드클라우드는 단어들을 중요도나 언급된 빈도에 따라 시각화하는 방법으로, 이 기능의 장점은 구성원들의 선호도를 한눈에 볼 수 있다는 것이다. 같은 답변이 많을수록 그 단어의 크기가 커지면서 구성원들의 관심이 어디에 집중되어 있는지, 어떤 선호를 가지고 있는지 확인할 수 있다. 다수가 인상 깊다 여긴 장면을 통해 학생들과 함께 책의 내용과 주제를 되새겨 보도록 하자.

> **어떤 그림책이 좋을까?**
> - 워드클라우드에서 시각적으로 구분할 수 있을 만큼 다양한 단어를 길어 올릴 수 있는 그림책이 좋다.
> - 『거짓말 같은 이야기』는 지진, 가난, 기아, 전쟁을 직면한 어린아이들의 삶을 보여 주고 있어 아이들이 가장 선호하는 응원의 말을 골라 보내는 활동을 하기에 적합하다.

●● 함께 읽을 책

『거짓말 같은 이야기』
강경수 글·그림, 시공주니어, 2011

『거짓말 같은 이야기』는 지구촌 아이들의 현실을 담담하게 그려 내는 책이다. 매일 지하 갱도에서 석탄을 나르는 키르기스스탄의 하산, 하루에 열네 시간씩 카페트를 만드는 인도의 파니어, 비싼 약값과 열악한 의료 시설로 말라리아 치료가 어려운 우간다의 키잠부, 지진으로 가족을 잃은 아이티의 르네 등 이 책은 아이들의 아픔을 통해 아동 인권 문제의 심각성을 일깨운다.

●● 활동 안내

1. 멘티미터 사이트에서 워드클라우드를 만든 뒤 여덟 자리 코드를 공유한다.
2. 그림책에 나온 아이의 이야기 중 인상 깊었던 장면에 관해 단어로 입력한다.
3. 워드클라우드에서 가장 많은 수가 인상 깊다 응답한 장면을 확인하고, 아이에게 들려주고 싶은 응원의 메시지를 새로운 워드클라우드에 입력한다.
4. 워드클라우드를 확인해 각자 가장 마음에 드는 응원의 한마디를 고르고, 응원하고 싶은 사람과 그 이유를 차례대로 발표한다.

1단계

멘티미터(Mentimeter)에 접속해 '새로운 프레젠테이션(New presentation)'을 클릭하고 '워드클라우드(word cloud)'를 선택한다. 질문란에 '가장 인상 깊었던 장면은?'을 입력하고 참가자당 출품작을 1로 설정한다. 프레젠테이션 화면 상단에 나온 여덟 자리 숫자 코드를 공유한다. 멘티미터는 영문 사이트로, 구글 확장프로그램에서 번역기를 다운로드하면 보다 편리하게 이용할 수 있다.

2단계

참가자는 상단에 교사가 안내한 코드를 입력한 뒤 가장 인상 깊은 장면을 입력한다. 이때 단어로 답변하도록 안내하면 학생들이 어떤 장면에서 강한 인상을 받았는지 한눈에 알아볼 수 있다. 문장 형태로 입력할 경우 다수의 답변이 큰 글씨로 나오는 워드클라우드의 특징을 활용하기 어렵다.

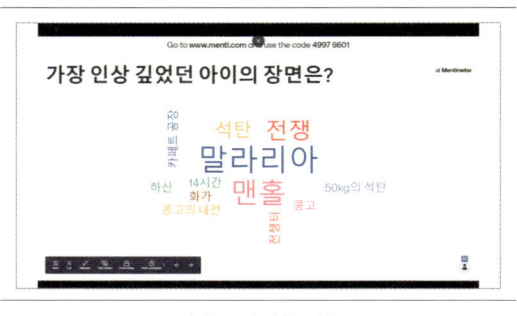

단어로 답변한 경우

문장으로 답변한 경우

3단계

교사는 아이들이 입력한 내용을 확인한다. 말라리아로 입은 피해 장면을 인상 깊게 본 학생들이 가장 많았음을 알 수 있다. 우간다의 열악한 의료 시설과 비싼 약값으로 고통받는 키잠부에게 응원의 메시지를 써 보도록 한다. 멘티미터 무료 버전에서는 프레젠테이션을 한 번에 두 장까지만 쓸 수 있기 때문에 새로운 프레젠테이션을 만들어야 한다. 만약 처음부터 단어 형태로 인상 깊은 장면을 취합한다면 새로운 프레젠테이션 없이 첫 장은 인상 깊었던 장면, 두 번째 장은 응원의 메시지를 입력할 수 있다.

4단계

키잠부에게 전달하고 싶은 응원의 한마디를 모은 뒤에는 각자 자신의 마음에 드는 응원 문구를 선정하고, 해당 문구로 응원하고 싶은 사람과 그 이유를 밝힌다. 짧고 간단하게 내용을 밝히는 과정이므로 앞에서부터 차례대로 말하되, 말하기 곤란할 때는 패스를 통해 다음 사람이 답변하도록 하는 번개 기법을 활용하면 좋다. 이 경우 2연속 패스를 제한하여 너무 많은 학생이 패스하는 것을 막도록 한다. 이러한 활동을 통해 학생들은 책 속에 등장하는 아이들을 응원하고, 나아가 타인을 향한 공감 능력을 기를 수 있을 것이다.

96. 카훗 – 퀴즈

카훗은 문제를 직접 업로드할 수 있는 퀴즈 게임 플랫폼으로, 카훗을 활용해 수업 내용에 관한 문제를 풀며 즐겁게 교과를 복습할 수 있다. 특히 '가족 알아 가기'를 테마로 활용하면 교과뿐만 아니라 독후 활동으로도 진행 가능하다. 책과 연결해 자신의 가족 이야기를 하게 되는 과정에서 아이들은 서로를 알아 가고 가까워질 수 있을 것이다.

> **어떤 그림책이 좋을까?**
> - 책 내용을 바탕으로 퀴즈를 만들 수 있을 만큼 이야기가 풍부하게 실려 있어야 한다. 글밥이 너무 적지 않은 그림책 위주로 선정하자.
> - 카훗-퀴즈 맞히기 활동을 『엄마 도감』으로 진행한 이유는 그림책에 엄마에 관한 다양한 이야기가 실려 있어 이 내용을 퀴즈로 만들기 좋기 때문이다. 책 끝부분에 실제 엄마에 대한 '엄마 탐구 영역' 문제가 실려 있기도 하다. 길잡이 역할을 하는 예시들을 참고하면 학생들이 어렵지 않게 문제를 만들 수 있을 것이다.

●● 함께 읽을 책

『엄마 도감』
권정민 글·그림, 웅진주니어, 2021

아기의 시점에서 엄마를 관찰하고 기록한 독특한 컨셉의 책이다. 아기가 태어나면 이제 막 태어난 존재에게 온 세상의 관심이 집중된다. 이때 엄마 역시 엄마로서 삶의 첫걸음을 내딛게 된다. 엄마도 엄마가 처음이라 육아가 서툴고 힘들며 때로는 외롭기도 하다. 엄마의 고충과 어려움을 들여다보며 가족을 향한 고마움을 느껴 보도록 하자.

●● 활동 안내

1. 함께 그림책을 읽고 책 관련, 부모 관련 문제를 만든다. 만든 문제, 보기, 풀이 과정, 답을 활동지에 적는다.
2. 낯선 친구에게 다가가 서로 번갈아 가며 자신이 만든 문제를 낸다. 다시 새로운 친구들을 만나 이 과정을 서너 번 반복한다.
3. 자신의 자리로 돌아와서, 만든 문제를 패들렛에 직접 올린다.
4. 교사는 학생들이 제작한 문제를 바탕으로 카훗 사이트에 들어가 퀴즈를 제작하고, 학생들과 플레이한다.

1단계

그림책을 함께 읽고 『엄마 도감』 내용과 관련된 문제, 우리 부모님과 관련된 문제를 만들어 본다. 객관식이거나 O, X 문제일 경우 보기도 제시하고 모든 문제에는 풀이와 정답을 함께 적는다. 이때 예상 풀이 시간을 적고 정답은 책 내용을 근거로 작성한다.

    카훗 무료 버전으로 수업을 진행할 경우 문제 유형은 두 가지로 제한된다. 무료버전은 4지 선다형과 O, X 유형만 가능하지만 수업 진행에 큰 어려움은 없다.

2단계

반 학생 모두 문제를 만들면 활동지를 가지고 되도록 대화를 많이 나눠 보지 않은 친구에게 다가가서 서로 문제를 내고 맞히는 시간을 보내도록 한다. 가위바위보에서 이긴 사람이 먼저 두 문제를 내며, 문제를 맞히지 못한 경우 해설과 답을 알려 준다. 두 사람이 모두 문제를 내고, 풀이를 알려 주었다면 다시 새로운 친구를 만나는 과정을 반복한다. 대략 15분 정도 시간을 주고 최대한 많은 학생들을 만나도록 독려한다. 이때 교사는 낯선 친구와 대화를 나눌수록 추후 카훗 퀴즈 닿히기에 유리함을 안내하고, 학생들이 즐겁게 참여할 수 있도록 경쾌한 음악을 틀어 줘도 좋다.

3단계

시간이 모두 지나면 자기 자리로 돌아와서 핸드폰을 켜고 수업과 연결된 패들렛 링크에 접속한다. 자신이 제작한 문제를 직접 패들렛에 입력하도록 한다. 이때 교사는 활동지를 사진으로 찍어서 올리는 것보다는 학생들이 직접 글자를 입력하도록 안내한다. 추후 교사가 카훗으로 문제를 제작할 때 학생들이 올린 글을 복사하면 짧은 시간에 간편하게 문항을 만들 수 있다. 이렇게 패들렛 링크에 자신이 제작한 문제를 올리는 것까지 진행하면 45분 수업으로 1차시 정도 소요된다.

교사는 학생들이 패들렛에 올린 문제를 카훗 퀴즈로 만들어서 다음 시간에 카훗이 진행될 수 있도록 준비한다.

4단계

1. 교사는 카훗(create.kahoot.it)에 접속하여 회원가입을 한다.
2. 로그인하여 우측 상단의 Create를 누른 후 Kahoot을 선택한다.
3. New kahoot에서 Create를 선택하여 각 문항을 제작한다.
4. Add question을 누르면 문항을 추가할 수 있다. 중앙 상단의 박스를 클릭하여 문제를 쓰고, 하단의 네 가지 도형이 그려진 박스에 보기를 넣는다. 그런 뒤 그 중에서 어떤 것이 정답인지 체크한다. 우측 상단 Question type에서 Quiz(4지선다형), ture or false(O, X)유형 중 선택할 수 있으며, Time limit에서는 문제 풀이 시간을 5초에서 최대 4분까지 지정 가능하다. Points에서는 각 문항당 더블 포인트를 받을 것인지, 동일한 포인트를 받을 것인지, 점수를 배정하지 않을 것인지 선택할 수 있다.

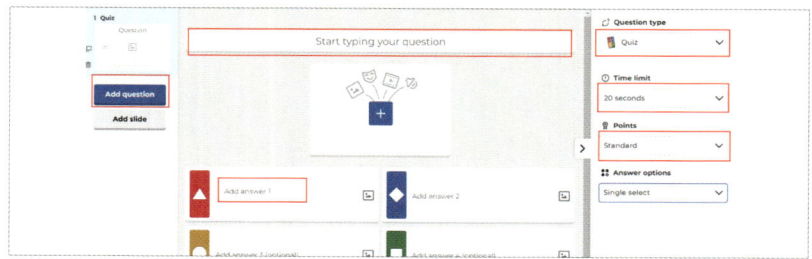

4번 문항에서 설명하는 기능들

5. 모든 문항을 제작한 후 우측 상단의 Save를 선택하면 문항을 저장할 수 있다.

6. Save를 누른 후 뜨는 창에 퀴즈의 타이틀을 정하고 작업을 마친다.
7. Library - My folders에 가면 여섯 가지 과정을 거쳐 제작한 카훗 퀴즈를 확인할 수 있다. Start 버튼을 눌러 카훗 퀴즈를 시작한다.

8. Start 버튼을 누르고 Classic mode를 선택한다.

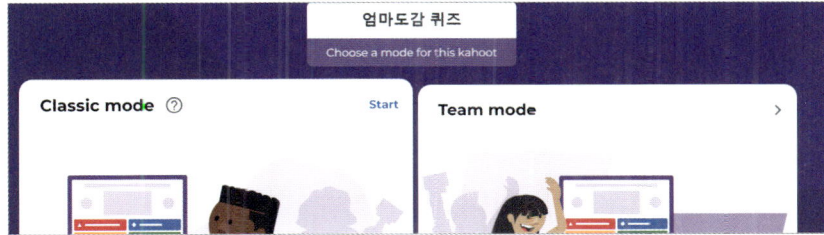

9. 모드를 선택하면 게임에 입장할 수 있는 핀 번호가 뜬다.

10. 학생들에게는 각자 핸드폰으로 검색창에 카훗을 쳐 카훗(kahoot.it)으로 들어오도록 한다. 화면에 띄운 게임 핀 번호를 입력하여 입장할 수 있다. 불가피한 사정으로 핸드폰을 사용할 수 없는 학생을 위해 교사가 여분의 태블릿pc를 준비해 가도 좋다.

11. 학생들에게 학번과 이름으로 닉네임을 적도록 한다. 다 입력한 후 'Ok, go!'를 눌러 게임에 참여한다.

12. 학생들이 입장하면 입장한 학생 수와 닉네임을 확인할 수 있다. 학생들이 모두 들어오면 Start 버튼을 눌러서 카훗 퀴즈를 시작한다.

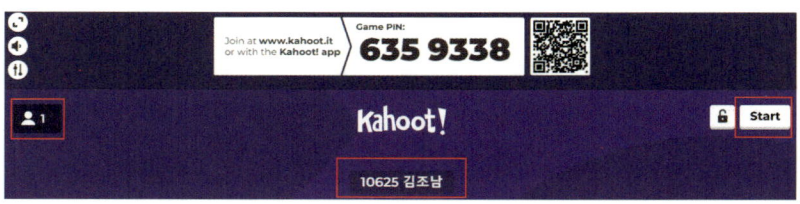

13. 퀴즈가 끝나면 순위와 점수를 확인할 수 있다. Summary 탭에서 어려웠던 문제, 도움이 필요한 학생, 퀴즈를 끝마치지 못한 학생을 체크해 봐도 좋다.

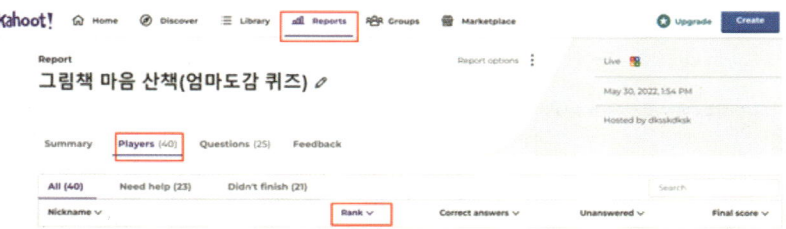

다음은 학생들이 직접 만든 문제이다.

책에 관한 문제	
엄마는 잠을 편하게 잘 수 있을까요? 보기: O/X 정답: X 풀이 : 아이를 돌봐야 해서 잠을 자주 설친다.	엄마는 저녁에 무엇으로 변하나요? 보기: 1)침대 2)폭발하는 헐크 3)비행기 4) 동화 속 공주님 정답: 3 풀이: 엄마의 몸은 아침엔 침대, 저녁엔 비행기로 변합니다.
부모님에 관한 문제	
엄마는 내 편식을 신경 쓰지 않는다. 보기: O/X 정답: X	우리 아빠는 위험하지만 맛있는 걸 만드는 일을 합니다. 우리 아빠의 직업은 무엇일까요? 보기: 1)의사 2)요리사 3)소방관 4)경찰 정답: 2 풀이: 요리사는 불 때문에 위험할 때가 있지만 맛있는 음식을 만듭니다.

실제 카훗 퀴즈를 진행하면 각 문항이 끝날 때마다 실시간 순위가 공개되어 학생들이 즐거워한다. 빠르게 풀수록 높은 점수를 받을 수 있으므로 학생들은 문제 풀이에 더욱 집중할 수 있을 것이다.

97. 슬라이도 - 랭킹: 책 속 주인공이 되어 선택하기

슬라이도는 실시간으로 질문을 받거나 찬반 의견을 알아보거나 설문조사를 하는 등 학생과 교사가 양방향으로 소통할 수 있는 프로그램이다. 책 속 주인공이 되어 직접 선택을 해봄으로써 아이들은 비판적인 사고를 기를 수 있다. 그림책의 내용을 잘 이해해야 하는 것은 물론, 책 속 주인공과 나 자신을 비교, 분석하는 과정이 필요하기에 적극적인 작품 감상이 선행되어야 한다.

> **어떤 그림책이 좋을까?**
> - '책 속 주인공이 되어 선택하기' 활동이기 때문에 그림책 주인공이 스토리 안에서 중요한 선택의 기로에 놓여야 한다.
> - 아이들이 상상하고, 질문하고 토론할 수 있을 만큼 주인공의 선택과 그 이유가 입체적이어야 한다.

●● 함께 읽을 책

『스갱 아저씨의 염소』

알퐁스 도데 글, 에릭 바튀 그림, 강희진 옮김, 파랑새어린이, 2013

스갱 아저씨의 정성스러운 보살핌 속에 살아가던 염소 블랑게뜨. 블랑게뜨는 자유롭게 살고 싶은 마음에 울타리를 탈출하고, 집으로 돌아가는 대신 무서운 늑대가 있는 산에 남기를 선택한다. 결국 늑대와의 싸움 끝에 블랑게뜨는 죽음으로 자유를 선택한 책임을 지

게 된다. 아이들은 이 책을 통해 선택의 이유가 사람마다 모두 다르다는 것, 선택하지 않는 삶이란 없다는 것을 상기할 수 있을 것이다.

●● 활동 안내

1. 슬라이도의 투표하기를 만든다.
2. 함께 그림책을 읽으며 '내가 주인공이라면 어떤 선택을 할 것인가' 결정하고 결과를 공유한다.
3. 슬라이도 word cloud poll 기능을 통해 내가 추구하는 삶의 가치가 무엇인지 적고 친구들과 의견을 나눈다.

1단계

교사는 슬라이도 홈페이지(slido.com)에 접속한 후 구글로 로그인한다. + 버튼을 눌러 New Slido를 만든다. 무료 버전인 경우 다섯 장(Poll)을 만들 수 있다. 그다음 Event name에 제목을 입력한다. 날짜를 클릭하면 캘린더 화면이 나온다. 이벤트는 일주일까지 사용 가능하고, 날짜가 지났을 경우 다시 이벤트 기간을 설정하면 재사용이 가능하다.

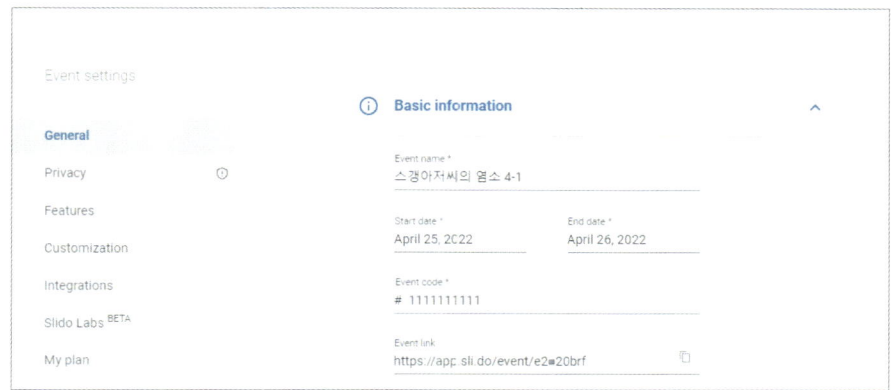

저장 버튼을 누르면 이벤트가 만들어진다. 그런 뒤 우측 상단의 Create poll 버튼을 누르면 여섯 개의 메뉴가 나타난다.

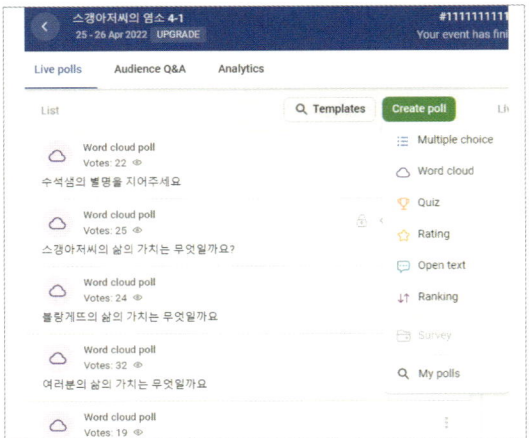

여섯 개의 메뉴 기능은 다음과 같다.

1. Multiple choice는 선택 문항 항목으로 퀴즈처럼 선택하는 기능이다.

2. Word cloud는 멘티미터 기능과 같으나 시각적으로 좀 더 가독성이 좋다.

3. Quiz는 선택 문항과 비슷하나 여러 개의 퀴즈 문제를 낼 수 있다. 그림책의 내용을 파악하거나 학생의 생각을 묻는 항목을 추가할 수 있으므로 매우 유용하며, 특히 퀴즈 문항은 무료 버전이라도 열 개 이상의 항목을 추가할 수 있다.

4. Rating은 영화나 음식 평점 매기기 또는 의견에 대한 평점 매기기에 활용할 수 있다.

5. Ranking은 참여자들이 선택한 순위별 퍼센트를 보여 주고 실시간 순위가 변동되는 모습도 한눈에 볼 수 있어 역동적인 수업을 만들기에 적절하다.

6. Open text는 서술형 문항처럼 제시된 질문에 자신의 의견을 자유롭게 올리는 기능이다.

이번 활동은 아이들이 책 속 주인공이 되어 직접 선택을 해 보는 것이기에 'Ranking' 기능을 사용하도록 한다. 먼저 메뉴에서 Ranking을 누

르고 질문과 선택할 내용(option)을 입력하고 저장한다. 이미지 삽입 기능은 유료 버전에서 가능하다.

학생들과 그림책을 함께 읽는 중간에 슬라이도 우측 상단의 Present 버튼을 눌러 투표를 활성화시킨다. 학생들은 QR코드를 통해 투표에 참여한다. 교사가 제시하는 화면은 아래와 같다.

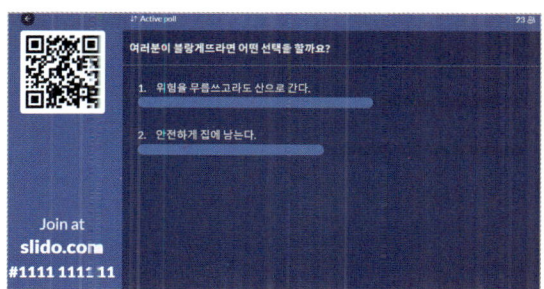

슬라이도 프로그램의 가장 큰 특징 중 하나는 실제 참여자의 모바일 환경을 바로 확인할 수 있다는 것이다. 화면 좌측에 participant mode를 클릭하면 스마트폰 이미지가 나타나 모바일 환경을 볼 수 있다.

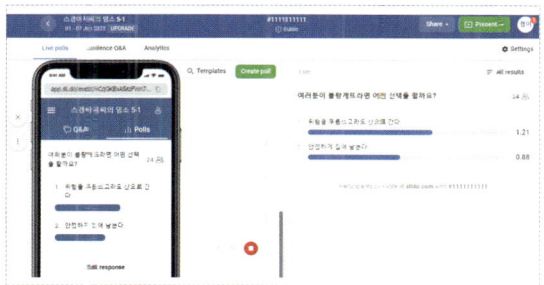

2단계

함께 그림책을 읽으며 '내가 블랑게뜨라면 어떤 선택을 할 것인가' 결정한다. 학생들은 위험을 무릅쓰고라도 산에 갈 것인지, 스갱 아저씨와 함께 안전하게 집에 있을 것인지 선택하게 된다.

그림책 수업에서 주인공처럼 선택하게 하는 활동은 총 두 번 이루어진다. 첫 번째는 스갱 아저씨가 블랑게뜨를 산으로 가지 못하도록 헛간에 묶어 두는 장면이다. 교사는 잠시 책을 덮은 다음 투표를 진행하고, 투표가 끝나고 나면 다시 그림책으로 돌아가 작가가 선택한 줄거리를 확인한다. 블랑게뜨와 같이 산으로 떠난다는 선택을 한 친구들과 그렇지 않은 친구들 사이에 다양한 의견이 오갈 것이다.

두 번째 투표는 밤이 되기 전 스갱 아저씨가 나팔을 불며 애타게 블랑게뜨를 부르는 장면이다. 교사는 '여러분, 이제 정말 마지막 선택의 순간입니다. 여러분이 블랑게뜨라면 어떤 선택을 할지 진지하게 생각하고 투표해 주세요.' 하고 화면을 제시한다. 학생들 중에는 '제발 집으로 돌아가!'라고 말하는 친구도 있었고, '무조건 고(Go)'라고 주장하는 친구도 있었다.

한편 이야기 말미에서 새벽닭의 울음소리를 들으며 블랑게뜨가 쓰러지는 장면에서는 여기저기 탄식이 흘러나왔다. '그러게 진작 스갱아저씨를 따라갔어야지.' 하며 안타까움을 토로하는 친구들도 많았다.

3단계

추가로, 슬라이도 word cloud poll 기능을 이용해 자신이 중요하게 생각하는 삶의 가치를 적어 보는 활동을 할 수 있다. 학생들은 블랑게뜨가 추구하는 가치로 열정, 도전, 모험 등을 이야기했고 스갱 아저씨가 추구하는 가치로 평온, 평화, 안전 등을 언급하였다. 그림책 속 주인공의 선택과 자신의 선택을 비교하면서 아이들은 나에게 소중한 것이 무엇인지 생각해 볼 수 있을 것이다.

98. 투닝 – 인공지능 웹툰 그리기

투닝은 인공지능(AI)기반 콘텐츠 창작툴로, 그림 실력과 상관없이 누구나 쉽게 스토리텔링을 할 수 있도록 돕는다. 그림 실력이 좋지 않은 아이들이 그리기 활동을 할 때 어려움을 겪는다면 투닝을 사용해 보자.

> **어떤 그림책이 좋을까?**
> - 『사랑 사랑 사랑』에서 주인공이 만나는 대상이 경험한 사랑의 형태는 모두 다르다. 따라서 학생들이 그림책과 같은 주제로 웹툰을 그렸을 때 그 내용을 다양하게 변주하기 용이하다.

●● 함께 읽을 책

『사랑 사랑 사랑』

맥 바넷 글, 카슨 일리스 그림, 김지은 번역, 웅진주니어, 2021

주인공이 어렸을 때 "사랑이 뭐예요?"라는 질문을 던지는 장면에서 이야기는 시작된다. 이 질문을 받은 할머니는 답을 찾기 위해 세상에 나가 보기를 권하고, 주인공은 어부, 연극배우, 목수, 시인 등 수 많은 사람들을 만나는 과정에서 진짜 사랑이 무엇인지 다양한 이야기를 듣게 된다. 주인공은 때로는 공감을 느끼고 어떤 때는 의아한 반응을 보이기도 한다. 다채로운 이야기를 통해서 나만의 진정한 사랑의 의미를 찾아가는 이야기를 담은 책이다.

●● 활동 안내

1. 수업 전 미리 투닝(tooning) 가입을 안내한다.
2. 그림책을 읽고 내가 생각하는 사랑이란 무엇인지 생각해 본다.
3. 책 속 주인공처럼 사랑의 의미를 찾아 나서는 이야기를 구상해 본다.
4. 구상한 이야기를 활동지에 10컷 이내의 만화로 간략하게 그려 본 뒤, 투닝 웹툰으로 만든다.

1단계

교사는 수업 시간에 웹툰 제작에 좀 더 많은 시간을 할애하기 위해 아이들이 미리 투닝을 가입하도록 한다. 핸드폰 인증 과정을 거쳐야 하기 때문에 미리 가입을 해 두면 편리하다. 무료 버전으로 가입할 경우 10컷 이내의 웹툰을 제작할 수 있으며, 더 많은 컷의 웹툰을 그리기 위해서는 유료 버전으로 진행해야 한다. 학교 차원의 교육용 요금제로 수업을 진행할 수도 있지만 무료 버전만으로 충분히 수업을 이어 갈 수 있다.

2단계

투닝 회원가입이 다 되었다면 여는 질문으로 학생들에게 자신이 생각하는 사랑이 무엇인지 가볍게 묻는다. 그다음 추가 질문으로 '내가 생각하는 사랑은 _____ 이다.' 형식으로 돌아가면서 이야기를 나눈다. 잼보드나 패들렛 계정이 있다면 학생들이 직접 적어 보도록 해도 좋다.

3단계

그림책처럼 진정한 사랑을 찾아 나서는 이야기를 아이들이 직접 구상해 보도록 한다. 각 등장인물이 정의하는 사랑이 무엇인지 생각하게 하면 더욱 원활하게 웹툰을 제작할 수 있다. 또한 투닝으로 웹툰을 그리는 것이 수업 목표이므로 여는 질문, 이야기 구상하는 시간은 짧게 배정하는 것이 좋다. 시간이 부족하다면 이 단계를 생략하고 바로 활동지에 10컷 만화 그리기를 진행한다.

4단계

어느 정도 이야기 구상이 끝났다면 활동지에 바로 10컷 이내의 만화를 그려 보게 한다. 이때 최대한 그림을 간단하게 그리고 스토리텔링에 집중하도록 한다. 어차피 이후 투닝으로 작업을 해야 하기 때문이다.

학생들이 활동지에 10컷 이내의 만화를 그렸다면 투닝에 로그인을 하여 웹툰으로 제작하도록 안내한다. 교사는 투닝을 어떻게 활용해야 하는지 간단하게 이야기한다. 다양한 사례들을 소개한 유튜브 영상을 함께 봐도 좋고 간단한 기능을 교사가 직접 시연하며 설명하여도 좋다.

투닝은 인공지능을 기반으로 만든 프로그램으로, 텍스트를 미리 적고 AI연출 버튼을 누르면 자동으로 설정된 캐릭터가 그게 맞는 표정과 동작을 연출해 좀 더 빠르고 편리하게 웹툰을 제작할 수 있는 도구이다. 직접 캐릭터, 텍스트, 말풍선 등을 넣을 수 있고, 배경, 소품, 효과 등의 리소스를 선택하면 좀 더 생생한 웹툰을 만들 수 있다. 인터페이스가 단순하고 직관적이라 직접 학생들이 조작하여 웹툰을 만드는 데 큰 어려움이 없다. 리소스를 적극적으로 활용하여 짧은 시간에 완성도 높은 웹툰을 제작하도록 안내한다.

〈투닝으로 웹툰 만드는 방법〉
1. 투닝 사이트에 접속한 후 로그인을 한다.
2. AI 웹툰 제작– '무료로 제작하기'를 클릭한다.
3. 작업 화면에서 좌측 캐릭터 탭을 누르면 다양한 캐릭터를 선택할 수 있다. 원하는 캐릭터를 클릭하면 오른쪽 작업 화면에 캐릭터가 자동으로 들어온다. 드래그하여 크기와 위치를 조정할 수 있다.

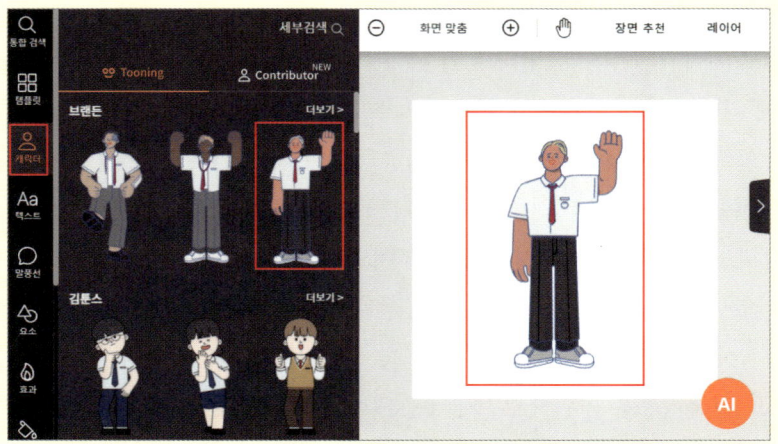

4. 왼쪽 탭에서 텍스트(말풍선체, 내레이션, 충돌 효과음, 인물 행동(액션), 인물 행동(일상), 인물 상태, 인물 소리(일상) 등등)를 선택하여 다양한 대사를 넣을 수 있다.

5. 왼쪽 탭에서 말풍선(기본, 속마음, 큰 목소리, 구름, 부정, 카드 뉴스, 손그림, 인용, 전화, 효과)를 선택하여 다양한 말풍선 효과를 낼 수 있다.

6. 왼쪽 탭에서 요소(도형, 라인, 일반인 엑스트라, 학생, 가방, 강아지, 고양이, 얼굴 스티커, 히어로, 음식, 기념일, 리본, 공룡, 꽃, 나무 등)를 선택하여 다양한 요소를 넣을 수 있다.

7. 왼쪽 탭에서 효과(싸움 효과, 긍정 효과, 집중선, 기념일 효과, 부정 효과, 샤방 효과, 반응 효과 등)를 선택하여 각 화면에서 다양한 효과를 줄 수 있다.

9. 왼쪽 탭에서 배경(기본 배경, 카드 뉴스 배경, 웹툰 프레임, 그라데이션 배경, 종이 재질, 도시, 카페 내부, 거실, 침실, 교실, 학교 외관, 교무실, 매점 등)을 선택하여 직접 배경을 그리지 않고 완성도 높은 웹툰을 제작할 수 있다.

9. 이 밖에 왼쪽 탭에 있는 사진, 업로드, 드로잉 기능을 이용하여 학생이 자신이 원하는 장면을 연출할 수 있다.

10. 오른쪽 하단의 '페이지 추가'를 누르면 다음 페이지가 추가된다. 최대 열 컷까지 무료로 만들 수 있다.

다음은 학생이 직접 투닝으로 제작한 웹툰이다.

학생들이 웹툰을 완성하면 작업한 페이지에서 공유 버튼을 누른다. 공유 링크를 복사해 학교에서 함께 쓰는 플랫폼에 올린 뒤, 학생들의 작업 결과물을 확인할 수 있도록 한다. 링크를 누르기만 하면 별도의 로그인 과정 없이 바로 이미지를 확인할 수 있다.

99. 워드월 – 그림책 퀴즈 게임

워드월은 퀴즈, 크로스워드, 미로 찾기, 비행기, 좌석 배치 등 다양한 템플릿을 통해 객관식 문제, 단어 맞히기 문제 등을 만들 수 있는 온라인 도구이다. 학습한 내용을 다양한 게임 형태로 재미있게 복습 가능하며 템플릿을 한 번 만들어 놓으면 다른 템플릿으로 간편하게 전환할 수 있다는 장점이 있다.

> **어떤 그림책이 좋을까?**
> - 워드월은 흥미 있는 게임을 통해 낱말의 뜻이나 용어의 개념을 익히는 데 최적화되어 있으므로 특정 주제의 개념이나 추상적 소재를 다루는 그림책에 효과적이다.
> - 『42가지 마음의 색깔』은 우리가 느끼는 다양한 감정의 종류와 개념을 안내하고 있다. 책을 읽으며 생소한 감정 단어를 어려워하거나 개념을 익히는 것을 부담스러워할 때 워드월 게임을 활용하면 좋다.

●● 함께 읽을 책

『42가지 마음의 색깔』

크리스티나 누녜스 페레이라, 라파엘 R. 발카르셀 글, 가브리엘라 티에리 외 21인 그림, 남진희 옮김, 레드스톤, 2015

이 책은 어린이들이 다양한 감정을 인식하고 표현할 수 있도록 42가지 감정의 이름과 친절한 설명을 담고 있다. 따뜻하고 화사한 색감의 그림으로 다양한 감정 상황을 보여 주고 각 감정에 관해 자세하게 안내한다. 인간관계에서 감정의 이해와 소통은 무엇보다 중요하지만, 때로 아이들은 감정을 설명하기 어려워한다. 그럴 때 이 책을 통해 감정을 솔직하게 표현하며 타인과 원활하게 소통하는 방법을 배워 볼 수 있을 것이다.

●● 활동 안내

1. 그림책을 읽고, 다양한 감정들에 대해 이야기 나눈다. 이 과정에서 익힌 감정들을 하나의 문장으로 정의해 본다.
2. 각자 자신이 표현하고 싶은 감정을 선택하여 그림과 글로 표현한다.
3. 그림 파일로 저장한 감정 카드로 워드월의 퀴즈 템플릿을 만들고 다양한 게임을 통해 감정을 탐색한다.

1단계

그림책을 함께 읽은 다음 그림책에 어떤 감정들이 등장하는지 알아본다. 사랑, 미움, 화, 당황, 행복 등 여러 감정들과 그 감정에 대한 각자의 경험을 나눈 뒤 각 감정을 한 문장으로 표현해 보는 활동을 진행한다. "사랑은 ~이다." 형식을 제시했을 때 아이들은 빈칸에 햇빛과 아이스크림 등을 넣어 대답한다.

2단계

교사는 주어진 카드 용지에 각자 하나의 감정을 선택하여 표현하도록 안내한다. 앞면에는 감정을 표현하는 그림을 그리고, 뒷면에는 감정을 설명하는 짧은 문장을 쓴다. 이때, 앞면의 그림은 워드월 게임의 질문 만들기에 사용되므로 앞면에는 감정을 직접적으로 나타내는 낱말을 쓰지 않도록 주의한다.

3단계

감정 카드를 사진으로 촬영하여 그림 파일로 저장하고, 워드월 사이트에 접속하여 로그인한다. 화면 윗쪽의 '액티비티 생성하기'를 클릭한 뒤, 다양한 템플릿과 예제들을 살펴본다. 그중 원하는 템플릿을 선택하여 그림책과 관련된 내용을 입력한다.

제목은 〈42가지 마음의 색깔〉로 하고, 그림책의 다양한 감정들과 관련된 질문과 답변을 작성한다. 질문 칸에는 그림책에 나온 감정을 적고 답변 칸에는 해당 감정을 정의하는 내용을 적는다. 퀴즈 템플릿에서 퀴즈 맞히는 활동을 설정했다면 보기를 6개까지 적어 넣을 수 있다. 질문과 답변을 만들 때에는 그림이나 사진 파일을 넣을 수 있으므로 학생들이 그린 감정 카드의 그림과 문장을 넣어서 퀴즈를 완성하도록 안내한다. 완료 버튼을 누르면 퀴즈를 풀 수 있다. 워드월 게임을 통해 학생들은 독서에 더욱 흥미를 느끼고, 그림책의 주제와 내용을 잘 이해하게 될 것이다.

문제를 다시 편집하고 싶다면 해당 템플릿의 우측 하단에 있는 '콘텐츠 편집'에서 수정하거나, '내 액티비티'로 가서 만들어 놓은 액티비티를 확인한 후 점 세 개 버튼을 눌러 수정할 수 있다.

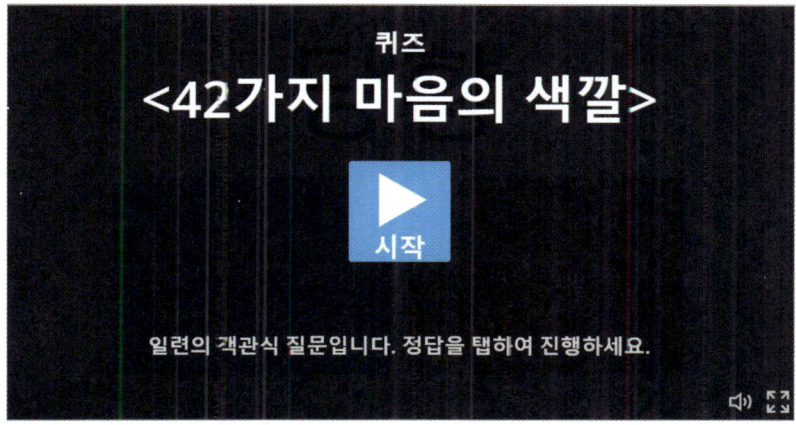

또한, '내 액티비티'에 들어 있는 퀴즈의 시작 화면 아래에는 테마와 옵션, 순위표 등이 나타난다. 다양한 방법으로 액티비티 내용을 수정, 변경할 수도 있다.

한 번 만든 템플릿은 화면 우측의 '템플릿 전환하기'를 통해 다른 템플릿으로 쉽게 전환 가능하며, 처음 만든 퀴즈를 다음 예시처럼 다양한 형태의 템플릿으로 변환하여 복습할 수 있다.

매치 업 (올바른 것끼리 드래그해 연결하기)	일치하는 것 찾기
퀴즈	게임쇼 퀴즈 (시간 제한, 보너스 라운드 등이 있는 퀴즈)

미로 찾기	상자 열기 (상자 속 퀴즈를 하나씩 푸는 게임)
	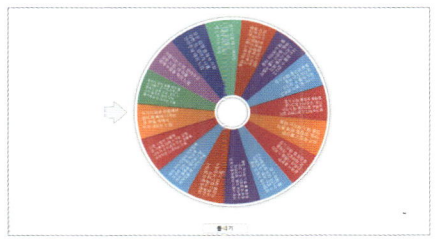
비행기 (잘못된 답변을 피해 정답으로 날아가기)	랜덤 휠 (돌림판에서 선택된 항목 하나씩 제외하기)

모든 설정을 마치고 액티비티 생성을 완료했다면 '내 액티비티' 페이지로 이동한다. 오른쪽 점 세 개를 눌러 '공유'나 '과제 설정' 버튼을 클릭한다. 이를 통해 자료를 공유하거나 과제를 설정할 수 있다.

100. 키네마스터 활용하여 그림책 영상 만들기

이미지가 중요한 언어인 그림책의 매력을 깊이 있게 느끼는 방법 중 하나는 내용을 영상으로 만드는 것이다. 모바일에서 영상을 손쉽게 편집할 수 있는 어플인 키네마스터를 활용해 그림책을 직접 영상으로 만들어 본다면 학생들에게도 즐거운 독후활동이 될 것이다.

> **어떤 그림책이 좋을까?**
> - 글 없는 그림책을 고를 경우, 아이들이 상상력을 발휘해 각기 다른 이야기를 만들어 볼 수 있다.
> - 다양한 주인공이 등장한다면 영상으로 만들었을 때 '옴니버스'의 느낌을 줄 수 있다.

●● 함께 읽을 책

『공원을 헤엄치는 붉은 물고기』
곤살로 모우레 글, 알리시아 바렐라 그림, 이순영 옮김, 북극곰, 2016

공원에 있는 사람들의 모습을 보여 주는 그림책으로 책 속에는 특별히 눈에 띄는 주인공과 사건이 존재하지 않는다. 장면 간에도 시간의 흐름에 따른 약간의 변화만 있을 뿐이다. 어떤 인물에게 초점을 둬야 할지 몰라 마치 숨은그림찾기처럼 느껴지기도 한다. 그러나 이러한 점으로 인해 학생들은 오히려 자신만의 특별한 상상력을 펼칠 수 있다. 어떤 인물을 바라보는지에 따라 각기 다른 이야기가 탄생하는 것이다.

●● 활동 안내

1. 그림책을 살펴본 뒤, 첫 장면으로 그림책 장면 관찰하기 활동을 한다.
2. 주인공을 한 명 선정하여 주인공을 따라 그림책을 읽는다. 주인공을 바꾸어 같은 과정을 두 번 더 반복한다. (그림책을 전체적으로 읽어 보는 과정)
3. 각자 모둠에서 어떤 인물을 주인공으로 할 것인지 의논하여 이야기 주인공을 선택한다.
4. 그림을 편집하고 그림책 영상 시놉시스, 대본 작성을 하여 키네마스터 앱에 넣을 자료를 만든다.
5. 키네마스터 앱으로 한 편의 영상을 만든 뒤, 공유 파일에 올린다.

1단계

그림책을 처음부터 끝까지 말없이 보여 준다. 그런 뒤 첫 장면 관찰하기 활동을 한다. 학생들은 강아지를 끌고 가는 사람, 플루트 부는 남자, 두더지와 소년, 책 읽는 소녀 등 여러 사람들이 등장한다고 말한다.

2단계

첫 장면에 관해 충분히 이야기 나누었다면 각자 한 명의 주인공을 선택하여 그 사람만 따라 그림책을 보라고 한다. 일 분도 채 걸리지 않는 활동이므로 두세 번 반복하면서 학생들이 주인공을 여럿 바꾸어 보도록 한다. 이 활동은 교사가 주도하여 반 전체가 함께 볼 수 있는 화면으로 보여 주면서 빠르게 진행한다.

3단계

6인 1모둠을 구성하고, 모둠원끼리 그림책을 보며 주인공을 선택하는 시간을 준다. 이때 우선 순위에 따라 세 명의 주인공을 선정하도록 하면 다른 조와 중복이 되었을 때 다른 주인공을 선택할 수 있다. 교사 주도하에 빠르게 이 단계를 진행하면 좋다.

협의가 끝나면 공유 파일에서 모둠별로 선택한 주인공에 동그라미를 치도록 지도하고, 가급적 주인공이 중복되지 않아야 다양한 영상이 나올 수 있음을 함께 안내한다. 이때 구글이나 잼보드를 활용하여 동시 작업을 하는 것도 좋지만, 칠판에 한 장면을 크게 복사해서 붙인 후 직접 나와서 표시해도 된다.

4단계

이번 단계에서는 키네마스터 앱에 넣을 그림책 장면을 편집하고 대본 및 슬라이드를 만들어 본다.

① 각 모둠의 그림책 주인공이 결정되면 교사는 사진 편집 담당 학생들이 키네마스터에 넣을 장면을 만들도록 지도한다. 미리 스캔을 한 컬러 버전과 흑백 버전을 제공하면 주인공만 컬러로 표현하여 부각시키기 용이하다. 한편 그림책에서 주인공 부분만 [자르기]-확대 과정을 하여 영상 장면으로도 사용할 수 있다.

그림책 첫 장면 (흑백)	그림책 첫 장면 컬러 버전에서 주인공만 [자르기]를 한다.	그림책 첫 장면 흑백 사진에 자른 컬러 장면을 겹쳐 놓는다. [두 그림 선택 – 그룹–개체 묶기–그림 파일로 저장하기]를 누르면 저장된다.

② 그림책 첫 장면 흑백 사진에 자른 컬러 장면을 해당 자리 그대로 겹쳐 놓는다. [두 그림 선택-그룹-개체 묶기-그림 파일로 저장하기]를 누르면 저장된다.

③ 대본 작성 담당 학생들은 모둠에서 논의한 핵심 단어, 주제, 줄거리를 바탕으로 대본을 작성한다. 내레이션, 대사, 주변 효과음 등을 상세하게 쓰도록 한다.

④ 영상 소개 슬라이드를 만드는 담당 학생 두 명은 모둠 이름, 조원, 영상 제목, 영상 주인공, 기획 의도, 간략 줄거리를 작성한다. 그런 뒤 이 내용들을 보기 쉽게 슬라이드 한 장으로 정리한다.

5단계

위 과정이 끝나면 각자 혹은 모둠원과 함께 영상 편집을 해 본다. 1인 1작품 영상 편집을 할 경우에는 학생들에게 미리 키네마스터 앱을 설치해 오도록 안내한다. 다음은 학생 영상 작품 예시다.

모든 모둠의 작업이 마무리되면 영상을 카톡으로 받아 공유 파일에 넣어 감상한다. 이때 교사는 학생들이 메모할 수 있는 학습지를 나눠 주고, 영상에 관한 한 줄 평이나 별점 형태로 간단한 평가를 하게 한다. 발표가 끝나면 자신의 조 영상 프레젠테이션에 별점을 부여하고, 다른 조 작품 중 가장 마음에 드는 영상 프레젠테이션에 스티커를 붙인다. 마지막으로 베스트 영상을 뽑고, 한 줄 평을 읽어 주며 활동을 마무리한다.

찾아보기

『100만 번 산 고양이』(사노 요코 글·그림, 김난주 옮김, 비룡소, 2002) / 347~348쪽
- 패들렛 – 캔버스: 주인공에게 질문 만들기

『42가지 마음의 색깔』(크리스티나 누녜스 페레이라, 라파엘 R. 발카르셀 글, 가브 리엘라 티에리 외 21인 그림, 남진희 옮김, 레드스톤, 2015) / 402쪽
- 워드월 – 그림책 퀴즈 게임

『가만히 들어주었어』(코리 도어펠드 글·그림, 신혜은 옮김, 북뱅크, 2019) / 223~224쪽
- 감정 단어 컵 피라미드

『가을에게, 봄에게』(사이토 린·우키마루 글, 요시다 히사노리 그림, 이하나 옮김, 미디어창비, 2020) / 58쪽
- 편지 쓰기

『감기 걸린 물고기』(박정섭 글·그림, 사계절, 2016) / 238쪽
- 낭독극

『감정은 무얼 할까?』(티나 오지에비츠 글, 알렉산드라 자온츠 그림, 이지원 옮김, 비룡소, 2021) / 289~290쪽
- 그림책 큐브

『거짓말 같은 이야기』(강경수 글·그림, 시공주니어, 2011) / 383쪽
- 멘티미터 – 워드클라우드 선물하기

『거짓말』(미안 글·그림, 고래뱃속, 2021) / 118~119쪽
- 등장인물 관계도 그리기

『검정토끼』(오세나 글·그림, 달그림, 2020) / 279쪽
- 업사이클링 팝업북 만들기

『고래를 삼킨 바다 쓰레기』(유다정 글, 이광익 그림, 이종명 감수, 와이즈만북스, 2019) / 159~160쪽
- 낱말 퍼즐 만들기

『고함쟁이 엄마』(유타 바우어 글·그림, 이현정 옮김, 비룡소, 2005) / 200~201쪽
- 카드를 활용한 공감 놀이 활동

『공씨의 의자』(노인경 글·그림, 문학동네, 2016) / 247, 249쪽
- 모의재판 토론하기

『곰이 강을 따라갔을 때』(리처드 T. 모리스 글, 르웬 팜 그림, 이상희 옮김, 소원나무, 2020) / 18~20쪽
읽기 전 인물, 사건, 배경 예측하기

『공룡이 왔다』(박주현 글·그림, 노란상상, 2021) / 365~366쪽
- 띵커벨 – 가치수직선

『공원을 헤엄치는 붉은 물고기』(곤살로 모우레 글, 알리시아 바렐라 그림, 이순영 옮김, 북극곰, 2016) / 408쪽
- 키네마스터 활용하여 그림책 영상 만들기

『구부러진 길』(이준관 글, 장은용 그림, 온서재, 2021) / 90쪽
- 문장 재배열 글쓰기

『그 소문 들었어?』(하야시 기린 글, 쇼노 나오코 그림, 김소연 옮김, 천개의바람, 2017) / 66, 68쪽
- 기사문 쓰기

『꽃을 선물할게』(강경수 글·그림, 창비, 2018) / 356쪽
- 패들렛 – 셸프: 6색 사고로 토론하기

『꿈꾸는 윌리』(앤서니 브라운 글·그림, 허은미 옮김, 웅진주니어, 2004) / 373쪽
- 구글 잼보드 – 숨은그림찾기

『나 진짜 궁금해!』(미카 아처 글·그림, 김난령 옮김, 나무의말, 2022) / 352~353쪽
- 패들렛 – 스트림: 비유적 표현 활동

『나, 꽃으로 태어났어』(엠마 줄리아니 글·그림, 이세진 옮김, 비룡소, 2014) / 260~262쪽
- 띠지 만들기

『나는 너는』(김경신 글·그림, 글로연, 2021) / 293, 295쪽
- 북아트 1 – 클로버북

『나는 지하철입니다』(김효은 글·그림, 문학동네, 2016) / 86~87쪽
- 이야기 속 이야기 만들기

『내 마음 ㅅㅅㅎ』(김지영 글·그림, 사계절, 2021) / 303, 305쪽
- 북아트 3 – 비밀펼침북

『내 마음이 들리나요』(조아라 글·그림, 한솔수북, 2017) / 174쪽
• 핫시팅
『내 안에 나무』(코리나 루켄 글·그림, 김서실 옮김, 나는별, 2021) / 29~30쪽
• 지우개 지우기
『노를 든 신부』(오소리 글·그림, 이야기꽃 2019) / 227쪽
• 주인공 감정 그래프 그리기
『다다다 다른 별 학교』(윤진현 글·그림, 천개의바람, 2018) / 283쪽
• 학급 그림책 만들기
『더우면 벗으면 되지』(요시타케 신스케 글·그림, 양지연 옮김, 주니어김영사, 2021) / 121~123쪽
• 뇌 구조 그리기
『돼지책』(앤서니 브라운 글·그림, 허은미 옮김, 웅진주니어, 2001) / 71~72, 309쪽
• 갈래 바꾸어 쓰기 1 (그림책을 역할극 대본으로)
『두 갈래 길』(라울 니에토 구리디 글·그림, 지연리 옮김, 살림, 2019) / 274~276쪽
• 북트레일러 만들기
『두근두근』(이석구 글·그림, 고래이야기, 2015) / 256쪽
• 책 굿즈 만들기
『둥그렁 뎅 둥그렁 뎅』(전래동요 각색, 김종도 그림, 창비, 2008) / 311쪽
• 그림자 인형극
『리본』(아드리앵 파를랑주 글·그림, 박선주 옮김, 보림, 2017) / 319~321쪽
• 그림 기법 따라 하기 - 파라텍스트
『마음여행』(김유강 글·그림, 오올, 2020) / 112쪽
• 그림책 표지 다시 만들기
『마일로가 상상한 세상』(맷 데 라 페냐 글, 크리스티안 로빈슨 그림, 김지은 옮김, 북극곰, 2022) / 55~55쪽
• N행시 쓰기
『말려 드립니다!』(남섬 글·그림, 향, 2020) / 234쪽
• 교육 연극 - 사물 역할극
『모래 언덕에서의 특별한 모험』(막스 뒤코스 글·그림, 길미향 옮김, 국민서관, 2014) / 142쪽
• 등장인물 노선도 그리기
『문제가 생겼어요!』(이보나 흐미엘레프스카 글·그림, 이지원 옮김, 논장, 2010) / 108~109쪽
• 다음 장면 예측하며 그리기
『밀어내라』(이상옥 글, 조원희 그림, 한솔수북, 2019) / 52~54쪽
• 포토스탠딩을 활용한 소감 나누기
『박수 준비!』(마달레나 마토소 글·그림, 모 차기 옮김, 그림책공작소, 2015) / 336~337쪽
• 타임라인 - 목소리 그림책 만들기
『방귀쟁이 며느리』(신세정 글·그림, 사계절. 2008) / 96~97쪽
• 패러디 글쓰기
『보따리 속에는 무엇이 들었을까?』(강혜숙 글, 바캉스 그림, 흰토끼프레스, 2020) / 156쪽
• 초성퀴즈 - 연결하여 이야기 만들기
『사랑 사랑 사랑』(맥 바넷 글, 카슨 엘리스 그림, 김지은 번역, 웅진주니더, 2021) / 397쪽
• 투닝 - 인공지능 웹툰 그리기
『사랑한다는 걸 어떻게 알까요?』(린 판덴베르흐 글, 카티예 페르메이레 그림, 지명숙 옮김, 고래이야기, 2018) / 35쪽
• 이너보이스 카드로 제목과 관련된 경험 나누기
『살아 있어』(나카야마 치나츠 글, 사사메야 유키 그림, 엄혜숙 옮김, 보둘상자, 2008) / 124쪽
• 시화 그리기
『삶의 모든 색』(리사 아이사토 글·그림, 강기은 옮김, 길벗어린이, 2021) / 177쪽
• 연꽃 발상 기법
『상자 세상』(윤여림 글, 이명하 그림, 천개의바람, 2020) / 133~134쪽
• 포토스케이프 X로 협동화 그리기
『샌지와 빵집 주인』(로빈 자네스 글, 코키 플 그림, 김중철 옮김, 비룡소, 2000) / 15~16쪽
• 표지 모자이크 보고 책 제목 맞히기

『샬롯의 기적』(알렉스 쿠소 글, 필리프 앙리 튀랭 그림, 조정훈 옮김, 키즈엠, 2013) / 185~187쪽
- 마인드맵

『소년과 두더지와 여우와 말』(찰리 맥커시 글·그림, 이진경 옮김, 상상의힘, 2020) / 100쪽
- 황금 문장으로 만드는 필사 달력

『소음공해』(오정희 글, 조원희 그림, 강유정 해설, 길벗어린이, 2020) / 328~329쪽
- 구글 프레젠테이션 - 디자인씽킹: 문제 파악하기

『숨 쉬는 항아리』(정병락 글, 박완숙 그림, 보림, 2005) / 332쪽
- 구글 아트 앤 컬처 - 전통문화 체험하기

『스갱 아저씨의 염소』(알퐁스 도데 글, 에릭 바튀 그림, 강희진 옮김, 파랑새어린이, 2013) / 392쪽
- 슬라이도 - 랭킹: 책 속 주인공이 되어 선택하기

『시소』(고정순 글·그림, 길벗어린이, 2020) / 208, 210쪽
- 등장인물과 닮은 점 다른 점 찾기

『씩스틴』(권윤덕 글·그림, 평화를품은책, 2019) / 242~243쪽
- 독후 신문 만들기

『아기 늑대 세 마리와 못된 돼지』(유진 트리비자스 글, 헬린 옥슨버리 그림, 김경미 옮김, 시공주니어, 2006) / 32~33쪽
- 하얀 거짓말

『아나톨의 작은 냄비』(이자벨 카리에 글·그림, 권지현 옮김, 씨드북, 2014) / 170쪽
- 나만의 면지 만들기

『아마도 너라면』(코비 야마다 글, 가브리엘라 베루시 그림, 이진경 옮김, 상상의힘, 2020) / 181쪽
- 핑거 활동지를 이용한 비주얼 씽킹

『알사탕』(백희나 글·그림, 책읽는곰, 2017) / 48쪽
- 작가 살펴보기

『엄마 도감』(권정민 글·그림, 웅진주니어, 2021) / 386~387쪽
- 카훗 - 퀴즈

『엄마가 너에 대해 책을 쓴다면』(스테파니 올렌백 글, 데니스 홈즈 그림, 김희정 옮김, 청어람아이, 2017) / 263~264쪽
- 카드 뉴스 만들기

『엄청나고 신기하게 생긴 풀숲』(다시마 세이조 글·그림, 고향옥 옮김, 우리교육, 2007) / 146쪽
- 조형 요소를 재구성하여 뒷이야기 그리기

『여름방학』(강현선 글·그림, 사계절, 2021) / 38쪽
- 주제 연상 브레인라이팅(Brain-Writing)을 통한 너도나도 놀이

『영웅을 찾습니다!』(차이자오룬 글·그림, 심봉희 옮김, 키위북스, 2018) / 189쪽
- 전원 동시 발표

『완벽한 아이 팔아요』(미카엘 에스코피에 글, 마티외 모데 그림, 박선주 옮김, 길벗스쿨, 2017) / 196~197쪽
- 주인공의 감정에 어울리는 음악 찾기

『용감한 아이린』(윌리엄 스타이그 글·그림, 김영진 옮김, 비룡소, 2017) / 220쪽
- 키워드로 내용 요약하기

『우리는 패배하지 않아』(콰미 알렉산더 글, 카디르 넬슨 그림, 조고은 옮김, 보물창고, 2020) / 298, 300쪽
- 북아트 2 - 수레바퀴북

『우리엄마 ㄱㄴㄷ』(전포롱 글·그림, 파란자전거, 2016) / 378쪽
- 구글 잼보드 - 말놀이로 이야기 만들기

『우정 그림책』(하이케 팔러 글, 발레리오 비달리 그림, 김서정 옮김, 사계절, 2021) / 267~268쪽
- 웹 포스터 만들기

『위대한 깨달음』(토모스 로버츠 글, 노모코 그림, 이현아 옮김, 키다리, 2020) / 152쪽
- 윈도우 패닝을 이용한 그림책 독후활동

『이상한 꾀임에 빠진 앨리스』(김지영 글·그림, 향, 2020) / 217쪽
- 픽토그램 만들기

『이 작은 책을 펼쳐 봐』(제시 클라우스마이어 글, 이수지 그림, 이상희 옮김, 비룡소, 2013) / 22~23쪽
- 표지 보고 질문 만들기

『일곱 나라 일곱 어린이의 하루』(맷 라모스 글·그림, 김경연 옮김, 풀빛, 2018) / 324~325쪽
- 구글 프레젠테이션으로 발표 자료 만들기

『작은 벽돌』(조슈아 데이비드 스타인 글, 줄리아 로스먼 그림, 그레이트북스, 2018) / 341쪽
- 패들렛 – 지도: 작품 속 건축물 조사하기

『종이 봉지 공주』(로버트 문치 글, 마이클 마첸코 그림, 김태희 옮김, 비룡소, 1998) / 82쪽
- 인물, 사건, 배경 바꾸어 글쓰기

『지혜로운 멧돼지가 되기 위한 지침서』(권정민 글·그림, 보림, 2016) / 41, 44쪽
- 그림 보고 내용 예측하기

『직선과 곡선』(데보라 보그릭 글, 피아 발렌티니 그림, 송다인 옮김, 브와포레, 2021) / 103쪽
- 서평 쓰기

『진짜 내 소원』(이선미 글·그림, 글로연, 2020) / 138쪽
- 추상화로 표현하기

『집 안에 무슨 일이?』(카테리나 고렐리크 글·그림, 김여진 옮김, 올리, 2021) / 25~27쪽
- 이야기 듣고 표지 추측해서 그리기

『집』(린렌언 글·그림, 이선경 옮김, 밝은미래, 2021) / 315~316쪽
- 그림 기법 따라 하기 – 콜라주

『짝꿍』(박정섭 글·그림, 위즈덤하우스, 2017) / 230쪽
- 타블로 기법

『쫌 이상한 사람들』(미겔 탕코 글·그림, 장혜경 옮김, 문학동네, 2017) / 214~215쪽
- 등장인물 상장 만들기

『책 冊』(지현경 글·그림, 책고래, 2019) / 128쪽
- 만화 그리기

『천천히 해, 미켈레』(엘레나 레비 글, 줄리아 파스토리노 그림, 이현경 옮김, 여유당, 2022) / 12~13쪽
- 표지 보고 제목 맞히기

『첫 번째 질문』(오사다 히로시 글, 이세 히데코 그림, 김소연 옮김, 천개의바람, 2014) / 271~272쪽
- 감성 엽서 만들기

『청소부 토끼』(한호진 글·그림, 반달, 2015 / 361~362쪽
- 띵커벨 – 찬성반대

『친구의 전설』(이지은 글·그림, 웅진주니어, 2021) / 115~116쪽
- 독후 감상화

『캘빈의 마술쇼』(크리스 반 알스버그 글·그림, 서애경 옮김, 사계절, 2015) / 62, 64쪽
- 등장인물이 되어 일기 쓰기

『커다란 벽이 있다면?』(사토신 글, 히로세 가쓰야 그림, 엄혜숙 옮김, 나무말미, 2022) / 79쪽
- 이어질 이야기 상상하여 쓰기

『코끼리 아저씨와 100개의 물방울』(노인경 글·그림, 문학동네, 2012) / 92쪽
- 모둠 내 릴레이 글쓰기

『쿠키 한 입의 인생 수업』(에이미 크루즈 로젠탈 글, 제인 다이어 그림, 김지선 옮김, 책읽는곰, 2008) / 163쪽
- 단어 작성 후 띠빙고 하기

『팥빙수의 전설』(이지은 글·그림, 웅진주니어, 2019) / 115~116쪽
- 독후 감상화

『하늘 조각』(이순옥 글·그림, 길벗어린이, 2021) / 193쪽
- 사진전 열기

『헤엄이』(레오 리오니 글·그림, 김난령 옮김, 시공주니어, 2019) / 211~212쪽
- 등장인물 별명 짓기

『호라이』(서현 글·그림, 사계절, 2021) / 75쪽
- 갈래 바꾸어 쓰기 2 (그림책을 시로 바꾸어 쓰기)

『흰둥이』(귀나이원 기획, 저우젠신 글·그림, 북극곰, 2018) / 204~205쪽
- 등장인물 대사 상상하기

『MAPS』(알렉산드라 미지엘린스카, 다니엘 미지엘린스키 글·그림, 이지원 옮김, 그린북, 2017) / 167~168쪽
- K-W-L 표 만들기

『Tomorrow's Alphabet』(George Shannon 글, Donald crews 그림, MulberryBooks, 1999) / 369쪽
- 플리피터 – 스노우맨: 단어 퀴즈

그림책 수업을 고민하는 선생님을 위한 활동 백과사전
그림책 활동 100

1판 1쇄 발행 2023년 3월 3일
1판 7쇄 발행 2025년 12월 12일

지은이 그림책사랑교사모임
펴낸이 한기호
책임편집 박혜리, 이선진
편집 서정원, 박예슬, 송원빈
본부장 여문주
마케팅 윤병일, 신세빈
경영지원 김윤아
디자인 반짝공
인쇄 예림인쇄
펴낸곳 (주)학교도서관저널
출판등록 제2009-000231호(2009년 10월 15일)
주소 (04029) 서울시 마포구 동교로12안길 14(서교동) 삼성빌딩 A동 3층
전화 02-322-9677
팩스 02-6918-0818
전자우편 slj9677@gmail.com
홈페이지 www.slj.co.kr

ⓒ 그림책사랑교사모임

ISBN 978-89-6915-137-7 03370
      978-89-6915-178-0 04370(세트)

* 이 책은 저작권법에 따라 보호받는 저작물이므로 무단 전재와 무단 복제를 금합니다.
* 잘못 만든 책은 구입하신 서점에서 바꾸어 드립니다.
* 책값은 뒤표지에 적혀 있습니다.